Richard Kandt

Caput Nili

Eine empfindsame Reise zu den Quellen des Nils (Band 2)

DOGMA

Richard Kandt

Caput Nili

Eine empfindsame Reise zu den Quellen des Nils (Band 2)

ISBN/EAN: 9783955078843

Auflage: 1

Erscheinungsjahr: 2013

Erscheinungsort: Bremen, Deutschland

CAPUT NILI

Eine empfindsame Reise
zu den Quellen des Nils

von

Richard Kandt

Wagen Sie „empfindsam!“ Wenn eine mühsame
Reise heißt, bei der viel Mühe ist, so kann ja auch
eine empfindsame Reise heißen, bei der viel Emp-
findung war.
Gotth. Ephr. Lessing an Th. Bode (1768.)

Band II

Dritte Auflage
Zwei Bände mit 24 Lichtdrucktafeln und 2 Karten

Dietrich Reimer (Ernst Vohsen) in Berlin 1914

Am Kiwusee.

Inhaltsverzeichnis.

Am Hofe des Königs.

Ringmarsch um die Vulkane.

Zur Nilquelle.

heiligen. — Landschaftsbild. — Eine köstliche Nacht. — Ihr Ende mit Schrecken. — Die Bestie im Menschen. — Der Gnadenschuß. — Verstümmelung der Leiche. — Mhogo und Rukarara. — Die Furcht der Wanjaruanda vor dem Urwald. — Marsch den Rukararastrom aufwärts. — Frostnacht. — Herrliche Täler. — Die letzte Schlucht. — Caput nili. — Persönliche Bemerkungen. — Marsch zur Mhogo-quelle. — Die Unfreundlichkeiten der Watussi. — Angriff durch die Warundi. — Ihre Drohungen und Motive. — Über Warundi und Wanjaruanda.

Vom Tanganika zum Kiwu.

Das Westufer des Kiwu.

Zwischen Kiwu und Albert-Eduard-See.

Das Ostufer des Kiwu.

Bootsfahrten.

Verzeichnis der Lichtdrucke.

(Der Güte von Frau Hannah Isenberg=Tessin verdanke ich Bild Nr. 4; der des Major a. D. Werner v. Grawert Nr. 3 u. 7; der des Hauptmann a. D. Schloifer Nr. 5.)

D. V.

Kartenbeilage:

Am Hofe des Königs.

Brief I.

Mkingo, 14. Juni 1898. Nun lagere ich mitten in diesem seltsamen Lande im Schatten eines Haines von uralten Bäumen vor den Toren der Residenz, die auf einem langen, flachen Rücken, ein wenig tiefer als unser Lager, auf Schußweite vor unseren neugierigen Blicken sich ausdehnt.

Ruanda! Vor zwei Jahren meinen Ohren ein fremder Schall; und nun sitze ich hier, in seiner Hauptstadt, harre der Unterredung mit seinem Herrscher, um einen Platz von ihm zu erbitten, auf dem ich mich niederlassen kann und bin entschlossen, drei, vier Jahre meines Lebens mit seinen Geschicken zu verknüpfen. Wahrlich, die Wege, die das Schicksal uns führt, sind oft sonderbar. — — — — — — —

Graf Goetzen war es, der uns die erste sichere Kunde von diesem Lande brachte, dessen Grenze selbst die Araber auf ihren Sklavenjagden gescheut hatten. Als Goetzen von seiner Durchquerung Afrikas zurückkehrte, berichtete er von den merkwürdigen Eindrücken, die er in diesem Gebiete erlebte. Alles was ihm in den vier Wochen, in denen er, für seine und unsere Wünsche allzu rasch, Ruanda durchzog, zu Gesicht kam und begegnete, schien ihm überaus fremdartig und von allem früher und später Beobachteten grundverschieden. Er fand ein ungeheures Grasland, das von Ost nach West allmählich von 1500 bis 2500 Meter ansteigt, reich an Gewässern und mit herrlichem Klima; er fand in ihm nicht, wie in den übrigen Teilen der Kolonie, eine spärliche, sondern eine nach Hunderttausenden zählende Bevölkerung von Bantunegern, die sich Wahutu nannten; er fand dies Volk in knechtischer Abhängigkeit von den Watussi, einer fremden semitischen oder hamitischen Adelskaste, deren Vorfahren aus den Gallaländern südlich Abessiniens kommend, das ganze Zwischenseengebiet sich unterworfen hatten; er fand das Land eingeteilt in Provinzen und Distrikte, die unter der aussaugenden Verwaltung der Watussi standen, deren riesige, bis über zwei Meter hohe Gestalten ihn an die Welt der Märchen und Sagen erinnerten, und an ihrer Spitze einen König, der im Lande ruhelos umherziehend, bald hier, bald dort seine Residenzen erbaute. Und schließlich hörte er auch noch von Resten eines Zwergstammes, den Batwa, die in den Höhlen der das Land im Norden überragenden Vulkane als Jäger des Urwald= wildes hausen sollten.

Nun darf ich all dies mit meinen eigenen Augen sehen, und mehr als dies, darf jahrelang als freier Forscher alle Zusammenhänge dieses komplizierten Organismus bis in seine feinsten Zellen ergründen und festlegen, ehe noch der Einfluß abendländischer Kultur durch Mission und Verwaltung ihn mit fremdartigen Elementen durchsetzt hat. Kein Wunder, daß ich mich durch solche Aussicht gehoben fühle und der kom= menden Zeit mit Sehnsucht entgegenschaue und entschlossen bin, ohne Verzagtheit alle Entbehrungen physischer und geistiger Art auf mich zu nehmen. ――――――

Aber genug hiervon und zurück zur Gegenwart. Möge mein Tage= buch für mich sprechen.

Als ich vor vier Tagen am Akanjaru den Häuptlingen meinen Ent= schluß mitteilte, den König aufzusuchen, merkte ich bald, daß diese Nach= richt bei ihnen aus mir unbekannten Gründen peinliche Gefühle aus= löste. Schon in ihren Angaben über den Platz, an dem sich ihr König befinden sollte, verhielten sie sich unsicher und widersprechend. Nur durch die Wahutu erfuhr ich, daß er drei bis vier Tage südwestlich in einer erst kürzlich bezogenen Residenz namens Mkingo weile.

Die Wahutu benehmen sich recht sonderbar. In Gegenwart ihrer Herren ernst und reserviert und unseren Fragen ausweichend; sobald aber die Watussi unserem Lager den Rücken gekehrt haben, und wir mit ihnen allein sind, erzählen sie bereitwillig fast alles, was wir wün= schen und vieles was ich nicht wünsche, denn ich kann den zahlreichen Mißständen, über die sie klagen, ihrer Rechtlosigkeit, ihrer Bedrückung, doch nicht abhelfen. Ich habe sie einige Male auf Selbsthilfe verwiesen und leicht gespottet, daß sie, die den Watussi an Zahl hundertfach über= legen sind, sich von ihnen unterjochen lassen und nur wie Weiber jammern und klagen können. Vielleicht war dies unvorsichtig von mir, und viel= leicht ist einiges davon zu den Ohren der Häuptlinge gedrungen, die infolgedessen fürchteten, daß ein allzu intimer Verkehr mit mir sie bei Hofe kompromittieren könnte, denn auf dem ganzen Weg bis hierher hielten sie sich abseits und übersahen meine Karawane vollkommen. Auch Führer zu erhalten, war sehr schwer, und diejenigen, die sich dazu bewegen ließen, zeigten recht deutlich, daß sie mich um keinen Preis bis zur Residenz selber führen würden. So mußte ich täglich neue suchen und auf dem letzten Marsche kehrte der Führer auf halbem Wege um und sagte ganz offen, daß man ihn töten würde, wenn er den Fremden bis zur Hauptstadt begleitete. Es war ganz offenbar, daß die Leute nicht wußten, wie sich der Hof zu meinem Kommen stellen würde.

Übrigens war der Weg auch so nicht zu verfehlen. Täglich begegnete man Trupps, die in Körben Gefäße mit Milch und Bananenwein zur Residenz trugen. Auch kleine Karawanen sah man, meist Unterhäupt= linge, die ihren am Hof weilenden Oberen Lebensmittel oder Tribut= sendungen für den König brachten. Je näher man der Residenz kommt um so häufiger sieht man von allen Himmelsrichtungen derartige, Gruppen heranziehen oder man trifft sie, wenn sie auf dem Rückmarsch in ihre Heimat, stumm und ohne Gruß, stolz an uns vorüberziehen. Auf allen Bergen sah man kleinere und größere Kuhherden weiden, deren Milch für die große Menge der am Hofe Schmarotzenden bestimmt ist.

Endlich ist auch der letzte Berg erstiegen und von seiner Höhe sehen wir auf dem jenseitigen Rücken die Wohnstätte des Herrschers; einen großen Komplex von Rundhütten mit einem Gewirr enggeflochtener Zäune, die große Höfe umschließen. Als Stützen der Zäune dienen Ficus= bäume, die Wurzel geschlagen haben und mit ihren breiten Laub= kronen dem Ganzen eine freundliche Färbung geben. In weiter Runde sind auf den Rücken und Abhängen Hütten aller Art zerstreut, große für die Vornehmen und kleine für die Lehnsleute; teils sauber für längere Benutzung hergestellte; teils elende Baracken für flüchtig Ver= weilende.

Aber immer wieder kehrt doch das Auge zu der Residenz selbst zurück, die einen fremdartigen Eindruck macht und doch auch unbestimmte Er= innerungen an mir bekannte Bilder wachruft, ohne daß ich gleich weiß, in welchem Bezirke der Vergangenheit ich sie suchen soll. Ich grübele darüber während einer kurzen Rast, die die Karawane zum Aufschließen benützt, grübele und finde mich doch nicht in all den Gesichtern zurecht, die aus irgend einem verborgenen Winkel meines Hirns von langem Schlaf sich erheben. Ich denke an Gemälde des Orients, selbst an russi= sche Städtebilder, trotzdem dies Narretei ist, und ich mir bewußt bin, daß es nur die fünf, sechs hohen Rundhütten, die hundert kleinere wie Kuppeln überragen und die aus der Ferne gleich weißen Steinmauern schimmernden Zäune sind, die an Bilder aus dem Reiche des Zaren

mich erinnern; und zuletzt übermannt mich wieder das Gefühl, dessen
ich schon einige Male während dieser Reise beim Anblick besonders selt=
samer Szenerien nicht Herr geworden bin, das dunkle beklemmende
Gefühl, daß ich all dies schon einmal in einem anderen, versunkenen
und vergessenen Leben geschaut und empfunden habe.

Sobald der vor mir schreitende Fähnrich mit dem in einem kurzen
Windstoß lustig flatternden Banner auf dem letzten Kamm auftauchte,
beginnen wie auf Verabredung die Berge rings um die Residenz sich
mit Leben zu erfüllen. Aus allen Pfeilen der Windrose sieht man viele
hunderte von Gruppen, zehn, zwanzig Mann stark, einzelne auch viel
zahlreicher, mit geschulterten Lanzen sich auf den Herrschersitz zu
bewegen. Und schon arbeitet die Phantasie wieder und sieht aus ver=
gilbten Kupferstichen und verschollenen Büchern die Fähnlein der Ritter
und Knappen in diesem verborgenen Winkel Afrikas zu neuem Leben
erweckt. Ein seltsames Bild: die tausende von schwarzen Gestalten mit
im Sonnenschein funkelnden Speeren, grelleuchtende Farben bunter
Tücher, auch ein paar Sänften, die mit gelbschimmernden Matten be=
deckt sind, lange Karawanen mit Krügen und Körben — und all dies
wie Bäche, die einem See zufließen, auf den hellen Linien zahlloser, oft
sich kreuzender Fußpfade über alle Rücken und alle die gelbgrünen
Hänge, zwischen Hütten und Höfen, durch schnittreife Hirsefelder und
Bananenhaine sich windend, durch morastige Schilftäler und träge
Bäche watend, zu immer größeren Massen sich vereinend und zuletzt
wie eine dicke buntgefleckte Riesenschlange sich rings um die äußerste
Umzäunung der Residenz legend.

Indes wir langsam hinabsteigen, kommen uns zwei Abgesandte des
Königs entgegen und treffen uns im Tal. Sie bringen mir den Wunsch
ihres Herrn, ich möge nicht mehr näher herankommen, sondern an Ort
und Stelle lagern. Dies war ein wenig viel verlangt; denn als ich mich
umsehe, konstatiere ich, daß der Boden fast überall morastig und mit
kleinen, durch Eisenoxyd rotgefärbten Pfützen bedeckt ist. Außerdem sind
wir hier schutzlos der sengenden Glut der Sonne ausgesetzt. Ich bedauerte
höflich, den Wunsch des Königs ablehnen zu müssen und zeigte auf einen
mit großen Bäumen bedeckten Berg, auf dem ich lagern wollte. Nach
einigem Hin= und Herparlamentieren ist es ihnen recht so, und während
der eine mit langen Schritten davoneilt, setzt sich der andere an die
Spitze der Karawane und schreitet uns mit langsamem, zögerndem
Gange voraus.

Bald näherten wir uns der Residenz. Die Gruppen rechts und links des Weges werden dichter, bis wir zuletzt zu jeder Seite sechs, sieben Reihen kauernder von ihren Lanzen überragter Massen haben, die stumm unseren Zug an sich vorübergehen lassen. Alle 15 bis 20 Schritt steht einer der riesigen Watussi, fast jeder in ein Tuch von anderer Farbe gehüllt, auf seine Lanze gestützt und blickt halb verdrossen, halb verächtlich auf die Zwerge, die an ihm vorüberziehen. Das Haupttor der Residenz war von schwarzen Leibern dicht verbarrikadiert, als ob sie gefürchtet hätten, daß ich, ohne angemeldet zu sein, eindringen würde. Noch etwa 600 Schritt jenseits der Residenz führte der Pfad in sanfter Steigung uns zu den uralten Bäumen hinauf, unter denen ich lagerte.

Aber ich bin todmüde und will, was sich sonst noch am heutigen Nachmittag ereignete, morgen beschreiben.

Mkingo, den 15. Juni. Es ist sechs Uhr morgens und schauerlich kalt. Von meinem Lager aus blicke ich nach Süden und Norden in weite Fernen; fünf, sechs Ketten von fast gleicher Höhe laufen einander parallel, lange, monotone, sanft gewellte Rücken, die bis vor wenigen Minuten von den Spitzen riesiger, blauschimmernder Berge überragt wurden. Mein Herz klopfte, als ich sie sah; denn ich wußte, daß es nur die Wirunga sein könnten, die Vulkane. Ich schätze, daß sie mehr als hundert Kilometer von hier entfernt liegen. Solch ungeheure Gipfel in weiter Ferne üben auf die Herzen der Menschen einen sonderbaren Zauber aus; selbst meine nüchternen Träger rissen die verschlafenen Augen auf und starrten lange zu ihnen hinüber. Jetzt sind sie unsichtbar geworden, denn die Sonne, die hinter den flachen Bergen von Bugessera auftauchte, saugte rasch die Nebel auf, die in dicken, weißen Schwaden die von kleinen trägen Bächen durchflossenen Schilftäler bis zur halben Höhe der Hänge füllten, und mischte in die bis dahin so klare Luft flimmerigen Dunst, der die Fernsicht beschränkt und ein Herold der heuer später als andere Jahre beginnenden Trockenzeit ist.

Früher als sonst erhob ich mich heute von meinem Lager; denn die fremdartigen Eindrücke der letzten Tage ließen mich nicht schlafen und oft stand ich auf und schaute in die schweigende Nacht hinaus, und hinüber zu den hunderten kleiner Feuer rings um die Residenz, von denen sich die Silhouetten kauernder Posten abhoben. Dort drüben schlief er, den Graf Goetzen eine der letzten Säulen der alten afrikanischen Despotenherrlichkeit genannt hat. Ob auch ihn wohl die Unruhe

vom Lager trieb? Ob auch er wohl in die Nacht hinausstarrte und sich
Rechnung ablegte über die Bedeutung, die das Eindringen der „roten
Männer" in die Abgeschlossenheit seines Landes für die Zukunft der
Jahrhunderte alten Herrschaft seines Stammes haben wird? — — —

Noch vor fünf Jahren lag sein Reich wie eine trotzige Burg da, die
seltsam ungeheuerliche Gerüchte und phantastische Märchen wie mit
Wall und Graben umschlossen. Damals aber kam eines Tages die
Rede zum König, daß drei Männer aus der Zahl der Andersfarbigen
sich der Südgrenze seines Landes näherten, über die schon in den letzten
vierzig Jahren manch seltsame Kunde durch Handelsleute benachbarter
Stämme zu ihm gedrungen war. Das Gerücht fand bald Bestätigung
durch Spione, die er den Fremden bis zu Kassussura von Ussui entgegen=
geschickt hatte. Und dann kamen sie selbst, blieben wenige Tage in
dem unwirtlichen Kingogo und zogen nach Westen weiter. Fremdartig,
aber nicht schreckhaft anzuschauen. Schreckhaft nur die geheimnisvolle
Macht, die sie über das Feuer besaßen. Feuer trugen sie in ihrem Ge=
wande in kleinen Stäben, mit denen sie ihren Tabak und ihr Brenn=
holz entzündeten; Feuer in den eisernen Röhren, mit denen des Königs
Sohn sie am Njawarongo die Vögel aus der Luft auf weite Entfernung
herunterholen sah, als hätte eine unsichtbare Hand sie gewürgt; und
feurige Schlangen trugen sie in ihren Lasten verborgen, die sie des
Nachts fauchend weit, weit in den Himmel fahren ließen, wo sie sich
zu einem bunten Stern verwandelten, um zuletzt plötzlich zu verschwin=
den, als hätten die Wolken sie verschluckt. Aber das Furchtbarste war,
daß sie sogar die Berge bestiegen hatten, die keines Sterblichen Fuß
betreten darf und hinaufgedrungen waren bis zu den Gipfeln und das
Feuer gelöscht hatten, auf dem die Verstorbenen ihre Speisen sich be=
reiteten und das seit Urzeiten den nächtlichen Himmel von ganz Ruanda
bis zu den fernen Ländern der „Sklaven" und „Menschenfresser" hin
mit blutigem Scheine erleuchtet hatte. — — — — —

Im Westen hinter den Bergen von Ujungu waren sie verschwunden
und nicht mehr wiedergekehrt. Vier Jahre gingen hin, und wenn nicht
die Glut in den Eingeweiden des Kirunga erloschen wäre, so hätte man
glauben können, daß sie nie dagewesen und daß alles nur ein Albdruck
war, wie ihn die zürnenden Geister der Abgeschiedenen den Menschen
oft in quälenden Träumen schicken. — — — —

Vier schlimme Jahre waren es für Ruanda gewesen, bis der nächste Europäer das Land besuchte. Luabugiri Kigeri aus dem Königsgeschlecht der Wanjiginja war, bald nach dem Besuch des Grafen Goetzen, fern von der Heimat im Kriege gegen Bunjabungu erkrankt und eines jähen Todes gestorben; wie das Gemurmel des Volkes will: durch Gift von der Hand seines eigenen Weibes Kanjugera. Ihm folgte in der Herr= schaft sein unmündiger Sohn, Juhi Msinga, der der mächtigen Sippe der Wega durch das Blut seiner Mutter verwandt war. Er war eine Puppe in den Händen der ehrgeizigen Frau und seiner beiden Oheime Kaware und Ruhenankiko, zu deren weit über zwei Meter hohen Riesengestalten er mit ängstlicher Ehrfurcht aufschaute. Diese beiden wurden bald die wahren Herrscher von Ruanda, nachdem sie fast alle erwachsenen Söhne Luabugiris oder wer sonst aus dem Geschlecht der Wanjiginja einen Schein von Macht hatte oder ihnen verdächtig war, aus dem Wege geräumt hatten. Mit dem einflußreichen Mibambwe, von dessen stolzer Schönheit und traurigem Ende in den Hütten des Volkes scheue Weisen am Herdfeuer klingen, begann das Gemetzel. Er glaubte von seinem Vater das Recht der Nachfolge erhalten zu haben. Möglich, daß Luabugiri dies mehreren seiner Söhne versprochen hatte; möglich auch, daß er ihn nur zum Vormund und obersten Feldherrn während der Unmündigkeit Juhis bestimmt hatte — wie dem auch sei: als Luabugiri sterbend über den See in die Heimat zurückfuhr und, kaum daß er den Boden seines Landes betreten, seine Seele aus= hauchte, ließ Kaware Mibambwe nicht viel Zeit, seine Thronrechte zu verfechten. Nach einigen Monaten vieler kleiner Siege und Niederlagen fand er eines Nachts sein Gehöft von den Parteigängern seines Bruders Msinga umstellt. Er kannte das Los überwundener „Rebellen" und gönnte wohl seinen Feinden nicht, sich an seinen verzerrten Gesichts= zügen zu weiden, wenn die Henkersknechte ihm den angespitzten Pfahl zwischen die bronzenen Schenkel stoßen und alle Eingeweide seines Leibes zerreißen würden. So wählte er sich ein edleres Ende, und selbst das Feuer auf seine Grashütten werfend, verbrannte er sich, seine Weiber, seine Kinder, seine Diener, während das tausendstimmige Ge= heul seiner Gegner die Brandstätte umtoste. All dies spielte sich wenige Monate nach Goetzens Besuch ab. In der nächsten Zeit suchten die Wega durch Verschwägerung und Schenkungen und, wenn es ihnen gut dünkte, durch neue Schrecken ihre Stellung zu befestigen. Was von den Söhnen Luabugiris am Leben blieb, das waren alles energielose, verängſtigte Jünglinge, die teils, von Mißtrauen und falſchen Freunden umgeben, wie Gefangene am Hofe leben, teils fern von der Reſidenz den Freuden am eigenen Herde nachgehen, ohne Einfluß auf die Ver= waltung des Landes zu ſuchen. — — — — — — —

Erſt im Jahre 1897 ſah Ruanda wieder einen Europäer, den Bezirks= chef von Udjidji, Ramſay, der mit dreihundert Gewehren, einem Ge= ſchütz und einem Stabe von Weißen bei Hofe erſchien. Mit gleicher Macht kam ein Jahr ſpäter ſein Nachfolger Bethe, wenige Monate vor mir. Dieſe Beſuche erregten größeren Schrecken als die des erſten Europäers. Nicht weil ſie mit größerer Macht erſchienen, ſondern weil inzwiſchen ein Geſpenſt im Lande aufgetaucht war, das wie ein drohender Schatten über der Herrſchaft der Wega liegt und ſie zu keiner rechten Ruhe kommen läßt. Dies Geſpenſt heißt Belegea.

Wenn Händler aus dem Innern des Landes zum Kiwuſee kommen, und das Geſpräch am Herdfeuer ihrer Gaſtfreunde die Tagesereigniſſe erſchöpft hat, dann ertönt die Frage: „Und was bringt ihr neues von Belegea?" Dieſer myſteriöſe Belegea, ein Sohn Luabugiris und des Weibs Muſirkande — aber niemand hat ihn geſehen — verſchwand, noch ein Knabe, bald nach dem Tode ſeines Vaters — aber niemand weiß, wohin. Wie viele haben ſchon ſterben müſſen und wie viele un= ſchuldig, weil man ſie beſchuldigte, Belegea zu verbergen. Kaware, der die Freuden des Lebens mit vollen Zügen genießt, der ſtolz iſt, in Kiſſakka oder Bugeſſera, ſeinen Provinzen, einen größeren Hof als Juhi um ſich zu ſcharen, er läßt Hof und Weiber und Wein in Stich, um bald an die Nordgrenze nach Ndorwa, bald an die Südgrenze nach Urundi zu eilen, um irgeñd einen Häuptling zu bekriegen, von dem es heißt, daß er Belegea beherberge. Selbſt bei den Europäern vermutete man ihn ſchon und über den Hofkreiſen, ſoweit ſie nicht zähneknirſchend das Joch der Wega tragen, lagert ſtändig die dunkle Furcht, Belegea könnte eines Tages, zum Jüngling herangewachſen, an der Spitze eines fremden Heeres und von den Weißen unterſtützt, in Ruanda ein= fallen und der beim Volke verhaßten Herrſchaft ein Ende bereiten. Und daher regte ſich, ſo oft die Kunde von dem Kommen der „roten Männer" mit großer Macht, ſich im Lande verbreitete, jedesmal die Furcht, daß nun das Ende des Wegaregiments gekommen ſei.

Kaware und ſeine Sippe können ruhig ſchlafen. Denn wenn der Knabe überhaupt je gelebt hat — es iſt nicht recht verſtändlich, warum

Luabugiri seine Existenz wie ein Geheimnis gehütet haben soll — dann modern seine Gebeine vermutlich schon längst irgendwo im Verborgenen und nur der Wunsch nach Rache und die Absicht, dem Volke in ihm ein Symbol seiner Hoffnungen zu geben, das die Wega nicht zum Ge= nuß ihrer Macht kommen läßt, schließen den wenigen, die um seinen Tod wissen, den Mund. Aber wahrscheinlich hat Belegea nie gelebt; denn die Versionen über die Art, wie die Wega von seinem Vorhanden= sein erfahren haben, so verschieden sie auch sein mögen, sie haben alle gemeinsam, daß sie wie Erfindungen eines ihrer Märchen= oder Lieder= dichter klingen. — — — — — — — — — — —

— — — — — — — — — — — — — — —

15. Juni. Als wir gestern durch das Spalier der dichtgedrängten Massen hindurchzogen, da merkte ich, daß hinter mir einhundertfünfzig Herzen ängstlich gegen die Rippen schlugen. Meine Leute, die sonst immer schwatzend und singend marschierten, besonders aber nie genug Lärm verüben konnten, wenn wir uns einer der vielen Residenzen kleinerer Sultane genähert hatten, waren diesmal verstummt und ließen weder, was sie doch sonst so gerne taten, die Trommeln rasen, noch wirbelten sie mit ihren Stöcken gegen Koffer und Kisten, noch stießen sie ihre gellenden Freudenschreie aus.

Ein sonderbares Bild: rechts und links diese tausende von dicht= gedrängten, kauernden, reglosen, schwarzen Massen. Wie in tiefen Schlaf versenkt sitzen sie da; kein Arm bewegt sich, nur durch den Wald von Lanzen geht von Zeit zu Zeit ein leichtes Zittern, wie ein kurzer Windstoß, der über ein stilles Wasser fährt; und kein anderer Laut unterbricht die dumpfe Stille des Mittags, der schwer und heiß auf der Landschaft brütet, als das Klappen der Hufe meines weißen Maskat= hengstes auf dem trockenen Boden. Sobald aber der letzte Mann die Menge passiert hat, bricht hüben und drüben ein betäubender Lärm aus, und zu beiden Seiten der Träger, die ihren gepreßten Herzen jetzt Luft machen, springen hunderte von Männern und Knaben über die Ab= hänge, rücksichtslos die Erbsenfelder niedertretend und die Stengel der Hirse brechend, und eilen dem Kamm des Berges zu, um dem Auf= stellen des Lagers zuschauen zu können.

Als ich, gestärkt durch ein kaltes Bad, eine Stunde später mein Zelt verlasse, finde ich draußen als Abgesandte des Königs seinen Oheim Ruhenankiko, einen Mann von etwa 33 Jahren, der seinen jüngeren Begleiter, den fast 190 Zentimeter großen Rudegembja, noch um mehr als eine Handlänge überragt. Sie bringen mir Grüße von Juhi und als „funguro“ zwei Töpfe mit Honigwein und etwas Brennholz.

Der Verkehr mit ihnen war übrigens sehr schwierig. Den Dolmetscher, den mir in Tabora Sief bin Siad gegeben, hatte ich schon in Urundi entlassen müssen, weil sich dort herausgestellt hatte, daß er vom Kitussi — unter diesem Namen fasse ich hier der Einfachheit halber die nicht zu sehr abweichenden Dialekte der von Watussi beherrschten Völker im Zwischenseen-Gebiet zusammen — aber auch nicht die leiseste Ahnung hatte. So wäre ich in größter Verlegenheit gewesen, wenn nicht glücklicherweise die Frau meines Kochs Dahoma das Idiom der Watussi von Uganda gekannt hätte. Dies war allerdings nur ein Surrogat, hätte aber doch einigermaßen genügt, wenn nicht der Respekt vor den merkwürdigen Erscheinungen Ruhenankikos und seiner Verwandten ihr Herz ganz verzagt gemacht hätte.

15. Juni, abends. Ich schickte nachmittags an Juhi in Erwiderung seines Begrüßungsgeschenkes eine reiche Gegengabe; fast zu reich; aber ich hielt es für klug, ihn mir günstig zu stimmen, weil ich nach den heutigen interessanten Eindrücken doppelt und vielfach den Wunsch hegte, mich in diesem Lande niederzulassen. — — — — — — —

— —

Nun eine sehr charakteristische Kleinigkeit: Ich schenkte heute einigen von den Vornehmen ein paar Tücher und ließ sie selbst sie aus einer größeren Zahl aussuchen. Ich hatte an der Küste, speziell für den Hof von Ruanda, eine Anzahl sehr kostbarer Seidenstoffe, lange arabische Mäntel, auch kurze sehr bunte und reich mit Silberstickerei verzierte Jacken und ähnliches gekauft. All dies verschmähten die Watussi, trotzdem ich sie darauf aufmerksam machte, wieviel wertvoller diese Dinge seien, als die von ihnen gewählten einfachen Kattunfähnchen. Ebenso verschmähten sie die prächtig roten Uniformen preußischer und englischer Husaren, die ich zufällig in Berlin erstanden hatte. „Das sei gut für Wahutu“ meinten sie (in demselben Ton und wohl auch in derselben Denkungsart, wie einst ein hoher Herr aus regierendem Hause von einem wundervollen Pariser Kunstschmuck, den ich ihm beschrieb, zu mir sagte: „Er mag sehr, sehr schön sein, aber für eine Bankiersfrau“).

Es war ganz offenbar, daß die Watussi bei der Auswahl nach zwei Gesichtspunkten verfuhren, nämlich: nichts, was durch die Form und nichts, was durch die Farbe auffällig war, zu nehmen. Sie wählten dementsprechend nur einfache Tücher in diskreten und womöglich ein-

farbig dunklen Muftern; ein wenig fpielten wohl auch praktifche Rück=
fichten mit. Meine Leute fpotteten allerdings über die Barbaren, die
nicht die Feinheit des Seidengewebes höher fchätzten als die Grobheit
des Leinens, aber fie vergaßen, daß eine lange Erziehung dazu gehört,
nach diefen Unterfchieden zu werten. Die Watuffi, die Seide nicht
kannten, aber von den Baumwollftoffen her wußten, daß ein dicker
Stoff haltbarer ift als ein dünner, verglichen danach auch das Seiden=
zeug mit dem Leinen. Und auch das vergaßen meine Leute, daß fie
felbft die Seide nur deswegen höher fchätzten, weil fie den Begriff des
Geldes kannten und wußten, daß der eine Stoff mehr wert fei als der
andere, und weil fie von Kindesbeinen an gefehen hatten, daß in ihrem
Kreife diejenigen, die am reichften in Seide fich hüllten, auch die ver=
mögendften und fozial angefehenften waren. Man muß fich über folche
Dinge klar zu werden fuchen, denn ich geftehe, daß auch ich ein wenig
über die Wahl der Watuffi gelächelt hatte.

Der einzige Mißton, der bisher unfer Verhältnis ftörte, ift, daß der
König noch kein Gaftgefchenk für meine Leute gefchickt hatte, und daß
außer Brennholz nichts im Lager verkauft wurde; aber morgen vor=
mittag foll ich Lebensmittel bekommen. Ich vermute, daß fie erft
meinen Befuch beim König abwarten, den ich für morgen früh an=
gefagt habe.

16. Juni, 11 Uhr vormittags. Ich glaube, die Watuffi führen mit
mir ein übles Spiel auf. Als ich heute bei Tagesgrauen in den feuchten
Morgen hinausblickte, fah ich durch die Nebel, die rings um unfer
Lager fluteten, die hageren Geftalten mehrerer Watuffi mit langen
Stöcken Jagd auf die Wahutu machen, die in wilder Flucht nach allen
Seiten die Abhänge hinabftoben. Ich begriff diefes feltfame Schaufpiel
nicht und wollte es kaum glauben, als meine Leute mir fagten, daß es
geftern nicht anders gewefen fei; und daß die Watuffi offenbar übles
gegen uns im Schilde führten, weil fie die Wahutu, die Lebensmittel
zum Verkauf bringen wollten, auf diefe Weife vertrieben. Ein paar
Stunden fpäter kam Ruhenankiko mit großer Eskorte und antwortete
mir, als ich auf die knurrenden Mägen meiner Träger verwies und
ihn wegen eines Gaftgefchenkes interpellierte, daß der König erft die
Gefchenke fehen wolle, die ich ihm bringen würde. Ich erwiderte ihm,
daß er fie fchon geftern gefehen hätte und daß ich ohne jede Gabe er=
fcheinen würde und Juhi Mfinga felber fragen wollte, ob diefe Bot=
fchaft wahr fei, worauf alle in die Refidenz zurückkehrten. Aber fchon

nach einigen Stunden waren sie wieder da und sagten, der König lasse mich ersuchen, erst morgen zu ihm zu kommen. Ich antwortete zuerst etwas gereizt, als ich aber das spöttische Lächeln Ruhenankikos sah, dessen rechte Gesichtshälfte viel stärker inneviert als die linke, so daß sich, wenn er lacht, sein Mund einseitig verzieht und seine wie bei allen Watussi stark vorspringenden oberen Schneidezähne vollkommen ent= blößt werden, ward ich ruhiger und erwiderte gelassen, daß ich keine Minute länger als verabredet warten, sondern sobald die Sonne im Zenith stände, vor den Toren der Residenz erscheinen würde. Ru= henankiko antwortete wiederum nichts, sondern eilte, umringt von seiner schwatzenden und lachenden Begleitung, davon.

Abends. 10 Minuten vor 12 verließ ich mein Lager und nahm nie= manden mit, als die Frau meines Kochs und meinen kleinen neun= jährigen Boy, der meinem Hengst einige Schritte voranging. Meine Leute hatten mich dringend gebeten, wenigstens den größten Teil der Bewaffneten mitzunehmen, aber ich lachte sie aus und befahl dem Schausch, während meiner Abwesenheit mit ihnen zu exerzieren. So= bald ich mein Reittier bestiegen hatte, liefen die Wanjaruanda, die bis dahin mein Lager erfüllten, zu Hunderten im Sturmschritt voraus. Ihre hellen langgezogenen Rufe flogen über alle Täler hinweg, und sofort wiederholte sich das Bild, das ich schon neulich bewunderte: Wieder strömten aus allen Pfeilen der Windrose und über alle Kämme und Hänge in kleineren und größeren Fähnlein die Wahutu mit ihren Mtussichefs der Residenz zu und vereinigten sich dort zu sieben, acht Reihen kauernder regloser Massen.

Wie ich es angekündigt hatte, war es gekommen. Scheitelrecht stand die Sonne über uns, und all die Tausende von Speeren warfen kaum daumenlange Schatten, als ich fünfzig Schritt vor dem Haupttor ab= stieg und meinem Boy die Zügel des Hengstes überließ. Ich selbst schritt, ohne nach rechts und links zu schauen, auf den Eingang zu, vor dem, ihn halb verdeckend, ein riesiger, über zwei Meter langer, heller, fast rotfarbiger Mtussi stand, einen zierlich gearbeiteten Speer und einen langen Stock in der ausgestreckten Rechten und in der Linken einen winzigen Schild. Einen Moment schien es mir, als wollte er mir den Zutritt versperren, aber im letzten Moment noch wich er zur Seite. Ich trat in einen großen sauberen Hof, schritt wiederum durch ein Spalier aufrechtstehender Männer und trat eine Minute später in eine große Hütte, an deren Tür mich Ruhenankiko empfing.

Im schwach erhellten Vorraum saßen eng gedrängt ein Dutzend der Vornehmsten; rechts von ihnen ein leerer Schemel, auf den ich mich niederlassen wollte. Aber Ruhenankiko wehrte es mir, weil er für den König bestimmt sei und wies mit der Hand auf die mattenbedeckte Erde zu seiner Rechten. Ich erwiderte, daß ich nicht gewohnt sei, auf dem Boden zu sitzen und verlangte einen Stuhl für mich. Nach einigem Zögern eilte einer der jüngeren davon und kehrte bald darauf mit einem der üblichen Sitze wieder. In demselben Augenblick belehrte mich ein Händeklatschen der Anwesenden, daß der aus dem Hinter= grunde der Hütte kommende, auf die Schultern zweier Begleiter sich stützende Mtussi der König war. Ohne mich anzusehen, setzte er sich auf den Schemel zu meiner Rechten. Ich war aufs äußerste verblüfft, denn nach allem, was ich bis dahin gehört hatte, mußte Juhi ein sechzehn= jähriger Jüngling sein; was aber da neben mir saß, das war ein etwa vierzigjähriger Mann mit halb geschlossenen, schläfrigen Augen und kupferner Indianerhaut. Und doch trug er das Attribut des Königs, ein etwa zwanzig Zentimeter breites Band von weißen Perlen, von denen sich sechs Zackenlinien von rosa Perlen abhoben. Vom oberen Rande dieser seltsamen Kopfbedeckung hingen große Büschel langer weißer Seiden= affenhaare auf das Hinterhaupt herab. Vom unteren Rande fielen etwa fünfzehn aus weißen und roten Perlen kunstvoll gestickte Schnüre mit fingerlangen und fingerdicken Quasten herab und bedeckten einen großen Teil des Gesichtes bis zur oberen Lippe. Bekleidet war er mit einem kurzen, über die Mitte des Gesäßes und vorn dicht über den Mons pudoris laufenden, doppelt gefalteten, feingegerbten Schurz, dessen Fellseite der Haut anlag und der nur am oberen Rande um= gebogen war, wo er aus hunderten einzelner kleiner Teile zu einem Linienornament zusammengenäht war. Vom unteren Rande des Fells hingen etwa zwanzig gedrehte Schnüre aus Otternfell herab. Die Taille umschnürten eng einige Perlenketten, und auf den Leib hingen locker zehn bis fünfzehn Grasringe herab, von denen jeder drei weiße Perlen trug. Um den Hals trug er eine Kette von feinen röhren= förmigen Perlen, die von eingeborenen, am Hofe lebenden Hand= werkern mit primitiven Sägen und Bohrern aus Muscheln hergestellt werden, deren ferne Heimat die Küsten des indischen Ozeans sind. Eine Menge Amulette bedeckten seine Brust, zum größten Teil wie kleine Fläschchen anzuschauen, über die mit zweifarbigen Perlen in Zickzack= linien bestickte Hüllen gezogen waren. An beiden Armen hatte er 150 bis 200 Ringe aus dünnem Messing= und Kupferdraht, von denen die meisten entweder eine große blaue Perle oder aus dem gleichen Metall geschmiedete kleine Schellen trugen. Die Fußknöchel umschlossen eben= falls ein paar hundert Drahtringe — aber diese aus Eisen —, was die vorher geschilderte schwerfällige Gangart erzeugte. — — — — — —

Die ganz konventionelle Unterhaltung wurde von einem der Hof= beamten geführt, dem meine Worte durch die Frau meines Kochs mit zitternder, zagender Stimme übersetzt wurden. Denn es war ihr beim ungewohnten Anblick dieser schwarzen Majestät das Herz in die Hosen (oder was sie statt dessen trug) gesunken. Der König beteiligt sich zu= nächst gar nicht an der tropfenweise geführten Konversation, aber ich sehe von Zeit zu Zeit ein leichtes Kopfnicken und höre von Zeit zu Zeit ein diskretes Grunzen, das ich als wohlwollende Zustimmung zu meinen durch meinen Dolmetsch devot verbrämten Worten auffasse und mit dem gleichen Wohllaut beantworte. Dies wiederholte sich in der nächsten Viertelstunde noch mehrere Male, dann aber fing mir diese Art, sich zu unterhalten, doch an, ein wenig eintönig zu werden, worauf ich mich verabschiedete. Vorher ersuchte ich Juhi noch einmal, mir Nahrungsmittel für meine Leute zu schenken oder zu verkaufen; er versprach es für den nächsten Morgen und machte einige törichte Ausflüchte, daß es ihm nicht möglich sei, noch heute die genügende Quantität zusammenzubekommen. Draußen besteige ich wieder meinen Hengst und kehre, diesmal von einem paar tausend Leuten eskortiert, ins Lager zurück, wo man meine Ankunft schon ängstlich erwartete und mich mit einem dreifachen Hip, Hip, Hurra empfing.

Mkingo, den 17. Juni, 10 Uhr vormittags. Wozu sitze ich noch hier und worauf warte ich? Der König hat sein Wort gebrochen und mir nicht das kleinste Gastgeschenk geschickt. Der König? Ich will fortan die Götter dieses Landes anbeten, wenn ich den König gesehen habe. Denn je mehr ich darüber nachdenke, um so klarer wird mir, daß das Ganze gestern eine gut gemimte, aber schlecht inszenierte Komödie war, und daß irgend ein anderer Mtussi dem Weißen die Rolle des Mami vor= spielen muß. Nur war es ein grober Regiefehler, die Königsmaske einem vierzigjährigen Manne anzuschminken; denn alle Welt beschrieb mir Juhi Msinga als einen Knaben; als einen hochaufgeschossenen Knaben, aber immerhin einen Knaben. Schon in Urundi hatte ich wiederholt danach gefragt und dort wie in Ussui von den Häuptlingen immer die gleiche Beschreibung erhalten. Und welch ein Interesse hätten diese Leute haben können, mich zu täuschen? Ich hatte ihnen wiederholt Burschen und Jünglinge aus meiner Karawane oder auch Eingeborene, die zufällig im Lager waren, präsentiert, damit sie mir an ihnen ungefähr das Alter Juhis demonstrierten. Die Grenze schwankte natürlich etwas, immerhin aber nicht so sehr, um nicht mit ziemlicher Sicherheit das Geburtsjahr Juhis bestimmen zu können. Ich vermute, daß man den Regenten den Europäern aus abergläubischen Motiven verbirgt. Auch der mystische König von Urundi, Kissabo, und der von Uha, dessen Namen ich vergessen habe, werden ihren Blicken entzogen, weil sie sterben zu müssen fürchten, wenn sie sich Aug in Auge sähen. — — —

Die Ansicht, die mein Tagebuch hier ausspricht, hat, wie ich gleich feststellen möchte, später ihre Widerlegung gefunden. Richtig ist, daß weder Ramsay noch Bethe noch mir der junge Juhi gezeigt wurde, sondern Pambarugamba, das Haupt der Babandwa, der „Geweihten", der „Dämonisierten", durch deren Mund, wenn sie in „trance" sind, der Geist eines Vorfahren oder eines der sagenhaften Heroen des Landes spricht und Fragenden „Wahrheit" kündet.

Dagegen irrte ich, als ich glaubte, daß die Europäer den König niemals sehen würden, weil irgendwelche unüberwindliche Superstitionen dem entgegenständen; denn ich selbst war zwei Jahre später der erste, dem gegenüber man die Maske fallen ließ, nachdem man noch wenige Monde vorher den Bischof von Bukumbi, Monseigneur Hirth, durch Vorführung des „Hohenpriesters" zu täuschen versuchte. Ich hatte allerdings in der Zwischenzeit nie aufgehört, bei jeder passenden Gelegenheit den Hof die Erfolglosigkeit seiner Dupeversuche wissen zu lassen. Außerdem war ich durch meine friedliche Tätigkeit in Ruanda schon überall bekannt, von niemandem gefürchtet und selbst der Einwohner so sicher, daß ich bei meinem zweiten Besuche in der Residenz nur noch drei Gewehre mit mir führte.

Es war sicherlich nur Furcht gewesen oder wenigstens Vorsicht, was früher die Farce veranlaßte; vielleicht glaubten sie auch, nachdem sie einmal einem Europäer die Komödie vorgespielt hatten, sie nun auch bei allen fortsetzen zu müssen. Sei es einer von diesen oder von hundert anderen möglichen Gründen — ich weiß es nicht mit Sicherheit, weil die Watussi selber gar keinen Versuch machten, mir ihr Verhalten zu motivieren und ich selbst eine Diskussion hierüber für unfruchtbar hielt, da es wohl möglich war, daß sie, um sich nicht selbst zu dementieren, mit irgend einer kindlichen Lüge über die Vergangenheit hinweggehuscht wären.

Ich bin übrigens außerstande, mit Sicherheit anzugeben, ob Graf Goetzen den Vater des jetzigen Königs oder auch nur einen Stellvertreter gesehen hat. Das erstere wäre immerhin möglich, denn Luabugiri Kigeri war ein tapferer selbstbewußter Mann, aber wenn ich die Beschreibung, die Graf Goetzen von ihm gegeben hat, lese und mich erinnere, daß sie fast bis auf das letzte Tüpfelchen der Erscheinung des Pambarugamba entspricht, der überdies durchaus nicht einen Durchschnittstypus der Watussi darstellt, so beginnen doch in meiner Seele leise Zweifel zu wogen wie die abendlichen Nebelstreifen in den Schilftälern dieses Landes. — — — — — — — — —

Mir scheint, daß die Watussi nicht nur in bezug auf den König, sondern auch auf andere Personen mich mit einem Lügengespinst umgeben wollen. Ich hatte gleich bei meiner Ankunft nach Scharangabbo, Luabugiris Sohne, von dem Goetzen in seinem Buche eine so sympathische Schilderung gibt, mich erkundigt, aber die Antwort bekommen, daß er in seinem Dorfe fern in Kissakka weile. Dieselbe Antwort erhielt ich, als ich nach Kaware fragte, und doch haben gestern nachmittag mein Ombascha Mkono und ein paar Träger der Goetzenschen Expedition einige Watussi aus der Zahl meiner Lagergäste als die von mir Gesuchten wiedererkannt, begrüßt und Erinnerungen mit ihnen ausgetauscht. Ich muß zu meinem Bedauern ausdrücklich konstatieren, daß Ruhenankiko und Rudegembja ohne Erröten Zeugen dieser Demaskierung waren, sie, die mir doch die erlogenen Angaben über die Abwesenheit der beiden gemacht hatten. Und auf meine Vorwürfe hatten sie nur ein kindlich naives, nicht unliebenswürdiges Lachen zur Antwort.

— — — — — — — — — — — — — — — — — —

Dies nimmt den nicht Wunder, der, so wie ich später, Gelegenheit hatte, die Watussi kennen zu lernen und weiß, daß Lügen ihre ethischen Vorstellungen nicht beleidigt, weil es für sie eine nicht unedle Art des Wettstreits zweier Intelligenzen ist, in dem zu unterliegen den Besiegten nicht schändet. Ein Mhutu leugnet nicht, daß er seines gleichen belügt; nur den Europäer nicht, weil er ein Mami — ein Fürst — ist. Daher die stereotype Redensart: „Sinsawesch' umami": „Ich werde doch den Mami nicht belügen." Ein Mtussi dagegen: „Ein Mtussi lügt nicht." Wie hunderte Male habe ich diese stolze Antwort aus einem

Munde gehört, den ich im gleichen Augenblick einer Unwahrheit über=
führt hatte. Und doch hatte er recht; ein Mtussi lügt nicht, er läßt nur
die verschleierte Wahrheit erraten. Ihr Lügen ist die unbewußte Über=
tragung ihrer anmutigen bei einem Negervolk überraschenden Rätsel=
spiele, mit denen sie als Kinder schon ihre Geselligkeit zu beleben
pflegen, in das wirksame Leben. — — — — — — — — — —

Unser Lager war gestern den ganzen Nachmittag von Eingeborenen
erfüllt, während es jetzt wie ausgestorben daliegt. An dem Gedränge
beteiligten sich Watussi wie Wahutu; beide Parteien suchten Stoffe von
mir zu erhalten, die einen durch Betteln, die anderen durch immer
dringlicher und unverschämter werdende Forderungen. Ich reagierte weder
auf das eine noch das andere, aber ich kaufte einigen Wahutu ethno=
graphische Dinge ab. Als ich sah, daß einige Male der Versuch von den Wa=
tussi gemacht wurde, die Wahutu ihrer eingehandelten Stoffe zu berauben,
machte es mir Spaß, einen kleinen Ballen geschenkweise nur an Wahutu
zu verteilen. Die Watussi sahen sich dies einige Zeit an, dann fingen sie
mit ihren langen Stöcken an, auf ihre Untertanen einzuhauen, wodurch
das Lager von Zudringlichen etwas gesäubert wurde. Unter den jünge=
ren Watussi waren einige, deren Dreistigkeit schon anfing, mich aus
meiner Ruhe zu bringen. Nachdem sie mit ihren in herausforderndem
Tone gehaltenen Betteleien abgewiesen waren, kehrten sie lachend nach
einiger Zeit zu mir zurück und boten mir eine kleine Kartoffel oder
eine faule Banane und dergleichen zum Spott als Kaufobjekt an. Ich
sah dem eine gute Weile zu; als dann aber einer, überdies ein Bursche
mit einem abstoßend häßlichen Gesicht, vorsichtig mit den Spitzen von
Daumen und Zeigefinger ein Feldhuhn im höchsten Stadium der Zer=
setzung mir unter die Nase hielt, packte ich es mit einem plötzlichen
Griff und schlug es ihm drei= bis viermal um die Ohren, daß ihm die
Federn in den Lücken seiner breitklaffenden vorstehenden Schneidezähne
haften blieben und er von Graus und Ekel geschüttelt, fauchend und
spuckend unter dem Gelächter seiner Freunde und meiner Leute zum
nächsten Bach ins Tal hinabstürzte, während das von Federn halb ent=
blößte Huhn ihm im weiten Bogen durch die Lüfte nachflog.

Heute im ersten Morgengrauen wiederholte sich dasselbe Bild wie
an den vorigen Tagen. Wieder sah man durch den Nebel hindurch die
Watussi mit flatternden Gewändern ihre gespensterhafte Jagd auf die
stoffgierigen und handelswillfährigen Wahutu machen.

Seit 10 Uhr liegt das Lager wie ausgestorben da; kurz vorher war

Ruhenankiko bei mir gewesen und hatte mir gemeldet, der König wünsche — und nun folgte eine lange Reihe von Gegenständen. Ich fühlte, daß ich blaß vor Zorn wurde, aber ich hielt an mich und antwortete ihm ruhig: Es sei heute der dritte Tag — den der Ankunft nicht mitgerechnet — an dem wir hier ohne Nahrung und ohne Gastgeschenk lagerten. Der König möge sich entscheiden. Sei bis morgen 7 Uhr nichts bei mir eingetroffen, so werde ich die Residenz wieder verlassen. Aber nicht als Freund. Er glaube vielleicht mich mißachten zu können, weil ich nur siebzehn Gewehre mitgebracht hätte, während die anderen Weißen, die er gesehen habe, über einige hundert Flinten verfügt hätten. Darum habe er jene freundlich aufgenommen, mich aber wie einen Feind, dem man die Zufuhr abschneide; aber er möge nicht vergessen, daß es der Freund und Bruder jener anderen sei, den er mit einer Kränkung davonschicke. Auch solle er nicht glauben, daß ich dies vergessen werde, sondern sobald ich meine Brüder am Tanganika erreichen würde, würde ich Klage gegen ihn erheben. Als meine Brüder zu ihm gekommen seien, habe er erklärt, ein Freund der „Wadaki" (der Deutschen) sein und bleiben zu wollen. Wenn dies seine Freundschaft sei, so prophezeie ich ihm, daß sie sehr rasch eine Ende finden würde, und daß die Wadaki wie die Heuschrecken über sein Land herfallen und es abweiden würden, bis alle Frucht zerstört sei.

Ruhenankiko und sein ständiger Begleiter Rudegembja hörten meine Worte mit auffallendem Ernst an, dann gingen sie in die Residenz. Vom Volk, das aufmerksam gehorcht hatte, verlor sich still einer nach dem anderen, und jetzt liegt mein Lager öde da.

Meine Leute laufen natürlich mit verdrossenen Mienen herum, denn sie haben sich seit drei Tagen nicht mehr sattgegessen, weil ihnen die vegetabilische Nahrung fehlt und das Fleisch der Ziegen, die ich für sie schlachte, ohne jede Zutat ihnen widersteht. Seit gestern schon liegen sie mir in den Ohren, von hier abzumarschieren und suchen mich durch ihre kleinmütigen ängstlichen Voraussagungen zu beeinflussen; nunmehr, da sie wissen, daß es morgen wieder weitergeht, stehen sie in Gruppen und mit aufgehellten Mienen zusammen.

(Eine Stunde später.) Ich hätte nicht geglaubt, daß meine Worte eine so rasche Wirkung haben würden. Die Oheime des Königs waren bei mir und baten mich um eine geheime Unterredung. Es war ihnen sehr peinlich, daß ich das ablehnen mußte und zum mindesten die Frau meines Kochs als Dolmetsch hinzuziehen mußte. Die Tonart ihrer Rede war total umgewandelt. Sie hielten mir einen langen Vortrag über die freundlichen Gesinnungen des Königs gegen die Wadaki im allgemeinen und mich im besonderen. Der König würde unbedingt noch heute oder morgen früh ein Gastgeschenk schicken. Aus der Monotonie ihres Phrasen= gewimmels stach nur ein Satz, mich frappierend, hervor. Sie sagten näm= lich, wie ich glauben könnte, daß sie, die Watussi, Feinde der Europäer wären. Seien sie doch einer Abstammung und Kinder eines Vaters. Ja, wenn sie Wahutu wären, diese bösen, niederträchtigen doppel= züngigen, zu jeder Schlechtigkeit bereiten Wahutu, denen ich in Zukunft kein Wort glauben möge, wenn sie die Watussi verleumdeten. — — — Also daher wehte der Wind!

Nachdem sie sich so ihres Auftrages entledigt hatten, kehrten sie wieder zur Residenz, dem Zentrum aller Beratungen, zurück. ⁊

20. Juni. (Am Mkunguti=Fluß.) Am Nachmittage des 17. brachte Ruhenankiko einige Krüge mit Pombe und ein paar Körbe mit Mehl und Bananen. Es reichte zwar lange nicht aus für den Bedarf meiner Karawane, aber es war immerhin ein Zeichen ihres besseren Willens als vorher. Auch versprachen sie für den kommenden Morgen mehr. Um sie in ihren guten Absichten für die knurrenden Mägen meiner Träger zu sorgen, etwas zu stärken, griff ich zu einem Mittel, zu dem mich eine Stelle aus dem Werke des Grafen Goetzen angeregt hatte.

Es befand sich unter meinen Lasten auch eine Kiste mit Raketen von zweierlei Art; die einen explodierten in der Luft mit weit hörbarem Knall, die anderen teilten sich oben in ein Gewirr von fauchenden, feu= rigen Schlangen. Am Nachmittage des 17. präparierte ich etwa zwanzig Stück, nämlich von beiden Arten je zehn. Ich ließ zu diesem Zwecke, ebenso viele Stöcke in den Boden stecken, in die je ein langer Nagel ge= schlagen war, band jede Rakete mit einem Pfeile zusammen, und steckte, als die Nacht hereinbrach, je eine Rakete auf einen der Nägel, so daß sie möglichst senkrecht oder etwas nach vorn, d. h. der Residenz zu ba= lancierten. — — — — — —

Es war gegen 9 Uhr. Eine herrliche schweigsame Nacht; der Horizont über den fernen Kämmen in leichten Dunst gehüllt, die Täler von weißen Nebelmassen bedeckt und der Himmel in voller Klarheit funkelnd. In tiefem Schlaf lag die Landschaft und träumte. Aus den Hirsefeldern unter uns drang der mir fremde Lockruf eines Vogels, und aus dem Dunkel des alten Hains klagten die Eulen. Sonst Schweigen. Tiefstes Schwei= gen. Nur drüben von der Residenz her erschallt wie jeden Abend der dumpfe Schlag der Pauken und dazwischen jauchzen hell die Flöten und trunkene Tanzlieder von Männern und Frauen. Und rings um den äußersten Zaun schließt sich wie der Gürtel einer Königin ein Ring von hunderten kleiner Wachtfeuer. —————

Plötzlich blitzte es auf; zischend stiegen in rascher Folge die Raketen hoch und lösten sich in hundert Schlangen auf und krachend barsten die anderen in den Lüften. Und ehe noch zwei Minuten vergangen waren, breitete sich wieder schweigend die Nacht um unser Lager. —————

Wie ein Herbstwind, der plötzlich in einen Haufen welker Blätter stößt und sie nach allen Seiten über die öden Parkwege treibt — also trieb der Schrecken auch die Mannen von Ruanda auseinander, die rings um die Residenz des Königs lagerten.

Wie ein wildes Tier, das seinem Käfig entsprungen ist, sich auf eine festlich versammelte Menge stürzt, daß sie nach allen Richtungen davon rennt und selbst weit Entfernte mit sich reißt, die den Grund der Panik nicht kennen; und in alle Gassen und Häuser drängen sie in ihrer Angst, bis der Festmarkt verödet daliegt — also stoben die Mannen von Ruanda über die Hänge hinab und in die Höfe hinein und rissen auch noch die mit sich fort, die auf der andern Seite der Residenz des Königs lagerten.

Wie eine Flutwelle, die sich mit wilder Gier auf ein Land stürzt und vom Meer wieder eingesaugt wird und noch einmal vorspringt und wieder zurückflutet und immer wieder mit langsam sterbender Kraft, bis zuletzt das Meer wieder ruhig daliegt, erschöpft, mit gebrochener Tücke, und nur noch von Zeit zu Zeit ein leises Schauern seine Haut kräuselt — also fluteten die Mannen von Ruanda zwischen den Feuern und den Höfen hin und wieder und stießen in den engen Pforten zu= sammen, und verdeckten die Flammen der lodernden Scheite mit den Silhouetten ihrer wimmelnden Leiber, und der Lärm ihrer Rufe schwoll an und schwoll und klang und klang wieder ab, bis sie zuletzt sich niederkauerten und alles war wie vorher — rings um die Residenz des Königs von Ruanda.

Aber die Pauken und Flöten wollten in dieser Nacht nicht mehr singen. — — — — — —

——— ——— ——— ——— ———

Es war für meine Bosheit ein köstliches Schauspiel gewesen; aber meinen Trägern willkommener war am nächsten Morgen ein anderes, als schon im ersten Tagesgrauen, kaum daß Trommeln und Schalmeien das Erwachen des Herrschers verkündet hatten, eine lange Schlange beladener Menschen sich durch das Haupttor der Residenz wand und den sanften Abhang unseres Berges hinaufkroch. An der Spitze marschierten die unvermeidlichen Ruhenankiko und Rudegembja, gefolgt von einer Kuh mit Kalb und einer Herde von etwa 80 Stück Ziegen. Nachdem die ungeheueren Mengen von Bananen und Mehl glücklich verteilt waren, schnürten wir zur Freude meiner beglückten Leute unser Bündel und marschierten in den nächsten Tagen hierher, auf dem Wege zum Akanjaru. Der Abschied von den Watussi war ungemein kühl; sie hatten mir den feurigen Spektakel der letzten Nacht wohl doch sehr übel genommen. Charakteristisch dafür war, daß, als ich dicht hinter dem Lager, meiner Karawane voranschreitend, in einer Gruppe junger Watussi Scharangabbo bemerkte und ihm zum Abschied die Hand reichte, er kaum, daß wir uns berührt hatten, seine Hand so rasch zurückzog, als hätte er glühendes Eisen gefaßt. Meine Leute lachten, weil sie in seinem Benehmen eine Äußerung der Furcht erblickt hatten. Ich persönlich hatte mehr den Eindruck, daß Grauen und Ekel aus ihm sprachen.

Einen Mtussi als Führer durch das Land zu erhalten, war mir nicht möglich. Aber vielleicht werden die Nachteile dessen durch andere Vorteile aufgehoben. Über meine Niederlassung in Ruanda sprach ich kein Wort; ich muß riskieren, es ohne der Watussi Erlaubnis zu tun und abwarten, was sie dagegen tun werden. Ich werde allerdings, wenn ich mich im Westen des Landes niederlassen sollte, ganz auf mich selbst angewiesen sein, weil diese, dem Kongostaat gehörigen Territorien infolge des Aufstandes der kongolesischen Soldaten, ohne jede Verbindung mit den Behörden sind. Meglio cosi.

Bemerkenswert ist noch ein Umstand, den ich heute, auf dem Umwege über meinen Boy, durch die sprachkundige Frau meines Kochs erfuhr; ein an sich lächerlich geringfügiger Umstand, der aber nach Meinung meiner Leute — und wie mir scheint, mit vollem Recht — für das Verhalten der Watussi von entscheidendem Einfluß sein sollte.

Es war nämlich der Intelligenz der Watussi, gelegentlich der Expeditionen Ramsay und Bethe nicht entgangen, daß die Teilnehmer nicht alle den gleichen Rang einnahmen, und es war ihnen insbesondere der Unterschied in der Uniformierung der Offiziere und Unteroffiziere aufgefallen, so daß sie sich darüber zu informieren suchten. Ihre eigene soziale Klassifizierung heranziehend, schlossen sie, daß es auch unter den Weißen Watussi und Wahutu, d. h. „Herren" und „Hörige" gebe, und daß diese Kasten auch äußerlich ihre Merkmale trügen. Als sie nun mich und meine Kleidung daraufhin musterten und das Fehlen jedes Abzeichens eines Großen (Achselstück) konstatierten, glaubten sie mit dem ihnen angeborenen Hochmut nicht mehr Rücksicht auf mich nehmen zu müssen, als meiner Stellung zukam, vor allem aber beschlossen sie, ihre Leistungen von einem reichlichen Tribut meinerseits abhängig zu machen. (Wie sich daraus alles weitere entwickelte, habe ich ja ausführlich geschildert.)

Nachdem dieser Brief meinen Lesern hauptsächlich von den Riesen dieses merkwürdigen Landes erzählt hat, wird wohl schon der nächste auch einiges von seinen Zwergen bringen.

Mganamukari, November 1900.

Ringmarſch um die Vulkane.

Brief II.

Am Njawarongoknie, 1. Juli 1898. Zehn Tage ſind es jetzt her, daß ich von meinem, etwas verunglückten, Beſuche des Königs zurück= kehrend die Vereinigung von Njawarongo und Akanjaru erreichte. Ich lagerte auf dem Rücken eines Berges, der mit rieſigen uralten Kande= laber=Euphorbien beſtanden war. Von meinem Zelt aus ſah ich nach Süden in das mächtige Sumpftal des Akanjaru ein paar Meilen weit ſtromaufwärts und ſah auch, wie er einige Kilometer nördlich, dicht am Fuße der jenſeitigen Berge, und teilweiſe verdeckt von üppiger Vegetation ſeine Waſſer mit denen des Njawarongo=Kagera rechtwinklig vereinigte.

In dieſen Gegenden hat ſeit mehr als drei Wochen die Trockenzeit eingeſetzt, und die Eingeborenen ſind fleißig bei der Arbeit, zu beiden Seiten des Fluſſes den Papyrus zu brennen. Das Schilf ſelbſt iſt raſch vom Feuer verzehrt; aber die oberflächlich unter der Erde fortkriechenden Wurzelſtöcke glimmen tagelang weiter und ſenden durch alle Poren des Bodens dünne gelbliche Rauchſtreifen, die bei Tage unſichtbar ſind, in den Morgen= und Abendſtunden aber als feine Schleier auf der Talſohle lagern. — — — — — — — — —

Zu einer Zeit, wo im übrigen Ruanda die höchſte Trockenheit herrſcht und der ausgedörrte, riſſige Boden nur welkes Gras und kümmerliches Unkraut trägt, bringt im Tal des Akanjaru der feuchte, ſchwarze Boden den Anwohnern eine reiche Ernte. Als ich zwei Jahre ſpäter von „Berg= frieden" aus eine Expedition zur Erforſchung ſeines Laufes unter= nahm, da zog ich vier, fünf Tage ſtundenlang durch eine von Papyrus eingeſäumte grüne Feldflur, die zu beiden Seiten des Fluſſes mehrere hundert Meter breit ſich ausdehnt. Dies Bild und die Erinnerung an einen früchteſchweren Garten, in den die Miſſionare von Miſſugi in kurzer Zeit durch Regulierung des Bachbettes einen Papyrusſumpf verwandelt hatten, zeigten mir deutlich, wie ungeheure Strecken frucht= barſten Bodens von den Negern zu ihrem Schaden brach gelaſſen werden, während alljährlich in dieſem oder jenem Gebiet in den letzten

Monaten vor der Ernte die Nahrung in allen Winkeln zusammen=
gekratzt wird, die Knollen der Farrnkräuter und allerhand Gräser die
murrenden Mägen füllen und jedes Jahr ein neues Stück von den
Wäldern der Randberge geopfert wird, weil die Leute auf ihren durch
jahrelange Kultur ausgesogenen Äckern die Ernte für die hungrigen
Mäuler kinderreicher Familien nicht mehr ergiebig genug einbringen
können. — — — — — — — — — — — — — — — —

Nachdem eine Vergleichung von Breite, Tiefe und Strömungsge=
schwindigkeit der beiden Flüsse ergeben hatte, daß der Njawarongo bei
weitem der größere ist, mußte ich ihm als dem eigentlichen Quellarm
des Alexandranils folgen. In den ersten beiden Tagen versuchte ich
vergebens an den Fluß heranzukommen. Ich sah ihn wohl unter mir
in tief eingeschnittenem Tal in großen Schleifen durch den Sumpf sich
winden, aber die Hänge fielen so schroff und steil ab, daß es nicht
möglich war, zu ihm hinabzusteigen. Dann aber änderte sich die For=
mation des Tals vollkommen. Je weiter man stromaufwärts marschiert,
um so enger wird seine Sohle und umsomehr macht der Papyrus erst
einem niedrigen Schilf, dann einem mäßig feuchten Wiesenlande Platz
und zuletzt nimmt der Njawarongo ganz den Charakter eines Gebirgs=
flusses an.

1. Juli 1898. Wenn mich des Teufels Klumpfuß nicht gerade zur
Unzeit getreten hätte, so wären die letzten Tage eine herrliche Er=
innerung für mich gewesen. Wir marschierten streckenweise über den
Fuß der nie sehr schroffen Hänge, meist aber im Tal selbst; durch Wiesen,
an sauber eingezäunten Äckern vorbei oder durch Colocasiafelder, die
die Ufer wie Zierbeete begleiten. Ihre umfänglichen, schön stilisierten
Blätter sammeln den Nachttau in großen Tropfen, in denen der
wolkenlose Himmel und die Strahlen der jungen Sonne sich spiegeln.
Der Reichtum an Bächen, die oft in kühnen Sprüngen durch enge ge=
wundene Schluchten zu Tal reiten, ist bemerkenswert. Sechs, sieben
mal täglich mußten wir durch ihr kristallklares Wasser waten oder durch
Pfützen und Morast stampfen, wenn sie über ihre flachen Ufer tretend
im Tal des Njawarongo versickerten. Die Berge zu beiden Seiten des
Flusses sind gut besiedelt, wenn auch nur stellenweise reich. Die Bananen=
haine und Hütten liegen zerstreut auf der Höhe der Kämme und den
oberen Partien der Hänge. Die Breite des Flusses ist sehr schwankend,
merkwürdig schwankend; zwischen 20 und 80 Meter. Auch die Strömung
ist ungleich; meist floß er ruhig und mit langweiliger Würde dahin.

Seit einigen Tagen aber vergnügt er sich immer öfter lärmend die aus=
gelaſſenſten Bockſprünge über Geröll und Felſen zu machen und jeden
Gedanken an zukünftige Schiffahrt zu verhöhnen. Bald ſteuert er in
gerader Linie den kürzeſten Weg, als könne er es gar nicht erwarten,
wie ein feurig Liebender die Braut, den Akanjaru in ſein Bett zu reißen
und dann wieder ſchlängelt er ſich behaglich in ſolchen Windungen und
Schleifen, daß es ſcheint, als wäre ihm die ganze Sache leid und als
wolle er wieder zurück zur Quelle fließen.

Über die Bevölkerung kann ich nicht klagen oder konnte es wenig=
ſtens bis vor einigen Tagen nicht. Watuſſi zwar ſah ich nie; ſah nur
ihre Rinderherden und ihre Gehöfte, aber ſie ſelbſt hielten ſich mir
fern, vielleicht auf Weiſung von „oben“. Aber deshalb brauchte ich
doch nicht Hunger zu leiden, denn der Markt im Lager ward täglich
lebhafter beſucht. Wein, Mehl, Fleiſch und Bananen wurden ſo viel
gebracht, wie Herz und Magen meiner Träger begehren, ſo daß ſie
eitel Freude waren. Nur ich durfte es nicht ſein, weil mir der Teufel
ein Bein geſtellt hatte.

In der Nacht nach meiner Ankunft am Akanjaru nämlich wachte
ich mit dumpfen Geſichtsſchmerzen auf; ich nahm ein Narkoticum, aber
ſtatt daß mir danach beſſer wurde, verſchlimmerte ſich der Schmerz im
Laufe des folgenden Tages und bald wurde mir an dem Schwellen
des Oberkiefers klar, daß ich eine ſtarke Wurzelhautentzündung hatte.
Nun ſtelle dir das, geliebter Leſer, einen Augenblick vor! Man iſt
Arzt, man weiß genau, daß der Zahn heraus muß, weil ſonſt auch die
Knochenhaut aufs ſchwerſte erkranken kann, man weiß, daß Pogge in
Weſtafrika an dieſem Leiden elend zu Grunde ging, aber man weiß
auch, daß der nächſte Zahnarzt in Sanſibar, faſt zweitauſend Kilometer
entfernt ſitzt. Haſt du, mein Freund, ſchon einmal verſucht, dir ſelber
einen Zahn zu ziehen? Ich habe es verſucht, ſogar mit tauglichen
Mitteln, aber bei dem Verſuche iſt es auch geblieben. Eher bringſt du
es noch fertig, dich mit deiner eigenen Hand zu erwürgen, als einen
feſt im Kiefer ſitzenden Backzahn zu eliminieren. Alſo heran, Boys,
Askaris oder wer ſonſt aus der Karawane Kraft und Kourage hat!
Fünf Tage lang quälten wir uns mit vereinten Kräften; fünf Tage
lang verſuchte ich es immer wieder, die Zange an die richtige Stelle zu
legen und zwei meiner kräftigſten Askaris an feſtgebundener Hand=
habe daran reißen zu laſſen. Aber ſo energiſch und brutal die Neger
in ihren ärztlichen Hilfeleiſtungen untereinander ſein können, beim

Europäer versagen sie vollkommen. Man kann ihnen hundert Mal sagen, sie bitten, beschwören, sie anflehen, keine Rücksicht zu nehmen — vergebliches Bemühen; lahm und zaghaft bleibt jeder ihrer manuellen Griffe. Fünf Tage lang dauerte dies Martyrium und die Schmerzen raubten mir den Trost der Nächte und drohten mich verrückt zu machen, so daß ich oft auf dem Marsche, wenn wir einen Bach passierten, meinen heißen, geröteten Kopf in das eiskalte Wasser steckte. Fünf Tage und fünf schlaflose Nächte. Da endlich vor dreimal vierundzwanzig Stunden erbarmte sich ein hilfreicher Gott meiner, und der durch die häufigen Eingriffe und durch den Abszeß in der Wurzelhöhle gelockerte Zahn ward plötzlich der Klügere und gab uns nach. Ich hätte vor Wonne gejauchzt, wenn durch meine verschwollene Mundspalte ein Jauchzer überhaupt noch dringen konnte. Erst seit gestern habe ich mein normales Gesicht einigermaßen wiedererlangt.

Ich bin übrigens gestern nicht marschiert und ich weiß vorläufig auch nicht, wann ich von hier wieder fortgehen werde. Seit einigen Tagen nämlich beginnt die Bevölkerung, mir Schwierigkeiten zu bereiten. Die Sache hub damit an, daß in den letzten Nächten meine Posten mir allerhand Beobachtungen von Gestalten meldeten, die um das Lager herumschlichen. Wiederholt wurde ich durch Schüsse gestört, ohne daß sich ein objektiver Befund für die Richtigkeit nachweisen ließ, und da ich wußte, wie lebhaft, besonders im Dunkeln, die Phantasie der Neger arbeitet, wenn sie einmal gereizt worden ist, so legte ich diesen Dingen keinen Wert bei, und glaubte es auch nicht ganz, als einige Träger sich darüber beklagten, daß ihnen ihre armseligen Wertsachen, angeblich unter dem Kopf fort, aus den verschlossenen Zelten gestohlen seien. Ich ermahnte selbstverständlich die Posten zur Wachsamkeit, bat mir aber aus, mit Schießereien etwas weniger vorschnell zu sein. Jedoch in der Nacht von vorgestern zu gestern ereignete sich etwas, was zur Nachdenklichkeit stimmen konnte und die Beobachtungsgabe meiner Leute bei mir rehabilitierte.

Als nämlich das Lager früh morgens erwachte, stellte sich heraus, daß das Kalb meiner Milchkuh verschwunden war. Ich mochte es zuerst gar nicht glauben, weil die Tiere mitten zwischen unseren Zelten gestanden hatten, und ich es für unmöglich hielt, daß der Posten so freche Diebe nicht bemerkt hätte; dann aber ergab eine schärfere Inquisition, daß die dritte Nummer der Wachen, die um 2 Uhr aufziehen sollte, es für angenehmer erachtet hatte, zu schlafen. Das war nun allerdings

eine ſtarke Leiſtung, um ſo trauriger, als ſie Tangatſchuma, einer meiner beſten Leute auf dem Gewiſſen hatte. Aber was half da lamen= tieren? das Unglück war nun einmal geſchehen und wenn ich es nicht reparieren konnte, ſo mußte ich meinen Schmerz mit der Negerweisheit ſalben: amri ja mungu, Allah wollte es ſo. Aber ſo leicht ergebe ich mich nicht in mein Schickſal. Die Sache war ſehr fatal, denn auf dem kümmerlichen Speiſezettel meines Koches bildeten Kompoſitionen mit Milch den weſentlichſten Beſtandteil. Ja, ich wüßte eigentlich nicht, wie ich augenblicklich ohne Milch beſtehen ſollte, denn erſtens kann ich Kaffee, mein einziges Getränk, ohne Zuſatz von Milch nicht über die Lippen bringen und zweitens habe ich faſt alle Gerichte, die mein Koch mit dem mir hier zur Verfügung ſtehenden Material bereiten kann, ſo reichlich „genoſſen", daß ich ſchon zu würgen anfange, wenn ich nur an ſie denke. — — — — — — — — — — — — — —
— — — — — — — — — — — — — — — — — —

Nun werden vermutlich aufmerkſame Leſer die berechtigte Frage ſtellen: „Ja, melkt man denn bei Euch zu Lande die Kälber?" „Nein, geliebte Gemeinde, in der Regel nicht. Aber die afrikaniſchen Milch= kühe haben die eigentümliche Laune ihre Milch ſofort zu verlieren, oder wenigſtens auf ein Minimum zu beſchränken, wenn man ihnen das Kalb nimmt.[1] Deswegen verkaufen die Eingeborenen auch nie ein jüngeres Kalb und wenn es ihnen ſtirbt, ſo ſuchen ſie die Mutterkuh damit zu täuſchen, daß ſie das mit Salz eingeriebene Fell des Verendeten oder zum mindeſten ein Stück davon, ſei es auch nur ſchachbrettgroß, über einen Stock hängen und beim Melken der Alten vors Maul halten. Dies mag dieſer oder jener für einen ſchlechten Witz von mir anſehen, aber die Geſchichte iſt uralt und jedem Ethnographen bekannt. Schwein= furth hat ſie ſchon vor vielen Jahren im Sudan beobachtet, und ich glaube nicht einmal, daß er der erſte war.

Nun wird der Leſer meine Verlegenheit eher begreifen und verſtehen, daß ich ſofort entſchloſſen war, alles zu verſuchen um einen Erſatz zu ſchaffen. Daß dies nicht ſehr leicht ſein würde, war mir a priori klar, denn ich hatte ſchon in den letzten Wochen den Verſuch gemacht, mir für alle Fälle eine Reſervekuh mit Kalb anzuſchaffen, war aber auf ſo

---

[1] Was dieſes Minimum bedeutet, läßt ſich daraus ermeſſen, daß eine ausgezeichnete Milchkuh der beſten Art durchſchnittlich etwa drei Liter pro Tag und auf dem Marſch entſprechend weniger gibt.

unerhörte Forderungen gestoßen, daß ich bei meinem geringen Bestand an Tauschmitteln sofort davon absehen mußte. ———————

———————

Eine Verfolgung der Spuren des Kalbes zeigte, daß es von zwei oder drei Männern einige Kilometer stromaufwärts getrieben war. Dann verlor sich die Fährte und es war sehr wahrscheinlich, daß man es über den Fluß gebracht hatte. Der Vormittag ging damit hin, daß ich nach allen Richtungen Leute ausschickte, die Eingeborenen befragen ließ, auch den Stellvertreter des bei Hofe weilenden Häuptlings dieser Gegend interpellierte, aber das Resultat meiner Enquete war gleich Null; die Eingeborenen erklärten ausnahmslos, Hase zu heißen und von nichts zu wissen. Die einzige Auskunft, die ich auf meine Frage, wer wohl das Kalb gestohlen haben könnte, bekam, war: die „Bakiga", was mir die Frau meines Kochs mit „Diebe" übersetzte. Das war sehr logisch, wußte ich aber schon vorher.

Kriegsrat. Ich: Präside, Beisitzer: Schausch Ali und die drei Wanjampara von Bagamojo, Pangani und Tabora. Der Askariführer: schläfrig und langsam, Bagamojo: heftig und mit großartigen Gebärden; Pangani: ruhig und verständig; und Tabora — nämlich der Mnjampara Msuri, d. h. der Schöne — in seiner üblichen gezierten weibischen Manier; aber alle in ihren Ansichten und Ratschlägen einig, ich solle aus der nächsten besten Herde mir selbst einen Ersatz herausholen. Gebilligt und ausgeführt. Schon nach einer Stunde standen vier Kühe und ebenso viele Kälber im Lager und erfüllten den Bananenhain mit melancholischem Wechselgesang. Der Besitzer der Herde, der an einen feindlichen Überfall glaubte, flüchtete zuerst, ließ sich aber dann bewegen, seinem Vieh zu folgen. Er war natürlich sehr aufgeregt, doch beruhigte es ihn sofort einigermaßen, daß er wenigstens drei von den Kühen mit ihren Jungen wieder forttreiben durfte. Auch die vierte sollte er zurückerhalten, und noch eine gute Belohnung dazu, wenn er mir zu meinem Eigentum verhelfen wolle. Ich bot ihm sogar an, einstweilen meine, ihres Kalbes beraubte Kuh in Verwahrung zu nehmen, doch er lehnte es ab, weil sie, wie er sagte, ein Geschenk des Königs sei und die Watussi ihn töten würden, wenn sie hörten, daß er, ein gemeiner Mann aus dem Volke, ein Rind aus den königlichen Herden in Besitz genommen hätte.

Da der mutmaßliche Dieb stromaufwärts saß, so entschloß ich mich einen Tagemarsch weiterzuziehen und kam heute mittag hier in diesem

Lager an. Es befindet sich da, wo der von Süden kommende Njawa=
rongo nach Osten umbiegt. An dieser Stelle empfängt er einen von
Norden aus dem Vulkangebiet kommenden Nebenfluß, namens Mkunga,
der ihm etwa ein Drittel seiner Wassermassen zuführt.

Die Kunde von dem nächtlichen Ereignis und meinem raschen Handeln
hatte sich schnell verbreitet; man merkte das an der großen Aufregung,
die alle Berge, an denen wir vorüberzogen, mit reicherem Leben als
sonst erfüllte. Einen Augenblick schien es unterwegs, als ob wir Feind=
seligkeiten ausgesetzt sein würden, denn es hatte sich an einer Stelle, wo
man auf engem Pfad über steile Abhänge nur langsam vorwärts kam,
ein großer Haufen Volks über uns angesammelt, der bei unserem Vor=
beimarsch in heftige Verwünschungen ausbrach. In solchem Moment
heißt es, seine Nerven zu beherrschen; ohne die Schreier anzuschauen,
meine Augen auf Kompaß und Routenbuch gerichtet, nahm ich den Weg
auf, als ob kein feindseliger Wunsch meine Schritte belauere. In so ge=
spannter Atmosphäre genügt oft die geringste, mißverstandene, zufällige
Bewegung des einen oder anderen Teiles, um eine verhängnisvolle
Entladung herbeizuführen.

Wir marschierten meist längs des Stromes, passierten auch den Ort,
an dem wahrscheinlich das Kalb hinübergetrieben worden war und
erreichten den Mkunga, der am linken Ufer des Njawarongo mündet.
Hier wollte ich lagern, aber da auf unserem, am rechten Ufer, gar kein
geeigneter Platz war, sehnte ich mich hinüber, wo sich zwischen den
rechten Winkel, den die beiden Flüsse bildeten, dicht unterhalb ihrer
Vereinigung, eine schöne saftige Wiese schob. Aber wie über den in
reißendem Laufe, ca. 50 Meter breit dahinströmenden Fluß kommen?
Die Aufgabe schien leicht lösbar, denn vis à vis, wo sich inzwischen ein
paar hundert Eingeborene angesammelt hatten, lag im Schilf verborgen
aber doch deutlich sichtbar, dicht an der Mündung des Mkunga ein
großer Einbaum.

Und nun geschah etwas Unerwartetes: Ich rief, mir den Kahn her=
überzubringen, aber die Eingeborenen rührten sich nicht, schüttelten nur
die Köpfe und lachten mich aus und lachten immer stärker, als erst ich
den Befehl wiederholte und dann die Wanjampara im Chor ihn hin=
überbrüllten. Meine Leute waren über diese Frechheit der „Barbaren"
außer sich und baten mich, hinüberzuschießen, was bei der kurzen Ent=
fernung ein furchtbares Desastre verursacht hätte. Aber daran war natür=
lich nicht zu denken; Gassenjungenstreiche bestrafe ich nicht mit dem

Tode. Und nun erlebte ich eine Szene, die immer zu den köstlichsten
Erinnerungen meiner Reise zählen wird. Meine Leute, die infolge meiner
Weigerung keine andere Ableitung für ihren Zorn fanden, begannen
erst einzeln, dann in Gruppen fürchterlich zu schimpfen, und zuletzt stan=
den auf unserem Ufer über 150 kreischende und brüllende Männlein
und Knäblein und auf der anderen Seite ebenso viel vor Vergnügen
wiehernde Eingeborene. Und je wilder auf dem rechten Ufer des Flusses
die Mütter und Großmütter der Barbaren bis ins dritte und vierte
Glied verwünscht wurden, um so jauchzender heulten auf dem linken
Ufer die Söhne und Enkel der Betroffenen. Es war ein Schauspiel für
Götter, wie diese feindlichen Brüder hier mit rotbraunen Köpfen und
geschwellten Adern sich im Schreien überboten und in den Tiefen ihrer
Erinnerung und aus der Fülle ihrer Sprachkenntnisse immer saftigere
Beschimpfungen heraussuchten. Und die Koseworte flogen von hüben
und drüben wie Roßäpfel durch die Luft. Aber so hilfeflehend auch
meine Leute in ohnmächtiger Wut ihre Blicke stromaufwärts sandten
— der Njawarongo wälzte in immer neuen Massen seine lehmgelben
Fluten zu Tale. Ich hatte indessen auf dem Uferrande gesessen und zu=
erst mit demütiger Bewunderung diesem Konzert wohllautender Kraft=
worte zugehört, aber zuletzt fürchtete ich doch für den Verstand meiner
Karawane und gab den Wanjampara den Auftrag „Das ganze Halt"
zu blasen. Um überhaupt an diesem Tage lagern zu können, entschloß
ich mich für einen schmalen Platz am jenseitigen Ufer zwischen Berg
und Fluß, dessen Zugang uns die Fußspuren von Mensch und Vieh ver=
rieten. Es war ein Glück für die Barbaren, daß, nachdem wir den Strom
auf einer bequemen Furt oberhalb seiner Vereinigung mit dem Mkunga
gekreuzt hatten, zwischen ihnen und uns jetzt noch dieser Nebenfluß lag,
denn sonst wären meine Leute kaum noch zu halten gewesen.

Ich bin nun entschlossen, ein paar Tage hier zu liegen und zu ver=
suchen, mein Eigentum mir zurückzuverschaffen, besonders nachdem
mein Viehhirt mir erklärt hat, daß die „neuerworbene" Kuh lange nicht
so viel Milch produziere, wie meine alte.

2. Juli. Als ich gestern abend vor meinem Zelt saß und bei Lampen=
schein mein Tagebuch vervollständigte, hörte ich plötzlich vom anderen
Ufer her meinen Ruanda=Namen Kanajoge[1] rufen. Nachdem wir so

---

[1] Kanajoge ist eine Verstümmelung von Bana koga, „Wasserfreund" wie mich
die Karawanenleute nannten. Wörtlich heißt es: Der Herr der badet. Nun bitte ich,
daraus keine falschen Schlüsse auf die Körperpflege der übrigen Europäer in der

auf das Kommen irgend welcher Leute vorbereitet waren, rauschte es auch bald im Wasser und zwei Eingeborene stürzten blutüberströmt ins Lager und sprudelten haftige Worte über ihre Lippen. Es war der Befitzer der geftern „erworbenen" Kuh und fein Bruder. Mit einiger Mühe ftellte ich als Kern des Redeschwalls folgendes feft: Wie ich erwartet hatte, war es ihnen mit geringer Mühe gelungen, die Diebe ausfindig zu machen. Dom Wunsche erfüllt, ihre Kuh und die versprochene Belohnung zu erhalten, waren die beiden jenseits des Fluffes den Spuren des Kalbes gefolgt und hatten es in der Hütte eines Eingeborenen gefunden. Aber auf die Forderung, es herauszugeben, waren fie von dem Diebe und seinen Helfershelfern mit Stöcken und Lanzen überfallen und gemißhandelt worden. Ich verband den beiden die Wunden und hieß fie, heute morgen wiederkommen, damit fie mich in das Dorf der Bakiga führen.

Heute nacht verftärkte ich die Poften; daß es nötig war, zeigte fich fehr bald, denn um die zwölfte Stunde merkte ein Askari einen Haufen Männer das jenseitige Ufer entlangschleichen, die zweifellos über den Fluß fetzen und von einer Flanke her in das Lager dringen wollten. Er schoß auf fie, ohne in der Dunkelheit fein Ziel zu treffen.

Heute morgen kam, wie verabredet, der Eingeborene von geftern abend, aber ohne feinen Bruder, den angeblich die Wunden zu fehr schmerzten. Ich ließ mir genau die Route beschreiben, um danach meine Rückkunft bemeffen zu können, und marschierte dann mit acht Askaris (und einigen Trägern zum Heimtreiben des Kalbes) unseren geftrigen Weg stromabwärts. Ein Kahn war nirgends zu entdecken und doch mußten wir an das andere Ufer. Mein Führer war heute fehr zaghaft und gab ausweichende Antworten. Es war ein glücklicher Zufall, daß wir bei einer Wegbiegung Eingeborene fahen, die ein paar hundert Meter entfernt an einer Furt über den Fluß fetzten. Inzwischen hatte unfer Kommen große Aufregung auf den jenseitigen Bergen verursacht; man fah Weiber mit kleinen Kindern an der Hand und Säuglinge auf dem Rücken, andere schwer beladen mit allerhand Hausgerät, eiligft die Hütten verlaffen und den Berg hinaufsteigen; man fah Hirten ihre

Kolonie zu ziehen. Der Name entftand nur dadurch, daß ich ein besonderer Wafferfreund bin und auf dem heißen Marsche nach Tabora, wo es möglich war, ftatt des täglichen Bades deren zwei oder drei nahm. Offenbar machte dies auf meine Leute einen solchen Eindruck, daß mir in kurzer Zeit die obige Bezeichnung anhaftete ohne daß man fagen konnte, wer fie erfunden hatte. Sie war eben eines Tages da.

Herden unter anspornenden Rufen mit langen Stöcken die Hänge hin-
auftreiben; langgezogene Rufe und hundert Namen wurden von Ufer
zu Ufer geschrien und die jüngeren Leute stürzten, mit Bogen und
Pfeilen bewaffnet, über die Abhänge zum Ufer, an dem schon eine
große Zahl erregt hin und her laufender, heftig gestikulierender Eingeborener versammelt war. Man merkte es ihnen an, daß sie durch unser
Kommen überrascht waren, daß sie nicht wußten, ob sie unseren Absichten feindselig oder gleichgültig begegnen sollten. Um ihnen keine Zeit
zu längerer Überlegung zu lassen — denn schon begannen einige jüngere
Leute die Pfeile auf die Sehnen zn legen — befahl ich meinen Leuten,
so wie wir waren, in den Fluß zu springen, um das andere Ufer zu
gewinnen. Ich selbst sprang als fünfter hinein.

Es war eine sehr unangenehme Furt, das Wasser reichte den meisten
von uns bis zum Hals, der Grund war sandig, die Strömung reißend
und der Boden schien unter unseren Füßen talabwärts zu treiben. Man
mußte alle Kräfte zusammennehmen, um nicht fortgerissen zu werden.
Ein paar Schritt hinter mir ging der Gefreite Mkono, den Graf Goetzen
einst in den Urwäldern der Vulkane für mehrere Tage verloren hatte.
Es war ein kleiner Kerl, dem das Wasser bis zur Nase reichte. Infolgedessen hatte er nicht die Kraft, der Strömung Widerstand zu leisten,
wurde abgetrieben und wäre unfehlbar ertrunken, wenn nicht glücklicherweise zwei baumlange Träger rasch hinterhergesprungen und ihn
herausgeholt hätten. Weder ich noch die anderen, die vor mir gingen,
bemerkten seinen Unfall, denn wir hatten selber genug mit der Strömung zu kämpfen und überdies mußten wir unsere Gewehre schützen,
deren Mündung wir auf die Eingeborenen richteten. Man sah sehr
deutlich, daß diese zu keinem Entschluß kommen konnten, und daß die
älteren Leute die jüngeren von Torheiten zurückhielten. Inzwischen
hatten die beiden Spitzenaskaris eine seichte Stelle erreicht und riefen
den Eingeborenen zu, sich zurückzuziehen. Als ich selbst bald darauf
das andere Ufer gewann, flüchteten alle und blieben erst ein paar
hundert Meter entfernt stehen. Ich rief ihnen zu, heranzukommen, denn
ich hätte durchaus keine feindlichen Absichten, wenn sie sich ruhig verhielten. Sie antworteten mit Versicherungen ihrer Ergebenheit, kamen
aber zunächst nicht heran. Als wir gleich weitermarschieren wollten, um
die triefenden Kleider während des Marsches von der Sonne trocknen
zu lassen, stellte sich heraus, daß der Führer am anderen Ufer zurückgeblieben und verschwunden war. Er fürchtete sich offenbar zu sehr vor

Ruhenankifo.

der Rache der Diebe, denen er uns auf den Hals schickte. Übrigens hatte
er uns den Weg, der sehr nahe war und das Tal, das wir passieren
mußten, so genau beschrieben, daß ich auch ohne ihn mein Ziel zu er=
reichen hoffte. Aber nachdem wir etwa eine Stunde marschiert waren,
fand ich mich nicht mehr zurecht. Schon wollten wir ärgerlich wieder
umkehren, als wir bei einer Wegbiegung plötzlich das Blöken eines
Kalbes dicht über uns vernahmen. Wir gingen den Lauten nach und
siehe da, auf einer freiliegenden Graskuppe, die unbebaut war, stand,
mit einem kurzen Strick an einen Pflock befestigt, das Kalb und schrie ver=
langend in Hunger und Liebe nach seiner Mutter. Inzwischen hatte sich
eine Anzahl Eingeborener eingefunden, die uns den Sachverhalt er=
klärten. Danach hatten die Diebe, als sie von unserem Kommen hörten,
das Kalb schleunigst hierher getrieben. Nach einigem Parlamentieren
erklärten einige sich bereit, uns zu den Hütten der Frechlinge zu führen;
wir erreichten sie nach etwa einer Stunde auf den Abhängen eines
engen, steilen Tales. Das kleine Gehöft mit drei, vier Hütten war
natürlich verlassen, und in den öden Räumen fand sich auch nur einiges
Gerümpel, darunter eine komplette Tanzausrüstung, d. h. Kopfschmuck,
lange Stäbe mit Rasseln und ein paar Glocken. Die Hütten wurden
verbrannt, ein paar Tabaksbeete abgeerntet und dann marschierten
wir wieder in unser Lager zurück, im Triumph unser neugewonnenes
Kalb vor uns hertreibend, dessen preußische Farben hell in der Sonne
glänzten. Das Wiedersehen zwischen Mutter und Kind war rührend und
ähnlich herzlich verlief die Wiedervereinigung zwischen dem gestern
„erworbenen" Vieh und seinem Besitzer. Nachdem er gesehen hatte, wie
glimpflich die Sache für alle Beteiligten abgelaufen war, hatte er sich
auf dem Rückweg uns wieder angeschlossen und empfing außer seinem
rechtmäßigen Eigentum noch die versprochene Belohnung. — — — —

Meinen unfreiwilligen Aufenthalt an der Mündung des Mkunga
hatte ich auch dazu benutzt, um über den Lauf dieses Flusses und das
Gebiet, das er durchströmt, Erkundigungen einzuziehen. Bei dieser Ge=
legenheit hatte ich zunächst etwas sehr frappierendes festgestellt, näm=
lich, daß „Bakiga" nichts mit „stehlen" zu tun hat, sondern daß es
wörtlich übersetzt etwa die „Bewohner des Poris" heißt und daß so die Ein=
geborenen bezeichnet werden, die in längst vergangenen Zeiten vom
Kongo=Staat her in Ruanda eingewandert seien. Ein alter, sehr ver=
nünftiger Mtussi, der mich heute im Lager besuchte — der erste, den
ich seit Mkingo sah — gab mir über diese Leute eine Reihe, wie ich

glaube, wahrhafter Erklärungen. Nach ihm hätten die Bakiga früher im Westen der Vulkane gewohnt. Von dort seien sie durch die immer sich wiederholenden Einfälle der Waregga nach Osten gedrängt worden bis zu dem See von Itschumwi [1], und hätten allmählich das ganze Gebiet am Fuß der Vulkane und von dort aus das Mkunga=Tal bis zum Njawarongoknie hin besiedelt. In all diesen Landschaften lebten sie unter der alten Bevölkerung, verleugneten aber in Sprache, Sitten und Charakter in vielen Beziehungen nicht Ursprung und Heimat. Nominell unterständen sie zwar dem König von Ruanda, seien aber ewig auf= sässig und widerborstig, besonders in den letzten Jahren, als die Stamm= provinzen der Watussi nach dem Tode Luabugiris durch inneren Hader sich zerfleischten. Der Mann erklärte ganz offen, daß die besonnene Art und Weise, mit der ich in der Diebesaffäre vorgegangen sei und insbesondere der Umstand, daß ich nur die Schuldigen zu strafen ausgegangen wäre, ihm den Mut gemacht hätten, zu mir zu kommen und mich zu bitten, auch in den Wiederholungsfällen genau zwischen den Wanjaruanda und den Bakiga zu unterscheiden. Denn, wenn ich, wie er gehört habe, die Absicht hätte, nach Norden zu ziehen, so prophe= zeihe er mir, daß ähnliche Dinge sich noch oft wiederholen würden, denn es gäbe hier ganze Gemeinden von Dieben, unter deren Belästigungen die alte Bevölkerung ebenso zu leiden habe, wie jetzt ich.

Das waren ja recht nette Aussichten. Aber gleichwohl entschied ich mich dafür, die Quellforschung eine Zeitlang ruhen zu lassen und erst einen Ringmarsch um die Vulkane herum anzutreten. In einem Monat durfte ich hoffen, wieder am Zusammenfluß des Njawarongo und des Mkunga einzutreffen.

7. Juli. (Am Ostfuß des Muhawura=Vulkans.) Von den letzten Tagen ist viel zu berichten. Wir zogen das Mkunga=Tal stromaufwärts immer auf seinem rechten Ufer. Von dem Flusse selbst war wenig zu sehen, da er seinen Lauf in dichten Schilfmassen verbirgt, und nur das stärkere oder schwächere Rauschen seiner vielen Schnellen verriet uns seine größere oder geringere Entfernung. Die Gegend war sehr reich be= siedelt; die steilen Hänge der Talwände mit Bananenhainen bedeckt. Zahlreiche Bäche, die von Ost und West dem Mkunga zuströmen, kreuz= ten unseren Weg. Es war ein sehr eigenartiges Bild, wenn in der ersten Morgenstunde die Nebel in all den Schluchten und Spalten wogten und über dem Mkunga selbst in leise flutender Bewegung standen, und

---

[1] d. h. Der Salzsee, nämlich der Albert=Eduard=See.

während die Westseite des Tales noch in tiefblaue Schatten gehüllt war, auf der Ostseite schon die Millionen von tauglänzenden Bananenblättern wie silbergraue Fahnen sich neigten und hoben und zwischen ihnen bläulicher Herdrauch aus verborgenen Hütten drang, der, von der feuchten Luft niedergehalten, langsam über die Abhänge hinabkroch.

Aber eine Stunde später hatte sich die Stimmung der Landschaft total verändert; dann füllte ein flimmernder Dunst die Höhen und Tiefen, hinter denen sich die Formen der fernen Berge im Norden nur schattenhaft abhoben. Auf weiten Strecken war das Gras frisch gebrannt, so daß jeder Schritt über die verkohlten Flächen eine schwarze Staubwolke aufwirbelte; an anderen Stellen zogen lange Feuerlinien durch das Tal, und dann mischte sich ihr schweflig-gelber Rauch mit dem zitternden Atem der verdorrenden Erde. Und je höher die Sonne stieg, um so träger zogen Mensch und Vieh am Rande der bebend heißen Steppe.

Unser Lager schlugen wir in diesen Tagen meist am Fuße der Berge im Schatten eines der zahlreichen Bananenhaine auf. Die Anwohner verhielten sich friedlich, brachten Geschenke und reichlich Lebensmittel zum Verkauf. Die Wege waren nicht sehr beschwerlich, so daß alles guter Dinge gewesen wäre, wenn wir nicht Nacht für Nacht durch die frechsten Diebereien gestört worden wären. Es begann damit, daß in der ersten Nacht verschiedenen Trägern die Bündel, auf denen sie in ihren Zelten schliefen, unter dem Kopf fortgestohlen wurden. Dreister aber war, was in der zweiten Nacht sich ereignete. Der Leser weiß aus früheren Briefen, daß ich immer eine Herde von Ziegen mit mir trieb, um stets Fleisch für die Leute zu haben. Dieses Kleinvieh ließ ich in einer rasch erbauten Hürde, etwas abseits des Lagers, unter Bewachung einiger Leute schlafen, weil nächst dem Geschrei der Ibisse und dem Gesang der Moskitos kein Laut meinen Nerven so verhaßt ist, wie die Lieder eines verliebten Ziegenbockes. Und leider gelten auch von ihnen die schönen Worte Zarathustras: Nacht ist es — nun tönen lauter alle Lieder der Liebenden — und daher die nächtliche Dislozierung. Auf diese Herde stürzten sich, während die Wächter schliefen, fünfzehn oder zwanzig Bakiga, rissen sie auseinander und begannen sie fortzutreiben. Als aber die erschrocken aus dem Schlafe auffahrenden Posten sie mit Gewehrschüssen verfolgten, ließen sie die Tiere im Stich und liefen davon. Inzwischen war das ganze Lager alarmiert und alles stürzte, ohne zu wissen warum, mit Speer oder Messer bewaffnet, davon. Die meisten überdies in eine ganz falsche Richtung. Dabei ereignete sich etwas un-

gemein komisches. Als wir nämlich von der nutzlosen Verfolgung zurückkehrten, entdeckte zunächst der Askari Schulze, daß das Zelt, in dem
er noch eben neben der Hürde geschlafen hatte, mit allem was darin
war, vom Erdboden verschwunden war. Es war eines der üblichen,
einen halben Meter hohen Trägerzelte, die die Leute auf dem Marsche,
als Schutz gegen den Druck der Lasten, um den Kopf gewunden tragen.
Kaum hatten wir uns von diesem Schreck erholt, so kamen erst zwei,
dann noch zwei und zuletzt noch drei Träger, die ihre Bündel und Felleisen vermißten. Es war also kein Zweifel, daß, während wir stromaufwärts die einen verfolgt hatten, von der anderen Seite her andere
Bakiga in das verlassene Lager gedrungen waren und die in dem Bananenhain verstreuten Zelte nach Herzenslust geplündert hatten.

Diese Ereignisse hatten mich natürlich vorsichtig gemacht, so daß ich
von nun an das Lager in einer geschlossenen Ordnung aufstellen ließ.
Das ist nicht sehr angenehm, denn bisher hatte ich mich immer nach
den Windverhältnissen gerichtet, um nicht von dem Rauch der Herdfeuer belästigt zu werden. In der dritten Nacht lagerten wir in einer
alten Residenz und ich hatte ein kleines Gehöft als Hürde für meine
Milchkuh und ein paar Stiere benützt. Aber auch hier wurde der Versuch gemacht, das Vieh zu stehlen, doch von dem Posten rechtzeitig bemerkt, der von einem der Diebe mit einem heftigen Stockschlag über
das Gesicht bedacht wurde. In der vierten Nacht wurden wieder einige
Träger bestohlen und ein paar Ziegen weggetrieben, trotzdem ich gleichzeitig drei Posten im Lager stehen hatte. Aber meine Leute sind fest
davon überzeugt, daß die Bakiga geheime Zaubermittel haben, mit
denen sie die Sinne der Wachen verwirren, wenn sie sich nicht gar ganz
unsichtbar machen. In den letzten Nächten hatten wir verhältnismäßig
Ruhe; nur einmal verscheuchte ein Posten ein paar Gestalten durch
Schüsse; dagegen wurden bei Tage einige kleine Diebstähle ausgeführt.

Während des ganzen Marsches den Mkunga aufwärts und durch
die große Landschaft Mlera ereignete sich jeden Abend etwas sehr seltsames. Sobald die kurze Dämmerung tiefer Nacht gewichen war, meine
Leute rings an den flackernden Feuern saßen und leise schwätzten, ich
selbst beim freundlich warmen Schein meiner Lampe las oder von der
fernen Heimat träumte, ließ sich plötzlich von irgend einem der Berge
in der Nähe des Lagers her eine Stimme vernehmen, deren Ruf klar
und scharf die Finsternis zerschnitt: „Hört, hört es, ihr Söhne von
Ruanda! Ein Fremder ist im Lande. Geht nicht in sein Lager, um ihn

oder eines seiner Kinder zu bestehlen. Hört, hört es! Er wird eure Hütten verbrennen, er wird eure Haine und Felder verwüsten; er wird eure Weiber und Töchter als Sklavinnen mit sich schleppen, wenn ihr ihn beraubt. Hört, hört es, ihr Söhne von Ruanda!" Und von allen Bergen und Hügeln ringsum erhob sich aus dem Dunkel der Bananenhaine die vielstimmige Antwort: "Wir hören, wir hören es!" Und dann ließ sich stromauf und stromab von einem entfernteren Punkte dieselbe Rede noch einmal vernehmen und dann wieder von einem ferneren, bis zuletzt die gedämpften Klänge nur noch wie der letzte Hall eines ersterbenden Echos durch die schweigende Nacht zitterten.

Das erste Mal, als ich diese seltsamen Warner hörte, hatte ich an die Wirkung ihrer Rede geglaubt, aber der Leser weiß bereits, wie leider die Ereignisse meinem all zu willigen Vertrauen widersprachen.

Am 6. Juli lagerte ich in einem kleinen Kessel, der von einem kristallklaren Bache, dem Penge, durchströmt wird. In diesem Lager durfte ich zum ersten Male das grandiose Bild bewundern, das ich in den nächsten Jahren noch — ach wie oft — anzustaunen Gelegenheit hatte, ohne daß ich je seiner satt wurde.

Aber davon im nächsten Briefe.

Mganamukari, Januar 1901.

Brief III.

Im Penge-Lager hörten wir von den Eingeborenen, daß hinter der nordwestlichen Kesselwand sich ein großer Markt[1] befände. Als gegen Abend einige Träger, in dem Irrtum befangen, daß dieser Markt noch zu so später Stunde besucht wäre, die Höhen erstiegen, sah man sie von oben mit heftigen Gebärden winken und rufen. Um den Grund ihrer Erregung kennen zu lernen, folgte ich mit einigen meiner Leute neugierig ihren Spuren. Ich erklomm den Kamm, warf einen Blick in die Landschaft vor uns und begriff sofort ihr Verhalten, denn ein seltsam schönes Bild baute sich da oben vor uns auf.

Zum Greifen nahe stiegen die drei Vulkane der östlichen Gruppe aus einer endlos nach Westen sich dehnenden Lavaebene auf: Am weitesten rechts, d. h. östlich, erhebt sich ein riesiger, über 4000 Meter hoher, steiler und sehr regelmäßiger Kegel (Muhawura). Nach Westen hin fällt er nicht bis zur Ebene ab, sondern nur etwa 1000 Meter bis zu einem Sattel, der ihn mit einem zweiten, etwa 3500 Meter hohen, dicht unter der Spitze abgeschnittenen Kegel (Gahinga) verbindet. Dieser steigt nach Westen, in schwächerer Neigung als auf der Ostseite, zu einem noch tieferen Sattel, dem sich der dritte der Kolosse anschließt, der 3700 Meter hohe Ssabjin. Wie ein breiter dolomitenartig gezackter Rücken hebt sich seine Silhouette von dem roten Grunde des Abend-himmels ab.[2] Nach Südwesten setzt er sich in einem langen, etwa 2600 Meter hohen Grat mit vielen Schroffen und Zinnen fort. Außer dieser Gruppe sieht man noch fern, fern gen Westen eine zweite Gruppe noch höherer Riesen mit unsicheren, verschwimmenden Konturen durch die von den Dünsten der Ebene und dem Rauch der Grasbrände er-

---

[1] Solche Märkte befinden sich in diesem ganzen Gebiet und an den Ufern des Kiwu-see, soweit eben westlicher Einfluß reicht. In den Stammprovinzen von Ruanda fehlen sie. Wo sie vorhanden sind, werden sie verschieden oft abgehalten, manche täglich, manche zweimal wöchentlich. Man findet sie alle drei, vier Stunden.

[2] Er ist der Rest einer Kraterumwallung, die im Osten und Westen bis zum Grunde aufgerissen wurde und deren stehengebliebene Kulisse statt von dem horizontalen Kraterrande, von zerhackten, teilweise aus senkrechten Felsen bestehenden, nach beiden Seiten in Stufen abfallenden Zinnen gekrönt wird. (Hauptmann Hermann: Das Vulkangebiet des zentralafrikanischen Grabens. Berlin 1904.)

füllte Luft schimmern. Die unteren und mittleren Partien der drei
Vulkane sind mit Wald und dichtem Busch bedeckt (der bei dem mitt=
leren fast bis zum Kraterrande steigt), nach oben zu lichter wird, in den
Schluchten noch höher hinaufsteigt, bis er in der nackten, von zahl=
reichen vertikalen Rillen und Furchen durchzogenen Aschenhaube sein
Ende findet. Dicht unter der Spitze des Muhawura lagerte eine schmale,
in den letzten Strahlen der Sonne goldig leuchtende Wolke, die ihn
wie ein Ring umgab und im Höhenwinde um ihn zu kreisen schien.
Aber das mochte Täuschung sein; aber keine Täuschung waren sie
selbst, die erhabenen Gebilde, über die sich der immer blauer werdende
Mantel der Abenddämmerung breitete, bis sie zuletzt nur noch wie
phantastisch ungeheure Tempel eines ausgestorbenen Göttergeschlechts
ernst, düster, fast drohend in die gestirnte Nacht hineinragten.

Auf den alten Karten war der Muhawura als Ufumbiro ein=
getragen, auf Grund der Angaben von Speke, Stanley und Stuhl=
mann, die ihn von fern her gesichtet hatten. Ich war deshalb ein
wenig erstaunt, als die Eingeborenen mir auf meine Frage nach dem
Ufumbiro immer wieder sagten, daß ich diesen erst sehen würde, wenn
ich den Ostfuß des Vulkans überschritten hätte. Die Lösung dieses
Rätsels fand ich denn auch, als ich heute diesen Punkt erreichte.

Ich lagere auf dem Ostabhange in einem kleinen Dorf, das von
schmutzigen, habgierigen, unliebenswürdigen Bakiga bewohnt wird.
Der Weg hierher führte über die sonnendurchglühte Ebene, die wir
auf dem Berg hinter dem Penge=Lager zu unseren Füßen hatten. Die
Lavamassen, die sie bildeten, entsandten einen ihrer Ströme wie eine
lange Zunge bis fast in die Mitte des Mkungatales.

Andere Ströme stauten im Osten und Norden die Täler des Ur=
gebirges und schufen dadurch eine Reihe von Seen, die ich teils in den
beiden letzten Tagen zur Rechten hatte, teils von meinem heutigen
Lager aus nördlich vor mir sehe. Die größten von ihnen sind der durch
den Ruhondo=See und den Mkunga zum Nil abfließende Bolero und
der Mutscha. Beide landschaftlich reizvoll durch das zerklüftete Gebirge,
das sie von drei Seiten einschließt, und durch viele kleine hügelige
Inseln. Zu meiner Überraschung sagte man mir im heutigen Lager,
daß vor wenigen Monaten einige Europäer von Osten über den Höhen=
zug, der die südlichsten beiden Seen trennt, gekommen seien, den
Muhawura erstiegen hätten und wieder nach Osten zurückgekehrt.

wären. Ich denke, daß es englische oder belgische Elefantenjäger waren.[1]

Als Kuriosum möchte ich erwähnen, daß ich in dem gestrigen Lager für meinen persönlichen Bedarf, heute aber für die ganze Karawane Wasser habe kaufen müssen; selbst für das Vieh, das seit zweimal vier= undzwanzig Stunden nicht mehr getränkt worden war. Dabei fiel mir auf, daß, während mein Esel und die Rinder das „willkommene Naß" — wie in solchem Falle Reiseschilderer zu sagen pflegen — gierig auf= schlürften, der größte Teil der Ziegen gar kein Verlangen danach hatte. Das Wasser wurde von den Eingeborenen aus einer natürlichen Zisterne hoch oben von den steilen Abhängen des Muhawura geholt, denn ich konnte meinen, an sich durch den beschwerlichen Marsch über die Lavafelder ermüdeten Trägern nicht auch heute zumuten, daß sie wie gestern 1½ Stunde weit bis zu dem nächsten See laufen sollten.

Auf einem kleinen Spaziergang am heutigen Nachmittage löste sich mir auch das Ufumbiro=Rätsel. Ufumbiro ist nämlich der Name der Landschaft im Norden der Ostgruppe mit einer Menge von kleinen erloschenen Kratern und einer alten königlichen Residenz. Soviel ich feststellen kann, scheinen überhaupt die meisten Vulkannamen auf unseren Karten Namen alter Residenzen zu sein; dies nimmt den nicht wunder, der weiß, wie schwer bei der Identifizierung fernliegender Objekte in Afrika Irrtümer zu vermeiden sind. — — — — —

Ich habe in dieser Beziehung später die komischsten Mißverständnisse konstatieren können. So zeigte mir einmal ein Herr eine Rundpeilung, deren Berge von dem Eingeborenen, dessen Blick der hinweisenden Hand des Europäers folgte, ungefähr so bezeichnet wurden: „Deine Hand", „Ein Berg", „Ich sehe ihn", „Ich kenne ihn", „Er ist sehr groß" usw. usw. Manchmal handelt es sich in solchem Fall um Ab= wehrlügen der Eingeborenen, worüber ich in einem späteren Briefe ausführlicher spreche;[2] manchmal macht es ihnen auch Spaß, den Europäer zu foppen; am häufigsten aber ist es ein naives Mißverstehen, besonders dann, wenn keiner der beiden die Sprache des anderen kennt und der gute dumme Neger glaubt, daß der Europäer auf die Objekte der Unterhaltung wegen zeigt, worauf er, ob solcher Herablassung ent=

---

[1] Wie ich nach einigen Monaten in Usumbura erfuhr, war es die Expedition Bethe= Grawert, die von Mpororo her diesen Abstecher gemacht hatte.
[2] Siehe Brief VII des II. Bandes.

zückt, sich verpflichtet fühlt, jedesmal in irgend einer harmlosen Be=
merkung seinen Senf dazuzugeben, einen Senf, der dann protokolliert
und in Karten und Atlanten verewigt wird. Ein Reisender klagte ein=
mal über die Unsittlichkeit eines Volksstammes, weil ein Fluß den
Namen einer Einladung führte, die im Hofton nicht üblich ist, die aber
durch Goethe im Götz von Berlichingen literaturfähig gemacht wurde.
Es ist möglich, daß jener Fluß wirklich so hieß, aber nicht ausgeschlossen,
daß der schwarze Gewährsmann des Reisenden ihn nur deshalb so ge=
tauft hat, um aus irgend einem Grunde seinem gepreßten Herzen gegen
den Befrager Luft zu machen. — — — — — — — — — —

13. Juli 1898. Seit der letzten Eintragung in mein Tagebuch sind
wir zuerst durch die reichbesiedelte Ebene nördlich der drei Vulkane
nach Westen marschiert, bis wir an den Rand eines tiefen, vier, fünf
Stunden breiten Grabens kamen, der, zwischen der mittleren und der
westlichen Gruppe der Vulkane beginnend, nach Norden zum Albert=
Eduard=See zieht. Dann bogen wir nach Süden um. Für die nackten
Füße meiner Träger war der Marsch über die zerrissene, von der Sonne
durchglühte Lava sehr beschwerlich, auch wurden nur wenig Lebens=
mittel gebracht, meist nur Bohnen und Erbsen. Bananenhaine haben
wir ein paar Tage lang nicht mehr gesehen. Außerdem blieben die
Wasserverhältnisse immer schlecht, weil in dem zerklüfteten Boden alles
Regenwasser rasch versinkt und sich unterirdisch zu großen Bächen an=
sammelt, die da, wo die Lava an das Urgebirge grenzt, zum Vorschein
kommen. — — — — — — — — — — — — — — — —
Diese Wasserarmut ist für das ganze Vulkangebiet bis zum Kiwu
hin charakteristisch. Es gibt Ortschaften, deren Bewohner drei bis fünf
Stunden laufen müssen, um ihren täglichen Wasserbedarf sich zu holen;
infolgedessen ist der Schmutz in den Wohnstätten auch nirgends größer
als hier, nirgends sieht man soviel verwahrloste Kinder mit vernach=
lässigten Sandflohwunden, nirgends so große Anpflanzungen von
Rizinus, deren Öl den Leuten das Waschwasser ersetzen muß, und nir=
gends sieht man wie hier, daß in den Bananenhainen die abgeernteten
Stämme gespalten und zu Scheiterhaufen aufgeschichtet werden, um
das in ihnen enthaltene bittere Wasser zu sammeln und für Hauszwecke
zu benützen. — — — — — — — — — — — — — — —
In den letzten Tagen wehte ein so heftiger Sturm, daß ich bei
meinen Peilungen kaum den Kompaß ruhig halten konnte. Besonders

in den Nächten schwoll er zu einem wütenden Orkan an, der die Sonnensegel gegen die Zelte peitschte, so daß ich fast bis zum frühen Morgen die Augen nicht schloß, sondern wachend dalag und horchte, wie der Sturm heulend über die Ebene fuhr und in die tiefen Spalten der Lava stürzte, von wo sein Weinen und Klagen in zerrissenen Lauten, wie die Funken der Wachtfeuer, durch die Nacht geweht wurde. Aber er vertrieb die erstickenden heißen Dünste, die der Graben zu unserer Rechten aushauchte, dieser öde, mit rotbraunem Busch und welkem Hochgras bekleidete Graben, den auf großen Strecken nackte schwarze Lavamassen in fürchterlichem Chaos von großen zackigen Trümmern und kleinem Geröll bedecken. Oft häufen sie sich da, wo zwei Ströme sich begegneten, zu wahren Hügeln auf, und dann ziehen lange Wälle wie Eisenbahndämme durch diese gottverlassene Wüste.

Auch der Blick nach Süden hin wurde durch den Wind frei, und wir sahen in voller Klarheit die kühnen Gebilde des 4700 Meter hohen schneebedeckten Karissimbi=Kegels und des zweigipfligen, unersteiglich schroffen Mikeno. Zwischen beiden steht noch der Wissoke, ein um 1000 Meter niedrigerer Kegelstumpf auf breiter Basis. Nur die Rand= berge drüben im Westen (hinter denen ich neun Monate später ein langes Martyrium erleiden sollte), verschwammen in der Ferne hinter bläulichen Schleiern.

Die Ansiedelungen der Eingeborenen und sie selber machen einen kümmerlichen Eindruck. Trotzdem vielfach in nächster Nähe die präch= tigsten Hölzer im Überfluß vorhanden sind, habe ich nirgends jämmer= lichere Hütten gesehen, als hier; Hütten, die gegen die Willkür von Wind und Wetter so wenig Schutz gewähren, daß sie selbst häufig auf der Windseite durch eine Art Schutzmauer aus Gräsern geschirmt werden.

In der Nähe eines dieser elenden Dörfer ereignete es sich gestern abend, daß der kleine neunjährige Hamis, der seit einiger Zeit als Adjunkt meines Eselboys wirkte, vermißt wurde. Er hatte sich ent= fernt, um Bananenblätter für sein Nachtlager zu schneiden, war aber nicht mehr ins Lager zurückgekehrt. Als das Gerücht von seinem Fehlen ruchbar wurde, erinnerten sich einige Träger, von fern beob= achtet zu haben, daß mehrere Eingeborene ein sich heftig sträubendes Kind in ein Dorf geschleppt hätten. Ich schickte sofort einige Soldaten dorthin, und sie fanden auch den Kleinen in einer Hütte geknebelt hinter einer Bettstelle liegen und brachten den kläglich Weinenden zu mir und mit ihm drei etwa dreißig Jahre alte Männer, die er als seine

Räuber bezeichnet hatte. Rührend blödsinnig war zunächst die Ausrede dieser Galgenvögel: „Hamiß habe sich selbst geknebelt und in ihre Hütte gelegt, um die Karawane nicht mehr begleiten zu müssen." Als ich darauf nach Stricken rief, um auch ihnen Gelegenheit zu solcher Selbst= knebelung zu geben, faßten sie das fälschlich als Anzeichen ihres letzten Stündchens auf, und in ihrer Todesangst wehrten sie sich, wie wütende Tiere brüllend und beißend. Von Rechtswegen hätte diesen elenden Sklavenräubern ja auch der Strick gebührt, aber da mir jede Legiti= mation dazu fehlte, ein Transport nach dem etwa 350 Kilometer ent= fernten Usumbura aber nicht möglich war, mußte ich sie mit einer allzu milden Strafe wieder laufen lassen, sehr zum Ärger meiner erbitterten Leute, von denen einige mit Hamiß verwandt waren. Einstweilen ließ ich die drei Kerle des Nachts neben meinem Zelte liegen, wo sie uns allen durch ihr Lamentieren den Schlaf raubten.

Die Neger haben — dies sei nebenbei bemerkt — die Gewohnheit, ihr Leid in ganz bestimmte Rhythmen bezw. Melodien zu fassen; ich habe sehr oft beobachtet, daß Leute, die körperliche Schmerzen hatten, die ganze Nacht in weinerlichem Tone ein und dieselbe Weise sangen. Die Eingeborenen von Ruanda pflegen ihrem Schmerz durch ein in chromatischer Tonfolge absteigendes rasch hintereinander ausgestoßenes „Rro" Ausdruck zu verleihen, und das taten diese drei, die wohl ein wenig fest geschnürt waren, in ausgiebiger Weise. Heute morgen brachten wir sie in ihr Dorf, wo ich sofort von der ganzen Verwandt= schaft und Freundschaft flehend umringt wurde. Da war bereits alles vorbereitet, um mein Mitleid zu erregen. Da saßen die Frauen und heulten mit einem Dutzend Kinder um die Wette und selbst einige Greise im Silberhaar, die wahrscheinlich für diesen Zweck von der Nachbarschaft ausgeborgt waren, mischten ihre Seufzer und ihr Gnade heischendes Händeklatschen mit dem Gewinsel der anderen. Eine Reihe von Körben mit Lebensmitteln standen wie zufällig im Hofe verteilt und ein paar magere Ziegen waren an den Zaun gebunden. Ein etwas dürftiges Lösegeld, wenn man bedenkt, daß es sich gleich um drei ausgewachsene Ehegatten und „Säemänner der Zukunft" handelte. Ich ließ nun die drei aus den oben erwähnten Gründen frei, nachdem ich ihnen zur Ab= kühlung ihrer Gelüste eine Portion von je 25 wohlgezählten Hieben hatte verabreichen lassen, was meine erzürnten Leute mit besonderer Genug= tuung und Verve besorgten; und es war ein weniger graziöses als groteskes Bild, wie die drei nach beendeter Exekution nebeneinander in Kotaustellung wie betende Muselmänner im Sande lagen, nur daß sie ihr Haupt nicht gen Mekka richteten, sondern ihre entblößten Hemisphären sehnsüchtig den kühlenden Morgenwinden entgegenstreckten.

17. Jul. Am Strande von Kissenje. Nach dieser Episode marschierten wir weiter nach Süden, als Richtpunkt immer die wundervollen Gestalten der beiden mächtigen Vulkane und zu unserer Rechten einen weiten Blick über die schwarzen, verdrossenen Lavafelder hinweg auf die westliche Vulkangruppe: den durch seine, den drei großen Kratern entsprechenden Stufen an tibetanische Burgen erinnernden Niragongwe und den teilweise hinter ihm sich versteckenden sargähnlichen Namjagira, dessen nördlicher Abhang ohne scharfe Grenze in den langen Rücken des Urgebirges übergeht. Am Ostfuße des Mikeno harrte meiner eine neue Überraschung.

Wir waren am 14. Juli erst zwei Stunden marschiert und passierten gerade den Kamm eines mit üppigster Vegetation bedeckten Hügels, als ich sah, wie das Männchen, das mir seit ein paar Tagen als Führer diente, den Abhang einer Kuppe zu unserer Linken einige Schritte hinauflief und seinen kleinen schmächtigen Arm mit geballter Faust drohend nach oben reckte. Gleichzeitig quoll über seine Lippen, wie Früchte über die Ränder eines Füllhorns, ein wahrer Strom von Verwünschungen mit dem ganzen Wohlgeruch, den naturwüchsige Völker diesem Kapitel ihres Sprachschatzes zu verleihen imstande sind. Als meine Augen sich zu orientieren suchten, wohin diese Kraftausdrücke gespritzt wurden, entdeckte ich kein lebendes Objekt, sondern nur zwei offene Hütten oder besser Lauben, die auf der Höhe der Kuppe an einem Punkte, von dem aus man nach Süden und Norden die Straße weit überblicken kann, errichtet waren. Sie waren aus ein paar unbehauenen Stämmen, auf denen ein Grasdach ruhte, roh gezimmert. Inzwischen hatten sich die Träger aufgeschlossen und mit ihnen viele Eingeborene, die neugierig den Schwanz der Karawane begleiteten. Ich fragte sie und den Führer, was das alles zu bedeuten hätte und hörte von ihnen mit ungläubigem Ohr, daß hier ein Luginsland frecher Räuber wäre, die Tag und Nacht an dieser Stelle Wache hielten, jeden einsam vorüberziehenden Wanderer töteten und beraubten, Weiber und Kinder aber mit sich schleppten.

Wer diese Unholde seien?

Batwa, die erst seit ein paar Jahren in dieser Gegend hausten, in den Urwäldern des Mikeno versteckt wohnten und jagten, in erntereife

Felder brächen, mitnähmen, was sie nur tragen könnten und nur mit einigen wenigen Gemeinden friedlichen Verkehr hätten, die sich ihre Ruhe durch freiwilligen Tribut erkaufen, gelegentlich auch Lebens= mittel gegen Waffen eintauschen, in deren Herstellung die Batwazwerge Meister seien.

Zwerge?

Ja wohl und so groß — dabei hielt der Erzähler die Hand dicht über den Erdboden, eine Übertreibung, die mir nicht geringes Behagen be= reitete; aber ich blieb ernst, denn ich wollte mehr von ihm erfahren.

Warum sie diese Quälgeister nicht totschlügen?

Allgemeines Oh des Entsetzens — fast hätte ich geschrieben: „be= kreuzigen".

Ja, warum denn nicht? Seien denn die Zwerge so zahlreich?

Nein, vielleicht fünfzehn oder zwanzig Mann.

Also?

Abwehrendes Heben der Hände und ungeduldiges Achselzucken, so, als wenn sie dächten: Was hat denn der mami? Will er uns foppen, daß er fragt, warum wir nicht gegen Batwa kämpfen? Nach einer kurzen Pause des Schweigens errate ich ihren Grund und frage weiter: Ob denn die Zwerge so furchtbar seien?

Aber ja doch, mami! Mit dir zusammen wollen wir sie schon be= kriegen, denn du bist stark, du hast Feuer in eisernen Röhren und Talismane, um gegen ihre Künste dich zu schützen. Aber wir, mami? Wir sind Bettler, arme, schwache Bettler. Was vermöchten wir gegen die Batwa, die wie die Tiere des Waldes leben und von ihnen ihre Sprache und Listen gelernt haben. Seit Urbeginn hassen und verfolgen sie uns, weil Kitwa, der erste Zwerg und Sohn des ersten Menschen seinen Bruder erschlug und mit dem Fluch des Vaters in die Wildnis ging.[1] Wenn aber der mami die Zwerge in ihren Wäldern aufsuchen und ihnen den Knaben, den sie erst vor wenigen Tagen geraubt haben, wieder abnehmen will, so werden wir dem mami einen Führer geben und ihn „Rukisa", d. h. „Retter" des Landes nennen.

Während dieser Gespräche waren wir bis zur Höhe der Kuppe und

---

[1] Eine sehr merkwürdige Analogie zu Kain und Abel. Als der erste Mensch in Ruanda lebte, mit seinen fünf Söhnen Kitussi, Kitwa, Kinjabungu ꝛc., erschlug Kitwa aus Neid einen seiner Brüder. Der Vater wollte ihn zuerst töten, stand aber davon ab, weil es sein eigen Fleisch und Blut war. Doch schickte er ihn mit dem Fluche, daß alle seine Nachkommen als Paria unter den Nachkommen der anderen Söhne leben sollten, in die Wildnis.

zu den Lauben hinaufgestiegen, wo glimmende Herdfeuer und Reste eines frisch gerösteten Huhnes, dessen Federn ringsum verstreut waren, darauf hinwiesen, daß die Wächter sie erst verlassen hatten, als sie von meinem Führer sich entdeckt sahen.

Ich ließ hier das Lager aufschlagen und brach sofort mit sieben Askaris und einem Eingeborenen an der Spitze nach Osten auf. Zuerst ging es durch dichten Busch oder Lichtungen, die mit Adlerfarnen und wilden Bananen bestanden waren. Nach etwa einer halben Stunde, als wir gerade eine enge Schlucht querten, lief unser Führer plötzlich davon und hieß uns, ihm rasch zu folgen. Offenbar hatte er irgend etwas Verdächtiges gesehen. Nach wenigen Minuten schon erblickte ich das Wild, auf das er Jagd machte; ein paar alte Zwergenweiber, die keuchend durch Gras und Farren hindurch einen Abhang hinaufkletterten. Aber bald konnten sie nicht mehr weiter, ergaben sich in ihr Schicksal und ließen sich willig von meinen Leuten einfangen. Es waren zwei greuliche, gesalbte Hexen, die aus irgend einer verborgenen Zisterne Wasser geholt hatten. Ein Schurz aus zerschlissenen Bananenblättern deckte ihre Scham; als Schmuck trugen die welken Körper nur ein paar Ketten von eng aneinandergereihten bläulichen Milchglasscheibchen, die aus einem Schneckengehäuse gefertigt waren. Außerdem hatten beide einen gestrickten Beutel mit Tabak und Pfeifen.

Was in aller Welt sollte ich mit diesen Charitinnen beginnen, die keiner meiner Leute mit einer Feuerzange angerührt hätte, und das will viel sagen bei Menschen, die nicht leicht ein Weib für zu häßlich oder zu alt erachten. Einstweilen schickte ich sie mit einem meiner Leute ins Lager zurück, um sie später zu photographieren und eventuell als Geisel bis zur Rückerstattung des geraubten Knaben zurückzuhalten. Wir anderen setzten indessen unseren Marsch nach Osten weiter fort.

Bald traten wir in immer dichter werdenden Urwald ein; je weiter wir vorwärts drangen, um so beschwerlicher wurde der Weg. Stunde um Stunde verrann, schon stand die Sonne scheitelrecht über unseren Häuptern und sandte nur spärliche Strahlen durch das dichte Blätterdach, in dessen Schatten es drückend schwül und die Luft von dem betäubenden Geruche wilden Jasmins, gemengt mit dem widerlichen süßen einer überall auf dem feuchten Boden wuchernden Pilzart erfüllt war. Bisweilen kreuzten wir die Pfade der Zwerge, aber mein Führer warnte dringend, sich ihnen anzuvertrauen, weil Fallen und giftige Dornen und mit Giftpfeilen bewehrte Wächter auf den Ungerufenen lauerten.

Immer steiler mußten wir bergauf und bergab, oft durch enggewundene Schluchten und über tief eingeschnittene, ausgetrocknete Rinnen. Mein Gewehr hatte ich längst abgeben müssen, denn auf große Strecken mußten wir auf allen Vieren durch das dichte Unterholz kriechen. In Fetzen hingen schon unser aller Kleider, und kein einziger unter uns war, der nicht an drei, vier Stellen blutete. Der Führer, der dicht vor mir ging und an solche Strapazen besser gewöhnt war, ließ rücksichtslos die Zweige des Dickichts, durch das wir uns zwängten, zurückschnellen, so daß ich immer wieder Gefahr lief, meine Augen zu verletzen. Vier Stunden waren wir so ohne größere Pause vorgedrungen und erschöpft, durchnäßt, mit klopfendem Herzen und keuchenden Lungen kletterten wir schweigsam hintereinander her, und nur der Führer, der in beständiger Furcht vor verborgenen Fallen schwebte, hielt leise murmelnd Selbstgespräche. Bisweilen, wenn irgendwo ein aufgescheuchtes Tier durch das Unterholz brach oder ein dürrer Ast unter einem unvorsichtigen Tritt laut knackte, dann blieb er wie angegossen stehen und horchte mit gespanntem Gesichtsausdruck in die Ferne, bevor er uns wieder langsam voranschritt.

Da, an einer besonders dunklen Stelle — wir kletterten gerade in großen Krümmungen steil aufwärts — ist der Führer plötzlich vor mir wie vom Erdboden verschlungen und gleichzeitig sehe ich wenige Schritte über mir, hinter einem großen Felsblock halb verborgen, den Oberkörper eines zwerghaften Alten mit auffallend dickem Schädel und weißem Haupthaar auftauchen, über dessen Lippen eine Flut zorniger Rufe dringt, während seine Augen sich starr in das Dunkel des Gebüsches einbohren, um zu erkennen, welcher Art die Ankömmlinge sind Seine rechte Hand holt mit einem riesigen Speer weit gegen mich zum Wurfe aus, während seine Linke, Bogen und Pfeile krampfhaft umschließend, am Leibe herabhängt. Gleichzeitig kracht neben meinem linken Ohre ein Schuß, dem aus all den verborgenen Schluchten ringsum ein vielfaches Echo antwortet, der Alte reckt mit hellem Aufschrei beide Arme hoch und so rasch wie sie gekommen, verschwand die seltsame Erscheinung. Wir lauschten: nichts ist in dem in Mittagsgluten schlafenden Walde hörbar, als das feine Summen der Insekten und der gellende Ruf eines durch das Rollen des Schusses aufgeschreckten Pisangvogels. All dies hatte sich so rasch, so traumhaft abgespielt, daß ich kaum versucht hatte, nach meinem Gewehr zu greifen, oder eine Abwehrbewegung gegen den auf mich gerichteten Speer zu machen und erst als der Führer mit unglaublich stupidem Gesichtsausdruck durch die Spalte des Dickichts lugte, in dem er kurz vorher so pfeilschnell verschwunden war, löste sich unser aller Spannung und jetzt erst wurde ich mir klar, daß keine Halluzination ein längst vergessenes Bild aus Reisebüchern, die meine Jugend verschlang, mir vorgespiegelt, sondern daß ich Wirklichkeit erlebt hatte.

So rasch, aber auch so vorsichtig wie möglich zogen wir weiter. Da, wo der Zwerg gestanden hatte, war ein Baumstamm mit Blut bespritzt, dann aber hörte jede Spur auf. Schon nach kurzer Zeit traten wir ganz unvermittelt auf eine Lichtung hinaus, die einen Berggipfel einnahm. Jenseits einer Einsattelung begann der Urwald wieder steil aufzusteigen. Sechs bis acht große, gutgebaute Hütten standen kreisförmig am Rande dieser Lichtung und ungefähr ebenso viel Zwerge erwarteten uns hinter den Bäumen des jenseitigen Urwaldes und empfingen uns mit einer Salve von Pfeilen, die wirkungslos zehn und zwanzig Schritt vor uns niederfielen oder in den Hüttendächern sich festspießten. Als gleichzeitig meine Leute ein sinnloses Schnellfeuer beginnen, verschwinden die Zwerge alle im Dickicht des Urwaldes. Ich war gerade im Begriff, die Hütten zu untersuchen, als meine Leute in dem toten Winkel der Einsattelung den Alten von vorhin erblickten, wie er sich, laut um Hilfe schreiend, vergebens bemüht, mit zerschmettertem Schenkel den jenseitigen Abhang hinaufzuklettern. Ich schickte Tangatschuma und Osmani hin, um ihm den Gnadenschuß zu geben. Mir selbst schnitten seine Rufe zu sehr in die Seele, als daß ich seinen Anblick hätte ertragen können. Als meine Leute ihn erreichten, kniete er nieder und versuchte mit letzter Kraft sich ihrer mit seinem Bogen zu erwehren, aber zwei Brustschüsse streckten ihn im selben Augenblick nieder.

In den Hütten, die sehr sauber und von gestohlenen Gütern vollgepfropft waren, fand ich hinter ein paar Körben versteckt, halb ohnmächtig vor Angst den geraubten Knaben, einen Burschen von etwa neun Jahren. Das arme Tierchen war so eingeschüchtert durch die Ereignisse der letzten Wochen und durch den Anblick der fremden Männer, daß ihn erst die Zusprache des ihm bekannten Führers wieder zur Besinnung bringen konnte. Er wurde noch in der gleichen Nacht von mir seinen Eltern im Triumphzuge zugeschickt, als ich nach neunstündiger Abwesenheit todmüde im Lager wieder eintraf. Die beiden Hexen fand ich nicht mehr vor; sie waren ihrem Wächter bald entschlüpft.

Der König von Ruanda.

Dem von uns getöteten Häuptling, der ebenso wie die übrigen vielleicht 140 bis 145 Zentimeter groß war, nahm ich seinen Bogen und eine große Zahl Pfeile ab. Andere fanden wir in den Hütten hängend oder auf der eiligen Flucht über den Weg gestreut. Diese Waffen hatten für mich ein besonderes Interesse. — — — — — — — — — — — — — — — Als Graf Goetzen von seiner Reise zurückkehrte, brachte einer seiner beiden Begleiter, Dr. Kersting, die Nachricht mit, er habe auf seiner Vulkanexpedition, während Goetzen seine Bootsfahrt um das nördliche Viertel des Kiwu machte, die in Ujungu endigte, des Abends Zwerge in Höhlen am Fuße des Vulkans gesehen, die aus mehreren Stücken zusammengesetzte mit Rotangsehnen bespannte Bögen getragen hätten. Diese Angaben begegneten in Ethnographenkreisen Zweifel; ohne Kerstings Zuverlässigkeit auch nur im entferntesten zu beargwöhnen, glaubte man, er habe sich im Dämmerlicht getäuscht und als ich ihn vor meiner Abreise, ich glaube Anfang 1897 im Museum für Völkerkunde zusammen mit Prof. v. Luschan sprach, lenkte letzterer meine Aufmerksamkeit besonders auf diese Bögen. Ich hatte in dem oben erwähnten Zusammenstoße mit den Zwergen das Glück, diese Bögen zu finden und durfte eine große Zahl davon nach Berlin senden. Diese Bögen, die damals wegen ihrer Isoliertheit durchaus rätselhaft schienen, bestehen aus einem Teil eines gespaltenen Bambusstammes, in dessen inneren hohlen Teil ein massives Stück Holz, auch Bambus, eingelegt ist. Beide Stücke werden mit Bastfasern umwunden und zusammengehalten. Die Sehne wird von einem breiten Bambusstreifen gebildet — nicht von Rotang; Rotangpalmen habe ich niemals in den hiesigen Wäldern gesehen — und ist durch einen überaus künstlich geflochtenen Graszopf am Bogen befestigt. Auch die Pfeile waren sehr merkwürdig und von allen afrikanischen Pfeilen durch ihre Bügelfiederung unterschieden. Entsprechend der breiten Sehne hatten sie am unteren Ende keinen Spalt, sondern einen trommelschlegelartigen Knopf. — — — — — — —

— — — — — — — —

Nach dieser Episode, die mich sehr interessierte, aber psychisch doch auch sehr mitgenommen hatte, marschierte ich in zwei langen Märschen hierher. Der Weg führte an hundert kleinen Kratern vorbei, durch die reiche Provinz Bugoie, dann durch das Tal des Sjabeje, der einen prächtigen Fall bildet und zuletzt die Höhe hinauf, von der aus sich mir zum erstenmal der Blick auf diesen wundervollen See eröffnete, bis hinüber zu den in blauen Dünſten verſchwimmenden Inſeln und den weſtlichen Randbergen.

Nun lagere ich ſeit geſtern hier dicht am Waſſer, am ſchönen Strande von Kiſſenje, blicke nach Süden über die ſtille Flut, nach Norden auf das kühne Profil des Niragongwe, der von hier aus geſehen als breiter Kegelſtumpf erſcheint und ſuche mir einſame Spaziergänge zwiſchen dem Park von Kandelaber=Euphorbien, der die Ebene bedeckt.

26. Juli. (Am Njawarongoknie.) Zwei Tage lang ruhte meine Karawane ſich am Kiwuſtrande aus. Herrliche Tage, die meinen Nerven ungemein wohl taten, denn ich konnte den Anblick des alten Zwerges nicht vergeſſen, wie er im Walde die Arme hochwarf und ſeinen hellen Schrei ausſtieß — „jä“ rief er, geradezu als ob er Jeſus rufen wollte — noch das andere Bild, wie er hilferufend, mit zerſchmettertem Oberſchenkel den Abhang hinaufklettern wollte und immer wieder zurückrollte. Es war der erſte Menſch, den ich töten ließ, ein Neger, ein Zwerg, ein Räuber, der gegen mich ſeinen Speer gerichtet hatte — und doch, und doch! Aber ich weiß auch, daß ich ſelbſt alles, was er an Angſt und Grauen und an wahnſinnigem Entſetzen in jenem Augenblick empfand, gleich ihm fühlte und litt und daß ich wie befreit aufatmete, als die beiden Schüſſe durch den Wald rollten, die für ihn der Gnaden= ſchuß — der Schuß der Gnade — waren. Ich würde mir lieber die Zunge abbeißen, als in dieſen Briefen ein unwahres Wort über meine Gefühle ſagen; am allerwenigſten aber würde ich Gefühle erheucheln, um für humaner als andere zu gelten. Ich bin es nicht, denn ich könnte ohne jede ſentimentale Regung, wenn es ſein müßte und Not oder Zwang es befählen, Menſchen töten; nur lange leiden ſollen ſie nicht; weder Menſch noch Tier, und der Anblick eines Leidenden, ob es nun eine wundgeſchoſſene Beſtie iſt, die elend im Dickicht zugrunde geht, oder ein armes Vögelchen, das vom Schrot nur geflügelt wurde, oder ein Zwerghäuptling, der ſchreiend mit zerſchmettertem Schenkel immer wieder einen Abhang hinabrollt — dies alles wirkt gleich ſtark auf mich und verfolgt mich bis in die Träume meiner Nächte. — — —

Vom Kiwu bis hierher waren es neun Tage und meiſt ſehr mühſelige Märſche. Wir mußten das Randgebirge von Weſten nach Oſten kreuzen; ſteilauf, ſteilab, zuerſt durch bewohnte Gegend, in der viele Schmiede das Erz aus den Bergen gewinnen und in großen Schmelzöfen ver= arbeiten; dann durch Urwald, den in einer Höhe von 2300 Meter hochſtämmiger, im Nachtwind gleich Aeolsharfen ſeufzender Bambus ablöst und jenseits der Wasserscheide wieder hinab und zuletzt durch reiche Siedelungen längs des Sjatinje, bis wir 26 Tage, nachdem wir ihn verlassen, wieder am Njawarongo standen, da wo er den Mkunga in sich aufnimmt.

Was sich beim Weitermarsch an seinen Ufern ereignete und wie ich die Nilquelle fand, darüber soll der nächste Brief dem Leser erzählen.

Mganamukari, Januar 1901.

Zur Nilquelle.

Brief IV.

Sobald ich wieder in die Nähe des Njawarongo gekommen war, setzten die alten Diebereien, die seit vierzehn Tagen ausgeblieben waren, sofort in verstärktem Maße wieder ein. Gleich der Tag nach meiner Ankunft lehrte uns, was wir wieder zu erwarten hatten, denn es wurden bei hellem lichtem Tage verschiedene unerhört dreiste Diebstähle verübt. Von einem von ihnen, der von besonderer Naivität zeugte, war ich selbst verblüffter Augenzeuge. Wir lagerten wieder auf dem alten Platz, dicht zwischen Berg und Wasser, und ich saß nachmittags auf dem hohen Uferrande neben der Furt, rauchte eine Zigarette nach der anderen und ließ meine Beine abwärts baumeln. Ein paar Schritt von mir entfernt hatte mein Boy Max meine Wäsche malträtiert und gerade das letzte Stück ausgewrungen, und zu dem Haufen der übrigen gelegt. Ich hatte ihm einen Auftrag zu geben und ließ ihn die fünf Schritt zu mir kommen, weil das Rauschen des Njawarongo sonst meine Worte übertönt hätte. Kaum drehte er der Wäsche den Rücken als ein neunzehnjähriger Bursche, der sich scheinbar zwecklos im Lager herumgetrieben hatte, mit beiden Händen pfeilschnell den ganzen Wäsche-Hügel in seinen Lederschurz packte und über den Fluß zu entkommen suchte. Ich war über diese unglaubliche Dummdreistigkeit einfach starr. Wenn er wenigstens nur ein Stück genommen hätte, aber nein, den ganzen Haufen, der gewiß zwanzig zu großen Würmern zusammengerollte Kleider und Hemden enthielt. Er war natürlich kaum bis zur Mitte der Furt gekommen, als schon ein paar Träger, die von drüben her kamen, ihn liebevoll mit ihren Armen umfingen. Nachdem der Dieb seine 25 Hiebe brüllend empfangen hatte und ihm mitgeteilt war, daß er aus meiner Fürsorge-Erziehung mit dem Prädikat „gebessert" entlassen sei, verstummte er und, statt möglichst rasch zu verschwinden, blieb er mit geschlossenen Augen und steifen Gliedern liegen. Mehrmalige Aufforderung, sich zu entfernen, blieb unbeantwortet, und er regte sich auch nicht, als hilfreiche Samariter ihn wie einen verwundeten Krieger bei den Armen und Beinen packten und in das nächste Gebüsch außerhalb

des Lagers trugen; auch dort noch blieb er wie eine Leiche liegen. Und
selbst als ich scheinbar im Ernst zu meinen Leuten sagte: „Dieser arme
Mann ist dem Tode nahe, bringt mir mein Gewehr, damit ich ihn
vollends töte", selbst dann verharrte er in seiner Bewußtlosigkeit und
wartete ruhig das Kommen der Flinte ab. Dann verließen wir ihn,
und nur ich kehrte auf den Fußspitzen um und verbarg mich in seiner
Nähe. Kaum hatte er die rasch sich entfernenden Schritte gehört, da er=
wachte er aus seinem Scheintode, hob vorsichtig den Kopf und spähte
mit lauernden Augen den Weg entlang. Als ich darauf vortrat und ihn
auslachte, erhob er sich, watete durch den Fluß und kauerte am anderen
Ufer nieder, noch eine halbe Stunde immer wieder den mami anflehend,
ihm etwas zu schenken und immer wieder auf seine brennende Kehr=
seite zeigend. Wozu er diese Tragikomödie aufgeführt hat, wird mir
ewig ein Rätsel bleiben. Ich glaube, der Kerl war total übergeschnappt.

In der darauf folgenden Nacht wachte ich auf und hörte eiliges
Füßetrappeln und sah gleichzeitig durch die Maschen des Moskitonetzes
einen breiten Schatten durch die Zelttür hinaushuschen. Im selben Mo=
ment kamen auch die Posten herangestürzt, von denen ich jetzt immer
drei gleichzeitig wachen lasse. Ich hörte in meiner Schlaftrunkenheit
noch, wie sie von einer Hyäne sprachen und sich beruhigt wieder ent=
fernten. Als ich am anderen Morgen die Hosen anziehen wollte, waren
sie fort; als ich beim Waschen nach meinem Handtuch greifen wollte,
war es fort; als der Träger der Bettlast die Betten in den wasserdichten
Segeltuchsack packen wollte, war er fort. Es müßte schon eine sonder=
bare Hyäne sein, die auf solche Nahrung ausgeht. Zwei Kuriosa ereig=
neten sich bei diesem Diebstahl, nämlich erstens hatte der Dieb mir die
Hosenträger zurückgelassen, und da er wohl im Dunkeln nicht wußte,
wie sie abknöpfen, schnitt er alle Knöpfe ab, die am anderen Morgen
noch zum Teil in den Schlaufen steckten. Unglaublich und doch wahr.
Und zweitens war seine Neugierde durch einen würfelförmigen Leder=
koffer erregt worden, der meinen Theodoliten enthielt. Auch hier war
ihm das Lösen des Verschlußriemens wohl zu langweilig, deshalb
schnitt er ihn durch, verzichtete aber auf weiteres, als er nichts außer
dem astronomischen Instrument darin vorfand. Im nächsten Lager be=
schloß ich, mich auf die Lauer zu legen. Ich rechnete so: ein Dieb, dem
ein Unternehmen einmal so leicht geglückt ist, kehrt bei der nächsten
Gelegenheit wieder. Ich durfte also annehmen, daß er sich unter die
große Zahl Eingeborener mischen würde, die auf beiden Seiten des

54

Flusses täglich mit Brennholz und Lebensmitteln unsere Karawane begleiteten, um im Lager Handel zu treiben. Denn so könnte er schon bei
Tage die beste Möglichkeit, einen Coup zu inszenieren, ausbaldowern.
Ich legte deswegen nachmittags ein schönes Tuch auf eine Kiste dicht
neben der Zelttür und band es, als der Abend hereinbrach, mit einer
Schnur an den Tisch fest. Nach dem Nachtessen rückte ich das Bett etwas
von der Wand ab und setzte mich mit zwei Askaris dahinter. Unsere
Gewehre schoben wir unter der Matratze quer über das Bett, so daß
die Mündungen in die Umgebung des Tuches schauten. So saßen wir
und harrten der kommenden Dinge. Aber es ward 11, es ward 12, abwechselnd schnarchte einer der beiden Leute, die neben mir saßen und
immer noch regte sich nichts. Ich wartete noch zwei Stunden, dann aber,
da erfahrungsgemäß die Diebe kurz vor oder nach Mitternacht sich einstellten, glaubte ich, für dieses Mal auf ein Gelingen meines Planes
verzichten zu müssen. Ich machte also Licht und wir traten in das mond-
übergossene schlafende Lager hinaus. Neben meinem Zelte befand sich
das des Schausch Ali, der, um den sozialen Abstand zwischen sich und der
übrigen Karawane zu markieren, in einem Zelt schlief, das nur um ein we-
niges kleiner war, wie das übliche der Europäer; und siehe da, während wir
an der einen Tür auf die Diebe gewartet hatten, hatten sie, drei Schritt
von der anderen entfernt, das große Sonnensegel des Alizeltes glattweg
von seinen Pflöcken abgeschnitten und mitgenommen. Wir weckten den
Schläfer, der abwechselnd den Kopf schüttelte oder mit seinen ewig
müden Hanfraucheraugen in den Mond blinzelte, als könnte von da
oben die Rettung kommen. Dann kehrte ich wieder um, um mein Zelt
aufzusuchen und das Bett in die alte Lage zu rücken. Ich erinnere mich
nicht mehr des Fluches, den ich ausstieß; aber es war wohl eine Sammlung von Kraftworten aller Nationen; und vielleicht erfand ich mir sogar neue. Was war denn geschehen? Nichts, als daß von meinem
schönen Tuch nur noch der Zipfel übrig war, mit dem es an die Schnur
geknotet war. Das übrige aber war mit glattem Schnitt amputiert. Nach
diesem Ereignis half kein Anspornen mehr, wachsam zu sein; meine
Leute resignierten einfach: Tutafanjaje bana mbuka? Kasi ja scheitani.
Was soll man da machen, gnädigster Herr? Teufels Arbeit. — — —

Die elf Tage, die ich bis zu dem Lager brauchte, wo der Njawarongo
einen großen Nebenarm, den Bilirume in sich aufnimmt, waren landschaftlich voller Reiz. Der Weg führte immer, wenn nicht im Tal selber,

so doch nicht weit über die Abhänge. Der Fluß hat vollkommen den Charakter eines Gebirgsstromes; das Tal ist meist sehr eng und macht große Krümmungen, durch die er sich rauschend windet. Wie in seinem Unterlauf schwankt auch hier seine Breite und die Art seiner Strömung innerhalb großer Grenzen. Manchmal teilt er sich und umarmt große flache Sandinseln, auf denen Reiher mit zurückgeworfenem Kopf gravitätisch lustwandeln, oder mit üppigem Busch bekleidete, in deren Dunkel Enten und Gänse der Brutpflege sich widmen. Die Berge, die durch zahllose Nebentäler, Schluchten, Furchen uud Mulden sehr zerrissen sind, tragen viele Bananenhaine und zerstreute Hüttenkomplexe. Die Gegend ist immer mehr oder minder gut besiedelt, stellenweise sogar sehr reich, so daß Feld an Feld, Hain an Hain sich reihen. Stattliche Bäume sieht man fast nie, nur hie und da eine einsame Feige, die dem Andenken eines toten Häuptlings geweiht ist. Große und kleine Rinderherden weiden vielfach in der Nähe des Flusses und seit einiger Zeit lassen sich auch wieder ihre Besitzer, die Watussi=Chefs, mit Geschenken bei mir sehen.

Oft wenn ich ins Lager komme, schicken sie eine Deputation zu mir und warnen mich vor diesem oder jenem „Berge“, weil dort Diebsbanden ansässig wären; ich weiß nicht, ob dabei die Furcht mitspricht, ich könnte einmal, der ewigen Störungen und Schäden müde, Repressivmaßregeln ergreifen und mich an der ersten besten — voraussichtlich nächsten — Gemeinde schadlos halten. Dafür spräche die bemerkenswerte Tatsache, daß, gleichviel ob ich auf dem rechten oder linken Ufer marschierte, das böse Prinzip immer „hakulir“, immer „jenseits“ seine Anhänger sitzen hatte. Auf alle Fälle griff ich zu verstärkten Vorsichtsmaßregeln und lagerte stets womöglich dicht am Fluß, von dessen beiden Ufern ich das Schilf auf große Strecken abholzen ließ. War die Lage besonders ungünstig, so band ich Gewehre fest, die bei Tage so ausgerichtet waren, daß sie den Weg, auf dem die Bakiga kommen konnten, bestrichen. Gleichwohl gab es die ersten sechs Tage jede Nacht eine Störung, manchmal komischer, manchmal tragischer Art und ein Ende fand die Plage erst in einem erschütternden Ereignis, das sich in der Nacht vom 29. unweit des Lussumobaches abspielte. Ich will einiges davon nach den Blättern meines Tagebuches erzählen.

28. Juli. (Im Lager von Niwunsa.) Es ist Mitternacht; das Lager schläft und ich selbst will mich auch bald zur Ruhe begeben. Vorher aber möchte ich noch kurz niederschreiben, was ich in den letzten Stun-

den erlebte, und an einem wie dünnen Haar oft das Leben des Men=
schen hängt.

Ich hatte heute mittag gehört, daß Bakiga vom Njawarongo=Knie
uns gefolgt wären und heute nacht unser Lager besuchen wollten. Um
ihnen zuvorzukommen, brach ich mit vier Askaris gegen 11 Uhr auf
und folgte dem Flusse stromaufwärts. Der Mond stand hinter einer
großen Wolke, deren Ränder er mit silbernen Bändern schmückte. Wir
gingen dicht an dem hier nur leise murmelnden Wasser, bisweilen über
die Nasen der Berge, von denen aus man rückwärts blickend die zucken=
den Lichter sah, die meine Lampe über den Fluß warf. Schweigend
gingen wir einer hinter dem anderen her, ich an der Spitze, vorsichtig
jeden Fleck prüfend bevor wir den Fuß darauf setzten, denn der Weg
war schlecht, von Erdferkeln zerstört oder von Wurzelratten unterwühlt.
Unsere Gewehre hatten wir geladen, aber gesichert. Hinter mir schritt
Tangatschuma, der meine doppelläufige Schrotflinte trug, auf die man
sich in der Dunkelheit besser verlassen kann als auf Kugelbüchsen. Es
ist zu merkwürdig und mir unerklärlich, wieso es kam, daß, als wir
etwa eine halbe Stunde gegangen waren, plötzlich ein unbehagliches
Gefühl sich meiner bemächtigte, das ich nicht definieren kann. Es war
mir, als ob ich nach langem anstrengendem Klettern mit dem Rücken
in Zugluft säße, oder so, wie ich als junger Irrenarzt es in den ersten
Wochen erlebte, wenn ich im Tobhause war und hinter mir ein aufge=
regter Kranker wütete, während ich mein Gesicht einem anderen zu=
wenden mußte, den ich zu beruhigen hatte. Will man es Angst nennen?
Gut. Dann habe ich Angst gehabt. Angst aber nicht vor dem, was vor
mir, sondern vor dem, was hinter mir war. Und es war eine ganz in=
stinktive Angst, denn an das was folgte, habe ich wirklich nicht gedacht.
Genug, ich blieb plötzlich stehen und setzte mich an den Schwanz unserer
kleinen Karawane, an deren Spitze jetzt also Tangatschuma ging. Wir
waren noch keine zwanzig Schritt in dieser Reihenfolge marschiert, als
plötzlich das Krachen der beiden Schrotläufe die Stille der Nacht zerriß,
so daß alle stockten und in Anschlag gingen. Ein kurzes Schweigen;
nichts regt sich. Dann erst bekennt Tangatschuma mit verlegenem
Stammeln, daß er mit einem Fuß plötzlich in ein Loch versunken wäre,
wobei die, trotz meines ausdrücklichen Befehls entsicherten Läufe, sich
entladen hätten. Mich überlief ein Frösteln und ich mußte an das Ge=
dicht vom Reiter über den Bodensee denken. Schweigend machten wir
Kehrt und zogen sehr bedrückt wieder in das Lager zurück.

(Zwei Tage später.) Unsere Ruhe wurde übrigens in dieser Nacht nicht gestört, wohl aber in der folgenden im Lager Lugendabari. Wieder war es Mitternacht geworden, da erwachte ich, weil mich jemand dicht über dem Knie leise kniff — eine sehr beliebte Methode des Negers, Schlafende zu erwecken. Der gute, aber etwas dämliche Askari Stift, von dem in einem früheren Briefe die Rede war,[1] flüsterte mir aufgeregt zu, daß eine finstere Gestalt, hundert Schritt vom Lager entfernt, sich bewege. Während ich mich notdürftig anzog, weckte er rasch noch vier, fünf andere Leute. Leise krochen wir tief gebückt aus unseren Zelten und lagerten uns auf einen Haufen. Unsere Blicke folgten dem ausgestreckten Arm Stifts und durchbohrten die Nacht, um den Gegenstand, auf den er deutete, zu erkennen. Kein Zweifel — da stand etwas; bald schien es uns einer, bald zwei zu sein, und man konnte deutlich erkennen, wie der Nachtwind mit ihren grauen Lenden= tüchern spielte. Zum Besinnen war nicht lange Zeit. Ich gab sofort einen Kriegsplan aus, nach dem die Leute sich in großem Kreise ver= teilen und auf meinen Ruf: „Nani, wer da?" in flammende Begeiste= rung ausbrechen und von allen Seiten auf den oder die Diebe stürzen sollten. Ich selbst blieb als Moltke dieses Feldzuges da, wo ich war und sah bald nach jeder Seite drei meiner Leute sich verteilen. Was mich wunderte, war nur, warum der oder die Diebe wie Säulen= heilige auf einem Fleck stehen blieben. Aber meine Leute mußten ja schärfere Augen haben als ich, und so gab ich denn das Signal: Nani, und harrte gespannt der kommenden Dinge. Wie die Löwen sah ich meine Leute von allen Seiten dem Zentrum mit Hurra zustürzen, aber die Diebe erwarteten den Ansturm mit unerhörter Standhaftigkeit und bewegten sich immer noch nicht. Sollten sie vor Schreck zu Salzsäulen gewandelt sein? Ein wieherndes Gelächter, das von meinen Leuten her die Nachtluft erschütterte, gab mir darauf Antwort. Rasch sprang ich in ein paar großen Sätzen zu ihnen und fand sie friedlich vereint um einen Baumstumpf, dessen Fuß gelbglänzende, welke, im Nacht= wind spielende Hochgräser verbargen. Mit großer Befriedigung ob unserer Heldentat legte ich mich wieder in mein Zelt.

(An der Mündung des Bilirume, 5. August 1898.) So harmlos wie diese Nacht verlaufen war, so tragisch wurde leider die nächste.

Wir lagerten wie fast stets dicht am Njawarongo, an einer Stelle, wo er eine kurze Strecke von Westen nach Osten fließt. Das Tal war

[1] Siehe Brief VIII.

dort sehr eng und schluchtartig; steil und hoch wuchsen seine Wände empor, und das Bett des Flusses schnürte sich so zusammen, wie ich es bis dahin noch nicht an ihm gesehen hatte. Dicht bei unserem Lager war der Njawarongo nur drei Meter breit und schoß schaumbedeckt in wilden Strudeln durch ein Felstor, das die Eingeborenen überbrückt hatten. Die Landschaft war sehr pittoresk und erinnerte mit ihren vielen, von Moos und Flechten übersponnenen Felsen und dem lärmend über Stock und Stein brausenden Bach an längst vergessene Bilder aus den bayrischen und Tiroler Gebirgen. Durch tiefeingeschnittene Nebenschluchten bahnten sich kleine Bäche den Weg, von denen der Lussumo dicht bei unserem Lager der größte war. Mein Zelt stand unter einem alten, halb abgestorbenem Baume, auf dem ein paar Geier ihr Nachtquartier hatten.

Gegen 11 Uhr wurde ich geweckt. Heri, einer der drei Posten, flüsterte mir zu, daß am anderen Ufer Eingeborene sich verbärgen; ich hüllte mich in meine Decke, und auf allen Vieren krochen wir beide langsam dem Ufer zu, vorsichtig jeden Schatten benützend, denn der Mond goß sein kaltes Licht über die ruhende Landschaft. Am Ufer legte ich mich zwischen Heri und Abdallah; alle drei spähten wir angestrengt nach der nur 15 Meter entfernten anderen Seite hinüber. Ein paar riesige Felsblöcke lagen drüben, in deren Schatten die Diebe stehen sollten. Aber gewitzigt durch das Erlebnis der vorigen Nacht ließ ich mich nicht durch das Schattenspiel der grotesken Felsblöcke täuschen.

Es war eine köstliche Nacht; von Zeit zu Zeit wehten laue Winde durch das Tal und betasteten wie die schlanken Finger einer zarten Frauenhand unsere kaum verhüllten Körper, die weich gebettet in dem dichten feuchten Grase lagen. Ich hatte längst aufgehört, nach den Dieben zu schauen, sondern war ganz in die Betrachtung dieser Herrlichkeit versunken. Lauter noch wie am Tage rauschten die Wasser und vermochten doch nicht das Locken der Grillen und Schrecken zu übertönen, die zu Tausenden rings auf den Abhängen wachten. Der Mond, der hinter meinem Baume langsam seinen Weg anwärts nahm, goß unerschöpfliche Lichtmassen über die Fluten, und wo sie gegen die Felstrümmer schlugen, da war es, als würfen die Stromnymphen jauchzend leuchtende Perlen und Edelsteine in die Lüfte.

Aber allmählich erschauerte ich unter dem kühlen Nachttau, und da ich an die Anwesenheit der Diebe nicht mehr glauben mochte, wollte ich

mich erheben; aber im selben Augenblick zupfte mich Abdallah am Arm
und zeigte gen Osten und nach oben. Der jenseitige Berg machte dort
eine kleine Biegung, und scharf hob sich die Profillinie seines Abhanges
vom Himmel ab. Als ich der Aufforderung Abdallahs folgte und rasch
dorthin schaute, sah ich die Silhouette zuerst eines Menschen, dann
eines zweiten, denen immer noch neue folgten; im ganzen wurden es
sechs, und bei jedem wiederholte sich das gleiche Schauspiel, wie erst
ein Kopf über der Profillinie des Berges auftauchte, dann der Oberkörper, bis zuletzt die ganze Figur mit scharfen Konturen wie eine
Statue aus schwarzem Marmor sich von dem tiefblauen Hintergrund
abhob, worauf sie wie in einer Versenkung nach unten verschwand.
Als so der ganze geheimnisvolle Zug dunkler Gestalten hinter dem
Berge sich unseren Blicken entzog, durften wir glauben, daß dies die
Leute waren, die der Posten gesehen hatte, und daß sie jetzt eines
besseren sich besonnen hätten.

Ich setzte mich, um die Nacht noch zu genießen, vor mein Zelt, über
dem die Geier, durch die Anwesenheit des Lagers in ihrer Nachtruhe
gestört, mit schwerem, dumpfem Flügelschlag friedlos ab- und zuflogen.
In meine Decke gehüllt streckte ich mich in meinem Bombaystuhl, und
bald gestaltete sich das, was ich sah und empfand, zu Reimen:

> Still kam die Nacht, an meinem Baume klettert
> Der Mond zum Wipfel,
> Und fern, gar fern ein mattes Leuchten wettert
> Auf Kamm und Gipfel.
> Die Vögel schweigen, doch der Grillen Locken
> Durchbebt die Nacht;
> Das klingt, als wären alte Kirchenglocken
> Vom Schlaf erwacht.
> Die Fledermäuse schlingen schwarze Kreise
> Von Baum zu Baume.
> Auf hartem Lager wälzt der Strom sich leise
> In dumpfem Traume.
> Eintönig tropft der nächt'ge Tau hernieder
> Auf Tisch und Zelt;
> Der Nachtwind flüstert seltsam fremde Lieder
> Und irrt im Feld.
> Doch wie die Klänge zu den Wassern schwebend
> Im Schilf verrauschen,
> Da fühl ich, alle Schöpfung selig bebend
> Der Weise lauschen.
> Sie singt von einer Welt — noch liegt sie weit —

Von Glück und Lieben;
Wo vor der Menschen Güte Leid und Streit
Wie Spreu zerstieben;
Wo nie der Kampf und nie der Haß erwacht,
Noch Schuld und Fehle, — — —
O heil, ach heile Frieden dieser Nacht
Auch meine Seele!

Eine Stunde hatte ich wohl träumend so gesessen und mich dann un=
gern wieder in mein Zelt zurückgezogen. Ich kann nicht lange gelegen
haben, denn ich erinnere mich, daß ich im Halbschlafe immer noch das
Flügelrauschen der Geier über mir vernahm. Plötzlich fuhr ich auf;
Schüsse krachten, und ein wirres Lärmen erhob sich im Lager. Rasch
warf ich mir eine Decke über und trat hinaus. Aus allen Zelten sah ich
die Leute hinausstürzen und mit Gewehren, Lanzen, Sichelmessern und
brennenden Scheiten zum Teil stromabwärts laufen, zum Teil über
den Fluß setzen. Ich folgte dem ersten Schwarm, weil aus dieser Rich=
tung immer noch das Krachen der Gewehre hörbar war und der brül=
lende Ruf bis hierher drang: „Mkamateni, Mkamateni, packt ihn,
packt ihn." Nach wenigen Minuten, im Sturmschritt zurückgelegt, kam
ich gerade zurecht, um den Askari Heri in enger Umschlingung mit
zwei schwarzen, nackten Gestalten über einen Felsblock in den Strom
hinabstürzen zu sehen, während einige andere, etwa hundert Schritt
entfernt, in den vom Monde hellbeleuchteten Fluß hineinschossen. In
den Strudeln des Wassers löste sich der Klumpen, zu dem die drei ge=
ballt waren; wir sprangen hinzu und holten den halb bewußtlosen
Heri heraus und brachten ihn in Sicherheit. Von den beiden anderen
war nur einer wieder aufgetaucht, der mühsam dem anderen Ufer zu=
strebte. Aber schon leuchteten drüben die Fackeln der Leute, die auf
dem linken Ufer entlanggelaufen waren. Ein schrecklicher Aufschrei
zerriß die Nacht, der sofort von dem Hurra=Gebrüll der Träger erstickt
wurde. Inzwischen kehrte ich mit den übrigen ins Lager zurück. Mit
fliegenden Worten erzählten sie mir, daß sie, kaum als ich in mein
Zelt mich begeben hatte, stromaufwärts das Heulen eines Hundes in
nächster Nähe hörten, das jäh abbrach, als sei es durch eine Faust er=
stickt worden. Sie hätten sich geteilt, und während zwei im Bogen über
die Abhänge gingen, sei Heri das Ufer entlang gestrichen. Dort sei er
plötzlich auf sechs Leute gestoßen, die eben im Begriff waren, sich in
das Lager zu stehlen. Zwei davon hätte er gepackt; von den übrigen

vier sei einer in den Fluß gesprungen und dort von den beiden anderen
Posten erschossen worden, während drei sich in die Berge gerettet
hätten. Zwischen Heri und den beiden von ihm Gegriffenen sei es zum
Handgemenge gekommen, und das übrige hätte ich ja selber gesehen.

Inzwischen waren wir wieder bei den Zelten angekommen. Zu
einem großen Haufen geballt, wateten die Leute durch den Fluß,
triumphierend, daß sie sich an einigen von denen, durch die sie so oft
schon geschädigt und ihrer Nachtruhe beraubt wurden, hatten rächen
können. Und die Bestie in ihnen jauchzte vor Lust. In der Mitte der
Masse befand sich ein 19= oder 20jähriger Bursche in einem solchen
Zustand, daß ich selbst, der ich als Arzt manches Schreckliche mit an=
gesehen habe, von solchem Grauen gepackt wurde, daß der Wunsch,
dieser Qual rasch ein Ende zu machen, jedes andere Gefühl in mir
überwog. Als der Unglückliche in den Fluß gefallen war, hatte er schon
einen Schuß durch die Lunge gehabt, drüben aber hatten sich die er=
bitterten Leute auf ihn geworfen und ihn wie Fleischerknechte gemiß=
handelt; mit den großen Sichelmessern, die sie in Urundi und Ruanda
erworben hatten, hatten sie blindlings zugeschlagen und ihm die ganze
Muskulatur der rechten Halsseite durchsetzt, so daß sein Kopf nach
der linken Seite gezogen wurde. Quer über den Scheitel war ihm der
Schädel bis auf das Gehirn gespalten; ein anderer Hieb hatte ihm
die Nase, die Unterlippe und das Kinn weggeschlagen, und ein dritter
lief quer von der Nasenwurzel zum rechten Ohr und war tief in die
Augenhöhle gedrungen. In diesem entsetzlichen Zustand schleppten sie
den Blutüberströmten mit Stößen und Tritten zu mir, und ihr Toben
beruhigte sich erst, als er vor mir stand. Aber er erkannte mich gar
nicht, denn auch sein linkes Auge war mit Blut gefüllt, sondern er
griff nur in ohnmächtiger Not mit den Händen in die Luft, und sein
wahnsinniger Hilferuf weckte das schlafende Echo in allen Schluchten.
Ist es nicht fürchterlich, daß der Unselige in dieser höchsten Not nichts
anderes wußte, als immer wieder: „mama weeee" zu rufen, „Mutter,
o Mutter!" Aber ich weiß nicht, ob er in diesem Augenblicke viel mehr
litt als ich. Ich hatte sofort befohlen, ihn an den Baum zu binden, um
ihn erschießen zu lassen, und als den hastig arbeitenden Leuten der
Riemen riß, wäre ich ihnen am liebsten an die Kehle gefahren, weil sie
seine und meine Qual so verlängerten. Dann rollte eine Salve aus sechs
Gewehren über den Fluß, und als der Körper im Tode zusammen=
zuckte, war es mir, als fiele mir nicht ein Stein, sondern ein Felsen von

der Seele. An Schlaf war natürlich in dieser Nacht nicht mehr zu denken. Ich legte mich zwar todmüde und erschöpft nach der furchtbaren Aufregung hin, aber immer wieder weckte mich der langgezogene Ruf, der von stromabwärts her aus dem Dunkel einer Schlucht schallte: „Ndikujese — weeee ....", vielleicht ein Bruder oder Freund, der den Namen des Getöteten rief; und abwechselnd mit ihm zitterte immer wieder klagend das Heulen eines Hundes durch die Nacht; durch diese wundervolle Nacht, die in demselben köstlichen Frieden schweigend träumte, wie vorher. Nur die Geier über mir flogen aaswitternd noch ruheloser hin und wieder. Ich aber mußte an die Worte unseres großen Dichters denken:

„Die Welt ist vollkommen überall
Wo der Mensch nicht hinkommt mit seiner Qual."

Am nächsten Morgen fand ich die Leiche, die wir auf den Weg gelegt hatten, verstümmelt; beide Hände und noch andere Körperteile waren abgeschnitten. Auf der Suche nach den Urhebern dieser Schändung stieß ich auf den kleinen Askari Ibrahim und einen Landsmann von ihm, einen Träger, beide Manjema vom Kongo. Über ihre Motive konnte ich aber nichts erfahren.

Die Eingeborenen, die am nächsten Morgen ebenso zahlreich und harmlos ins Lager kamen wie jeden Tag, kannten weder den Erschossenen noch den anderen, dessen Leiche der Fluß einige Kilometer abwärts ausgespien hatte. Der dritte, der mit Heri gemeinsam über den Felsen gerollt war, ward nicht gefunden. Nach Aussage des Häuptlings handelte es sich um Leute, die mindestens drei, vier Tage unserer Karawane gefolgt sein müssen. So erschütternd diese Nacht gewesen war und so lange ich brauchte, um mein seelisches Gleichgewicht wieder zu erringen, — das eine Gute hatte diese Katastrophe doch, daß die Versuche, mit List oder mit Gewalt in unser Lager einzudringen, mit einem Schlage aufhörten. Allerdings kamen wir ja auch täglich weiter ab von dem Njawarongoknie mit seinen Bakiga und in die geordneten Verhältnisse der Stammprovinzen mit ihrer strengen Watussiherrschaft.

Vierzehn Tage und ebenso viel genußreiche Märsche durch die täglich wechselnde Szenerie der den Strom begleitenden Landschaft brachten mich vom Njawarongoknie bis zu der Stelle, wo er der Vermählung von zwei, an Breite und Tiefe gleichen Flüssen Leben und Namen verdankt. Will ich im Bilde bleiben, so muß ich es eine Konvenienzehe nennen, deren Frucht ganz der feurigen Mutter gleicht. Denn wie ein

müder zitteriger Greis schleicht von Süden her Mhogo, ganz unähnlich dem Njawarongo, durch sumpfiges Gelände; während Rukarara
jugendstark und jugendfrisch reißenden Laufs über Stock und Steine
springt.

Ernsthaft gesprochen ist also das Verhältnis der beiden Flüsse so, daß
der westliche Arm in einer beliebigen Zeiteinheit um ein vielfaches mehr
Wassermengen in das Bett des Njawarongo wirft, als der östliche. Als
ich einen Tag vorher von der Höhe eines Berges aus die beiden Täler
sah, hatte ich das Umgekehrte erwartet, weil das Mhogotal viel breiter
ist; mir war diese Wahrscheinlichkeit um so lieber, als ich von den Eingeborenen hörte, daß die Mhogoquelle in wenigen Tagen auf guten
Wegen zu erreichen sei, während die des Rukarara in einer unzugänglichen fürchterlichen Wildnis läge. Ich war daher sehr enttäuscht, als
ich an der Vereinigung der beiden konstatieren mußte, daß ich dem
Rukarara als dem eigentlichen Quellarm zu folgen hätte. — — —

Es ist übrigens sehr charakteristisch für die Bewohner dieser Länder,
daß sie vom Pori immer nur in den übertriebensten Ausdrücken sprechen;
während für Küstenleute, die die großen unbewohnten Steppen und
Mjombowälder an der Karawanenstraße kennen, eine Wildnis von drei,
vier Tagen etwas leicht überwindbares ist, schrecken die Wanjaruanda
schon vor einem eine Stunde breiten Pori zurück, weil sie an ihr reich
besiedeltes Grasland gewohnt sind. Besonders aber haben sie Furcht vor
dem Urwald, was natürlich für die viel kouragierteren Batwajäger
keine Geltung hat. Durch Erzählungen, in denen sie ihn mit unbekannten Schrecknissen und seltsamen Fabeltieren bevölkern, steigern sie gegenseitig ihre Furcht und fügen zu den wirklichen Gefahren noch die phantastischen Gebilde, von denen sie je am Herdfeuer aus dem Munde ihrer
Märchenerzähler mit Grauen und gläubigem Staunen vernommen
haben. Als ich zwei Jahre später meine Akanjaru-Expedition nur mit
eingeborenen Trägern machte, konnte ich ihre übertriebene Furcht aus
nächster Nähe beobachten. Zwang uns die Notwendigkeit einmal, im
Urwald zu übernachten, dann türmten sie wahre Scheiterhaufen auf
und verbargen sich in Hütten aus dichtem Gestrüpp; so oft aber irgend
ein Schrei aus verborgener Schlucht durch die schweigende Nacht zitterte,
so oft ein Gezweig brach oder ein aufgescheuchter Nachtvogel mit
schwerem Flügelschlag in ihrer Nähe aufbäumte, fuhren sie aus ihrem
Halbschlaf empor, und die meisten zogen es vor, wachend der Sonne zu

harren und an den Feuern mit halblauter Stimme von all dem Furchtbaren zu sprechen, das ringsum im Dunkel lauerte, von den Affen, die
die Männer mit Stricken binden und den Weibern durch die Brunst
ihrer Umarmungen den Körper zerreißen, und von anderen nicht minder schrecklichen Erscheinungen.

Aber diese geistige Verfassung ist nur zu natürlich in einem Lande,
dessen Nachthimmel noch vor wenigen Jahren die Glut der Vulkane
purpurn wiederspiegelte und dessen Nachtruhe nur zu oft durch den
Donner in den Eingeweiden der Berge gestört wurde, gleichsam als sei
dort unten ein anderer Himmel verborgen mit anderen Unwettern. —

Ich folgte also dem Rukarara stromaufwärts, zuerst nach Südwesten,
später nach Westen. Je weiter wir in die Randgebirge hineingerieten,
um so schwieriger wurde das Terrain. Aber doch war es mir, wenn
auch unter großen Anstrengungen, möglich, dem Flußlauf zu folgen
und ihn nur vorübergehend, wenn das schroffe Gelände es nicht anders
gestattete, zu verlassen. Es war eine böse Zeit für uns alle, und es
kostete wahrlich manche Überwindung; nicht zu verzagen, wenn man
eben einen hohen steilen Berg mühsam erklommen hatte, auf dem
schmalen Kamm zu sehen, daß man sofort wieder eben so tief hinab
muß und daß eine unübersehbare Kette gleich hoher Berge noch vor
einem liegt. Da heißt es, die Zähne zusammenbeißen und an das
„Never give up“ denken, das ich einst über dem Tor eines Palazzino
in der Villa Borghese hatte leuchten sehen. Die Träger bewährten sich
in diesen Tagen wie immer, wenn es das Schwierigste galt, ausgezeichnet.

Am fünften Tage begonnen die Ansiedelungen seltener zu werden;
am sechsten hörten sie ganz auf. Wir passierten ein Pori, in dem Adler-
farren und Königskerzen den Graswuchs ablösten; dann traten, von
zahlreichen Brombeersträuchen umgeben, Bäume auf, erst einzeln, dann
in Gruppen und zuletzt nahm uns das Dunkel des Urwaldes auf. In
der sechsten Nacht — wir hatten einen kleinen Bogen des Rukarara
abschneiden müssen und lagerten in engem Tal, dicht an einem Bäch-
lein, das an einigen Stellen ausgetreten war und kleine Pfützen bildete
— in der sechsten Nacht also erwachte ich in der zweiten oder dritten
Morgenstunde und schauerte vor Kälte unter meinen Decken; dann faßte
ich meine Nase an, die sich wie der Hals einer auf Eis gekühlten Sekt-
flasche anfühlte. Ich ließ mir von dem Posten noch ein paar Kleider
auf mein Bett werfen und schlief auch glücklich wieder ein. Am anderen

Tanzknaben des Königs.

Morgen weckte mein Boy Mabruk mich schon vor 6 Uhr, zu einer etwas ungewöhnlichen Zeit. Als ich mich aufrichtete, sah ich, daß er den Wasser= eimer in der Hand hatte, auf dem eine zwei Zentimeter dicke Eisschicht schwamm. Ich zog mich rasch warm an und trat vor das Zelt. Es war schauerlich kalt, die Träger saßen rings an hoch lodernden Feuern und schüttelten ihre Köpfe über den ihnen ungewohnten Anblick der Land= schaft. Gräser und Bäume waren dicht bereift; die Pfützen an den Ufern waren mit einer dünnen Eisschicht bedeckt und man konnte sich überall wo andershin denken, als gerade zwei Grad südlich des Äquators. Selbst in einer Flasche mit Medizin, die in meinem Zelt gestanden hatte, schwammen Eiskristalle. Noch vier Nächte brachten wir in diesem kalten Pori zu, aber die Temperatur sank nie mehr unter Null, doch auch keine Nacht auf mehr als einen oder zwei Grad Wärme. Wie kalt dies aber von Körpern empfunden wird, die am Tage einem Sonnenbade von 40 Grad und mehr ausgesetzt sind, kann jeder leicht begreifen.

Es waren herrliche Hochtäler, durch die wir dem allmählich auf eine Breite von vier Metern und Knöcheltiefe gesunkenen Rukarara folgten. Wasserreiche Wiesengründe, aus denen tausende, von Bienen um= schwärmte, fast zwei Mann hohe Königskerzen aufragten, durchflossen von kristallklaren Bächen, die bald dichtes Gebüsch, bald nur zarte Mimosen begleiten, zu beiden Seiten sanft geneigte Hügel, auf ihrem Kamm der dunkle Urwald, der auch teilweise die Hänge bedeckt. Meist sind sie aber nur mit hellen Gräsern bekleidet, die sich scharf von den dunklen Partien des Waldes wie von der Talsohle abheben, deren Grün auf große Strecken unter einem Teppich von weißen, gelben und rosa Strohblumen begraben liegt. Zahlreiche Nebenschluchten führen dem Haupttal kleine Bäche zu, und je weiter stromaufwärts wir mar= schieren, um so rascher nimmt die Wassermenge des Rukarara ab. Die Abende in diesen herrlichen Tälern hatten einen besonderen Zauber. Den ganzen Nachmittag türmten die Träger Scheiterhaufen, die nach Sonnenuntergang entzündet wurden und die Nacht hindurch das Tal und den Waldrand erleuchteten. Ich selbst schlief, weil es im Zelte zu kalt war, draußen zwischen zwei großen Feuern, in deren Mitte mein Bett gestellt war. Sobald es dunkel ward, sah man im Tal hie und da wie Irrlichter den Schein von Fackeln tanzen; es waren die Träger, die viele der hunderte von Bienenhäusern, die in diesen Tälern von Bienenjägern aufgestellt waren, plünderten. Ich hätte es ihnen vielleicht verboten, wenn das Spiel der durch die nebelerfüllten Täler wandernden

Lichter nicht so schön und von geheimnisvollen Schauern erfüllt ge=
wesen wäre.

Es war das Ende eines solchen Tales, das ich Mitte August 1898 mit
meiner Karawane erreichte. Nur noch als 30 Zentimeter breites Rinnsal
kam hier der Rukarara aus einer pfadlosen, mit Wald und üppigster
Vegetation erfüllten Schlucht. In diese drang ich am nächsten Tage mit
einem Eingeborenen und einigen meiner Leute ein. Es war eine schlimme
Arbeit; für je 500 Meter brauchten wir fast eine Stunde. Aber mit Äxten
und Haumessern brachen wir uns Bahn und oft im Morast bis zum
Leib versinkend, oft auf allen Vieren in dem eiskalten Bach selber
kriechend, durch Schluchten und Nebenschluchten langsam ansteigend,
erreichten wir nach mühevollen Stunden, erschöpft, durchnäßt, von
oben bis unten besudelt, einen kleinen feuchten Kessel am Ende einer
Klamm, aus deren Boden die Quelle nicht sprudelnd, sondern Tropfen
für Tropfen dringt: Caput Nili. — — — — — — — —

War es wirklich die Quelle des Nils, die ich gefunden? Und hatte
wirklich der Satz kein Recht mehr, den noch in den achziger Jahren
einer der größten Geographen Europas geschrieben hatte: „On cherche
encore la tête du Nil comme aux temps de Lucain; personne n'a
eu la gloire, de voir le fleuve naissant"?

Die Nachwelt wird, frei von all den kleinlichen Empfindungen, die
die Gegenwart stets für ihre Söhne gehabt hat, die gerechte Antwort
darauf finden.

An Einem jedenfalls kann kein Zweifel mehr herrschen: daran, daß
die Quelle des Rukarara die Quelle des Kagera, des Alexandra=Nil ist.
An dieser Tatsache können auch Behauptungen nichts ändern, die sich
auf Beobachtungen in der großen Regenzeit stützen, wo zufällige stärkere
Niederschläge im Entwässerungsgebiete des Ruwuwu die Resultate ver=
wirren können. Auch darf ein wichtiger Punkt nicht übersehen werden:
die große Ebene, in der Kagera und Ruwuwu sich vereinen, hat ein
kaum merklich von West nach Ost geneigtes Profil, weshalb auch der
Ruwuwu sein Bett sich hart an ihrem Ostrand gegraben hat. Können
in der Regenzeit die Flußbetten die Wassermassen nicht mehr fassen, so
strömen von dem westöstlich fließenden Kagera große Mengen durch die
Schilfsümpfe zu dem tiefer liegenden Ruwuwu, und deshalb geben
Messungen an oder in der Nähe der Mündung in der Regenzeit immer
ein falsches Bild. Wer übrigens von der Höhe von Bugufi in beide

Flußtäler blickt, ist auch ohne Messungen nicht im Zweifel, welcher der beiden als Quellstrom anzusehen ist. Hätte der Mittellauf des Kagera in der Ruguero=Ebene nicht das riesige Reservoir, in dem er in der Periode der großen Niederschläge ungeheure Wassermengen ablagert, so würde das Größen=Verhältnis von Kagera und Ruwuwu noch eindeutiger dem Beobachter sich zeigen.

Wichtiger aber als dies ist die Frage: ist überhaupt der Kagera, wie die Eingeborenen zu Speke sagten, die „Mutter des Felsenstroms", d. h. des Murchison=Nils? Und ist der Viktoriasee nur ein ruhender Punkt im Stromsystem des Nils, wie der Bodensee für den Rhein, oder selbst seine Quelle? Für beide Ansichten haben sich bedeutende Geo= graphen erklärt; für die erste der geniale Reclus; für die zweite der gründliche Wagner und die Landsleute Speke's.

Auch darüber mögen zukünftige Gelehrte sich einigen. Ich habe mich in Dispute hierüber nie eingelassen, und werde mich auch in Zukunft nicht dazu verlocken lassen. Denn ich habe inzwischen eingesehen, daß ich in Afrika für mein Leben wertvolleres gefunden habe als eine Quelle, und daß es mir wie Bileam ging, der eine Eselin suchte und ein Königs= reich fand. Denn auch ich habe mein Königreich gefunden. Der Menschen müde, mit meinem Beruf zerfallen, an Gott, Welt und der eigenen Kraft zweifelnd hatte ich Europa verlassen; Afrika gab mir alles wieder, was ich für immer verloren glaubte, gab mir vor allem ein Feld nützlicher Arbeit und meinem Leben seinen Sinn. Ist solcher Ge= winn nicht mehr als alle Quellen dieser Erde? Vor zehn Jahren noch konnte ich an dieser Stelle meines Buchs mit einiger Bitterkeit sagen: „Wer ein Erstling ist, wird immer geopfert — sonderlich von deutschen Professoren". Heute klingt meine Rede anders. Wer hinter die Kulissen des Ruhms geblickt hat, der tue wie ich, gehe zum nächsten Bach, schnitze sich eine Weidenflöte und pfeife sich eins. „Wer Ohren hat, zu hören, der höre!" Nein, ich habe keinen Erstlings=Ehrgeiz mehr. — —

Die geographische Aufgabe, die ich mir gestellt hatte, war gelöst und ich hätte nun meiner Reise vorläufig ein Ende setzen können. Es in= teressierte mich aber, die Quelle auch des zweiten Njawarongoarmes aufzusuchen. Da ich als Tauschware nur noch über eine Perlenlast ver= fügte, so schickte ich den größeren Teil meiner Karawane an das zwei Tage westlich befindliche Ende des Kiwu und von dort längs des Russisi nach Usumbura. Ich selbst aber kehrte mit 20 Trägern und 7 Gewehren noch einmal zur Vereinigung von Mhogo und Rukarara und folgte jetzt dem Laufe des ersten. Ich befand mich hier in den Stammgebieten der Watuffi, unter deren Unfreundlichkeiten ich stellenweise sehr zu leiden hatte. Ihr Aberglaube witterte hinter meinem Streben, den Fluß nicht zu verlassen, um an seine Quelle zu gelangen, irgend eine böse Absicht, weshalb sie mich mit allen Mitteln von seinem Bett wegzu= locken versuchten. Sie bedrohten meinen tüchtigen Führer so lange, bis er aus Furcht vor ihrer Rache ohne Lohn nächtlich die Flucht vor ihnen und mir ergriff; sie ließen mich dann falsche Arme entlang führen, leugneten Wege, verwirrten mich durch unrichtige Namen, schüchterten die Führer ein, so daß ich täglich neue suchen mußte, — kurz, es er= forderte nicht nur viel Aufmerksamkeit, um ihren Täuschungen zu begegnen, sondern auch viel Zeit, da ich — namentlich als der Bach kleiner wurde — bei den meisten der zahlreichen Nebenarme, sofern sie am anderen Ufer mündeten, das breite, oft sumpfige Bett kreuzen mußte, um sicher zu sein, daß ich auch immer dem größeren Arme folgte. Von Zeit zu Zeit erschöpfte sich auch meine Geduld — glücklicherweise, denn eine energische Aussprache half immer eine kleine Weile. Es bereitet eine schmerzliche Scham, die menschenunwürdige Rolle mit anzusehen, zu der in diesen Gebieten die Wahutu sich verdammen lassen.

Nachdem ich auch den Mhogo bis zu seinem Ursprung in den Rand= bergen, wo er mit drei Quellen aus drei nebeneinander liegenden Schluchten oder besser Einschnitten entspringt, verfolgt hatte, suchte ich den Nganfokulu zu erreichen, um auf der Baumannschen Route an den Tanganika zu gehen. Ich passierte den Akanjaru stromaufwärts von Ramsay und kreuzte dessen Weg in Urundi, dicht an der Grenze von Ruanda. Auch dies Gebiet ist geographisch von Interesse, weil auch hier auf engbegrenzter Fläche die Quellen zusammenliegen für drei Flüsse, die die verschiedensten Richtungen einschlagen und ein gewaltiges Gebiet entwässern, — ich spreche vom Mhogo=Njawarongo, Akanjaru und Ruwuwu.

In dieser Gegend, so wenige Tage vor meinem Ziel geschah es das erstemal, daß ich offenen Feindseligkeiten von seiten Eingeborener be= gegnete. Zwar war es auch hier nicht die gesamte Bevölkerung, ja nicht einmal Ortsansässige, sondern die Leute von zwei in Urundi ziemlich bekannten Watuffi, die, 300 bis 400 Mann an Zahl, von ihren Herren gesandt waren, um uns zu überfallen. Da sie ihr Vorhaben sehr un=

geſchickt inſzenierten, — ſie ſuchten uns, ſtatt nach Süden, zurück nach
Nordoſten in eine Schlucht zu locken — gelang es ihnen nicht, uns zu
ſehr zu überraſchen, ſo daß ihr Angriff ohne Mühe mit Verluſt von drei
Leuten abgeſchlagen werden konnte. Einem von dieſen, der auf ziemlich
nahe Entfernung einen Schuß erhielt, ward der Kopf von dem mantel=
loſen Geſchoß (Dumdum) ſo weggeriſſen, als hätte außer einem Kinn
nichts auf dem Halſe geſeſſen. Da ich abſolut keinen Anlaß zu Feind=
ſeligkeiten gegeben hatte und auch kein Vergnügen an dieſen infolge
der Feigheit der Eingeborenen meiſt tragikomiſchen Kampfſzenen
empfinde, ſuchte ich die Leute, als ſie mein Lager umzingelten, und,
ſich kindlich brüſtend, läppiſche Drohungen ausſtießen, durch gütliches
Zureden dazu zu bewegen, friedlich nach Hauſe zu gehen. Damit kam
ich freilich ſchlecht an: „ob ich denn glaubte, nachdem ſie einmal hierher
gekommen ſeien, um uns — nicht aus der Ferne mit Pfeilen, nein, im
Nahkampf mit ihren Speeren — zu töten, daß ſie wieder abziehen
würden, ohne dies beſorgt zu haben? Augenblicklich — ſo lautete
wörtlich ihre Antwort — ſeien ſie geſchickt worden, ſobald man nur
gehört habe, daß ein Weißer mit kleiner Macht ſich nähere. Habe denn
nicht jeder Weiße, der durch Urundi kam, auch ſie bekriegt und ge=
tötet? Und diesmal, wo ſie die Stärkeren ſeien, ſollten ſie ſo dumm
ſein, ſtatt meiner Stoffe und Perlen, ſchöne Worte zu nehmen?"

Es zeugte nicht gerade für die Aufrichtigkeit ihres Glaubens an die
eigene Stärke, daß ein von mir und meinen ſieben Schwaben gegen
Abend unternommener Angriff auf einen zehnfach größeren Haufen
ohne einen Schuß genügte, um für die Nacht ziemlich Ruhe zu haben.
Auf dem Marſche der nächſten Tage wurden wir zwar fortwährend
verfolgt und beläſtigt, doch nahmen wir nur von ihnen Notiz, wenn ſie
zu nahe kamen und den Nachtrab und mein Vieh mit Pfeilen be=
ſchoſſen. Da ich dies aber nur im äußerſten Falle erwiderte, verloren ſie
bei ihren Kindereien nur vier Leute. Charakteriſtiſch für die Eingeborenen war, daß die Ortsanſäſſigen ſich überhaupt nicht um dieſe
Affären kümmerten, Geſchenke brachten, Lebensmittel verkauften, wie
nur je in friedlichſter Gegend, und daß einige, die am erſten Tage mit
unter den feindlichen Schützen waren, am dritten Morgen mit meinen
Leuten Handel trieben. Und endlich legte ſich das Randgebirge
zwiſchen uns.

Ich bin über dieſes Erlebnis ſo flüchtig hinweggeglitten, weil man
ja den Verlauf ſolcher Kämpfe aus tauſend Reiſebüchern kennt. Ich

werde später einmal[1] ausführlich von einem „Kriege" erzählen, der aber zwischen zwei eingeborenen Stämmen sich vor mir abspielte und einer Papier= und Druckverschwendung würdiger scheint. Übrigens lassen sich einige Folgerungen von kolonialem Interesse aus dem Berichteten ziehen. Es ist bemerkenswert — und besonders bei den ·Wanjaruanda auffallend —, wie wenig diese Völker dem Bilde entsprechen, das man sich bis vor wenigen Jahren nach den Erzählungen von Arabern und Negern von ihnen konstruierte. Die Warundi sind zwar ebenso feige wie die Wanjaruanda, aber — wie sie überhaupt lebhafter und intelligenter erscheinen — so auch großsprecherischer und anmaßender. Ich wurde in jenen Tagen nie den Eindruck los, daß all dies Gebaren, dieses Kriegsspielen usw. der Ausfluß echter Gassen= jungenempfindungen sei. Darum glaube ich auch, daß es schwerer sein wird, in Urundi einen befriedigenden Zustand zu schaffen wie in Ruanda. Immerhin werden wir bei beiden niemals Schwierigkeiten begegnen, die so weittragende und gefährliche Abwehrunternehmungen nötig machen könnten, wie z. B. in Uhehe. Diese Völker, in jahr= hundertelanger Knechtschaft entmannt, wissen nicht — und es ist gut so —, welch latente Kraft in den Leibern ungezählter Millionen schlum= mert, und, jedes tieferen Nationalbewußtseins bar, werden sie gefügige Werkzeuge einer vernünftigen, auf Landes= und Sprachen= kenntnis bauenden Kolonisation werden und nie den kraftvollen Wunsch finden, sich zu einer einheitlichen Abwehr gegen fremde In= vasion zu verbinden. Sie aus diesem Schlafe aufzustören und zu ge= meinsamem Trutze gegen die Europäer aufzustacheln, dazu gehörte schon eine so brutale Ungeschicklichkeit der Regierenden, daß sie von uns und unseren Enkeln wohl niemand schaudernd zu erleben fürchten muß.

Mganamukari, Februar 1901.

---

[1] Brief XI und XII des 2. Bandes.

Vom Tanganika zum Kiwu.

Brief V.

Am 6. September hatte ich Ufumbura, die deutsche Station am Nord=
rande des Tanganika, errreicht. Wenige Tage später löste ich, dem
an der Küste geschlossenen Vertrage gemäß, meine Karawane auf und
behielt nur wenige Boys und Askaris zurück, die sich nach langen,
mühseligen Verhandlungen zum Weiterdienst bereit fanden und mich
auf meinen zukünftigen Forschungsreisen begleiten sollten. (Kwa
nguvu — „mit Gewalt" würden sie selber es genannt haben. Denn so
bezeichnet der Neger auch eindringliche Überredung und narrt damit
manchen unerfahrenen Richter. „Er hat mich mit Gewalt geheiratet",
sagt eine Zeugin im Schauri. „Ha!" ruft der Richter, froh, ein Ver=
brechen zu wittern, und ahnt die Enttäuschung nicht, die ihm bevorsteht.
Denn der Verdacht löst sich bei näherer Untersuchung in das Paradoxon
auf, daß die Zeugin den Mann geheiratet hat, um ihn los zu werden,
„weil er ihr keine Ruhe ließ: kwa nguvu.") Zur Belohnung für ihre
Entsagung erhöhte ich den Neuverpflichteten den Sold und gestattete
ihnen, für einen Monat nach Udjidji zu gehen, um sich im Capua des
Tanganika für die Genüsse schadlos zu halten, die ihnen während unseres
Aufenthalts in der „Wildnis" oder bei den „Barbaren", wie sie unhöf=
lich die gesegneten, von uns durchzogenen Gefilde nannten, entgangen
waren. Um in dieser Beziehung jeden Mißerfolg a priori auszuschließen,
mußte ich jedem von seinem rückständigen Lohn 90 Mark auszahlen,
die sie so gründlich ausnutzten, daß sie nach Ablauf ihrer Ferien nicht
nur ohne einen Pfennig, sondern auch zerlumpt und abgerissen wie
Strolche wieder bei mir sich einstellten. So rechtschaffen waren sie durch
Weiber und gute Freunde gefleddert worden. Die Weiber hatten dazu
den in Afrika sehr beliebten Kniff angewendet, sich ihnen als Reisege=
nossinnen anzubieten, um schließlich in dem Augenblick unsichtbar zu
werden und in den Hütten von Kolleginnen sich verborgen zu halten,
wo die ausgeplünderten dummen Teufel den Rückmarsch antreten
mußten. So schwinden Treu und Glauben immer mehr aus dieser ge=
brechlichen Welt.

Die letzten Tage vor Auflösung der Karawane waren mit endlosen Schreibereien und Schauris erfüllt, die mir die Aufstellung von über 100 Lohnlisten verursachte. Denn nicht allein wollte jeder genau wissen, was ihm zustand — wozu nötig war, ihm jedes Päckchen Tabak, jedes Stück Seife, jeden Fetzen Zeug, jeden Pesa in bar, die er im Laufe des letzten Jahres entnommen hatte, aufzuzählen — sondern ich mußte auch die unzähligen Pumpgeschäfte in Anrechnung bringen, die die Leute untereinander gemacht hatten und unter denen förmliche Kettenpumpe waren, indem eine größere Anleihe nach jedesmaligem Abzug einer geringen Summe von Hand zu Hand lief und in immer kleinere Glieder sich auflöste. Dabei gab es viel ungeduldiges Poltern meinerseits und viel Wehklagen bei den Leuten, die gierig nach Schätzen suchten und enttäuscht waren, wenn sie Regenwürmer fanden. Denn die bekannte Zensur „Religion gut, Kopfrechnen schwach" erfährt für die meisten Neger die Einschränkung, daß sie in beiden schwach, im Rechnen sogar sehr schwach sind. Zwar zählen sie die Monde, wissen auch zur Not, daß sie nach Ablauf eines Jahres so und so viel erworben haben würden; es fällt ihnen aber nicht ein oder sie sind außer stande, alle im Laufe der Dienstzeit empfangenen Werte zu summieren und ihrem Lohn abzuziehen, so daß sie zuletzt bei der Auszahlung des Saldos bitter enttäuscht sind. Dazu kommt, daß die gewitzteren Leute, wie meistens die Wanjampara und Europäerboys unglaubliche Wuchergeschäfte machen, die ihnen dadurch erleichtert werden, daß sehr viele Neger zu ganz unsinnigen Ausgaben sich verstehen, wenn ihnen Zahlungsfrist gewährt wird. — — — — —

Wucher, möchte ich noch bemerken, ist Küsten= und Karawanennegern so geläufig wie Arabern und Indern und gilt nicht als schimpflich; der Kausalkonnex von Risiko und Wucher tritt hier sehr klar zu Tage. Daß z. B. ein Küsten=Inder, der Arabern im Innern Handelswaren auf Kredit gab, sich nicht — noch dazu vor Aufrichtung der deutschen Autorität — mit einem kleinen Zinsfuß begnügen konnte, ist einleuchtend, denn nur, wenn sein Schuldner Glück hatte, konnte er auf Erfüllung der Pflichten rechnen. Hatte jener aber Unglück oder war er böswillig, so besaß der Gläubiger wenig Mittel, um den 1000 Kilometer entfernten zur Rechenschaft zu ziehen. Daß man jetzt von Amts wegen gegen den Wucher vorgehen will, um ihn einzuschränken, halte ich für ganz richtig, weil die Sicherheit der Geschäftsbeziehungen in der Kolonie ja außerordentlich gestiegen ist; aber man sollte mit nicht zu großen

Schritten avancieren, um nicht unversehens die Grenze zu überschreiten,
wo das, namentlich abseits der großen Karawanenstraße, immer noch
vorhandene und nicht ganz geringe Risiko durch einen minder wucher-
haften Gewinn nicht mehr aufgewogen werden kann. — — — — —

Ich war von Herzen froh, als ich endlich unter den letzten der Schecks
meinen Namen setzen konnte, die je nach den Wünschen der Leute teils
in Udjidji, teils in Tabora und in der Mehrzahl an der Küste ausge-
zahlt werden sollten. Die meisten hatten sich doch ca. 100 Mark verdient, aber andere trugen keine Doppelkrone mehr heim. Einem der
Sparsamsten erging es am schlechtesten und der Fall ist wohl erzählens-
wert, weil er für die afrikanischen Verhältnisse bezeichnend ist. Ich hatte
einen Träger von etwa 40 Jahren, den ältesten von allen und den zu-
verlässigsten, den die Karawane Kiongosi nannte, weil er immer un-
verdrossen an der Spitze marschierte. Diesen Mann traf in Usumbura
ein Händler — aber mehr noch Tagedieb — ein Araberbastard und erkannte in ihm einen seiner Sklaven, deren er aus früherer unrühm-
licher Zeit Unzählige hatte. Mindestens 15 Jahre hatten Herr und
Höriger sich nicht mehr gesehen, hatte letzterer durch selbständige Arbeit
für sich und den Unterhalt seiner Familie gesorgt; kein Wunder, daß
der dicke Faulenzer jetzt mit Entzücken das Wiedersehen mit seinem ob
dessen tief geehrten „Kinde" feierte. Ja mehr noch, um ihrer Zusammengehörigkeit einen an Deutlichkeit nicht zu übertreffenden Ausdruck zu
zu geben, nahm er, nachdem die Eruptionen der wildesten Freude sich
beruhigt hatten, die Hälfte des mühsam verdienten Lohnes in Beschlag,
die ich ihm nicht vorenthalten durfte, nachdem ich mich über die Rechts-
lage orientiert hatte. Ich durfte es nicht, so leid es mir tat und so betrübt mein Mann auch war, der zähneknirschend zu spät einsah, daß er
besser getan hätte, dem zärtlichen Empfang nicht zu trauen und die
früheren, schwer zu beweisenden Beziehungen einfach abzuleugnen. —

Und nun kam ein Abend, an dem ich die Leute den langen palmen-
bepflanzten Weg zum Strande führen und in der Griechen-Dhau, ein
wenig eng zwar, nach Udjidji verfrachten konnte. Da die meisten betrunken waren, wurde der Abschied recht herzlich, und nachdem der
Mnjampara von Bagamojo mit schwungvoll lallendem Zungenschlag
die Gefühle aller verdolmetscht hatte, brüllten hundert heisere Kehlen
ein dreifaches „hip, hip, hurra" in die milde Septembernacht hinaus.
Dann gingen die Anker an Bord, und während das Schiff langsam nach
Süden glitt, kehrte ich erleichterten Gemüts zur Station zurück, gefolgt
von meinen Boys, die sehr verstimmt ob ihres Hierbleibens waren.

Ja, ich war wirklich froh, den Tag erlebt zu haben, auf den ich mich seit vielen Monden schon gefreut hatte. Keinen Ärger mehr, keine Verantwortlichkeit; nicht mehr von früh bis spät den Wächter spielen müssen über mehr als 150 unruhige Köpfe; nicht mehr gezwungen, in Sonnenglut und Regen mit Routenbuch, Uhr und Kompaß bergauf, bergab zu laufen, endlich wieder deutsche Laute hören, deutsche Laute sprechen können; hinter mir das Gefühl, unter Larven die einzige fühlende Brust zu sein und — herrlich, herrlich, nicht mehr zweimal täglich meinen Geist martern müssen, um eine Speise zu erfinden, die mir noch nicht bis zum Halse über war, denn von jetzt ab war ich Mitglied der Stationsmesse und blieb es die nächsten Monate.

Unser ganzes Interesse war damals von dem Treiben der kongolesischen Rebellen beherrscht, die jahrelang jede Tätigkeit an der Grenze lahm legten und erst zwei Jahre später, der Kämpfe und des Vagabundierens müde, auf deutsches Gebiet übertraten, wo sie entwaffnet und angesiedelt wurden. Damals aber fühlten sie sich, ob auch ihr Vertrauen auf die Zukunft schon etwas erschüttert war, doch noch als Herren des Landes, und an klaren Tagen konnten wir die Ruinen der Station Uwira sehen, die sie, beklommen durch die Ankunft meiner Expedition, die ihnen belgischen Zwecken zu dienen schien, in Brand gesteckt und verlassen hatten. ⁄

Chef von Usumbura war damals wie noch heute Herr Werner v. Grawert, der seit mehr als fünf Jahren schon auf diesem Posten ist und durch seine nie sich erschöpfende Arbeitskraft beweist, was ein starker Wille auch unter ungünstigen Verhältnissen zu leisten vermag. Daß ich bei ihm, wie bei dem gleichfalls dort anwesenden Bezirkschef von Udjidji, Herrn Hauptmann Bethe, dem die glückliche Suspension der einen Moment bedrohlich scheinenden Differenzen mit dem Kongostaat zu verdanken ist, die beste Aufnahme fand, brauche ich für den nicht zu erwähnen, der die Gastfreundschaft der meisten unserer Offiziere im Innern der Kolonie kennt.

Ich führe diese beiden Herren an, nicht nur aus freundschaftlicher Dankbarkeit für die mannigfache Förderung, die ich in all diesen Jahren von ihnen erfuhr, sondern mehr noch, weil es mir Pflicht schien, an einigen (leicht zu vermehrenden) Beispielen zu zeigen, wie unrecht es ist, von den paar räudigen Schafen, die gelegentlich die öffentliche Meinung erregen, den Maßstab für den Wert unseres kolonialen Offizierkorps zu nehmen. (Herr v. Grawert diente der Kolonie noch fast fünfzehn

Jahre als Hauptmann und Major der Schutztruppe. Leider mußte er
sie dann verlassen, noch im vollen Besitz seiner körperlichen Kraft, als
eines der vielen Opfer, die das Gesetz der formalen Verantwortung für
Verfehlungen Untergebener im militärischen Leben fast täglich fordert.
Die Liebe und Verehrung seiner Freunde ging mit ihm.)

Die unsicheren Zustände an der Grenze und kleine Wirren, die bald
darauf in unserem Gebiet in nächster Nähe ausbrachen, bewirkten, daß
alles vorhandene Trägermaterial für die Zwecke der Station reserviert
war, so daß ich, als ich nach einiger Zeit wieder aufzubrechen gedachte,
mich in einem — allerdings recht fidelen — Gefängnis festgehalten
sah. Die Leute aus der Umgebung von Usumbura waren damals noch
so wenig geneigt, als Träger in unbekannte Gegenden sich zu ver=
dingen, daß ich mit viel Mühe nur ein halbes Dutzend auftrieb. Die
Erlösung kam mir von Tabora in Gestalt von fünfzehn wenig ver=
lockend aussehenden Kerlen, die, auf Befehl des immer hilfsbereiten
Hauptmanns Langheld, ein gewisser Omari, ein langer, verwegener
Bursche, den ich im Frühjahr in Uschirombo krankheitshalber entlassen
hatte, mir zuführte. Es waren meist Wakua vom Rufidji, in der Nähe
der portugiesischen Grenze zu Hause, aus einer Gegend, die früher viel
Elefantenjäger hervorgebracht hat, so daß allmählich die meisten
Elefantenjäger den Namen dieses Stammes angenommen haben. Sehr
vertrauensvoll schauten sie nicht aus; es waren teils ganz junge
Bengel, teils ziemlich bejahrte, verwitterte Gesellen, mit vielen
Narben bedeckt oder einäugig, oder von Blattern und alten Krank=
heiten entstellt, aber zum Schwanken war keine Gelegenheit, ich bekam
eben keine anderen, und wenn ich mir wie jener xenophontische Offi=
zier eine Truppe aus lauter schönen Jünglingen hätte zusammenstellen
wollen, so säße ich noch heute in Usumbura fest. So zog ich es denn
vor, die Kompagnie Bullenkalb und Warze zu engagieren, um über=
haupt fortzukommen. Zu Führern bekamen sie den langen Omari und
einen zwerghaften Alten, dessen Gesicht, platt wie ein Eierkuchen, durch
zwei über Kreuz schielende Augen nicht verschönt wurde. Zum Überfluß
erfreute er sich noch eines Fettnackens und des poetischen Namens
Finesse, zu deutsch: „Stinkfrucht“.

Am 20. Dezember konzentrierte ich die ganze Gesellschaft, siebzehn
Wakua plus sechs Warundi, außerdem sieben Askaris, einige Boys
und die entsprechende Zahl edler Frauen, in Kajagga, am Nordende
des Sees, um von dort aus einen Marsch in die Gebiete anzutreten,
deren Exploration die Reise der nächsten Monate dienen sollte.

Es war mir nicht ganz leicht geworden, meine Bedürfnisse so zu komprimieren, daß ihnen mit der geringen Lastenzahl, einem Viertel der früheren, Genüge geschah, aber man lernt allmählich sich einzurichten und von unnötigem Ballast befreien. Es war bei meiner Ausreise, trotzdem unsere kolonialen Beziehungen im Laufe der letzten Jahrzehnte so außerordentlich gewachsen sind, doch noch sehr schwer, in Deutschland zuverlässigen Rat über die beste Art einer Expeditionsausrüstung zu erhalten, besonders weil die, die afrikanische Erfahrung haben, zu leicht geneigt sind, das meiste als bekannt oder selbstverständlich vorauszusetzen, und die wenigen Schriften, die sich mit diesen Dingen beschäftigen, auf zu großartige Verhältnisse zugeschnitten sind. Auch die an sich sehr brauchbaren Anleitungen von Wißmann und Paul Reichard sind heute in mancher Hinsicht veraltet und in vielem erweiterungsfähig.

Meine Askaris verminderte ich ebenfalls, nämlich von siebzehn auf sieben Mann, trotzdem schon die erste Zahl von mehreren Seiten für zu niedrig gehalten wurde, aber ich verschiebe die Erörterung meiner Motive, weil ich hinter ihr eine Reihe anderer Fragen auftauchen sehe und ich heute wenig Neigung habe, das schwierige Problem über das zweckmäßigste Verhalten der Reisenden zu den Eingeborenen, insbesondere in unbekannten oder feindlich gesinnten Gebieten anzuschneiden.

Das große Fischerdorf Kajagga, in dem ich am 20. Dezember meine Gesellschaft konzentrierte, liegt 1¹/₂ Stunden von Usumbura entfernt, in unmittelbarer Seenähe. Der Weg dorthin führt durch reiche Bananenhaine, die von zahllosen Ölpalmen überragt werden, über Wiesen mit anmutig zu Bosketts geordneten Bäumen an der verlassenen Mission vorbei, von der nur noch ein einsamer Friedhof mit den von Gras, Schlingpflanzen und wilden Kapbeeren überwucherten Gräbern eines Paters und einiger Kinder zeugt, und zuletzt das Seeufer entlang über weißen, knirschenden Sand, den nur spärliche, niedrige Gräser hie und da mit einem schüchternen Grün überkleiden.

Von Kajagga aus blickt man, besonders wenn der Dunst der Trockenzeit, vermischt mit dem Qualm der Grasbrände, oder die Nebel der Regenperiode die Ufer einhüllen, wie auf ein Meer hinaus, und der Geruch von moderndem Algen und faulenden Fischen verstärkt noch die Illusion, am Strande des Indischen Ozeans zu sein, so daß das Auge unwillkürlich den Horizont nach dem Rauche eines fernen Dampfers absucht, bis man seufzend der Wirklichkeit sich bewußt wird. Aber lassen wir jetzt die Blätter des Tagebuchs sprechen:

22. Dezember. Gestern morgen stellte mir Simba, der etwas ge=schwätzige, aber freundliche Chef von Kajagga, einen Kahn, den ich benutzte, um die Russisi=Mündung abzufahren. Die ersten vier Arme liegen ziemlich dicht beieinander, der fünfte und letzte weit ab im Westen. Da es mir in dem kleinen Boot, das von drei Mann mit langen Stangen vorwärts gestoßen wurde, unerträglich wurde — denn es brütete eine erstickende Glut auf dem unbewegten Wasser — ließ ich mich an den Strand setzen und folgte dem Ufer entlang nach Westen. Als ich aber nach fünf Viertelstunden noch nicht mehr als die Hälfte des Weges zurückgelegt hatte, kehrte ich wieder um, denn ich hatte nichts bei mir, um einen knurrenden Magen stumm zu machen, auch lockte mich nicht die Landschaft, die Sand und Schilf, Schilf und Sand eintönig vor mir sich ausdehnte und nur selten durch ein paar elende Hütten und einen kleinen Acker unterbrochen wurde. Die Bevölkerung scheint hier fast ausschließlich vom Fischfang zu leben. Einmal traf ich ein Boot, dessen sechs Insassen auf sehr sonderbare Weise fischten. Vier Mann sprangen gleichzeitig, das Netz in Händen, kopfüber ins Wasser, tauchten nach dreißig bis fünfzig Sekunden wieder auf und ließen sich von ihren Gefährten wieder in den Kahn ziehen; ich kann mir aber kaum denken, daß man mit dieser primitiven Fangweise sehr rasch Kapitalist wird. Nur selten begegneten mir auf dem einsamen Weg Leute, meist nackte Wawira=Weiber, die ihre schöngeformten Tonkrüge zu Markt getragen hatten und nun die unverkauften in großen Körben wieder heimschafften, und hin und wieder Männer mit langen Weiden=bündeln, die sie des Nachts in ihren Booten anzünden, um Fische aus ihren dunklen Tiefen anzulocken.

Wie endlos der Weg in diesem feinen, das Auge wie Schnee blen=denden Sande wird, der bei jedem Schritt über dem Fuß sich schließt und in die Schuhe dringt! Selbst der schmale, feuchte Rand dicht am Wasser ist nicht fest, wie der an den Küsten unserer heimischen Meere, sondern nachgebend und mit kleinen, knirschenden, flachgewälzten Steinen untermischt. Manchmal sitzen seidenschimmernde Eisvögel in langen Reihen auf einem faulenden Boote oder einem angetriebenen Baumstamm, oder die storchähnlichen, grotesken Klaffschnäbel fahren wie eine schwarze Wolke dicht vor mir auf und erfüllen die Luft mit kläglichem Geschrei, das dem der Ibisse ähnlich, aber nicht ganz so

ohrenmarternd ist; oder ich scheuche einen kleinen Strandläufer mit
weißem Leib und bronzenem Rücken auf, der immer wieder mit kurzem
Schreckpfiff abfährt und in flachem Bogen nach vorne fliegt, wo er mit
stoßender und im Stoße zögernder Gangart einhertrippelt, unaufhörlich
mit Kopf und Schwanz wippt und bald den langen Schnabel ins Wasser
taucht, bald wie eine Katze geduckt einen großen Brummer beschleicht.

Zum ersten Russisiarm zurückgekehrt, ließ ich mich wieder vom Boot
aufnehmen, fuhr den dritten Arm hinauf und durch den vierten wieder
in den See zurück — zusammen mögen sie 150—200 Meter breit sein.
Die Ufer sind mit ganz hohem Schilf bewachsen, das manchmal nischen=
förmig zurücktritt und riesigen Krokodilen nur ein vom Flusse her sicht=
bares Versteck bietet. Eine dieser scheußlichen Bestien, auf die ich immer
mit wahrer Inbrunst feuere, schoß ich vom Boot aus und mordete ihr
den heiligen Schlaf; und jäh erwachend plumpste sie halb springend, halb
fallend ins Wasser, drehte sich auf den Rücken und trieb stromabwärts.

Des Abends saß ich noch lange am Strande, schaute sehnsüchtig über
die Wasser, auf denen das Gold der späten Sonne schwamm und hatte
Heimweh. Ich dachte daran, wie oft ich so während der ersten afrika=
nischen Wochen auf den Indischen Ozean hinausgestarrt hatte und ver=
stand es gar nicht mehr. Denn heute umfassen nicht mehr die Meere,
sondern die Länder für mich den Begriff des Trennenden.

Dann wurde es Nacht. Und nun zuckte ein Licht nach dem anderen
auf, bis der See mit Tausenden kleiner Flammen bedeckt war, als
schaute ich wie einst von Frascati über die dunkle Campagna hinweg
auf die Lichter von Rom. Dann zog ein Trupp Fackelträger dicht an
mir vorbei. Die Weidenbündel liefen längs über den Kahn, das
glühende Ende ragte wie ein langhalsiger Drachenkopf weit über den
Bug, das andere als dunkler Schweif weit über das Heck hinaus. Und
so zogen sie, von Osten kommend, langsam in die fischreichen Gründe
nach Westen, einer hinter dem anderen her, zwanzig, dreißig — wozu
sie zählen — und glitten schweigend an mir vorüber in die Nacht. Und
als dieser geheimnisvolle Zug wie ein Traumbild an mir vorüberfuhr,
und als von Zeit zu Zeit ein mattes Leuchten auf die schwarzen Sil=
houetten von Männern fiel, die über den Schiffsrand gebeugt seltsam
hantierten — es war aber oft, als würgten und schüttelten sie den
Drachenhals, worauf sein Rachen im Zorn wieder stärker glühte und
Funken spie, die zischend in der Flut verschwanden — und als sie zu=

letzt in das Dunkel tauchten und ich nur noch die wandelnden Lichter
sah, immer zwei und zwei, eins über, eins auf dem Wasser, eins still
und feierlich, eins zitternd wie ein armes Seelchen, — da wurde mir
seltsam schwer zu Mut und ich versank in Gedanken, denn mich quälte
das Gefühl, daß ich dies alles, diesen traurigen Zug, diese Drachen=
boote, diese Männer, diese gleitenden Lichter schon einmal erlebt vor
hundert, vor tausend, vor zehntausend Jahren — was liegt an der Zeit.

---

23. Dezember. Heute wurde mir, wie nur zu oft auf Reisen, meine
Nachtruhe gestört. Schuld trug ein törichtes Weib. Ich hatte in Ru=
anda einige Sklavinnen losgekauft, darunter auch eine Frau namens
Nirampetta mit ihrem kleinen Kind. Sie war ein paar Jahre vorher
aus ihrer kongolesischen Heimat geraubt worden, die sie aber, da ihr
Gedächtnis infolge epileptischen Schwachsinns mangelhaft funktionierte,
nicht näher bezeichnen konnte. Ich hatte die Weiber einigen meiner
Leute zugeteilt, denen sie sich bald eng anschlossen; die meisten blühten
dank den besseren Lebensbedingungen und reichlicher Nahrung in kurzer
Zeit sichtlich auf und baten mich, sie von ihren „Gärtnern" nicht mehr zu
trennen. Ein Mißton kam erst in diese Idylle, als wir Usumbura
erreichten und meine Leute sich der „Barbarenweiber" zu schämen be=
gannen. Vollends, als sie Damen der haute volée vom Tanganika ihr
eigen nannten, gab es manchen Hader, weil sich die Freigekauften aus
ihren älteren Rechten nicht ohne Kampf verdrängen, noch sich von der
ehrenvollen Position einer besseren Hälfte zu der minder angesehenen
eines fragwürdigen Drittel degradieren lassen wollten. Und die hoch=
näsigen Udjidji-Weiber sorgten schon dafür, daß aus dem besseren bald
das schlechtere Drittel wurde. Am leichtesten gelang das der Frau meines
Askaris Abdallah, weil sie nur die schwachsinnige Nirampetta zur
Konkurrentin hatte. Mit der den meisten Negern eigenen Pietätlosigkeit
gegen großes Unglück und Mißraten benutzte sie die arme Person, um
mit ihr allerhand Allotria zu treiben und ihren „Witz" an ihr zu üben.
Da ihr Salz aber ziemlich dumpf war, so hielt sie es schon für einen
brillanten Einfall, der Närrin einzureden, daß wir sie in den nächsten
Tagen schlachten und verzehren wollten, wovon die Folge: ihre Flucht
aus dem Lager und vergebliches Suchen unsererseits. In den ersten
Stunden nach Mitternacht hörten Leute des Simba das Wimmern eines
Kindes in Maisfeldern und ihm nachgehend, fanden sie das von
24stündigem Hunger und der Angst vor umherschweifenden Bestien

entkräftete Weib mit ihrem Knaben vor und brachten sie sofort zu mir.
Um aber von den Posten nicht als Diebe eingeschätzt und mit Kugeln
begrüßt zu werden, näherten sie sich dem Lager mit großem Hallo, das
mich erweckte. Mit vieler Mühe beruhigte ich die erbärmlich zitternde
Person. Als es mir endlich gelungen war, war ich zu sehr im Schlafe
gestört, um mein Zelt gleich wieder aufzusuchen.

Ich ging deshalb noch lange am mattleuchtenden Strande auf und
ab, den die dunkle Flut mit leisem schläfrigem Rauschen bespülte. Lau=
warm wehte es vom See her, auf dem noch immer, aber jetzt weiter
ab, tausende von Lichtern glühten. Der Horizont war bewölkt, im Osten
lag ein schwarzes Wetter auf dem Gebirge und nur im Zenith zuckten
und funkelten die Sterne in voller Klarheit. Die Nacht war schweig=
samer, als ich sie je erlebte. Nicht einmal das Locken der Cikaden und
Schrecken ist hörbar, nur hin und wieder das Flattern eines ruhelos
streichenden Ziegenmelkers oder vom Fluß her ein dumpfer Eulenruf,
dem klagend das Weibchen antwortet, und manchmal das schwere
Grollen fernen Donners vom Kamm der Randberge — aber meist höre
ich außer dem Murmeln der Wasser nur meinen eigenen Schritt in dem
dunklen Schweigen.

25. Dezember. Die ersten beiden Marschtage durch die Russisi=Ebene
boten dem Auge manchen Reiz. Nur selten konnten wir dem Strome
selbst folgen, weil er von einem ungeheuren Sumpf, in dem er sich
vielmals veräftelt und wieder vereint, umschlossen wird. Nicht Papyrus=,
sondern Schilfrohrmassen füllen sein Bett aus, das sich dadurch wesentlich
von den Tälern anderer afrikanischer Flüsse — des Kagera-Nil, des
Malagarassi u. a. — unterscheidet. Nur an wenigen Stellen trat ein
größerer Wasserarm an den Rand der Grassteppe, die wir durchzogen,
und einige Male passierten wir winzige Seen, die nicht ohne freundliche
Anmut waren, wie sie einsam zwischen dem hellen Grün des Hochgrases
und dem etwas dunkleren Schilf sich ausbreiteten, und in der glatten,
von Inseln und Inselchen unterbrochenen Wasserfläche der Himmel und
die ziehenden Wolken und die graziösen Silhouetten der Palmen sich
spiegelten. Enten schwimmen in kleinen Trupps auf der klaren Flut,
schwarze Rallen mit rosenroten Ständern und grünem Schnabel huschen
flink über die Blattpflanzen des seichten Ufers, die ersten Feuerfinken
dieses Jahres wiegen sich brüstend auf dem schwanken Schilfrohr und
lassen ihr brennend rotes Hochzeitskleid in der Sonne leuchten oder
jagen hinter kleinen langschnäbligen Eisvögeln her, deren sattblaue

Farbenpracht ihren eifersüchtigen Neid erregt. Spinnen und Kerfe schnellen über das Wasser, Frösche und Kröten gröhlen unter den Steinen und gefräßige Libellen in allen Größen und Farben fliegen geschäftig umher oder klammern sich mit horizontal gestrecktem Leib und die schillernden Flügel weit vor den Kopf gelegt an die Spitze eines einsam den Spiegel überragenden Grases und achten der Fischchen kaum, die vergebens nach ihnen in steilem Sprunge springen und ungeschickt in ihr Element zurückfallen.

Dann wieder zogen wir über endlos sich ausdehnende, bebend heiße Steppen, die, wenn dicker Morgennebel die Berge im Westen verbirgt, unbegrenzt scheinen, und auf denen Dumpalmen bald in dichten Hainen sich zusammendrängen, bald in längere oder kürzere Reihen aufgelöst, hier 2 und 3, dort 10 und 20, eine hinter der anderen herziehen, wie die müden Nachzügler einer geschlagenen Armee. Manchmal eile ich auf bequemem Pfade weit voraus, und schaue, im Schatten einer der zahlreichen Kandelaber-Euphorbien geborgen, deren breit ausladende Kronen als dunkle Flecken neben den schlanken Palmen das Land= schaftsbild beherrschen, auf die Karawane zurück, die im Gänsemarsch durch die Ebene sich windet, bisweilen von üppiger Kraut= und Schling= vegetation aufgehalten wird, aber meist ungehindert, bald zwischen den frischen Gräsern der Steppe, bald zwischen großen Buschkomplexen niedriger Hyphaenen auftaucht.

So große Ansammlungen von jungen Dumpalmen wie hier fand ich sonst nirgends. Was geschieht mit ihnen? Offenbar verhindern die Grasbrände ihr Hochkommen, sonst müßte sich hier ein ausgedehnter Hain an den anderen anschließen. Diese Dumpalmen am Russisi haben alle eine besondere Form; sie ähneln Borassus darin, daß sie auch eine amphoraartige Anschwellung haben, deren Hals mit zunehmendem Alter immer länger wird; aber es fehlt ihnen die edle, gedrungene, stilvolle Gestalt, der die Borassuspalmen ihre Schönheit danken, die allein genügt, eine sonst reizlose Landschaft schmückend zu verklären. Ich vermute, daß die Russisipalmen einer westlichen Spezies angehören. (Hyph. ventricosa?).

Mein erstes Lager hatte ich in der Nähe des stellenweise 120 Meter breiten Stromes. Der Abend war klar; die westlichen Randberge traten aus dem feuchten Dunst; scharf hob sich vom roten Himmel der höchste Kamm ab, zu dem das zerklüftete Gebirge in vier bis sechs immer stärker aufsteigenden Ketten heranwächst.

Am zweiten Tage marschierten wir meist längs eines Russifiarmes, der zwischen dem hohen Schilf in reißendem Laufe dahinströmt. Einige Male begrüßte uns aus den dichten Rohrmassen langgezogener gellender Kriegs= und Spottruf, offenbar von Leuten des aufsässigen Sultans Kinoni, die sich aber in weiser Vorsicht sehr gut verborgen hielten. Später verließen wir den Russifi, weil ich hoffte, mit Hauptmann B., der von einer Strafexpedition das erbeutete Vieh nach Usumbura brachte, den Christabend verleben zu können und gingen seinen Signal= schüssen nach, die wir weiter östlich gehört hatten. Aber die eingeborenen Führer führten uns in die Irre und verschwanden zuletzt ganz, noch dazu an einer Stelle, wo weit und breit weder Wasser noch An= siedelungen sichtbar waren, so daß wir auf Umwegen wieder zum Flußbett zurückkehrten und tobmüde dort anlangten. Die Gegend, in der wir lagerten, gehörte zu dem kleinen Sultanat Ramatta.

Nachmittag fiel feiner Landregen, dem abscheuliche nasse Kälte folgte, und schließlich waren Lager und Zelte von dichten, vom Sumpf des Russifi herstammenden Nebeln eingehüllt. Deswegen legte ich mich früh und verbrachte den heiligen Abend im Bett und dachte wehmütig der behaglichen Festfreude unter kerzenstrahlendem Baume vor zwei Jahren in Berlin. Aber doch dankte ich meinem Schöpfer, daß sich heute nicht, wie vor einem Jahre im Blatternlager am Malagarassi, das Heulen des Sturmes in dem Uferwald, das Preschen des Regens gegen die Dächer und das Stöhnen der mit dem Tode Ringenden zu jener schaurigen Musik vereinte, deren deprimierenden Eindruck ich mein Leben lang nicht vergessen werde. Damit verglichen dünkte es mich diesmal fast mollig in meinem von Teedampf, Tabakqualm und Arak= düften erfüllten Zelte, und hätte nur ein gutes Buch über die heimwärts zu den Freunden wandernden Gedanken hinweggeholfen, so wäre nicht viel zu wünschen übrig geblieben.

Bergfrieden, im April 1901.

Brief VI.

Von dem Lager bei Ramatta, mit dem mein letzter Brief abschloß,
bis zu dem Ausfluß des Ruſſiſi aus dem Kiwuſee brauchte ich ſech=
zehn Marſchtage, alſo achtzehn von Uſumbura aus. Das iſt ſehr viel
und ſpricht ſcheinbar gegen meine Fußgängerſchaft; der Hund liegt aber
wo anders begraben. Wenn ich nämlich langweilig bin, dann nicht im
Gehen, ſondern in der Aufnahme des Terrains und es iſt mir beim
beſten Willen nie möglich geweſen, weniger als das drei= bis vierfache
der für einen einfachen Marſch nötigen Zeit für mein Routier aufzu=
wenden. Dazu kam damals — und mein Tagebuch klagt oft darüber
— daß es in dem erſt ſeit Wochen erſchloſſenen Gebiet noch keine zu=
verläſſigen Führer gab, was mich vielfach zu kleinen Märſchen zwang,
weil angeblich der nächſte Waſſer= oder Lebensmittelplatz zu weit ab=
läge. Stellte ſich dann, wie meiſt, am nächſten Tage heraus, daß die
Angaben erſchwindelt waren, ſo befanden ſich die Lügner längſt wieder
in Sicherheit, da ſich die Führer immer nur für einen Tag verdingt
hatten.

Dies war aber faſt die einzige Unannehmlichkeit dieſes Weges. Die
Marſchſchwierigkeiten waren ſehr gering, weil man, wenn nicht in der
Ebene ſelbſt, ſo auf einem Plateau marſchiert, das dicht über dem
Ruſſiſital ſich erhebt. Nur eine Anzahl Flußübergänge waren höchſt
fatal. Erſt im letzten Drittel oder Viertel der Tour, alſo im Norden, wo
der Ruſſiſi als wilder Bergſtrom zwiſchen ſteilen Wänden dahinbrauſt,
koſtet man die üblichen Anſtrengungen eines Gebirgsmarſches aus.

In politiſcher Beziehung zerfällt das Gebiet zwiſchen dem Oſtrande
des zentralafrikaniſchen Grabens und dem Ruſſiſi in zehn bis zwölf
kleinere Sultanate, von denen die meiſten ca. 150 bis 200 Geviertkilo=
meter bedecken mögen. Nominell ſind ſie unſelbſtändig, und ihre Herr=
ſcher, die alle dem hamitiſchen aus den Gallaländern ſüdlich von Abeſ=
ſinien ſtammenden Geſchlecht der Watuſſi angehören, ſind urſprünglich
Vaſallen des Fürſten von Urundi, des „Mueſi Kiſſabo“, geweſen. Aber,
wenn auch die große Maſſe der Bewohner den Eindruck ziemlich unver=
miſchter Warundi macht, ſo iſt der hohe Kamm der Randgebirge und
die breite Urwaldwildnis ein zu bequemes Bollwerk geweſen, um nicht

6*

bei der von großen Ideen nationaler Zusammengehörigkeit unberühr=
ten Bevölkerung Selbständigkeitsgelüste wachzurufen, um so eher, als
auch das Mutterland in eine Unzahl sich gegenseitig befehdender, teils
unabhängiger, teils mit der Zentrale nur noch locker verknüpfter
Häuptlingschaften zersplittert ist. Der noch bestehende Rest von Zu=
sammenhängen scheint fast allein dadurch sich zu erhalten, daß dem
Muesi irgend eine Art religiöser Bedeutung innewohnt, die es vielen
Häuptlingen ratsam erscheinen läßt, die Brücken zu ihm nicht bis zum
Pfeilergrund abzubrechen.

Wenn man bedenkt, wie unendlich verschieden die gesamten Lebens=
verhältnisse der am Tanganika sitzenden See=Warundi von denen der
Berg=Warundi sind, und wie weit die mannigfachen Einflüsse zurück=
greifen, die durch die Anwesenheit der Wasuaheli und Araber und des
deren Fußspuren folgenden Gemenges westlicher Stämme sich an den
See=Warundi betätigten, so staunt man, wie hartnäckig sie trotz allem
im Äußeren, Sprache und Sitten der Eigenart ihres in seltener Abge=
schlossenheit lebenden Stammlandes treu geblieben sind. Dasselbe gilt
für die im Russisigraben sitzenden Warundi, nur daß für sie die Ver=
lockung, von der Väter Bräuchen abzufallen, wesentlich kleiner und, je
nördlicher sie wohnten, um so geringer gewesen ist.

Nach dieser flüchtigen Orientierung lasse ich nun wieder das Tage=
buch sprechen.

28. Dezember. Heute erreichten wir das Land des geflüchteten Sul=
tans Kinoni und lagerten am Muhirafluß in einer großer Gruppe von
Kandelabereuphorbien, die vor wenigen Tagen auch der Expedition
von Hauptmann B. als Lagerplatz gedient hatte. Ich erkannte dies
daran, daß unter einem Baume, wo jedenfalls der Speisetisch gestanden
hatte, Mangokerne in solcher Unmenge verstreut waren, daß ich Neid
und Leibweh zugleich bekam. Welch' einen gesegneten Appetit müssen
die Herren gehabt haben, um über solche Quantitäten Sieger zu werden.
„Auch das ist Größe", würde Zarathustra sagen. Der Weg hierher war
in seinem letzten Teil, wo wir dem etwas verengten Tal des Russisi
folgten, durch die schöne Uferlandschaft mit ihren herrlichen Tamarinden=
und Mwulebäumen genußvoll, nur mußten wir uns den Zugang zu
ihr durch einen steilen Abstieg über eine 50 Meter hohe Wand nicht
ohne Beschwerde erkämpfen, weshalb das Vieh und was von Trägern
nicht schwindelfrei war, über die Höhe ging. Im übrigen war der Marsch
der letzten vier Tage durch die Sultanate Ramatta, Kundamwa und

Umjuko nur stellenweise anstrengend und oft eintönig. Von Ramatta aus stiegen wir eine Böschung hinan und befanden uns auf einem Plateau, das allmählich ansteigend mehr oder minder wellig den Russisi tagelang begleitet, von tiefeingeschnittenen Gräben und Mulden durch= zogen wird und zum Flußtal bald mit steilen Wänden, bald mit sanft geneigten Hängen abfällt. Auch die ganz respektablen Nebenflüsse des Russisi, die von Osten kommen, fließen an solchen Steilwänden vorbei, wodurch der Abstieg besonders jetzt, wo die Wege naß, weich und schlüpfrig sind, sehr beschwerlich wird. Der Anstieg jenseits pflegt weniger schwierig zu sein, weil bei diesen Bruchlinien die nach Süden schauende Seite die flacher abfallende ist. Landschaftlich bot die Gegend nicht all= zuviel. Teils strauch= und baumlose Steppe, teils Busch, dann wieder baumreichere Gegenden (Akazien und Euphorbien), manchmal Strecken, die wie Rapsfelder leuchten, weil sie mit einer goldgelben Komposite wie besät sind, dann wieder Hochgras und wieder Busch und alles immer gleich en masse, so daß für den schweifenden Blick stundenlang keine Abwechselung vorhanden ist.

Nicht daß deshalb die Landschaft jedes Genusses bar wäre; unser Winter ist ja längst vorüber und Frühling und Sommer zugleich, Blüte und Frucht herrschen jetzt über die Fluren. Ist es nicht schön, wie alles in frischem Grün prangt, wie an den Akazien die Schoten in langen, grünen Büscheln hängen, wie die Kandelabereuphorbien mit purpurnen Beeren besetzt sind, an denen sich in Scharen die langschwänzigen Maus= vögel gütlich tun, oder wie an vielen Bäumen der Wind die locker haf= tenden, der drängenden Frucht weichenden Blütenkelche herabgefegt hat und nun golden oder rot oder weiß ein Blumenteppich zwischen dem Grunde der Stämme schimmert; und wie nirgends mehr ein gelbes welkes Gras sichtbar ist, weil die Oktoberstürme längst die alten spröden Stengel geknickt haben, und über den modernden emporwuchernd das frische Junggras mit seinem saftigen Grün jede kahle Stelle verbirgt!?

Ansiedelungen der Eingeborenen fanden wir wenig an unserem Wege, aber doch ist die Bevölkerung, die sich mehr im Osten in der Nähe der Vorberge zusammendrängt, keineswegs klein an Zahl. Dafür zeugte auch die Masse der Lebensmittel, die uns als Gastgeschenke heran= geschleppt wurden; Mehl, Maniok, Mais, Zuckerrohr, Bananen in solcher Fülle, daß sie mir, selbst von drei Dutzend Negermägen nicht zu überwältigen schien. Heute, wo wir in feindlichem Gebiet lagen, zeigte sich allerdings, daß ich die Aufnahmefähigkeit der Leute immer noch unterſchätze, denn viele gingen, weil ſie keine Zehrung mehr hatten, in die erntereifen Maisfelder, die von den Beſitzern verlaſſen, weithin das Tal des Muhira erfüllten.

Dieſe armen Teufel von Eingeborenen, die jetzt vielleicht im Pori von wilden Pflanzen kümmerlich leben, tun mir leid, aber auch hier gilt der alte Spruch des Horaz: Quidquid delirant reges, plectuntur Achivi. — — —

Die wütenden reges heißen hier ſtatt Agamemnon und Achilles Kinoni und Waſaſa. Kinoni hat ein großes Land am rechten Ruſſiſiufer, das am Tanganika beginnt und dem Fluß bis zu ſeiner Porta folgt; auf dem linken Ufer hat er eigentlich nichts zu ſuchen; aber die Belgier ſchenkten ihm vor Jahren auch dort ein Stück Land. Zum Dank beging er den ſchmählichen Verrat, Leutnant Dubois, der von den Rebellen geſchlagen, bei ihm für eine Nacht ſich verbarg, ſeinen Feinden auszu= liefern und den Belgiern, als ſie auf deutſchem Gebiet Zuflucht ſuchten, das mit dem Nachtrab folgende Vieh abzutreiben. Der Strick ſchien ihm ſicher, falls die kongoleſiſchen Truppen wieder Herren des Landes werden würden. Aber es kam anders; man verſöhnte ſich, weil Kinoni inzwiſchen ſich auch die Feindſchaft der Deutſchen zugezogen hatte, und es vorteilhaft ſchien, in ihm einen Verbündeten für alle Eventualitäten zu haben. Ich fürchte, die Herren werden noch recht ſchlechte Erfahrungen mit ihm machen; wenn wir ihn aber je erwiſchen, entgeht dieſer häß= liche, durch die langjährige Araberwirtſchaft am Tanganika korrum= pierte Sklavenhändler ſeinem Schickſal ſicher nicht. |

Einige Wochen vor meinem Abmarſch von Uſumbura war an der Linie Tanganika—Kiwuſee eine Poſtenkette eingerichtet und das Land okkupiert worden, um gegen die Rebellen eine vernünftige, d. h. die allein diskutable Grenze zu haben. Hinc illae lacrimae auf Seiten der Kongoleſen, die bis heute noch nicht geſtillt wurden und hoffentlich nie auf Koſten der Eingeborenen, die indeſſen längſt die Vorteile unſe= rer Herrſchaft eingeſehen haben, getrocknet werden. Der Offizier, der vom Kiwu zum Tanganika zurückkehrte, wollte unterwegs all die kleinen Sultane mit ſich nehmen und nach Uſumbura zur Huldigung bringen, wo dieſem Parterre von Königen in gemeinſamen Beratungen die Liebe zu ihren neuen Herren injiziert und über das Maß ihrer Rechte und Pflichten diskutiert werden ſollte. Der Gedanke war an ſich ſehr vernünftig, aber vielleicht etwas verfrüht. Die Sultane ſtanden untereinander ſchlecht, befehdeten ihre Nachbarn und waren Freunde mit den Nachbarn ihrer Nachbarn, so daß man fast immer abwechselnd das Gebiet einer der beiden großen Parteien passierte. Infolge= dessen fürchtete mancher vielleicht, daß er in Usumbura von seinen Gegnern angeklagt werden könnte, und glaubte, sich um so leichter widersetzen zu können, als er irgendwelche deutsche Machtentfaltung noch nicht gesehen hatte. Immerhin ging es im Anfang recht gut und die einflußreichsten Häuptlinge schlossen sich dem Offizier an, darunter auch der oben genannte Wasasa, der in ständigem Kampf mit seinem Nachbar Nigensi, einem Unterchef des Königs von Ruanda, lag. Wasasa und Kinoni waren Freunde, und es fiel daher nicht auf, daß, als die Expedition in des letzteren Land kam, Wasasa erklärte, seinen großen „ami et allié" besuchen und gemeinsam mit ihm den Offizier nach Usumbura begleiten zu wollen. (Das sei zur Erklärung des Folgenden vorausgeschickt; was dann weiter geschah, meldet die Fortsetzung meines Tagebuchs.)

In der Gegend meines heutigen Lagers muß es gewesen sein, wo sich vor wenigen Wochen das Abenteuer des Herrn v. X. abspielte, dessen Gerücht sehr rasch zum Tanganika eilte und in beunruhigend übertriebener Darstellung durch Simba von Kajagga uns übermittelt wurde. Herr v. X. hatte mit Wasasa verabredet, ihn und Kinoni an einem gewissen Punkt zu treffen und gemeinsam die Reise fortzusetzen. Wasasa erschien auch, aber ohne Kinoni, dafür brachte er zweiund= zwanzig von dessen Leuten mit, die, mit Hinterladern bewaffnet, zum Teil frühere kongolesische Soldaten waren. Wasasa erklärte plötzlich, bei Kinoni zu bleiben und später gelegentlich mit ihm zur Huldigung zu erscheinen. Da dies offenbar eine leere Phrase und ganz gegen die Verabredung war, auch die getroffenen Dispositionen umstürzte, für die es vorteilhaft war, mit allen Sultanen gleichzeitig zu verhandeln, so drängte der Offizier ihn, seinem Worte treu zu bleiben. Wasasa weigerte sich aber und zog sich hinter die Bewaffneten zurück, die eine drohende Haltung annahmen, trat auch auf Aufforderung nicht wieder hervor, sondern trotzte. Die Lage war kritisch. Herr v. X. hatte nur drei Askaris bei sich, da die übrigen weitab in der arrière-garde sich be= fanden, und Zurückweichen wäre verhängnisvoll gewesen. So ritt er denn in aller Ruhe und den Ernst der Sache scheinbar ignorierend auf Wasasa zu, um ihn höchst eigenhändig hinter seiner Brustwehr hervor= zuholen. Aber im selben Augenblick krachten zweiundzwanzig Gewehre und pfiffen die Geschosse, worauf sich Wasasa mit allen Bewaffneten zur Flucht wandte. Es ist Herrn v. X. bis heute rätselhaft geblieben, wie es möglich war, daß er und selbst sein Reittier unverletzt blieben; vielleicht waren die Schützen zu aufgeregt oder kam ihnen die Entscheidung zu plötzlich, aber tatsächlich waren alle Projektile zu hoch gegangen. Herr v. X. also verlor weder real noch bildlich seinen Kopf, sondern verfolgte die in wilder Flucht Davonstrebenden augenblicklich im Galopp und schoß vom Sattel aus sein Gewehr ab. Da er aber meines Wissens früher bei einem rheinischen Infanterieregiment und nicht bei den Tscherkessen gestanden hat, so vermehrte auch er nur die Durchlöcherung der Natur an drei wesentlich verschiedenen Stellen. Beim vierten Male knackte es nur — denn das ist der Vorteil der Magazingewehre, daß man immer glaubt, fünf Schüsse im Lauf zu haben, während man meist schon welche abgefeuert hat. Kaum hörten die Flüchtenden das willkommene Geräusch, als sie sich ihrerseits umwandten und Herrn v. X. mit Lanzen und Pfeilen zu spicken versuchten, der nun nichts anderes tun konnte, als — rückwärts, rückwärts, Don Rodrigo — sich von seiner Truppe wieder aufnehmen zu lassen, die indessen auf wenige hundert Meter nahe gekommen war, um dann mit frisch geladenem Gewehr einen neuen — übrigens fruchtlosen Vorstoß zu machen. Dieses Vorgehen der beiden Sultane, das zweifellos verabredet war, mußte natürlich gründlich gerächt werden, wenn wir nicht auf Etablierung unserer Herrschaft verzichten wollten. Kinoni konnte man leider wenig anhaben, weil sein Hauptland jenseits der Grenze liegt und er vorsichtigerweise all sein Vieh schon in den Tagen vorher hinübergeschafft hatte. Das war um so bedauerlicher, als er der Verführer war und zu Wasasa gesagt haben soll: „Wir sind mit den Kongolesen fertig geworden, und das waren doch sogar Männer; sie raubten Vieh, Elfenbein usw., und da sollten wir nicht die deutschen Weiber unterbekommen, die immer nur schenken und schenken?"

(Ich weiß nicht, ob diese Worte tatsächlich gefallen sind; jedenfalls wurden sie von Eingeborenen berichtet, und so oder so sind sie in mehr als einer Beziehung charakteristisch und besonders darin, daß sie zeigen, wie leicht Schwarze zur renommistischen Überhebung gegen Leute geneigt sind, von deren Macht sie keinen zu hohen Begriff haben. Diese Macht braucht nicht tatsächlich zu sein; es genügt oft, sie ihnen zu suggerieren; am allerwenigsten darf man solche Redensarten überschätzen und aus ihr die Ansicht extrahieren, daß es überall und unter allen Umständen nötig sei, ein okkupiertes Volk erst einmal zu

„be"kriegen, um es „unter"zukriegen. (Gegen diese noch in manchen Köpfen haftende Anschauung werde ich immer ankämpfen, weil sich in ihr ein Verhängnis birgt, im übrigen aber auf die ganze „Macht"frage gelegentlich zurückkommen.)

Es wurde also gegen die beiden Sultane eine Strafexpedition inszeniert. Das ist eine sehr unerfreuliche Aufgabe, besonders für gewissenhafte Bezirkschefs, deren vom Gouvernement gepflegter Ehrgeiz vor allem darin bestehen soll, die Wohlhabenheit ihrer Distrikte nach Möglichkeit zu fördern. Dem würden gehäufte Strafzüge natürlich durchaus entgegenwirken. ✝ — — — — — — — — — — — —

Ich las jüngst ein Referat über einen Vortrag, in dem ein in der Südsee tätig gewesener Missionar in irgend einer Abteilung der Deutschen Kolonialgesellschaft seine Erlebnisse und Erfahrungen der Öffentlichkeit übergab, wobei er auch auf Strafexpeditionen zu sprechen kam; mit Recht wünschte er, sie vermindert zu sehen, weil doch meist die Unschuldigen darunter zu leiden hätten. Va bene; nur hätte er auch verraten sollen, was man an ihre Stelle setzen könnte. Dem Leser ist ja aus diesem oder jenem amtlichen Berichte bekannt, wie solche Züge verlaufen. Meist heißt es da, daß man dem Gegner keine größeren Verluste beibringen konnte, weil er sich in den Busch flüchtete; dann wird der Materialschaden erwähnt, so und so viel verbrannte Hütten, so und so viel Beutevieh usw. In Rapporten der Kriegsschiffe heißt es noch meistens, daß man die Boote der Insulaner in Grund gebohrt und ihre Palmenhaine zerstört hat. Letzteres ist aber eine Spezialität der Südsee; in Deutsch-Ostafrika pflegt man die Kulturen (Bananenschamben usw.) zu schonen, um den Bezirk nicht zu sehr zu schädigen. Ich gebe dem Herrn Pater gerne zu, daß oft, ja sogar meist sehr viel Unschuldige leiden müssen. Bei einem Beamten, der Land und Leute seines Wirkungskreises kennt, wird sich diese unangenehme Begleiterscheinung auf ein Mindestmaß einschränken lassen; aber es ganz zu vermeiden, finde ich kein Mittel, wenn man auf Strafexpeditionen nicht ganz verzichten will. Sicher ist, daß sie von Jahr zu Jahr seltener und bei wachsender gegenseitiger Kenntnis schließlich ganz verschwinden werden. Aber vorläufig dürfen wir zufrieden sein, daß sie rar sind. Ich bin gewiß der letzte, der das Heil darin sucht, unsere Herrschaft über die Eingeborenen mit Gewalt zu stabilisieren, und was man so landläufig „Pazifikation" nennt, dünkt mich oft — sit venia verbo — „Bellifikation". Auch sind Strafexpeditionen oft ganz wirkungslos, nämlich wenn die Gegend gleichsam nur en passant heimgesucht wird; das ist die „Pazifikation bis zur Rückenwendung". Dann kehren die Geflüchteten am nächsten Tage zurück, begraben ihre Toten, bauen sich neue Hütten auf und gehen ihren Rachegelüsten nach, sobald ein Reisender mit geringen Kräften ihr Land durchzieht. So ging es mir, als ich in Urundi, den Weg eines anderen kreuzend, für die Verluste büßen sollte, die er den Watussi beigebracht. Ihren Zweck erfüllt eine Strafexpedition höchstens dann — abgesehen von Vernichtungskriegen, die niemand befürworten wird — wenn sie sich wochen- und monatelang in der zu bestrafenden Gegend aufhält. Da werden die Leute, wenn sie der Hunger plagt, rasch mürbe und wagen so leicht nicht mehr, sich aufzulehnen. Daß Unschuldige und Friedliche mitleiden müssen, ist gewiß traurig, aber es hat oft das Gute zur Folge, daß solche gern in andere Bezirke ziehen, deren Häuptlinge loyal sind und kein Unheil über ihre Untertanen heraufbeschwören. Das ist dann eine sehr heilsame Lehre, weil jeder fortziehende Mann, so gut wie jeder getötete, von seinem Herrn als unangenehmer Verlust empfunden wird, denn jeder Häuptling sucht den anderen nicht nur in der Zahl der Herden, sondern auch der Untertanen zu überbieten. Ich komme auch darauf noch zurück. Im ganzen kann ich hier wie in anderen Beziehungen nur sagen: Prophylaxe ist mehr wert als Therapie. Suchen wir die Eingeborenen kennen zu lernen, treiben wir Ethnographie — was nicht heißt „Bogen und Speere sammeln" —, lehren wir die Eingeborenen uns kennen, d. h. europäische Ethnographie treiben, dann werden Konflikte, die Strafzüge gebären, so verschwindend selten sein, daß kein vernünftiger Mensch seine Zeit damit vergeuden wird, nach einem Ersatzmittel für sie zu suchen. — — — — — — — — —

Kinoni war also nicht zu fassen; er saß mit seinem Vieh und fast allen seinen Leuten wohlgeborgen am rechten Ufer des Russisi, lachte über die Grenze hinüber und verspottete gewiß den verführten Wasasa, seinen Gast, der dadurch zwar für den Augenblick persönliche Sicherheit genoß, sich aber kaum wohl dabei fühlen mochte, da er voraussehen konnte, daß ihn die Rache für den feigen Mordanschlag um so schwerer treffen würde. Auch wußte er, daß es auf der ihm bekannten Erde kein jämmerlicheres Schicksal gibt als das depossedierter Herren, die sich im Besitz ihrer Herden reicher als jeder Europäer dünkten und mit ihrem Verlust über Nacht zu Bettlern wurden, die bestenfalls an fremden „Höfen" umherirren, überall mit der Zeit lästig fallen, ein kümmerliches, mit Hohn bitter gewürztes Gnadenbrot verzehren und um jeden Vorteil ihren Verfolgern ausgeliefert werden.

Zwar eine Strafe traf auch Kinoni. Er verlor sein Ländchen, das unter seine Nachbarn geteilt wurde, aber dieser Verlust war zu verschmerzen, denn es war ja nur ein kleiner Appendix zu seinem Stammgebiet. Anders Wasasa. Für ihn stand alles auf dem Spiele: Land, Vieh, Leute. Nachdem Herr v. X. von der fruchtlosen Verfolgung der Leute Kinonis zurückgekehrt war, marschierte er noch in derselben Minute in Eilmärschen in Wasasas Land zurück, überraschte es vollkommen, zerstörte seine Hauptdörfer, erbeutete sein Vieh und etablierte sich mitten in seinem Lande, um die Unterwerfung zu erzwingen. Dabei sagte er sich sehr richtig, daß, wenn es ihm hier gelänge, eine vollständige Demütigung des Aufsässigen zu erzielen, selbst mit den härtesten Mitteln, die Folgen immer noch human sein würden, weil vor der Niederlage Wasasas die gesamten Graben-Warundi erschrecken würden, wie Dörfler vor nächtigem Feuerschein, und weil die Asche der Hütten und die vergebens des Schnitters harrenden Felder und die nach ihren Rindern sich sehnenden Hürden und Ställe einen jeden Verwegenen warnenden Schrei ausstoßen würden, den vom Kiwu bis zum Tanganika die Bergwände bis in die entlegensten Schluchten sich zuwerfen würden, daß jenes freche Wort gelogen und die Deutschen keine Weiber sind, wenn sie auch mit jedem freundlichen Wirt als freundliche Gäste Freundschaft pflegen und Gastgeschenke austauschen. Daß es gelang und daß seitdem all die Jahre Ruhe, Frieden und offenes Vertrauen im Russisigraben herrschte, sei vorweg bemerkt, und wie es gelang, werden die Blätter des nächsten Briefes melden. Heute aber möchte ich mich noch auf ein amoenum diverticulum, einen „Nebenlustpfad" begeben, auf den mich folgende Erinnerung aus meinem Tagebuch lockte.

29. Dezember. Als ich heute morgen aufbrechen wollte, wurde ich durch eine Gesandtschaft aufgehalten, die mir Geschenke brachte und mich bat, meinen Einfluß für ihren Häuptling Muhambasi aufzuwenden, der seit langem im Usumbura an der Kette säße. Warum? wüßten sie nicht. Um so besser konnte ich es ihnen sagen, denn ich erinnerte mich des großen bärtigen, finster dreinschauenden Mannes ganz gut, der in Untersuchungshaft war, weil er in starkem Verdacht stand, die kongolesischen Rebellen zu einem Handstreich gegen die deutsche Station aufgefordert zu haben. M. war merkwürdigerweise kein Landeskind,

sondern ein aus Uganda stammender Mohammedaner, der zu Ruma-
lijas[1] Zeiten auf irgend eine dunkle Weise Chef des Distrikts Kundamwa
in Uwjuko geworden war. Ich fragte die Leute, wie sie sich das dächten,
daß ich Muhambasi befreien sollte. Antwort: Ich möchte einen Brief
an Hauptmann B. senden. Ich: Ob es ihnen recht sei, wenn ich zum
Beispiel Grüße schickte und die Bitte, er möge mir von der Mangoernte
auch ein paar Äpfel übrig lassen. Allgemeines Händeklatschen, was
soviel bedeutet, wie: Unsern tiefgefühltesten Dank. Es tat mir daraufhin
fast leid, ihnen erklären zu müssen, daß ein Brief von mir, gleichviel
welchen Inhalts, das Schicksal ihres Häuptlings nicht sehr erleichtern
würde, was sie aber nicht glauben wollten, bis ich ihnen auseinander-
setzte, daß ich in Amtssachen ein bana mdogo kapissa sei, worauf es
ihnen leid zu tun schien, daß sie einem so „ganz kleinen Herrn“ so viel
Lebensmittel gebracht hätten. Schließlich gab ich ihnen als Wegzehrung
eine Menge Zeug und den Trost mit, daß, wenn schlimmstenfalls ihr
Häuptling gehenkt würde, das Unglück nicht so groß sei, weil er nicht
ihres Blutes sei, und daß sich gewiß leicht ein anderer Küstenmann
finden würde, der an Muhambasis Stelle ihnen die schönsten Weiber
und die beste Nahrung wegnehmen würde, wie es ihren Wünschen
entspräche. Darauf entließ ich sie. — — — — — — — —

Der Respekt vor beschriebenem oder bedrucktem Papier ist bei allen
Negern lächerlich groß, selbst bei Küstennegern, wenngleich diese —
zwar selbst meist Analphabeten — die Entstehung eines Briefes kennen
und besser, als die armen Toren von Kundamwa, wissen, daß erst der
Inhalt den Wert eines Schreibens ausmacht. Trotzdem suchen auch sie,
besonders auf Reisen, bei jeder Gelegenheit einen Paß, der nur ihren
und den Namen des betreffenden Europäers zu enthalten braucht, zu
erlangen, und oft genug fand ich in dem Nachlaß Verstorbener wertlose
Fetzen, wie Kuverts, gleichgültige Notizbuchblätter usw. Nicht selten
allerdings heben sie sich so ein fortgeworfenes Stück Papier auf, weil
es sich doch einmal bezahlt machen könnte, so wie ein verständiger Dieb,
der einen Dietrich findet, ihn zu sich stecken wird, auch wenn er heute
und morgen keine Verwendung für ihn weiß. Als ich 1897 durch Tabora
kam, wurden gerade neue, auf schwarz-weiß-rotem Grunde gedruckte
Formulare für die Stationsboten eingeführt und die Häuptlinge des
Bezirks davon in Kenntnis gesetzt, weil es wiederholt vorgekommen

[1] Siehe Brief VI des 1. Bandes.

war, daß irgend ein schwarzer Gauner einen von einem Europäer fort=
geworfenen Zeitungsfetzen oder eine unbezahlte Rechnung benutzt hatte,
um von Dorf zu Dorf zu ziehen und auf Grund solcher „Amtsschreiben"
förmliche Steuern für die „Station" zu erheben, hier eine Hacke, dort
eine Ziege oder was ihm gerade des Mitgehens wert dünkte. Und
solche Fälle ereigneten sich nicht zu selten.

Auch folgende lustige Erinnerung könnte ich hier anfügen: In Uha
traf ich einmal einen Elefantenjäger und fragte ihn nach seinem Er=
laubnisschein. Darauf holte er ohne Zögern aus einer der gepunzten
Ledertäschchen, in denen die Wakua[1] ihre Kugeln, Zündhütchen und
Werg verwahren, ein sauber in Zeug vernähtes Päckchen und reichte
es mir mit so ruhigen Augen, daß ich schon einen Moment schwankte,
ob ich mir die Arbeit des Auftrennens nicht besser erspare. Dann tat
ich es aber doch, und das erste, was mir in die Hände fiel, war ein
schmutziges Kuvert mit der Adresse eines Offiziers, der früher, vor Olims
Zeiten, in der Kolonie tätig war. Doch das Bessere kam erst; in dem
Umschlag nämlich befand sich der eigentliche Jagdschein in Gestalt einer
gedruckten Verlobungsanzeige, die noch dazu so uralt war, daß der
glückliche Bräutigam indessen, wenn er sich einigermaßen Mühe gegeben
hatte, dreifach gesegneter pater familias sein konnte. Gott weiß, wie
sie dem Mann in die Klauen gekommen war; er war vom Stamme
der Wassumbwa, aus dem Innern der Kolonie, und an ihn wird sie
wohl nicht gerichtet gewesen sein. Als ich ihn darauf aufmerksam machte,
daß dies doch ein etwas seltsamer Jagdschein sei, — zwar hätte er mir
entgegnen können, daß Verlobungsanzeigen manchmal darin Jagd=
scheinen gleichen, daß sie als Schein über eine erfolgreiche Jagd aus=
gestellt werden, doch das fiel ihm offenbar nicht ein — tat er sehr
verwundert und behauptete, so und nicht anders habe er ihn in der
Station von Tabora erstanden, und so und nicht anders sähen jetzt alle
anderen aus. Als ich ihn, immer neugieriger gemacht, fragte, wie er
das meine, da er doch nicht lesen könne, antwortete er — ich weiß
nicht, ob mehr kühn als wahr — daß auf den alten Scheinen Regen
und Wasser den „Wein" weggespült hätten, auf den neuen aber nicht.
(Wein — damit meint er Tinte. Es gibt viele Eingeborene im Innern,
natürlich Waschensi i. e. barbari, die Tinte und Wein mit demselben
Worte wino bezeichnen; vielleicht stammt es von der Art, wie man
durch die griechischen Händler verproviantiert wird, denn da fragt man

[1] Über Wakua cf. Brief V des 2. Bandes.

sich oft, ob man nicht besser täte, die Tinte zu trinken und mit dem Wein seine Korrespondenzen zu führen.) Um damit Schluß zu machen — ich war keine Amtsperson und mußte den Mann, den erst der Regen den Unterschied zwischen Tinte und Druckerschwärze gelehrt hatte, laufen lassen, riet ihm aber aufs eindringlichste, um alle gouvernementalen Karawanen einen großen Bogen zu machen, oder, wenn anders ihm sein Sitzfleisch lieb wäre, sich bald einen anderen Gewerbeschein zu erstehen.

Erwähnenswert ist auch folgende Historie, die geradezu von Papier- und Zeitungs=Fetischismus zeugt. Ich ließ mir erzählen, daß man in einem Museum für Völkerkunde — ich glaube in Leipzig — wohl nur als Kuriosum ein Bündel Zeitungen zeigt, das einem Postraub entstammt und (durch einen Leutnant K., wenn ich mich recht erinnere) einem im Gefecht gefallenen Eingeborenen, der es als Talisman auf den Kopf gebunden hatte, abgenommen wurde. Ich ahne nicht, wogegen dieses Amulett sich bewähren sollte, vielleicht weiß einer unserer heimischen Zeitungsfetischisten, deren es ja unter den Stammtisch=politikern von Dinkelsbühl bis Labiau eine Menge gibt, besser Bescheid. Ganz schüchtern nur möchte ich behaupten, daß der getötete Eingeborene das Zeitungsbündel als Schutz gegen den Druck einer Last getragen haben wird, womit alle Konjekturen hinfällig würden.

Ich will mit der Aufzählung von Einzelfällen abschließen, denn auch so wird der Leser mir glauben, daß die Schrift, bezw. beschriebenes oder bedrucktes Papier in dem Vorstellungskreis der Neger eine besondere Rolle spielt. Ist dies eigentlich wunderbar? Gewiß nicht. Ein Volk, das noch nicht dahin gelangt ist, seine Worte in Laute zu zerlegen und für die Laute Zeichen zu erfinden, kann ja nicht anders als aufs stärkste betroffen sein, wenn es sieht, daß es möglich ist, über beliebige Entfernungen durch eine Art Ornamente auf einer Art Zeug seine Gedanken sich zu vermitteln. Wie der Bauer bestürzt ist, der zum ersten Male ein Telephon kennen lernt, so der Neger, der zum ersten Mal Zeuge ist, wie der Weiße ein stummes Papier sprechen „hört". Teufelswerk! Ich wünschte, ich könnte dem Leser die Verblüffung der Eingeborenen plastisch schildern, wie ich sie manchmal sah, wenn mir ein Europäer Leute mit irgend einem Wunsch zuschickte, z. B. mit der Bitte, sie ärztlich zu behandeln. Wie sie die Augen aufrissen, wie sie sich auf den offenen Mund schlugen, wie sie sich in Ahs und Ehs der Bewunderung überboten, wenn ich sie nach einem Blick in das Begleitschreiben fragte:

Wer von euch ist A aus X-dorf und wer B aus 3-berg? Und du, A,
zeige deine Beinwunde, und du, B, sage, wo deine Brust schmerzt usw.
usw. Und wenn ich ihnen versicherte, daß da kein Spuk dahinter stecke,
und ich solche Kunst jedem intelligenten Jungen in einem halben Jahre
beibringen wolle, so hielten sie es für Spott und gingen unüberzeugt
davon. Teufelsarbeit.

In Ruanda sind die abergläubischen Vorstellungen, die sich mit dem
Schreiben verknüpfen, besonders groß; ich muß mit ihnen rechnen, und
sie beeinflussen meine Arbeiten bisweilen störend. Wenn es irgend mög=
lich ist, vermeide ich es, einen Eingeborenen über mich interessierende
(z. B. ethnographische) Dinge auszufragen und gleichzeitig das Gehörte
niederzuschreiben; lieber frage ich ihn so oft, daß ich es hinterher aus
dem Gedächtnis rekapitulieren kann oder ich schreibe so, daß es ihm
nicht auffällt.

Besonders unheimlich ist den Eingeborenen die Tätigkeit des Karten=
machens, weil da neben dem Schreiben noch allerhand anderer Hokus=
pokus verübt wird. Da sitzen sie in Haufen auf Grashängen und in
Bananenhainen und lassen die Karawanen an sich vorüberziehen, be=
gierig, die unbekannte Erscheinung des Weißen, oder wie wir in Ru=
anda heißen, des Roten, von dem sie so viel schon haben fabeln hören,
zu beobachten. Aber was treibt der Mann eigentlich? Warum schreitet
er nicht wie andere Sterbliche einher? Was für ein undefinierbares
Eisen [1] hält er in seiner Hand, bald dort= bald hierhin zielend und was
für Zeichen malt er dann mit einem Holz [2] auf die kleinen weißen Stoff=
stückchen [3], die er mit sich führt. Und warum deutet er jetzt auf diesen,
jetzt auf jenen Berg oder Bach oder Hüttenkomplex und fragt um ihre
Namen, um jedesmal neue Ornamente zu malen, ähnlich denen, die hier=
zulande Schilder und Matten haben? Alles zusammen ein Gebaren, das
ihnen fremd, in jeder Einzelheit unverständlich und von geheimnisvoller
Bedeutung ist. Und nun stecken sie die Köpfe zusammen, „alagura — er
zaubert" und laufen zum mtwale, zum Häuptling, und der Häuptling
läuft zum mupfummu, zum Priester, und der schlachtet schnell Küken
und zählt die Fettpartikel auf ihren Mägen oder schlachtet Ziegen und
schaut in das siedende Fett oder läßt die Würfelschale oder den Reibe=
stock oder was sie sonst noch an Orakeln besitzen, wahrsagen, bis auf
die eine oder andere Weise entschieden ist, ob jene Zauberei Gleichgül=
tiges oder Schlimmes bedeutet und zur Folge hat. Kündet der Mund

---

[1] Kompaß.   [2] Bleistift.   [3] Routenbuch.

des Orakels ein Übel, dann kommen die Gegenmaßregeln. Dann
schicken die Großen des Landes von Ort zu Ort: treibt dem Fremden
den Führer ab, lockt ihn auf falsche Wege, vermeidet die Dörfer der
Vornehmen, verschweigt ihm alle Namen oder betrügt ihn mit
erfundenen. Nach Bergen fragt er und meint die Felder, die sie
tragen; nach Flüssen fragt er und meint die Rinder, die sie tränken;
nach Hütten fragt er und meint die Bananenhaine, die sie beschatten.
Lügt, lügt, lügt. Das ist eure Waffe; denn wenn ihr die wahren Namen
sagt, dann werden, wenn der Rote in sein Land zurückgekehrt ist, eure
Felder euch keine Frucht, eure Rinder euch keine Milch, eure Bananen
euch keinen Wein mehr geben, weil Frucht und Labe verschwinden und
dem Manne folgen werden, der sie verzauberte. Teufelsarbeit!"

Sic vos non vobis — nidificatis aves,
Sic vos non vobis — vellera fertis oves,
Sic vos non vobis — mellificatis apes,
Sic vos non vobis — fertis aratra boves.

Und wie befohlen, so geschieht es; dann bekommt der Reisende keine
Führer mehr, oder die Führer suchen ihn aus dem Lande herauszulocken,
dann trachtet man den Stromforscher vom Fluß fortzuscheuchen, dann
verwirrt man ihn durch falsche Namen und anderes mehr. Und so kann
es kommen, wie es Ramsay passierte, daß er eine Viertelstunde vom
Njawarongo, zu dem er strebte, entfernt war, ohne ihn zu finden, daß
ich in derselben Gegend wiederholt umkehren mußte, weil man mich
vom Mhogofluß fort und an falsche Arme geführt hatte, oder daß ich
im Westen des Kiwusees zwölf Tage durch ein Land marschierte, ohne
den richtigen Namen zu erfahren — denn, meine Schilderung war keine
Kombination vager Eindrücke, sondern eine einfache Zusammenfassung
ganz bestimmter Erfahrungen, wenn ich auch ihren Zusammenhang
nicht von heut auf morgen zu verstehen gelernt habe. (Natürlich ist es
nicht überall gleich schlimm, aber auch nur selten damit gut bestellt, wie
die Unmenge falscher oder sich widersprechender Namen auf den Karten
bezeugt, die freilich auch noch andere Ursachen haben.) Wer in einem
solchen Fall sich bemüht hat, den Gängen und Irrgängen der Negerseele nachzugehen, wird auch duldsam in anderen Fällen sein, in denen
er sie nicht auf den ersten Blick zu erhellen vermag. Vieles am Neger
erscheint uns unlogisch, aber innerhalb seines Vorstellungskreises denkt
er durchaus logisch, nur ist es nötig, um seine Logik zu verstehen,
das Erdreich zu erforschen, in dem sie wurzelt und Nahrung zieht.

Häuptling Kaware auf Reisen.

Die Folgerungen dieser Erkenntnis kann jeder Nachdenkliche selber ziehen.

Noch eines anderen Erlebnisses erinnere ich mich, das die gleiche Frage berührt. Es war ein paar Jahre später. Schon kannte man mich genügend in Ruanda, um von mir nichts zu fürchten. Ich war am Akanjaru und hatte eine Höhe erstiegen, die mir einen weiten Blick auf das Flußtal eröffnete. Während die Karawane von dem mühsamen Aufstieg ausruhte, trat ich unter einen Baum, zwischen dessen Ästen ein Bienenhaus befestigt war, vor dem die Bienen summend ab- und zuflogen. In seinem Schatten ließ ich mich nieder und zeichnete das Terrain. Als ich eine halbe Stunde später wieder aufbrach, fragte mich schüchtern ein Eingeborener aus der Schar derer, die meiner Arbeit aufmerksam zugeschaut hatten, ob wohl die Bienen jetzt wegfliegen und mir ihren Honig zutragen würden. Es war nämlich der Eigener des Bienenhauses. Ich beruhigte ihn, und er glaubte mir; um so unerklärlicher aber blieb ihm und seinen Kameraden der Zweck meiner Tätigkeit unter seinem Baume.

Zum Schluß noch eine Bemerkung: „Brief" heißt in der Sprache der Völker von Ruanda und vom West-Kiwu „Papuru", also sehr an Papyrus und Papier anklingend. Der Ausdruck ist zu sehr verbreitet und bis in die entlegensten Winkel dieser Länder bekannt, als daß man seinen Ursprung auf ein jüngeres Datum zurückführen dürfte. Ich bin zu wenig orientiert, ob Papyrus der alten ägyptischen Sprache entlehnt oder griechischen Ursprungs ist; wenn das erstere, so möchte ich glauben, daß auch Papuru ein uraltes Wort und über Uganda, das ja zweifellos in weit zurückliegender Vergangenheit irgend welche Beziehungen und Zusammenhänge mit Ägypten gehabt hat, nach Ruanda und in die angrenzenden Länder eingeführt ist. Aber dies mag sich so oder auch anders verhalten. „Denn", lautet die Weisheit Zarathustras, „was liegt daran!"

Insel Wau, Juli 1901.

Brief VII.

Die Schilderung meines Weges im Ruffifi=Graben ift im vorigen Brief nicht fehr weit gediehen, weil ich mich auf einen Seitenweg drängen ließ, als ich der Lockung nachgab, dem Lefer eine flüchtige Skizze von der Bedeutung der Schrift im Dorftellungsleben des Negers zu geben. Sie konnte und follte nicht vollftändig fein, weil ich, wie in allen anderen Fragen, auch hier mich auf meine eigenen Erfahrungen befchränken wollte.

Wir waren im letzten Brief am Muhirafluß und in Wehenufa, der Landfchaft des uns feindlichen Kinoni, angekommen. Dem Führer, den ich dort von den Leuten von Kundamwa erhielt, fetzte ich meinen Wunfch auseinander, mich wie bisher möglichft in der Nähe des Ruffifi= Betts zu halten, aber da ich mich nur fchwer mit ihm in der Landes= fprache verftändigen konnte, führte er mich auf einen anderen, vom Strome weit ablaufenden Weg. Er glaubte nämlich, daß ich nicht an dem Offizier ungefehen vorbeiziehen wollte, der fich in Wafafas Gebiet zu dem früher angegebenen Zweck niedergelaffen hatte, und als ich merkte, daß all mein Flehen und alle Künfte der Rhetorik von feinem Dickfchädel abprallten, ergab ich mich in mein Schickfal und marfchierte in den nächften drei Tagen vom Muhira zum Standquartier des Herrn v. X.

Ich lege mein Tagebuch beifeite, um mich nicht zu längerem Der= weilen auf Einzelheiten des Weges verleiten zu laffen, und befchränke mich in Folgendem auf die am deutlichften haftenden Erinnerungen.

Nachdem wir unweit des Muhira den Njamaganna, einen anderen Nebenfluß des Ruffifi, überfchritten hatten, marfchierten wir meift über eine leicht wellige Hochebene mit jungem Akazienwuchs oder kahlen, von einzelnen Kandelaber=Euphorbien unterbrochenen Grasflächen, durch die fchnurgerade und weit fichtbar das rote Band eines breiten, von Diehherden feftgetretenen Weges läuft. So lange wir durch Kinonis Gebiet ziehen, find die Anfiedlungen am Wege zerftört und verlaffen. Verbrannte Hecken, die höheren Bäume mit welk herabhängenden Blättern auf der dem Hof zugekehrten Seite, dem Hüttengrundriß ent= fprechende Afchenfcheiben, aus denen die drei Herdfteine und die rot=

geglühten Scherben tönerner Krüge und Töpfe herausragen, hier und
da verkohlte Stümpfe von Stacketen oder kleine Häufchen schwarz=
gedörrter Bohnen, auch manchmal kleine Eisenklumpen von geschmol=
zenen Hackenblättern und über allem ein scharfer, kalter Brandgeruch
— kurzum: das typische Bild einer von einem Strafzug heimgesuchten
Gegend. Nur keine Skelette kann ich dem Leser vorzaubern, noch vor
Schreck wahnsinnige Greise im Silberhaar, die zwischen den Ruinen
kauern, noch Mütter=Jammern, Kinder=Irren; von lebenden Wesen
überhaupt nur ein paar magere Köter, die in den Aschenhaufen herum=
schnuppern und eifrig wühlen. Nach Überbleibseln ihrer Herren?
O nein, sondern wahrscheinlich nach etwaigen Resten von Ratten,
Eidechsen und ähnlichen Bewohnern der Hüttendächer.

Denn das Gros der Bevölkerung hatte schon einige Tage vor dem
im vorigen Brief geschilderten Anschlag der Soldaten Kinonis sich selbst
und das wertvollste an Habe in Sicherheit gebracht, wahrscheinlich, weil
die Leute direkt von Kinoni dazu aufgefordert wurden, oder weil sie
Unrat witterten, als er seine Herden auf das jenseitige Russisi=Ufer
treiben ließ.

Nördlich der Grenze von Wehenusa kamen wir in das Gebiet des
befreundeten Sultans Ssekkisanga, ein neues Glied der bunten Reihe,
die Tembo, Muhambasi, Ssekkahole, Kinoni, Ssekkisanga, Wasasa,
Ngensi heißt und immer abwechselnd einen uns feindlich, einen uns
friedlich gesinnten Sultan bezeichnet. Daß auch je die geraden und
ungeraden Glieder der Kette untereinander eine befreundete Partei
bilden, erwähnte ich schon. Es ist ganz charakteristisch, weil es zeigt,
wie schwer hier gute Nachbarschaft gehalten wird, wenn nicht eine
starke natürliche Grenze die Leute scheidet. Auch Erbfeinde gibt es in
Afrika. Tout comme chez nous.

In Ssekkisangas Gebiet lagerte ich am Njakagunda=Fluß. Der
Sultan schien der nicht ganz seltenen Plebejertugend zu huldigen, daß
man gegen seine Freunde sich ruppig benehmen und auf sie die ge=
ringsten Rücksichten nehmen darf. Denn er erschien nicht im Lager und
schickte mir nur einen armseligen Krug Pombe als Gastgeschenk, aber
von Lebensmitteln nicht „die Bohne" — letzteres hier durchaus kein
deplazierter Ausdruck, weil die Bohnenernte gerade eingeheimst war—,
worauf ich die Überbringer mit einem so gewinnenden Lächeln ansah,
daß sie sich schleunigst mitsamt der Pombe zur Flucht wandten, bezie=
hungsweise, um mich ohne Übertreibung auszudrücken, irgendwo im

Lager untertauchten und einem meiner Leute den Nektar verhandelten, dessen Erlös sie schwerlich ihrem Herrn übermittelt haben werden. Um so nobler zeigte ich mich gegen Sjekkisanga; denn als ich in einem abendlichen Appell festgestellt hatte, daß zwei meiner Leute, darunter natürlich der lange Omari, den ich als Wächter über sie gesetzt hatte, sich ohne Erlaubnis in die Dörfer am jenseitigen Ufer absentiert hatten, angeblich um Holz zu holen (trotzdem es dessen in der Nähe des Lagers in reicher Auswahl gab), in Wirklichkeit um zu stehlen, verhängte ich, um von einer Wiederholung abzuschrecken, über die Schuldigen hams-ischrin, d. h. „25", die heilige Zahl der Kulturpioniere und mehr noch der Kulturtrainknechte.

Diese Exekution sollte auf dieser Expedition eine sehr mühevolle Arbeit werden, weil mein kleiner Boy Mabruk sich offenbar von den Trägern hatte bestechen lassen und den bekannten Kiboko, der den ganz unpassenden Schrecknamen Nilpferdpeitsche führt — er ist gar keine Peitsche — in Usumbura „vergessen" hatte. Das stellte sich leider erst jetzt heraus, wo es zu spät war, ihn holen zu lassen. Darauf hatten die Leute wohl gerechnet, denn sie wußten, daß ich in den ersten Tagen meiner Reise ein Auge und mehr als eins zuzudrücken pflege, um keine Ungehörigkeiten zu sehen und keine Bestrafungen nötig zu haben, damit die Karawane erst etwas vom Ausgangspunkt der Expedition sich entferne und zu Desertionen weniger geneigt sei. Nun bin ich durchaus kein großer Anhänger der Prügelstrafe und bediene mich ihrer fast ausschließlich nur bei Übergriffen meiner Leute gegen Eingeborene, aber deshalb und für alle Fälle ist es immer angenehm, wenn die Träger wissen, daß ein „Nilpferd" überhaupt im Gepäck des Herrn sich befindet und seine Anwendung immer über ihren Häuptern schwebt — ich würde sagen: wie das Schwert des Damokles, wenn dies Instru= ment nicht schon zu sehr abgegriffen und von jedem Lokalreporter bei passender Gelegenheit aufgehängt würde. Um es zu ersetzen, mußte ich in Notfällen, wie im Sjekkisanga=Lager, sämtliche verfügbaren Riemen vom photographischen Apparat, Siedethermometer bis zum Krimstecher aneinanderschnallen, wodurch jedoch ein nur sehr minderwertiges Er= satzmittel entstand. Zwar gebärdeten sich die Delinquenten fürchterlich, hinterher aber gestanden sie meinem Boy Mabruk, daß sie überhaupt nichts gespürt hätten. Das nächste Mal versuchte ich, die Riemen zu verstärken, der Effekt schien großartig, die Leute brüllten, daß mir vor Mitleid die Tränen über die Backen liefen, in ihren Zelten aber hielten

fie fich dann die Bäuche vor Lachen. Schließlich gab ich alle Gewalt=
kuren auf und hielt mich an Debisch sein Prinzip, wie es in der
Knopfiade überliefert ist:

> Dies war Debisch sein Prinzip,
> Oberflächlich ist der Hieb,
> Nur des Wortes Kraft allein
> Schneidet in die Seele ein.

Und wirklich war die Wirkung nicht schlechter als die des Kiboko,
denn so oder so machten die Leute doch, was sie wollten.

Am nächsten Tage (30. Dezember) zogen wir jenseits des Njaka=
gunda durch eine Landschaft von dem gleichen Charakter wie die
Märsche vorher; nur für eine gewisse Strecke erinnere ich mich an ein
Bild, das einen eigenen Charakter hatte und durch Tausende und
Abertausende weißer Blumen, die ebenso wie die Blätter sehr lang ge=
stielt waren, erzeugt wurde. Nach allen Richtungen dehnten sich weit=
hin diese lieblichen Gefilde, durch die sich wie durch blühende Lilien=
felder die Karawane schlängelte. Rasch näherten wir uns heute den
Vorhügeln der Berge im Osten, die seit mehreren Tagen unseren Marsch
zur Rechten begleiteten. An ihrem Fuße mußten wir zum zweiten Male
über den Njakagunda und jenseits die Höhe hinan. Der Weg von der
Furt bis zum Kamm war mit ganz frischer, übelduftender, von
Fliegenschwärmen bedeckter Elefantenlosung wie gedüngt; von den
Tieren selbst sah ich nichts, auch dann nicht, als das geübte Auge
meiner Wakua sie fern in der mit Akazienbusch bestandenen Ebene
entdeckte.

In dieser Gegend befand sich immer eine große Herde, die auf zwei=
hundert Stück geschätzt wurde, bisweilen nach dem Kongostaat hinüber=
wechselte, aber immer wieder hierher zurückkehrte. Ein dänischer
Jäger, der später hier ein paar Jahre lebte, holte sich ein Stück nach
dem anderen heraus, und ob sie auch jedesmal durch die Schüsse ver=
scheucht wurden, nach acht Tagen waren sie doch wieder in derselben
Gegend. So hängen die Tiere merkwürdig beständig an einem bestimm=
ten Gebiet. Der Jäger war auch eine jener fast tragischen Existenzen,
wie man sie besonders zahlreich außerhalb Europas findet; von jedem
Winde umgetrieben, auf allen Erdteilen das Glück suchend und es
jedesmal wieder verlierend, so oft seine Hand es auch am Gewandsaum
zu fassen glaubte, zuletzt nach vielen Entbehrungen und Entsagungen
dem Ziele nahe — Kurzschluß; finita la commedia. So auch dieser

Däne; jahrelang hauſte er als Wilder unter Wilden, endlich hatte er
ſoviel erworben und erſpart, um daran denken zu können, ein Leben
unter freundlicheren Bedingungen beginnen zu können; da kommt das
Schickſal und macht den dicken Strich. Dyſenterie und exitus. Jetzt
vermodert er an derſelben Stelle, wo die Gebeine ſo vieler ſeiner tieri=
ſchen Opfer zerſtreut ſind.

Von der Höhe des Hügels öffnet ſich der Blick auf ein liebliches, ſanft
anſteigendes Tal mit vielen Feldern und dunklen Hecken. Aber keine
Menſchenſeele belebt es: und das ſchärfer zuſchauende Auge merkt
bald, daß die Gehöfte zerſtört und verlaſſen ſind. Hier beginnt Waſaſas
Gebiet, und der Njakagunda, der um unſeren Berg herumläuft und
den wir jetzt zum dritten Male überſchreiten, bezeichnet die Grenze.
Wir lagern dicht am Fluſſe, der ſtromaufwärts bald wieder im Oſten
zwiſchen engen Wänden verſchwindet, zu unſerer Rechten einen von
alten Euphorbiengruppen gekrönten Hügel. In ihm verſteckt finde ich
auf einem Spaziergang Spuren eines friſchen Lagers; hier verborgen
haben die Eingeborenen in ihr Tal hinabgeſchaut und zugeſehen, wie
ihre Hütten in Flammen aufgingen und die Rinderherden ihres
Häuptlings von den Fremden fortgetrieben wurden, denn hier be=
ſanden ſich die Hauptdörfer des Waſaſa.

Am dritten Tage (31. Dezember) folgten wir dem Talweg, bis
Signalſchüſſe einer Askaripatrouille uns belehrten, daß wir irregingen.
So ſtiegen wir die Berge rechts von uns hinauf; ziemlich hoch hinan
und mit vieler Mühe, denn es war für alle ſeit langer Zeit wieder der
erſte Gebirgsmarſch. Als wir endlich oben anlangten, wurden wir durch
einen weiten Ausblick in das Njakagunda=Tal belohnt, den ich ſpäter
noch beſſer und in größerer Behaglichkeit vom Lager des Herrn v. X.
genießen konnte. Dies ſahen wir nicht allzu weit von uns auf einem
hohen Bergrücken liegen, der ſich gleich vielen anderen von der Kette,
die wir eben erſtiegen hatten, loslöſte und rechtwinklig zu ihr dem
Flußbett zuſtrebte, zu dem er mit ſteiler Wand abfiel. Aber zwei tiefe
Täler trennten uns von ihm, und zu meinem Schmerz gab es keinen
Weg über die verbindende Höhe, von der all die langgeſtreckten Quer=
läufer entſprangen. So half es nichts, wir mußten über einen Parallel=
rücken erſt zum Njakagunda hinabſteigen, das Nebental kreuzen, den
nächſten Parallelrücken wieder hinaufklettern, wobei das zweite
Nebental zu unſerer Rechten blieb, und nun gab es oben einen Pfad,
der ſich dem Abhang anſchmiegte und zu dem dritten Rücken führte,

auf dem das Standquartier des Offiziers lag. Er war zwar etwas überrascht, mich hier zu sehen, aber doch sehr erfreut, das neue Jahr nicht allein begrüßen zu brauchen, und sorgte mit gewohnter Liebens= würdigkeit für die Unterbringung meiner Karawane.

Drei Tage brachte ich bei ihm zu, weil es mich interessierte, die weitere Entwicklung der Wasasa=Affäre zu beobachten. Sehr angenehm war der Aufenthalt auf diesem kahlen Grasberge, dem nicht das kleinste Bäumchen Schatten spendete, gerade nicht, und ich fühlte meinem Wirt die Ungeduld nach, mit der er der Beilegung des Zwists entgegensah. Die Sonne brannte fürchterlich auf diesem schmalen Rücken, der zwei Stufen hatte, von denen die eine uns und den Askaris, die andere den Trägern eingeräumt war. Es fehlte uns an Bewegung, denn jeder ver= fügbare Platz war mit Hütten überbaut und rechts und links fielen von dem kaum 15 Schritt breiten Kamm die Grashänge so steil ab, daß ein Klettern auf ihnen geradezu lebensgefährlich war. Gleich den ersten Tag sollte das mein braver Maskathengst an sich erproben; er stürzte, als er vergnügt weidete, auf den glatten Gräsern hin, kam ins Rollen, überschlug sich zahllose Male und blieb zuletzt mit gebrochenem Genick tief unten in einer Schlucht liegen, deren üppige Vegetation ihn auffing. Ich war sehr unglücklich und es tröstete mich nur wenig, daß ich den Eselboy, der ihn, wie täglich, hätte anbinden sollen, bis ins dritte und vierte Glied verfluchte, und ihm drohte, ihm selbst Sattel und Zaum= zeug anzulegen, aber er begriff kaum meinen Schmerz über eine Sache, die doch nicht mehr zu ändern und so offenbar amri ja mungu (Befehl Gottes) war.

Regnete es, so wurde der Boden durch die vielen Leute, die im Lager aus= und eingingen, bald so erweicht, daß man bis zu den Knöcheln im Schmutz versank und den Kot an den Stiefeln ins Zelt schleppte. Dazu der Unrat und die Unruhe des großen Menschenkonfluxes, in nächster Nähe eine stattliche Viehherde, die die Fliegen aus 10 Meilen im Um= kreis ins Lager zog, das Brüllen der Kälber und Ziegen mit dem der „kriegsgefangenen Säuglinge" melodisch vereint, von früh bis spät Trommeln, um die Geflüchteten zurückzurufen, überall ein Geruch von faulendem Rindfleisch oder der noch infamere einer Lieblingsspeise vieler Träger: Ziegenklauen und Ziegenköpfe nicht à la tortue, sondern à la Tortur zubereitet. Denn da sie mit Haut und Haaren am offenen Feuer geröstet werden, so kann der bei dieser Prozedur ent= stehende Gestank im Handumdrehen drei starke Europäer umlegen.

Aber unsere Neger möchten diese Würze des Mahls um keinen Preis missen.

Das einzig Erfreuliche war der prächtige Blick in das Njakagundatal, dessen Genuß nur durch die Kirchhofsruhe der Landschaft etwas getrübt wurde. Wir befanden uns hier in der reichsten Gegend des Wasasa-Gebietes, und gerade deshalb gebot die traurige Notwendigkeit des Strafzuges, hier am schärfsten vorzugehen. Man sah den Njakagunda aus bewaldeter, gewundener Schlucht herabsteigen und in das ziemlich breite Tal eintreten, durch das er sich mit zahllosen Krümmungen nach Südost schlängelte, um zuletzt scharf nach Westen einzubiegen, und zwischen hohen Wänden zu verschwinden, denselben, die ihn in der Nähe unseres letzten Lagers aufnahmen und unseren Blicken verbargen. Bis zu unserer Höhe hinauf dringt sein Rauschen, glänzen seine schäumenden Wirbel im Sonnenschein, wenn er übermütig über große Steine springt oder an Felstrümmern vorüberschießt, um dann wieder ganz gesittet zwischen mit hohem Rohr bestandenen Ufern dahinzueilen, hier die tief herabhängenden Zweige eines einsamen Baumes schaukelt, dort sich verengt und vollkommen unter dem von beiden Seiten zum Laub-gang geneigten Schilf sich eingräbt und bei jeder Schlucht einen kleinen Bach aufnimmt, dessen klareres Wasser als dunkles Band von den lehm-gelben Fluten sich abzeichnet, bevor es sich mit ihnen vermischt.

Nach Ost und West steigen die Talwände auf, steil, hoch, von zahl-reichen Schluchten und Nebenschluchten, Mulden und Furchen zerrissen und in unregelmäßige Blöcke durch einige schmale Quertäler geteilt, von denen das größte einem von Osten kommenden Nebenfluß als Bett dient. Bisweilen stehen einzelne Gruppen oder ganze Parzellen von hohen Bäumen, wie sie der Urwald des Randgebirges trägt, in den Einschnitten und erinnern daran, daß einst Wildnis diese ganze Gegend bedeckte. Aber jetzt reiht sich auf den Bergen Bananenhain an Bananen-hain und in den Lücken stehen die Felder, oft an so jäh steigendem Hange, daß man nicht begreift, wie die Leute dort die Hacken hand-haben konnten. Die Bohnen sind meist schon abgeerntet, aber noch steht der Mais, erntereif, vergebens der Schnitter harrend, so weit er nicht für den Bedarf des Lagers gesichelt wird; Mais auf den Kämmen und in den Mulden, Mais vor allem im Tale selbst, auf beiden Ufern des Flusses und jeder Krümmung und jeder Schleife seines Laufes folgend.

Aber das Leben fehlt. Die Hütten sind eingeäschert und die Leute ge-flohen. Nirgends steigt mehr Herdrauch zum Himmel, nicht schallt mehr das Hämmern der Schmiede, noch das Klopfen des Rindenzeuges aus den schweigenden Hainen, dieser charakteristische Laut der Warundi=Siedlungen; kein Jauchzen und Schreien der die Herden zur Tränke führenden Hirten, kein Lachen und Rufen spielender Kinder, und kein modulierender Sang eines einsam arbeitenden Weibes, den ich so oft aus verborgener Hütte aufsteigen hörte, wenn er als einziger Laut bald in tiefem Alt, bald in schneidenden Fistelklängen über der in Mittags=gluten schlafenden Landschaft zu schweben schien. Alles wie ausgestorben und inmitten der stummen Öde unser Berg mit dem lärmenden Lager die einzige Insel des Lebens.

Wie war das gekommen?! Als Herr v. X. nach dem verfehlten An=schlag auf sein Leben in Eilmärschen in Wasasas Gebiet zurückkehrte, hatte der flüchtige Häuptling natürlich bereits Boten auf anderen Wegen dorthin gesandt, um zu retten, was zu retten war. Ihm kam es vor allem darauf an, seine Herden in Sicherheit zu bringen, womöglich auf das rechte Russisi=Ufer, oder wenn dazu keine Zeit mehr war, zu ihm befreundeten und mit uns in Eintracht lebenden Sultanen. Zwar war auch das ein Risiko für ihn, da er bei einer späteren Rückforderung sehr von dem guten Willen der Bewahrer abhängig sein würde, aber immer=hin durfte ihm dies vorteilhafter dünken, als sein Eigentum in unseren Händen zu wissen. Sein Plan mißlang durch die Schnelligkeit unserer Askaris. In wenigen Tagen befand sich die Mehrzahl seiner Rinder in unserer Gewalt, und die übrigen folgten dank den Kundschafterdiensten, die die einzelnen Hilfstruppen der ihm feindlichen Bezirke, namentlich der mit ihm in ständigem Grenzstreit liegenden Wanjaruanda uns leisteten. Bei diesen Beutezügen kam es bisweilen auch zu blutigen Zu=sammenstößen, wenn die verfolgten Hirten das Vergebliche ihrer Flucht sahen und im letzten Moment die Tiere zu verteidigen suchten. Manche waren so rabbiat, daß sie lieber die Rinder mit Speeren totstachen, als sie in unsere Hände fallen ließen. Sonst aber hatten die Leute auf Widerstand verzichtet und waren geflohen, so daß in ganz kurzer Zeit der ganze Distrikt im Besitz der deutschen „Weiber" war.

Als Wasasa diese Botschaften vernahm, verging ihm der Spott, und er begann zu unterhandeln. Aber noch war dafür die Zeit nicht ge=kommen. Er sollte noch mürber werden. Der Hauptzweck war erreicht; man hatte den Graben=Warundi gezeigt, daß wir ebenso harte Feinde wie gute Freunde sein könnten, und daß es uns an Macht, unsere Herr=schaft auszuüben, nicht fehlte. Jetzt geboten Menschlichkeit und Klugheit

in gleicher Weise, die im Pori umherirrenden Leute zurückzurufen. Von
früh bis spät tönten die Trommeln, von früh bis spät riefen befreundete
Eingeborene in die Täler hinab, daß jeder friedlich gesinnte zurück=
kommen und seine Hütten wieder aufbauen könnte. Zuerst kamen zwei,
drei, die vielleicht der Hunger in die Maisfelder getrieben hatte, oder
Leute, die in den Bananenhainen verborgen waren, um uns zu beob=
achten, und so zufällig die frohe Botschaft vernahmen. Am nächsten Tage
waren es schon 10 oder 20, und als ich am 4. Tage den ungemütlichen
Ort verließ, 50 oder 60, die Gefangenen nicht mit eingerechnet. Ich
sprach oben von dem Geschrei der „kriegsgefangenen Säuglinge"; ich
will das jetzt erklären, um nicht in den Verdacht zu kommen, Hunnen=
briefe zu schreiben. Es war nämlich vorgekommen, daß Weiber, Kinder
und Kranke von den fliehenden Leuten im Stich gelassen wurden; diese
wurden gesammelt und in unserem Lager verpflegt, damit sie nicht den
Entbehrungen des Poris ausgesetzt wären, daneben auch, um auf die
Flüchtlinge eine Pression auszuüben. Unter ihnen gab es manche, die
nach bekanntem Muster beteten: „Herr, gib uns unser täglich Brot und
jährlich eine Kriegesnot." Denn da außer Mais nichts aufzutreiben war,
so wurde reichlich Vieh geschlachtet und das Fleisch unter unsere eigenen
Leute, sowie unter die Gefangenen verteilt, was für viele der letzteren
ein Festessen war, wie sie es sonst nur alle paar Jahr einmal genießen.
Gleichwohl sehnten sie sich natürlich aus der ungewöhnlichen und un=
sicheren Situation heraus.

Jeden Abend erschienen die zurückgekehrten Leute im Lager und
brachten neue, die gezählt wurden; denn, sobald das erste Hundert voll
war, durften sie ihre Hütten wieder aufbauen. Die Leute sahen zumeist
ziemlich mitgenommen aus, vor allem ungepflegt. Man sah ihnen an,
daß sie die letzte Zeit im Pori gelebt hatten. Während sonst die Graben=
Warundi sich sauber mit Rhizinusöl oder mit Butter zu salben pflegten,
war ihre Haut jetzt trocken und von Lehm und Erde schmutzig; die gut=
gearbeiteten schwarzen oder ziegelfarbigen Rindenstoffe, die sie als
Kleidung bevorzugen, sahen ramponiert aus, und der kleinen roten
Perlen, von denen viele Warundi große Bündel um den Hals tragen,
gleichsam ein Schätzungsmittel ihres Reichtums, hatten sich die meisten
entäußert, wahrscheinlich um in anderen Bezirken Lebensmittel zu
kaufen. Ihrer äußeren Veränderung schien auch die innere zu entsprechen.
Die Warundi sind sonst sehr lebhaft, zu dummen Streichen nach Gassen=
jungenart gern aufgelegt und haben für jeden und alles ein Gelächter

bereit. Das war jetzt anders. Ihr ewiges Händeklatschen bei dem gleich=
gültigsten Wort, das Herr v. X zu ihnen sprach, bewies ihre innere Un=
sicherheit und den Wunsch, ihre Demütigung möglichst nach außen zu
projizieren. Übrigens arrangierte sich alles sehr rasch. Sobald die ersten
Hundert wieder angesiedelt waren und ihre Felder abernteten, kamen
in kurzer Folge alle die Tausende von Flüchtigen zurück und mit ihnen
das alte lustige Leben. Nur Wasasa saß noch jenseits des Russisi und
bat und bettelte um Frieden. Jetzt war er so weit, wie man wollte;
jetzt drohte ihm noch mehr als der Verlust seiner Herden, denn nichts
hinderte uns, sein Gebiet, das wieder die früheren Züge trug und das
sich den Teufel darum sorgte, daß sein Häuptling außer Landes war,
— il n'y a rien de changé; il n'y a qu'un Mroundi de moins —
unter seine drei Nachbarn zu verteilen, die mit tausend Freuden diesen
Machtzuwachs akzeptiert hätten.

Es kam nicht dazu. Wasasa kroch zu Kreuze; erschien nach langem
Zaudern selbst, um Verzeihung zu erbitten, und erhielt sogar noch das
Versprechen, bei guter Führung einen Teil seiner Herden zurückzuer=
langen, worauf er wieder in seine Rechte eingesetzt wurde. Seit dieser
Zeit herrschte Ruhe, Friede und Vertrauen im Russisi=Graben zwischen
den Warundi und ihren Herren, „den deutschen Weibern".

Am 4. Januar brach ich wieder auf; ich hoffte, noch am gleichen Tage
in einem nach Westen gerichteten Marsch aus den Bergen herauszu=
kommen und die Russisi=Ebene zu erreichen. Ich kam auch so weit, daß
ich sie nur noch durch ein Tal und einen nicht zu hohen Rücken getrennt
unter mir liegen sah, aber der Luha=Fluß, der das Tal durchströmt, ge=
bot mir Halt. Es war unmöglich, die 20 Meter breite und über manns=
tiefe Furt mit ihrer reißenden Strömung zu passieren, die später noch
vielen Karawanen Opfer an Menschen und Tieren kosten sollte. Meine
Hoffnung war, daß der seit 24 Stunden ausgebliebene Regen auch noch
die nächste Nacht uns verschone. Die Heiligen, die wohl einsehen moch=
ten, daß ich nicht bis zur Trockenzeit auf das Fallen des Flusses warten
konnte, erbarmten sich meiner, und dank ihrer Fürsprache sank der
Wasserspiegel bis zum nächsten Morgen so weit, daß wir, wenn auch
mit Zagen und Bangen, uns hinüber wagten. Wie überall an gefähr=
lichen Übergängen hatten sich auch hier Einwohner der Umgegend ein=
gefunden, die jeden Stein und jeden Wirbel des Flußbetts kannten und,
aus ihrer Kenntnis und Gewandtheit Nutzen ziehend, an manchem ängst=
lichen Träger förmlich Chantage trieben.

Von der Höhe des letzten Berges hatten wir einen weiten Auslug in das mehrere Kilometer breite, von Schilf ganz erfüllte Rulfilital, durch das sich das in der Sonne glänzende Band des mächtigen Stromes in weitgeschweiften Windungen nach Süden zieht. Sieht man das Tal aufwärts in gleicher Größe auch nach Norden sich dehnen, so ist man geneigt, es auch dort als Bett des Rullili anzusprechen, bis man nach vergeblichem Suchen sieht, daß er direkt westlich von unserem Stand=punkt in enger Pforte aus den jenseitigen Bergen bricht. — Am nörd=lichen Pfosten der Porta befand sich seit einigen Wochen eine kleine Station unter einem schwarzen Unteroffizier, auf die ich zuhielt. Unter=wegs mußte ich wieder über einen Bach, der nach Angaben eines mir entgegengeschickten Askaris in den letzten zwei Tagen um vier Meter Breite und etwa $^5/4$ Meter Tiefe gefallen war, was auch die Waller=marke bestätigte. Zwei Tage später wird er vielleicht wieder die alte Höhe haben. So rasch kann in tropischen Gegenden der Stand eines fließenden Gewässers wechseln.

Den nächsten Tag (6. Jan.) benutzte ich zu einem Ausflug zwei Stun=den stromauf in das Tal des Rullili zu seiner bei Europäern und Ein=geborenen berühmten natürlichen Brücke. Die Landschaft ist überall wundervoll, wenn auch der Zutritt zu ihr stellenweise schwer zu er=kämpfen. Zunächst glaubt man einer Tiroler Ache zu folgen. Die be=waldeten Ufer, die freundlich schwatzenden, über Steine und an kleinen Strauchinselchen in raschem Lauf vorbeieilenden Waller, die hohen, mit lichtem Wald bestandenen Berge, blumenbesäte Wiesen, bisweilen ein kleines, klares Gerinnsel — das ist alles so lieblich, behaglich und an=heimelnd, daß dem Wanderer wohl und wehe dabei zu Mute wird. Aber dann verengt sich das Tal noch mehr; steil wachsen die Stein=mauern aus dem Fluß, den die wildbrausenden Strudel und Schnellen mit weißem Schaum bedecken, dicht an jäh stürzenden Abgründen steigt ein trotziger Pfad die Felswände hinauf und hinab, während sich, wer nicht schwindelfrei ist, auf schmalem Sumpfsteig zwischen Strom und Berg, bis zum Knie versinkend, vorwärts kämpfen muß. Die Ufer schmücken sich mit fremd anmutender Vegetation; gleich Kalmus duftende, groß=blättrige Kardamum=Stauden, die am Grunde eine köstlich schmeckende, purpurne Frucht tragen, drängen sich zu dichten Gärten zusammen, über=ragt von weitausladenden Ficus und schlanken Phönixpalmen, deren orangefarbigen Beeren in reichen Büscheln herabhängen; Dracänen spiegeln ihre bizarren Formen im Waller, auch wilden Pfeffer findest

du stellenweise im Schatten des Dickichts, in dem Coranthusarten über=
wiegen. Du merkst plötzlich, wie weit du von der Heimat bist, von der
du eben noch träumtest. Nach zwei Stunden erreicht man die Fels=
brücke, die, kaum zwölf Meter lang und drei Meter breit, an der
engsten Stelle die Ufer verbindet. Zwischen ihr und dem Wasserspiegel
ist keine Lücke, kein Durchlaß, sondern sie taucht in die Fluten, wie
tief weiß niemand, weil die Gewalt der Strömung jeden Meßversuch
unmöglich macht.

Wie ein wilder, schweißbedeckter Stier kommt der Fluß angeschossen,
wirft sich gegen den Felsen und taumelt brüllend zurück; aber noch
einmal stößt er mit tief gesenktem Haupt vor, dringt durch den unter=
irdischen Gang, taucht rasend vor Schmerz und wild um sich schlagend
zur Höhe und jagt mit einem Wutgebrüll, das jede menschliche Stimme
übertönt, pfeilschnell talabwärts. Wehe dem, der sich ihm entgegen=
stellte. Mit furchtbarer Gewalt brausen die Wasser in starkem Gefälle
hinab, Strudel neben Strudel, alles ein weißer Gischt; man sieht nicht,
wo sie verschwinden, noch wo sie auftauchen, man sieht sie nur diesseits
an den Stein anprallen und jenseits in wildem Wirbel sich drehen, ein
lärmendes, aber herrliches Schauspiel.

Am Ende der Brücke steht noch eine junge Ficus, eine immana, ein
Seelenbaum, den Cuabugiri, der frühere König von Ruanda gepflanzt
hat, als er gegen Bunjabungu, das auf dem rechten Ufer liegt, in den
Kampf zog. Steil, fast senkrecht steigt ein paar hundert Meter tief der
Weg hinab, den er, in sein Verderben ziehend, mit seinen Kriegern
kam. Am Baum hängen Stroh= und Metallringe, Opfergaben frommer
Wanderer, und auf der Brücke zeigt man in den Fels gegraben die
Fußspur des königlichen Leibhundes und erzählt eine der Roßtrappe
ähnliche Sage. Die Ufer an beiden Seiten zeigen sonderbare Figurationen,
versinterte Bäume und Wurzeln, wie man sie am Kiwu=See überall
findet. Es ist wohl das vom Russisi entführte kalkhaltige Seewasser,
das an dieser Stelle, wo ständig die Brandung die Ufer besprißt, diese
Gebilde erzeugt.

Über den Marsch der nächsten Tage ist wenig zu berichten. Wir steigen
die Berge im Westen der Ebene hinauf und bleiben von da ab im Hoch=
gebirge. Im ersten Teil des Weges sind die Steigungen des Terrains
groß und ich muß auf den regenglatten Wegen Steigeisen an die Sohlen
schnallen. Die Gegend ist menschenleer, weil Wasasa sie vor drei Mo=
naten verwüstet hat. Aber jetzt ist das Gebiet zu Ruanda geschlagen,

und schon sieht man hier und da Leute des jungen Mtussi Kissasi Hütten bauen und die verwilderten Bananenschamben reinigen.

Am zweiten Tage kommen wir nach Mukinjaga, der großen Grenz= provinz von Ruanda. Damit beginnt ein reich besiedeltes Gebiet, das Ngensi zum Chef hat. Immer wieder führt der Weg durch ausgedehnte Bananenhaine, in deren Schatten die großblätterige Colocasia ange= pflanzt ist. Ngensi besuchte mich mit seinen Söhnen, benahm sich nett und anständig und brachte mir ein Rind und andere Geschenke, darunter soviel Pombe, daß ich ihm die Hälfte, d. h. ca. 15 Krüge zurückgeben mußte. Das stellte sich später als unklug heraus, weil es meine Nacht= ruhe empfindlich störte. Denn einer seiner Leute, die sich an dem von mir zurückgewiesenen Weine berauschten, setzte sich in seiner Trunken= heit in den Kopf, daß er im Zelt des „mami" des „Fürsten" schlafen müsse und blieb so hartnäckig dabei, daß er trotz zweimaligen Hinaus= fliegens noch ein drittes Mal ins Lager zurückkehrte.

In den nächsten Tagen waren die Steigungen meist nicht sehr groß, weil die Täler sehr hoch gelegen sind. Auffallend waren viele große Sümpfe, die in der Regenzeit zum Teil unter Wasser stehen und zum Russisi abfließen. Letzteren hatten wir fast stets ein paar Kilometer zu unserer Linken; war er auch selbst nicht sichtbar, so sahen wir doch die steilen Hänge seiner Talwände. Am 10. Januar öffnete sich uns ganz unvermittelt ein Ausblick auf das Südende des Kiwu und nicht ganz zwei Stunden später lagerten wir in Tscha=Ngugu, dem letzten Posten der vor wenigen Wochen errichteten Kette zwischen Tanganika und Kiwu=See, hoch über dem Ausfluß des Russisi, dessen Rauschen zu uns heraufdrang, und mit weiter Schau auf die blauen Fluten und die grünen, schöngeformten Inseln und Halbinseln, auf die offenen und ver= schwiegenen Buchten und den dunklen Urwald der Berge im Kongo= staat, deren Gipfel und Kämme in schweres Regengewölk hineinragten. In Tscha=Ngugu saß ich drei Tage, ehe ich mich zur Abreise entschloß. Die Ursache meines Zögerns mag komisch erscheinen, ohne es zu sein — ich wartete nämlich auf meine Zahnzangen. Als ich einige Stunden von Usumbura entfernt war, hatte mich' ein Brief mit der Bitte eines Offiziers eingeholt, ihm meine Instrumente zu leihen, um sich eines Quälgeistes zu entledigen. Er reiste dann zur Küste, übergab die Zangen einem anderen Herrn, dieser wieder einem anderen, und so kam es, wie es oft mit geliehenen Dingen geschieht, daß man vergaß, sie mir zurück=

zuschicken. In Tscha-Ngugu wußte ich das leider noch nicht, und so
wartete ich denn vergebens.»— — — — — — — — — —

Die Sache war wirklich für mich ernster als es scheint. Es gehört ja
zu den unangenehmsten Begleiterscheinungen eines mehrjährigen
afrikanischen Aufenthaltes, daß man keine Gelegenheit hat, für seine
Kauer zu sorgen, denn bis zu einem Zahnarzt haben wir es im Innern
noch nicht gebracht. Jeder Zahn, der erkrankt, ist darum unrettbar
verloren. Aber damit fände sich der Philosoph schließlich ab, wie mit
jedem Verlust, den er doch einmal auf seiner Pilgerfahrt durch dieses
Jammertal zu erleiden haben würde; wogegen seine Philosophie aber
nicht aufkommt, das sind die mit dem Absterben des Zahns verbun=
denen Schmerzen. Und wenn er auch jedes andere Leid durch innige
Betrachtung sub specie aeterni auflösen könnte, hier scheitert seine
Kunst. Ich erinnere mich einer Grütznerschen Zeichnung, eines Mönchs
mit verschwollener, verbundener Backe und darunter die kommentie=
renden Worte: „Kein Mensch ist so unglücklich, daß ihn Zahnschmerzen
heiter stimmen möchten." Es ist die Predigt eines kariösen Zahnes, die
diese Weisheit verkündet, aber es steckt viel Wahres darin. Hier im
Innern Afrikas kann ein kranker schmerzhafter Zahn geradezu zum
Verhängnis werden, denn die Neger, die in ärztlichen Handleistungen
unter sich gar nicht ungeschickt sind, werden sofort zaghaft und ängst=
lich, sobald sie an ihrem Herrn ihre Fähigkeiten erproben sollen. Da
rächt sich so manche Schroffheit. Derselbe Mann, den ich seinen Kame=
raden mit kühnem Zug Abszesse eröffnen sah, mußte mir, als ich an
Blutvergiftung daniederlag, fast jedesmal drei= bis viermal das Rasier=
messer durch die Haut ziehen, bis er tief genug geschnitten hatte. Genau
so war es beim Zahnziehen, wie ich in einem früheren Briefe erzählt
habe. Hat man in solchem Falle kein Instrument, so kann man an
Knochenhautentzündung mit all ihren Folgen zugrunde gehen, und
tatsächlich starb ein westafrikanischer Reisender, ich glaube, Pogge war
es, auf diese gräuliche Manier; und nicht lange Zeit nach der Nieder=
schrift dieses Briefes hörte ich von einem kongolesischen Offizier, der
den rasenden Schmerz dieses Leidens in der Tiefe des Tanganika be=
grub. Und sich mit ihm. — — — — — — — — — —

Doch genug davon. Denn wenn ich mich so lebhaft in diese fatalen
Erinnerungen versenke, bekomme ich davon am Ende noch jetzt Zahn=
schmerzen und der Leser momöglich desgleichen. Ich wollte aber ab=
sichtlich einmal eine solche scheinbare Nichtigkeit erörtern, weil ich auch

sonst vielfach die Erfahrung gemacht habe, daß gerade die das Leben des Afrikareisenden am unangenehmsten beeinflussenden Ereignisse dem Erzähler den undankbarsten Stoff liefern und deswegen am häufigsten verschwiegen werden. Außerdem aber muß ich auch auf einen meiner eifrigsten Leser Rücksicht nehmen, meinen früheren Barbier nämlich, und den interessiert ein solches Thema ungeheuer. —

Insel Kwidjwi, August 1901.

Am Urwaldrand.

Am Westufer des Kiwu.

Brief VIII.

Da ich die Ufer des Kiwu bis auf das nördliche durch seinen Ent= decker Graf Goetzen kartographierte Viertel auf dieser Expedition aufnehmen wollte, standen mir zwei Reisewege offen, je nachdem ich die Ost= oder Westküste zuerst besuchen wollte. Ich wählte den Westweg, weil die östliche Küste zu Ruanda gehört, einem Lande, das ich bereits früher kennen gelernt hatte, während die Gebiete der anderen Küste, Bunjubangu und Itambi, noch durchaus unerforscht waren.

Es hat einen eigenen Reiz, wie damals in Tscha Ngugu über den See hinüber auf ein Land zu schauen, das noch von keinem Weißen betreten war und von dessen politischem und ethnographischem Cha= rakter ich so wenig wußte wie von der Gesinnung seiner Bewohner. (Denn das, was ich über sie an vagem Gerede von den Wanjaruanda zu hören bekam, war geeigneter mich zu verwirren, als aufzuklären.) Sehr weit reichte der Blick nicht, denn die Inseln und Halbinseln schieben sich von beiden Seiten so zusammen, daß nach etwa zwanzig Kilometern die Seefläche abgeschlossen wird. Was ich sah, war auch nicht zu ermunternd, denn es verhieß mir reichliche Kletterarbeit, um so un= angenehmer, als mein Schuhwerk durch Ausbleiben der bestellten Reserve in erbarmungswürdigem Zustand war. Ich hätte barfuß laufen können, wenn ich nicht den Sergeanten von Usumbura, der, wie man mir zu= flüsterte, früher Schuster gewesen war — denn beileibe hätte man eine so kränkende Zumutung (o Afrika!) nicht laut aussprechen dürfen —, durch niedrige Schmeicheleien und den geheuchelten Glauben an seine Amateurschaft in dieser Kunst für mich eingenommen hätte, so daß er mir aus zwei Paar zerrissenen Stiefeln ein Paar intakte machte, indem er von dem einen die gesunden Sohlen nahm und sie mit Hilfe einer Anzahl Ersatzschrauben meines photographischen Apparats auf die defekten des anderen, das sich eines unverletzten Oberleders erfreute, aufschraubte.

Ziemlich steil aus dem See aufsteigend, wächst die Westküste in vier, fünf und mehr Ketten immer höher bis zum Kamm des Randgebirges

hinauf. Im Nordwesten sieht man einen bis auf etwa 3300 Meter an=
steigenden Doppelgipfel, der jäh und tief nach Süden und etwas
weniger nach Norden abfällt und sich nach beiden Richtungen in einem
mäßig gezackten Grat von annähernd gleicher Höhe fortsetzt. Die Berge
sind durch eine Unzahl von Furchen, Mulden und Schluchten zer=
schnitten; zwischen ihnen lösen sich überall von den Hängen isolierte
Kuppen ab, und nur selten unterbricht ein längerer Rücken das zer=
worfene Terrain. Nur das kurze Südufer zeigt einfachere Verhältnisse.
Von den vielen Tälern erblickt man meist nur das äußerste Ende, das
immer im rechten Winkel zum Ufer verläuft, so daß ich für den Marsch
ein ewiges Auf und Nieder ahne. Das Land scheint gut bevölkert, denn
man sieht viel Bananenhaine als helle Flecke sich abheben und in den
Abend= und Morgenstunden zahlreiche Rauchwölkchen kräuselnd von
den blauen Bergen emporsteigen.

Das wichtigste war für mich zunächst die Beantwortung der Frage:
Wie komme ich hinüber? Boote waren weit und breit weder zu sehen
noch zu haben. Blieb der Russisi. Aber auch an ihm fanden die aus=
geschickten Leute weder Furt noch Fähre, und wollten die anwoh=
nenden Wanjaruanda=Häuptlinge von beiden nichts wissen. Da in der
Umgebung des Postens große Papyrussümpfe sind, so gab ich den
Befehl, Schilf zu schneiden und aus ihm Flöße zu binden. Ich hatte
dieses Transportmittel am Akanjaru und Njawarongo als praktischen
Notbehelf kennen gelernt; man hat nur nötig, etwa ein Meter dicke
Lagen mit einer Oberfläche von mindestens zwei Quadratmetern her=
zustellen und kann dann mit Hilfe von Stricken, die an zwei entgegen=
gesetzten Seiten befestigt werden, immer je einen Träger mit seiner Last
über den Fluß ziehen. Als die Wanjaruanda sahen, daß ich mich durch
das Fehlen der Boote nicht abschrecken lasse, fanden sich plötzlich gleich
deren zwei zu meiner Verfügung bereit. Offenbar hatten die beiden
am Russisi wohnenden Häuptlinge sich von dem Sultan von Bunjabungu
bestechen lassen, um mich von seinem Lande fern zu halten und wollten
jetzt, als sie ihre Lügen wirkungslos sahen, sich den Backschisch, der
ihnen für den Transport der Karawane sicher schien, nicht entgehen
lassen. Diese Veränderung der Situation zeigte mir sehr deutlich, wie
sehr man sich auf die Zuverlässigkeit seiner eigenen Leute verlassen
darf; denn meine Askaris hätten die beiden großen Kähne unmöglich
übersehen können; weil sie aber durch das Gerede der Leute von der
Gefährlichkeit der Wanjabungu sich hatten einschüchtern lassen, gingen

sie nur allzu bereitwillig auf deren Lügen ein und leugneten mir gegen=
über die Anwesenheit von Booten, um mir meine Pläne zu verleiden.
Hatte ich schon vorher nicht viel von diesem Gerede geglaubt, das die
Wanjabungu als wilde kriegerische Burschen verschrie, so jetzt noch
weniger. Als der Posten Tscha Ngugu vor einigen Wochen gegründet
wurde, hieß es in dem Bericht, daß die Wanjabungu am anderen Ufer
Kriegstänze aufgeführt und vermutlich ihrer Gewohnheit gemäß das
Lager des Nachts überfallen hätten, wenn sie nicht durch ein furcht=
bares Unwetter daran verhindert wären. Das war das einzige, was
wir vorher über die Leute gehört hatten, und daraufhin glaubte der
Bezirkschef, in einem Schreiben mir gegenüber jede Verantwortlichkeit
für den Verlauf meiner Reise ablehnen zu müssen. Am Kiwu wurden
mir dann die Angaben des Offiziers in noch übertriebener Weise be=
stätigt. Wenn ich gleichwohl mich mit meinen sieben Schwaben in dies
gefährliche Land wagte, war es vielleicht Lebensüberdruß oder Rauf=
lust oder ein nicht zu bändigender Mut, der mich dazu trieb? Gewiß
nicht. Sondern es war mir zum Dogma geworden, daß der Europäer,
der als erster ein Gebiet durchzieht, es fast immer in seiner Hand hat,
wie sich die Eingeborenen zu ihm stellen sollen; und nur dann mußte
ich auf der Hut sein, wenn ich die Route eines anderen Weißen kreuzte
oder verfolgte, über dessen Charakter und Art ich nicht orientiert war
— so lehrte mich's die Erfahrung.

Außerdem achtete ich auch die von feindlichen Negern drohenden
Gefahren sehr gering, wenn ich es auch als gewagt erkannte, von
meinen eigenen beschränkten Erfahrungen den Maßstab zu wählen.
Ich konnte zufällig nur harmlose Stämme kennen gelernt haben, was
sicher darin richtig ist, daß sie nicht wie die Völker von Uhehe und am
Kilimandscharo Gewehre im Besitz haben. Stutzig machte mich nur, daß
ich auch Berichte las, in denen Stämme, die ich für ungefährlich zu
halten mich berechtigt glaubte, ein viel eindrucksvolleres Bild boten.
Daß ich aber gerade durch Gegenden gezogen wäre, in denen die Ver=
treter dieser Stämme in ihrer Tapferkeit degeneriert sind, wäre ein zu
merkwürdiger Zufall gewesen. Die Degeneration müßte auch besonders
groß gewesen sein, da ich meist mit geringer Mannschaft unerforschte
Wege verfolgt habe, der Reiz zu Feindseligkeiten also nicht klein ge=
wesen sein kann. Es muß also noch etwas anderes sein, was die
differierenden Meinungen erzeugte und, wie ich vermute, ist es das
verschiedene Verhalten gegen die Einflüsse der Fama und der Ver=

leumdung. Es ist schwer, ein richtiges Maß ihrer Größe zu zeichnen. Ich habe kaum ein Volk auf meinen Reisen berührt, das seinen Nachbar nicht verleumdet und sich nicht vor dem durchziehenden Europäer in der Rolle des Geschädigten, Gereizten, unschuldig Verfolgten gefallen hätte. Sie sind unerschöpflich in ihren Erfindungen und influenzieren dadurch zunächst die leichtgläubigen Leute des Weißen, die Askaris und Träger. Und da deren Phantasie nicht geringer ist als die der Eingeborenen, so steigern sich die Gerüchte bald ins Unermeßliche — fama crescit eundo. Man muß es mit angehört haben, was solche Leute nach irgend einem unbedeutenden Erlebnis alles zu erzählen wissen; drei Viertel ist erlogen, aber nach der unbewußten Art phantastischer Lügner, und doch gibt es den und jenen Herrn, der vertrauens= voll genug ist, ihnen zu glauben. Oft kann man sich ihrer Märchen kaum erwehren, sie wachsen wie die Köpfe der Hydra. (Gerade in der letzten Zeit erlebte ich das wieder mehrfach. Es vergeht keine Woche, wo mir meine Leute nicht irgend eine Kaffernnachricht zutragen, bald will der Häuptling der Insel, auf der ich seit Monaten lagere, mich des Nachts angreifen, bald soll er selbst von seinem Sultan bekriegt werden, weil er mich ins Land gerufen habe, bald ist irgend ein Naturwunder in der Nähe zu sehen, das sich dann als eitel Schwindel herausstellt, immer aber ist irgend etwas los, das sie erregt. Und so ist es bei allen Expeditionen freundlicher und erst recht feindlicher Art und bisweilen wird der Eindruck ihres Führers von dem Charakter der Eingeborenen und von den Erlebnissen seiner Karawane dadurch geradezu gefälscht.)

Ich erwähnte eben einen Bericht über die Wanjabungu, in dem es hieß, sie hätten am anderen Ufer Kriegstänze aufgeführt usw. Natürlich fiel es ihnen gar nicht ein, sie tanzten, um dem Europäer, den sie nicht kannten, zu huldigen und ihn freundlich zu stimmen, aber die Wanjaruanda waren rasch bei der Hand, es anders zu deuten, weil sie hofften, der Weiße würde dann mit ihnen gemeinsam das Land plündern. Im allgemeinen fand ich als Regel, die natürlich ihre Ausnahmen hat, daß Angehörige der Schutz= truppe geneigt sind, die Neger zu überschätzen, indem sie solche Gerüchte für wahr halten, einfach, weil man nach dem alten Sprichwort, das was man wünscht, glaubt oder wie man jetzt sagen würde sich suggeriert oder suggerieren läßt. Daß Offiziere sich aber Feindseligkeiten und einen tapferen Feind wünschen, darf nicht wundernehmen, eher wenn es anders wäre. Nicht einem Zuge ihres Herzens entspricht es, sondern ihrem Pflichtgefühl, wenn sich die meisten bemühen, den Offizier aus=

zuziehen, sobald sie in die verantwortliche Stelle eines Bezirkschefs kommen und von da an mehr auf die Hebung ihres Distrikts als auf Heldentaten bedacht sind. Aber an sich ist es nur natürlich, daß ein Offizier sich nach einem Feinde sehnt. Man bedenke doch, was es heißt, ein ganzes Leben lang eine Kunst zu studieren und unter Umständen nie zu ihrer Ausübung zu gelangen. Das ist ja beinahe gerade so, als ob ein Mediziner 40 Jahre lang an der Leiche seine Operationen üben müßte und sie nie am lebenden Menschen erproben dürfte. Kein Hund, kein Kaninchen wären mehr vor ihm sicher, denn er schnitte in seiner Verzweiflung allen die Gallenblase oder die Milz, oder was sonst noch heraus. Und nur der Offizier sollte sich nicht freuen, wenn er endlich den Kampf erlebt, auf den er sich und andere so lange vorbereitet hat?

Aus dieser geistigen Verfassung heraus erklärt sich, was ich eben sagte, daß Angehörige der Schutztruppe im allgemeinen mehr geneigt sind, sich den Eindrücken der Fama willfährig zu zeigen, als z. B. ich, der ich ganz andere Interessen hatte und jede Feindseligkeit von Eingeborenen als empfindliche Störung meiner Arbeit betrachtete. Viel stärker noch erliegen die Unteroffiziere solchen Einflüssen, weil bei ihnen die Wirkung ihrer eigenen Phantasie hinzukommt, die bekanntlich bei Leuten, die aus einfachen Verhältnissen in die Fremde versetzt werden, sehr lebhaft sich betätigt. Ich kenne verschiedene dies bestätigende Fälle, z. B. zwei, wo Unteroffiziere, die irgend eine harmlose Gesellschaft in der Nähe der Karawanenstraße gesehen hatten, in die nächste Station die Meldung brachten, daß „sich Masaihorden auf dem Kriegszuge befänden".

Und nun erst die Missionare! Es ist unbeschreiblich, welch ein Unsinn von Klatschgeschichten Missionen zugetragen und kritiklos geglaubt wird. Bisweilen schädigen sie sich selbst durch ihre Leichtgläubigkeit; ich erzählte schon früher (Br. XXII) von den Patres, die in Nacht und Nebel flohen und ihre Station im Stich ließen, weil sie dem Gerede von einem beabsichtigten Angriff der benachbarten Häuptlinge unnötigerweise Wert beigelegt hatten. Ein nicht minder charakteristisches Erlebnis hatte ich im vorigen Jahre. Ich war gerade vom Akanjaru, wo ich etwa zehn Tage gewesen war, in mein Standquartier zurückgekehrt, als ich von der 1½ Stunden entfernten Mission einen Brief bekam, daß die Herren seit einer Woche Tag und Nacht Wache hielten, weil, wie sie von Eingeborenen erfahren hatten, der Landesfürst sie bekriegen wolle. Auch die Rollenverteilung wußten sie schon. Dieser Häuptling sollte sie, jener mich, ein dritter die Mission in Kissakka überrumpeln. Ich ging sogleich hin und bat, die bewaffnete Defensive aufzuheben und die Gerüchte vollkommen zu ignorieren; ich selbst legte meine Leute, aber in anderer Weise, auf die Lauer. Sie sollten mir nämlich darauf achten, einen der Verbreiter dieser Gerüchte zu erwischen. Sobald ich den Namen eines solchen erfuhr, ließ ich durch meine Boys und einige befreundete Eingeborene des Nachts seine Hütte umzingeln, nahm ihn gefangen und schickte ihn zum Sultan mit der Anfrage, was an den Worten des Mannes wahr sei. Natürlich war, wie ich schon voraus wußte, nichts daran wahr und der Sultan sandte einige seiner Leute, um die Ansiedlung des Schwätzers niederzubrennen. Die Missionare aber waren jetzt von der Nichtigkeit solcher Gerüchte überzeugt — bis zum nächsten Male.

Ich ziehe aus all dem Gesagten den Schluß, der mich zum Anlaß dieser Erörterung zurückführt; wer in unerforschtes Gebiet gehen will, tut besser, sich gegen die Eingeborenen mit sehr viel Skepsis statt mit Mut zu wappnen; seinen Mut wird er auch sonst noch im Kampf gegen die Unbill des Klimas und gegen die allzu reichen Entbehrungen körperlicher und geistiger Art beweisen können. Hätte ich diese Kritik nicht besessen und damals den Gereden der Schwarzen über die Wanjabungu geglaubt, so hätte kein noch so großer Mut mich bewegen können, das Land aufzusuchen. Denn dann wäre es heller Wahnsinn gewesen, mit meinen sieben Bewaffneten ein Gebiet zu betreten, in dem nicht nur mir, sondern auch der mir anvertrauten Karawane sicheres Verderben winkte.

Ich fahre nun wieder mit der Schilderung meiner Reise fort. Am 14. Januar stiegen wir zum Rufsifi hinab, um über den Fluß nach Bunjabungu hinüberzusetzen. Alles klappte vortrefflich, nur der Transport des Diehs bot ein aufregendes Schauspiel. Es war interessant, zu sehen, wie geschickt die Eingeborenen in der reißenden Strömung agierten. Hat ein Rind nicht zu schwere Hörner, so wird es einfach hineingetrieben; ein paar junge Leute schwimmen dicht neben ihm, einer packt es am Schweif und dann schlagen sie es im Schwimmen von allen Seiten mit Stöcken, hauptsächlich aber auf die Gesichtshälfte, die talwärts sieht, damit es sich von der Strömung nicht zu weit abtreiben läßt. Mit meiner roten Milchkuh, deren Hörner sehr schwer sind, und ihrem Kalbe verfuhren sie anders, nämlich so: im ersten Kahn saß außer dem Ruderer ein Mann, der den Kopf des Kalbes auf den Bootsrand

gelegt hatte und mit seiner Rechten den Hals des Tieres umschlang.
Dann folgte der zweite Kahn, die Kuh auf der Seite, von der
der Strom kam, so daß sie gegen die Fähre gepreßt wurde. Während
hinten Schwimmer auf das Vieh einschlugen, hatte der Ruderer sein
rechtes Bein um das linke Horn geschlungen und drückte es so an Steuer=
bord. Es dauerte lange, bis sie jenseits ankamen, weil sie schwer gegen
die Strömung zu kämpfen hatten, und oft glaubte ich, die Tiere ver=
sinken zu sehen. Aber schließlich verlief doch alles nach Wunsch. Wir
hatten ein paar Stunden auf diese Weise verloren und kaum waren wir
den Berg hinaufgestiegen, als ein fürchterliches Unwetter losbrach und
uns in einer Minute total durchnäßte. Ich ließ sofort auf dem langen
Rücken lagern, aber es war schwer, in dem mannshohen Grase das
Zelt aufzuschlagen.

Von den gefährlichen Wanjabungu war keine Menschenseele sichtbar;
es heißt, sie seien in den Urwald ausgerissen. Aber ich hoffe, daß sie sich
zurücklocken lassen werden, wenn ich die erste Zeit in sehr kleinen
Märschen vorrücke und Übergriffe der Karawane nach Möglichkeit ver=
hindere. Sehr leicht wird das nicht sein, wie sich gleich heute zeigte.
Als der Regen nachließ und ich vor das Zelt trat, saßen die Leute ringsum
sehr gedrückt und klatschnaß mit triefendem Zeug bei einander, weil
sie kein Brennholz hatten, um sich zu trocknen. Nach einiger Zeit er=
schien als Retter aus dieser Not der Häuptling Rubagwe, der mich mit
vielen seiner Wanjaruanda ein paar Tage begleiten wollte, und brachte
eine Menge Türen, die er den Dörfern der Umgegend entnommen hatte.
Zuerst wollte ich sie zurückweisen, aber meine Träger bettelten so, daß
ich sie zum Feuermachen verteilte. Kaum hatte ich die Türen verteilt,
als ich aus denselben Dörfern, in denen sie gestohlen waren, eine Ka=
rawane von etwa dreißig Mann, alle mit Lasten auf den Köpfen her=
austreten und in langem Zuge über den Bergrücken auf uns sich zu=
schlängeln sah. Schon dachte ich, es seien Wanjabungu, die Geschenke
brächten; aber als sie in die Nähe des Lagers kamen und kalt an ihm
vorbeiziehen wollten, merkte ich erst, daß es Wanjaruanda waren, die
die Gelegenheit benutzt hatten, um alles Mögliche: Bananen, Kürbisse,
Töpfe, Köcher, Körbe und mehr dergleichen als leichte Beute über den
Fluß nach Hause zu schleppen. Das war mir doch zu toll, und ich ließ
die Gesellschaft durch meine Askaris mit Nachhilfe einiger sanfter Kolben=
stöße den Weg zurücktreiben und die erplünderten Objekte wieder an
Ort und Stelle bringen. Später kamen Rubagwe und sein Nachbar=

häuptling Kanjandegwe und machten mir den unsittlichen Antrag, ich
solle die Wanjabungu, wenn sie absolut nicht kämen und Essen brächten,
bekriegen, wobei sie mir gern helfen und den Versteck ihrer Kinder verraten wollten. So sind diese Kerle. Erst ließen sie sich von dem Sultan
bestechen, um mich von seinem Lande fern zu halten; nachdem ihnen
das mißlang, und damit der erhoffte Lohn entschwand, suchen sie jetzt
auf andere Manier ihren Vorteil. Und ich vermute sogar, daß sie die
Wanjabungu durch Ausstreuung falscher Gerüchte abhalten, sich mir zu
nähern. Bestätigt sich mein Argwohn, so jage ich die Wanjaruanda sehr
rasch zum Teufel, den sie sehr ungalant für eine Dame halten. Qui
vivra, verra.

Gestern (16. Januar) vormittag wartete ich vergebens auf das Erscheinen von Eingeborenen; so machte ich nachmittags einen kleinen
Marsch bis in die Nähe einer weit in den See vorspringenden hakenförmigen Halbinsel und blieb heute hier liegen, um den Wanjabungu
Gelegenheit zur Anknüpfung freundlicher Beziehungen zu geben. Unser
Weg lief ein paar hundert Meter entfernt dem Südufer parallel, das
mehrere kleine Buchten bildet, die durch die wechselnde Form der Landzungen ein anziehendes Bild darbieten. Die Wanjabungu wohnen nicht
in zerstreuten Hütten, sondern in äußerst sauber gehaltenen Dörfern,
von denen wir einige passierten. Leider waren die Einwohner überall
geflohen, und zu meinem Bedauern merkte ich, daß die Wanjaruanda
des Nachts tüchtig geplündert haben müssen. Dann ging es immer auf
den Hängen, bald über Felder und Wiesen, bald durch hohe Bananenhaine bis zu einer freiliegenden Kuppe, die allmählich in die langge-
streckte Halbinsel übergeht. Zur Linken fällt eine steile Wand in ein
bachdurchrauschtes Tal; in seinem Grunde stehen herrliche Baum-
gruppen, die einer großen Reiherkolonie Obdach bieten, und jenseits
des Tales auf der Kammhöhe erstreckt sich ein langes Dorf, das mit
seiner hohen Einzäunung aus der Ferne einen starken Burgwall vor-
täuscht. — — — — — — — — —

Es war gestern gegen Abend; die Sonne stand schon hinter unserem
Rücken, die Zelte warfen schon lange Schatten und ich saß vor meiner
Tür und freute mich. Woran? Woran man sich auf Reisen freut; an
der blauen Dämmerung, die ihre dunklen Schleier langsam auf die
Berge von Ruanda senkte, an den Lichtern, die auf den Kämmen des
leicht bewegten Sees tanzten, an der abendlichen Farbenglut, die das
Gras der Halbinsel vor mir golden und goldener färbte, an den zier-

lichen Dominikanerwitwen, denen die langen Schwanzfedern wie ein
schwarzer Schleier herabhängen und die in fast aufrechter Haltung und
mit eigentümlich rollendem Fluge von Halm zu Halm schwebten, und
an allem anderen, was sonst noch an kleinen vollkommenen Dingen
dieser Welt um mich war. Auch an weniger Vollkommenem freute ich
mich, zum Beispiel an den schiefen Gesichtern meiner Leute, und ich
lachte sie aus, weil sie behaupteten, Hunger zu haben, während ich eine
halbe Stunde vorher gesehen hatte, wie sie sich den Panfen mit Bohnen
und Mehlbrei vollschlugen. Aber ich durchschaute dies Hungergefühl;
sie hatten zwei Tage in keinen Pombetopf die Nase gesteckt, kein Wun=
der, daß sie das Leben schwer und bitter dünkte.

Ich präparierte gerade einen Vortrag über die Vorteile der Tempe=
renz, als unsere Aufmerksamkeit durch eine Karawane abgelenkt wurde,
die sich von dem wallähnlichen Dorf loslöste und, eine kleine Ziegen=
herde vor sich hintreibend, den Abhang hinunterstieg. Ich war seit neu=
lich mißtrauisch, aber meine Träger erkannten rascher als ich — sie
rochen es wohl —, daß es keine plündernden Wanjaruanda waren.
Es waren tatsächlich die ersten Wanjabungu, die sich heranwagten, an
der Spitze ein junger, hübscher Bursche, aber so furchtbar ängstlich, daß
er beinahe wieder umgekehrt wäre. Wie ein kleiner, unnützer Junge
drängte er rückwärts und stemmte die Füße energisch gegen den Boden,
als ihn die Wanjaruanda, heftig auf ihn einredend, an den Schultern
nach vorn zu mir hinschoben. Hinter ihn traten seine Begleiter, die
Krüge und Lasten auf den Köpfen hatten, aber da war auch nicht einer,
dem nicht deutlich das Herz gegen die Rippen klopfte, trotzdem ich das
wohlwollendste Gesicht aufsetzte, daß ich mir in Afrika eigens für die
Eingeborenen erfunden habe, das aber leider meist den Erfolg hat,
daß die Männer zu zittern, die Weiber zu flüchten und die Kinder zu
schreien anfangen. Interessiert betrachtete ich die mich fremdartig an=
mutenden Erscheinungen, wie sie mehr oder minder ähnlich die nächsten
Wochen täglich mein Lager erfüllen sollten. Die Wanjabungu sind meist
kräftige Gestalten, die jungen Leute auffallend schlank, aber alle in
gutem „Futterzustand“. Während weiter im Norden die Leute aus Höf=
lichkeit dem Europäer durchweg ohne Waffen nahen, waren diese hier
meist mit 1—2 Speeren bewehrt, deren Blätter ungleich, aber in der
Mehrzahl ziemlich breit sind. Bogen und Pfeile sah ich nur selten; letz=
tere nur zum kleinen Teil mit Eisenspitzen, die meisten waren sehr
primitiv gearbeitet und bestanden aus einem Rohrschaft, in den ein

spindelförmig gewalztes Holz eingelassen war, fast wie Kinderspielzeug wirkend, aber doch für ernsthaften Gebrauch bestimmt. Als Kleidung dienten nur den Vornehmeren Felle, deren Haare nach innen zu liegen; oft waren sie zu einem ganz kleinen, dem Schoß kaum deckenden Schurz zugeschnitten, dessen oberer Teil sehr mühsam aus hunderten winziger verschiedenfarbiger Fellstückchen zu geometrischen Ornamenten zusammengenäht war. Die große Masse trug selbstbearbeiteten Stoff aus der Rinde von Feigenbäumen, der in eigentümlicher, wie ich vermute, für große Gebiete des Westens charakteristischer Form getragen wurde. Als Stütze dient ihm ein eng um die Hüften anliegender Ring aus Bast oder Strohgeflecht, seltener aus großen Perlen oder Kaurimuscheln; über ihn ist der meist mit Erde schwarz gefärbte Stoff wie Wäsche über eine Trockenleine so gelegt, daß je ein Ende vorn und hinten schürzenartig herabhängt, während das Mittelstück straff zwischen den Schenkeln liegt. Originell ist die Haarfrisur. Die Minderzahl trägt die beiden Halbmonde der Wanjaruanda, die andern aber haben ihre Haare entweder wie die Kapuziner rasiert, oder sie haben diese Kapuze durch sorgfältiges Kämmen und Ölen aufwärts gerichtet, daß es wie eine schildlose Studentenmütze dem Kopf aufsitzt. Oft schaut ein Ende Kammes, mit dem sie dies Kunststück fertig bringen, zwischen den dichten Haarmassen heraus. Was sie an Schmuckstücken tragen, ist meist sehr einfach. Am schönsten und mir ganz neu waren Mützen aus einem halben Affen- oder Ichneumonfell. Der Schwanz hängt als langer Zopf über den Rücken, die Hinterschenkel über die Ohren; an der Stirnseite ist dem Fell ein breiter, sauber geflochtener Baststreifen angenäht, dessen Enden als Sturmband unter dem Kinn zusammengebunden werden. Ein paar Mal sah ich auch phrygische Mützen aus hartem Leder, dessen Spitzen ein Federbüschel trugen. Hals und Brust sind in mannigfacher Weise geschmückt. Perlen, Kaurimuscheln, Zähne von Wildschweinen oder Elefantenbabys, Samen, Fruchtschalen, Knochen, Bergkristalle, kleine und große, gerillte und gekerbte Holzstückchen, bisweilen mit eingelegten Messing- und Eisenstückchen verziert, oder was sonst mit geringer Phantasie bearbeitet werden kann. Zum Teil waren es wohl Talismane, wie alle die vielen, aus einer schmierigen und später erhärtenden Masse in Flaschen- oder Zylinderform gestalteten Amulette, wie sie auch in den benachbarten Gebieten verbreitet sind. Originell waren daumenlange aus feinem Stroh geflochtene Täschchen mit Messing- oder Holzeinfassung, in denen Elefantenhaare und ähnlicher Krimskrams steckte. Die Brust bedeckte meist ein aus Bananenhanf sauber gehäkelter oder auch roh aus Bananenblättern geflochtener Tabaksbeutel, der die Pfeifen und Feuer=Reibehölzer aufbewahrte, erstere in den mannigfachsten Abwei= chungen und mit zum Teil wirklich schön stilisierten Ornamenten, und daneben oder über den Rücken hing oft ein langes Schwertmesser in einer Scheide von Holz mit eingebrannten Arabesken. Nenne ich noch Ringe aus Eisen, Messing oder Draht, die das Handgelenk der Männer schmücken, oder aus Gras geflochtene für die Ärmchen der Kinder, so habe ich das wesentlichste in der äußeren Erscheinung der Wanjabungu angeführt. — — — — — — — — —

Am 16. blieb die Karawane liegen, um den Eingeborenen Zeit zu geben, ihre, wie ich hoffte, freundlichen Eindrücke unter ihren Lands= leuten zu verbreiten und ich benutzte diesen Tag, um mich mit dem jungen Mann, der zuerst so wenig Vertrauen zu mir hatte, anzubiedern. Nachdem ich ihm wiederholt versicherte, daß ich nicht beiße und nur ausnahmsweise Menschen fresse, wurde er allmählich zutraulich, stellte sich als Bruder des Sultans Kaware vor und wünschte zuletzt, mein Blutsfreund zu werden. Über den Sultan selbst erhielt ich nur aus= weichende Antwort, dieselbe wie überall auf dieser Expedition, er sei krank, könne nicht laufen usw. Sie waren alle fußleidend, diese Herren; eine merkwürdige Krankheit, die sie befällt, sobald ein Europäer ihr Land betritt. Ich drängte nicht, weil ich wußte, daß es keinen Zweck hatte und höchstens bewirken würde, daß man einen beliebigen Schwarzen als Landesfürst in Freiheit dressiert mir vorführen würde, was mich nicht lockte.

Die Märsche der nächsten Tage waren kurz aber anstrengend. So oft es ging, hielt ich mich in der Nähe des Kiwu, aber meist ging es nicht, weil die Ufer zu steil ansteigen. Doch entfernt sich der Weg selten weiter als 1—2 Kilometer vom See. Wir mußten all die zahllosen Ausläufer der Randberge und der dazwischenliegenden Täler kreuzen, immer bergauf, bergab und in jedem Tal über einen tiefeingeschnittenen Bach mit steinigem Bett. Das Land war gut besiedelt, doch leider waren die Leute meist geflohen, hielten sich aber in der Nähe versteckt und fanden sich am Morgen im Moment des Aufbruches ein, um uns in großen Massen zum nächsten Lager das Geleite zu geben. Dort pflegten sie dann nach Kräften die Dörfer ihrer eigenen geflüchteten Landsleute zu be= stehlen, sowie sie selbst den Tag vorher infolge ihrer kopflosen Flucht von denen des letzten Lagers ausgeplündert worden waren. Diese

„Rache am Unschuldigen", eine förmliche Kette von Diebstählen, dauerte
so lange, bis nach einigen Tagen die Leute einmal so vernünftig wurden, vor meiner Karawane nicht auszureißen und ihre Hütten zu be-
wachen. Was für Angstmeier es unter den „wilden kriegerischen"
Wanjabungu gab und wie wenig sie dem Bilde entsprachen, das wir
uns in Usumbura nach den Schilderungen ihrer Nachbarn konstruieren
durften, dafür zeugt die Erzählung des folgenden kleinen Erlebnisses
vom 18. Januar als eins von vielen.

Wir hatten gerade wieder eine der vielen steilen Nasen erstiegen,
und da die Träger wie asthmatische Automobile schnauften, gestattete
ich eine kleine Ruhepause, eine Pumsika, wie der wohlklingende Ter-
minus lautet. In unserer Nähe standen auf dem Bergrücken eine Gruppe
uralter, dichtbelaubter Bäume, in deren Schatten eine Zigarette zu
rauchen mich keine üble Sache dünkte. Ich saß schon etwa zwei Minuten unter ihnen und schaute gedankenlos einer rotbauchigen Kossypha
zu, die mit ihrem schwarzen Schnäbelchen sehr energisch die modernden
Blätter aufwarf und äußerst wichtig tat, bis sie sich beobachtet fühlte,
worauf sie in den Laubmassen über mir verschwand. Als mein Blick ihr
folgte, sah ich etwa fünf Meter über mir zwischen dichtem Gezweig das
Ende eines Rindenschurzes hängen, was ich zwar sehr merkwürdig
fand, aber in meinem siestabedürftigen Seelenzustand unerforscht zu
lassen beschloß. Im selben Augenblick aber tönte von oben, doch ein
ganzes Stück weiter rechts, eine menschliche Stimme, gleichzeitig verschwand auch der Rindenschurz und aus seiner Gegend sandte eine
zweite menschliche Stimme jämmerlich flehende Klänge herab, so daß
ich mich entsetzt fragte, ob hierzulande die Vögel sprechen oder die
Menschen auf den Bäumen hausen. Inzwischen kletterten die Sprecher
mit 1000 Mamis [1] auf der Zunge vorsichtig die Äste entlang und dann
den Stamm und zuletzt sprangen sie herab, und als ich sie betrachtete,
waren es ein paar ausgewachsene Wanjabungu. Ich fragte sie mit
grimmigem Gesicht, ob sie etwa Vögel wären, oder Impundus, [2] was
sie aber mit vielen Schwüren leugneten, worauf sich mein Antlitz auf-
hellte. Sie behaupteten, daß sie sich nach oben begeben hätten, um die
Karawane besser sehen zu können, daß aber die scharfen Augen des
mami, des „Retters von Bunjabungu" [3] sie entdeckt hätten, was ihm
im Traume nicht eingefallen war; da ich aber nicht wußte, ob nicht

---

[1] Mami = Fürst. [2] Gorilla. [3] Der Titel „rukisa" Retter, Richter war in all
diesen Gebieten sehr beliebt.

noch mehr solcher Zaungäste über mir hockten, die in ihrer Angst womöglich herabfallen und mir den Schädel und das für diese Briefe bisweilen unentbehrliche Gehirn beschädigen könnten, verließ ich diesen unfreundlichen Ort.

20. Januar 1899. Ich lagere heute auf einem Kap mit so herrlicher Rundsicht, daß ich große Lust habe, hier der Hera Lacinia einen Tempel zu errichten. Dieser See ist wirklich schön trotz der Baumarmut seiner Küsten, sonderlich jetzt, wo alle Fluren grünen und blühen. Mein Blick schweift hinüber auf die sonnigen Berge von Ruanda, über deren Hänge violette Wolkenschatten gleiten und schweift weit rückwärts bis zum Ausfluß des Russisi und verfolgt meinen bisherigen Weg über all die unendlich verschieden geformten Rücken und Halbinseln. Bald fällt das Ufer in schroffem Sturz, bald in sanft geschwungenem Profil in die blaue Flut. Hier streckt es sich wie ein Zeigefinger weit in den See hinein, dort ladet es nach zwei Seiten aus wie der Kopf eines Hammerfisches und dann wieder krümmt es sich wie eine Klaue mit drei, vier stumpfen Gliedern. Und die Inseln: winzige schwimmende Scheiben, die kaum dem Zelt Platz bieten, und andere, die 20 und 30 Quadratkilometer bedecken. Da die langgezogene Kungombo mit einem Hafen für die halbe deutsche Kriegsflotte und dort die breite, gebirgige Kwiwindscha, die von unserem Festland nur durch einen schmalen Kanal getrennt ist. Inseln mit wüster Strauchvegetation und Inseln, auf denen Banane sich an Banane reiht, flache Inseln, die eben den Wellen entstiegen scheinen, und Inseln, die spitze Kegel oder Doppelkegel oder gewölbt wie Riesengräber sind. Und wie klar ist das Wasser; wie plastisch spiegeln sich die Ufer in ihm, mit Feldern und Bäumen, mit Hainen und Dörfern und allem, was in ihnen ist. Glaubt man nicht oft, daß sich dort unter uns ein zweiter Himmel wölbte, mit anderen Wolken und mit Unwettern, die ihre Blitze aufwärts senden? Dies Schauspiel sah ich gestern abend und wurde nicht satt, ihm zuzusehen.

Das Lager ist erfüllt von Eingeborenen, die alles betrachten und anfassen wollen von den Zeltstöcken bis zur Fahne, von den Schuhen der Askaris bis zu ihren Haumessern. Wo einer sein Gewehr zum Putzen zerlegt hat, sitzen sie in großen Haufen um ihn und fragen neugierig nach diesem und jenem und fragen mehr, als die Leute beantworten können. Daß die Karawane aber Hunger hat, fällt ihnen nicht ein, und man muß sie jedesmal erst anspornen, nach Hause zu eilen und Lebensmittel zum Verkauf anzuschleppen, was sie dann mit großem

Eifer beforgen. Geftern waren Leute bei mir, die fich über den Sultan der Infel Kwidjwi beklagten und mich baten, ihn zufammen mit ihnen zu bekriegen, wofür fie mir einen Elfenbeinzahn verfprachen. Er habe ihnen Rinder geftohlen und dergleichen Gerede mehr. Ich überhörte ihre Wünfche vollkommen, worauf fie heute morgen vor dem Aufbruch zurückkehrten und mich warnten, weil die Kwidjwi=Leute mich angreifen würden, wenn ich ihnen nicht zuvorkäme. Als ich das wieder überhörte, fchwiegen fie, und ich glaubte, fie hätten fich nun beruhigt, unterwegs merkte ich aber, daß fie mich einen Weg zum Kiwu hinabführen wollten, der am Waffer endete und keinen Anfchluß an einen Uferpfad hatte. Auf meine Frage, wohin fie mich brächten, antworteten fie: „Zu den Booten". Jetzt wurde ich ärgerlich, und als fie das fahen, kamen fie mit der unmöglich dummen Ausrede, fie hätten geglaubt, ich wünfche nach Ruanda zurückzukehren. In Wirklichkeit hatten fie geglaubt, daß „qui tacet, consentire videtur", und wollten mich in die Boote packen und ohne weitere Umftände in einen frifchen, fröhlichen Krieg hinein= bugfieren. Jetzt verftehe ich aber ihre Schmerzen erft richtig, denn ich höre und fehe jetzt, daß der Sultan von Kwidjwi fich nicht auf feine mächtige Infel befchränkt, deren füdliches Ende in feuchtes Dunkel gehüllt im Nordoften vor uns liegt, fondern auf das Feftland über= gegriffen hat. Neben uns zieht das Ufer faft 3/4 Meilen nach Often in den See hinein, biegt dann rechtwinklig nach Norden und endigt nach weiteren 10 Kilometern als fpitze, flache Landzunge, von der aus es wieder in unfere Nähe nach Südweften zurückläuft und nochmals eine tiefe Bucht bildet. Im erften Teil begrenzt es ein hohes, fteiles Maffiv, das nach allen Seiten jäh abfällt und dem fich nördlich ein langge= ftreckter, niedriger, über und über mit Bananen bedeckter Rücken anfchließt. Diefer fchöne Landftrich, Kwifchungwe genannt, ift vor Jahren vom Sultan der Kwidjwi=Infel okkupiert worden. Et hinc illae irae. — — — — — — — — — —

Es ift jetzt Nacht, vom See her weht ein kühler, aber weicher Oftwind, überall blitzt oder wetterleuchtet es, und bald treten die Umriffe des finfteren, waldigen Blocks von Kwidjwi, bald die Berge von Ruanda, bald der hohe, den Ruffifi überragende Gipfel für einen Hufch aus dem nächtlichen Dunkel. Aus der Tiefe trägt die leicht bewegte Luft das leife Raufchen der Brandung herauf, die eintönig gegen die felfigen Kalkufer fchlägt; von Kwiwindfcha her hört man den jäh erwachenden Lärm ftreitender und kreifchender Stimmen, der allmählich wieder

abklingt und die Infel in ihr altes Schweigen verfinken läßt; auch der
ferne Gefang erftirbt, der bisher in den Dörfern über uns die zechenden
Wanjabungu wachhielt. Aber meine Leute fitzen noch an den müde
züngelnden Flammen, deren eigentümliche Reflexe auf den nackten
Körpern fpielen und dort von einem Arm, dort von einer Bruft oder
einem Kopf ein Stück aus dem fchwarzen Grunde herausfchneiden.
Schläfrig kauern fie beieinander, laffen die Nargileh wandern und
blafen den Qualm in die Flammen. Jetzt erhebt fich einer nach dem
anderen, bückt fich noch einmal über den gemeinfamen Pombekrug und
kriecht in die Zelte oder die roh gezimmerten Schilfhütten, aus deren
Tiefe eine Weile noch diskret das melodifche Glucksen der Wafferpfeifen
dringt, während draußen der Poften das Brennholz fammelt, hier ein
glimmendes ausklopft, daß die Funken hoch emporfprühen, da ein
anderes beffer in die Flammen hineinfchiebt und fich zuletzt, das Gewehr
zwifchen den Knien, am Feuer niederläßt. Bald herrfcht tiefes Schweigen
und lauter und immer lauter hebt fich von ihm das Liebeslocken der
Grillen rings in den Gräfern ab. Klingt es nicht, als fchmiedeten Zwerge
unter der Erde mit filbernen Hämmern? Noch einmal flackert Lärm
und Weiberkeifen im Zelt des Trägers Ferufi auf. Es ift Ua „die
Blume“, die trotz ihrer Jugend keinen Vorderzahn ihr eigen nennt;
vielleicht fchlug ein Ungeduldiger die allzu fpitzen ihr in den Schlund.
Ob Ferufi nicht manchmal die Grillen beneidet wie jener Rhodefier
Xenarchos: „Selig preis ich die Cykaden, denn fie haben ftumme
Weiber?“ Aber das war wie der letzte Funken; nun ift es wirklich
Nacht und Schweigen und Einfamkeit. — — — — — — — —
Eine Stunde vergeht, ich fitze noch vor dem Zelt an meiner Lampe
und lefe und denke der Heimat und der Freunde, von denen mich
Länder und Meere trennen. Klang es nicht eben wie fernes Schießen
über den See? Ich gehe mit dem Poften an den Rand des Lagers und
wir laufchen gefpannt in das Dunkel unter uns. Und jetzt trägt der
Wind zum zweiten Male den gedämpften Schall einer Salve über die
Flut. Ich kenne das Signal; es kommt von meinen Leuten, die ich nach
Tfcha-Ngugu mit Briefen gefchickt habe, und während wir umkehren,
zittert es zum dritten und letzten Male wie ein erfterbendes Echo über
die fchwarzen Waffer. Jetzt gehe auch ich ins Bett und löfche das Licht;
noch höre ich irgendwo weitab das langgezogene Heulen eines herum=
irrenden hungrigen Hundes, und noch fchwächer aus dem Bananenhaine
in der Schlucht zu unferer Linken das dumpfe Brüllen eines Rindes,

dann fallen mir die Augen zu und eingewiegt von dem gleichmäßigen Schritt des Postens und dem ruhigen Schnarchen rings aus den Zelten, wandere ich für die nächsten sieben Stunden in das sündlose Land hinüber, in dem ich fast allnächtlich mit irgend einem von denen, die ich lieb habe, heimliches Zwiegespräch halte.

Infel Kwidjwi, Oktober 1901.

Urwaldschlucht.

Brief IX.

Das Südende des Kiwu hat zwei Buchten, von denen die westliche die größere ist. Getrennt werden sie durch eine dreißig Kilometer lange Landzunge, die dicht an das Südende der mächtigen Kwidjwi= Insel heranreicht und auf der seit April 1899 mein Dorf Bergfrieden gelegen ist. Die Ostbucht, die zu Ruanda gehört, werden wir in einem späteren Briefe besuchen, dagegen haben wir die westliche bereits im vorigen Briefe kennen gelernt. Wir waren ja vom südlichsten Punkte des Sees, dem Russisi=Ausfluß, ausgegangen, waren der Südküste, die mehrere kleine Häfen hat, bis zu einer hakenförmigen Halbinsel ge= folgt, in deren Nähe 1¹/₂ Jahre nachher ein kongolesischer Offizierposten gegründet wurde, waren dann nach Norden umgebogen und längs des durch zwanzig kleine flache Buchten markierten Westufers durch die Landschaft Bunjabungu gezogen, bis wir die Halbinsel von Kwischungwe erreichten. Diese springt wie ein im ersten Gelenk gekrümmter Zeige= finger in den See, und hinter ihr schneidet eine zweite Bucht tief ins Land. An ihrer Küste müssen wir jetzt unseren Marsch fortsetzen.

23. Januar 1899. Wir erreichten heute das letzte Lager in Bunja= bungu in drei kurzen und verhältnismäßig angenehmen Märschen. Die Bucht von Kwischungwe wird im Westen von einem hohen Gebirge begrenzt, dessen Fuß erst stark nach Nordosten, später weit nach Norden zieht. Hinter ihm liegt wieder ein großer Golf, der dritte am Westufer, der tief nach Südwesten zurückgreift. Es wäre also ein enormer Umweg gewesen, dem Ufer zu folgen, den wir vermieden, indem wir einen Pfad einschlugen, der auf der Basis der Halbinsel von einem Buchtende zum anderen führt. Unterwegs genoß ich noch einmal das Panorama der Kwischungwe=Bucht, die im Hintergrund das in Nebel getauchte Massiv von Kwidjwi abschließt, und freute mich der wechselnden, oft bizarren Formen ihrer Ufer und Inseln. An einer ein paar hundert Meter vom Wasser abliegenden Stelle leuchtete ein Teich inmitten der Grasfläche. Seine Existenz spricht neben anderen Erscheinungen, den vielen kleinen Inseln, Buchten und Hinterbuchten des Sees, seiner sonderbaren, zackigen Uferbildung, dem Kalksinter, den man stellen= weise bis zu sieben und acht Meter über dem jetzigen Niveau unver=

wittert findet, für die Vermutung, daß der Spiegel des Kiwu gegen früher gesunken ist. Am Grunde der dritten Bucht, die wir nach einer reichen Insel in ihrer Mitte Kwiko=Bucht nennen können, lagerten wir den ersten Tag. Man sah von dort nur einen sehr kleinen Teil des Sees, weil die Ufer in kulissenartiger Deckung, je entfernter, um so mehr', nach Osten vorspringen. Überdies beschränkte Nebel die Aussicht.

Am zweiten Tage, also gestern, marschierten wir erst nachmittags ab, weil Saida, meine Kochfrau, d. h. die Frau meines Kochs, eine der von mir in Ruanda losgekauften Sklavinnen, entlaufen war. Man brachte sie mir den nächsten Tag zurück, worauf sie behauptete, von Eingeborenen beim Wasserholen geraubt worden zu sein. Das war grober Schwindel, denn sie war vor acht Tagen schon einmal aus= gerissen. Ich begriff nicht, welcher unsaubere Geist in dieses sonst so brave Frauenzimmer gefahren ist. Hinterher stellte sich heraus, daß die impertinenten Askari=Weiber vom Tanganika sie wiederholt gekränkt, vor allem sie immer wieder „Barbarin" genannt haben. Mir schwante gleich so etwas. Ich habe den Weibern sehr ernst ins Gewissen geredet, wenn sie auch nicht zuviel von dieser Ware führen.

Der Weg folgte dem Seeufer über mehrere Nasen und durch Schluchten mit Hochgras und Phönixpalmen und bot wenig Schwierig= keiten. Interessant war ein vier Meter breiter und einen halben Meter tiefer Bach, den die Eingeborenen Maschutansinsi nannten, dessen ziem= lich reißend strömendes Wasser etwa 40 Grad R. heiß war, so daß viele Träger beim Passieren in wichtig tuender Übertreibung aufschrien. Er überschwemmt den Boden weithin und bedeckt ihn mit einer in trockenem Zustande weißen blattartigen Kruste. Ich hatte keine Säure bei mir, aber ich vermute, daß dieser Belag aus Kalk besteht, wenig= stens ähnelt er sehr den Auflagerungen, die rings um den See das Felsufer bekleiden. Da es noch mehr heiße Quellen am Kiwu geben soll, so stammt vermutlich der Kalkgehalt seines Wassers aus ihnen. Mit dem mir eigenen Erwerbssinn beschließe ich hier eine Badeanstalt zu gründen, muß aber von dem Projekt wieder abstehen, nachdem mich die Eingeborenen gefragt haben, was ich ihnen für jedes von ihnen genommene Bad zahlen würde. Wer's nicht glaubt, kommt auch in den Himmel.

Der heutige Marsch war besonders angenehm, weil wir auf guten Wegen durch reich besiedelte Gegenden zogen. Nur einmal war ein

Abstieg sehr mühsam, sonst aber waren die Rücken breit, und wo wir in ein Tal hinab mußten, geschah es nicht direkt, sondern in schräger Linie.

––––––––––––––––––––

Im allgemeinen habe ich gefunden, daß die Neger ihre Fuß= pfade im Gebirge durchaus praktisch anlegen und daß, wo es anders scheint, meist Schwierigkeiten vorhanden sind, die uns auf den ersten Blick entgehen. Im Gegensatz dazu sind Wege in der Ebene meist un= rationell gebaut, weil der Neger weder für die gerade Linie noch für Symmetrie, überhaupt für keine geometrische Messung ein sicheres Auge hat und auch, weil er, wenn Marschhindernisse, z. B. Busch oder Baum vorhanden sind, sie lieber umgeht als beseitigt. Besonders wird er sich hüten, um einer Wegeverbesserung willen eine Arbeit zu ver= richten, von der er für sich selbst keinen unmittelbaren Nutzen erwartet. Man kann dem Neger alles vorwerfen, nur nicht, daß er altruistisch gesinnt wäre. Wie oft habe ich mich in der ersten Zeit geärgert — jetzt ärgere ich mich schon lange nicht mehr, wundere mich auch über nichts — mich geärgert, wenn ich z. B. sah, daß über Nacht ein kleiner Baum über den Weg gefallen war, den jeder mit geringer Anstrengung hätte entfernen können, und daß von 150 und mehr Menschen einer hinter dem andern im großen Bogen um das Hindernis herumtrottete. Dann konnte es geschehen, daß ich die ganze Gesellschaft kehrt machen, noch einmal auf demselben Wege zurücklaufen und dann durch den Spitzen= mann den Baum entfernen ließ. Das war damals, als ich mich noch ärgerte — heute würde ich auf derlei unwirksame pädagogische Ex= perimente verzichten und wahrscheinlich als letzter in die Fußstapfen meiner geehrten 150 und mehr Vorderleute treten. — — — —

Die Gegend war heute, wie erwähnt, vorzüglich besiedelt und nicht nur im Bereich unseres Weges, sondern weit darüber hinaus. Das Ge= lände zu unserer Linken steigt merkwürdig sanft zu den hohen Rand= bergen an und war mit einem einzigen großen Bananengarten bedeckt. Dahinter sieht man den Kamm der Randberge mit seinem Urwald, der in die Schluchten hinabsteigt und sie mit finsteren Baummassen ausfüllt. Die Bevölkerung war nirgends geflohen, im Gegenteil noch aus ent= fernteren Bezirken herbeigeeilt und, immer wieder saßen vierzig und fünfzig Mann in dichten Haufen am Weg, überragt von einem star= renden Lanzenwald und begrüßten die vorbeiziehende Karawane mit Beifallklatschen und sympathischen Zurufen. So ganz geheuer muß es ihnen aber doch nicht gewesen sein, denn wo wir einen Hüttenkomplex passierten, schwälte im Hof ein verkohlter Grashaufen, ein in all diesen Ländern gebräuchliches zweifellos vortreffliches Mittel zum Fernhalten übler Einflüsse und zur Abwehr gegen den „bösen Blick".

Wir lagern heute nördlich der Kwiko=Bucht an der Wurzel einer kurzen Halbinsel im Bezirk Itambi (mit dem Zusatz ja Bunjabungu zum Unterschied von dem selbständigen Sultanat Itambi, in das wir den nächsten Tag eintreten sollten). Tausende von Eingeborenen erfüllen das Lager, aber darunter kaum ein Mtussi; in dichten Haufen umdrängen sie meinen Tisch und gehen erst fort, wenn ich sie auf einen großen Kreis zurücktreiben lasse, weil mir die Luft zu schwül und das Gemisch von Schweiß und Salbengeruch zu lästig wird. Aber bald haben andere ihren Platz eingenommen und, ohne gerade zudringlich zu sein, verfolgten sie aufmerksam jede meiner Bewegungen beim Essen, Trinken, Lesen, Schreiben, und als ich gegen Abend durch die Felder spazieren gehe, habe ich ein Geleite hinter mir wie der Großtürke, wenn er am Bairamfest zur Moschee geht.

Eine Lust ist es, die Kulturen zu betrachten. Es wird eigentlich alles gebaut und alles gut. Die Bananenhaine werden gesäubert, allzu fruchtschwere Stämme gestützt, das Unkraut gejätet und die welken Blattscheiden entfernt. Die Äcker werden sorgfältig eingehegt, Kletterpflanzen gehörig mit Stützen versehen. Die Hauptnahrung besteht wie überall in den Ländern im Nordwesten der Kolonie aus Sorghumbrei und Bohnen. Dann folgen Bananen und Bataten in je drei Sorten, unter den letzteren auch Kletterbataten. Erbsen und Mais, Maniok und Eleusine werden etwas weniger gepflanzt, um so mehr Kürbisse, die überall halbiert an den Wegen zum Trocknen liegen. Auch Flaschenkürbisse sieht man viel, deren Rankwerk mit den weißen Blüten oft über die Hütten und Zäune hinwegwuchert. Wo die Früchte sehr schwer sind, stützt man sie durch Steine oder Hölzer. Auch sehr viel Colocasiafelder findet man, eine rot= und eine grünstenglige Art, die meist im Schatten der Bäume stehen und durch die Größe ihrer Blätter immer ein reizvolles Bild bieten, besonders zur Mittagsstunde, wenn die großen Tau= und Regentropfen, mit denen sie stets wie besät sind, gleich Quecksilber in der Sonne glänzen. Vorzüglich gedeiht auch der Tabak, dessen Blätter von seltenem Umfang sind und, getrocknet, in kleinen Bündeln massenhaft zum Verkauf gebracht werden. Schließlich sind noch Zuckerrohr und häufiger als dies die Erdnuß erwähnenswert, deren Öl den Leuten merkwürdigerweise ganz unbekannt ist. Diese

Kulturen finden sich ziemlich in jedem Bezirk am Kiwu, nur werden sie hier im Westen wesentlich besser gepflegt als in Ruanda. Jedenfalls sieht der Leser, daß die Speisekarte des Negers in guten Zeiten durchaus nicht abwechslungsarm zu sein braucht, um so weniger, als noch zahlreiche Salate und verschiedene Getränke hinzukommen. Für den Europäer hat diese Fülle allerdings nicht ganz denselben Wert, weil seinem Magen, namentlich im Anfang, viele der angeführten Lebensmittel nicht zusagen; überdies fehlen gerade die ihm liebsten, wie Reis, Ananas, Mango usw. in diesem Gebiete vollständig. /

Auch die Dörfer der Wanjabungu zeichnen sich durch relative Gepflegtheit aus. Die ziemlich kleinen Hütten sind wie in den benachbarten Ländern nach dem Modell eines etwas zugespitzten Bienenkorbes gebaut. Sie haben kein abgesetztes Dach, sondern die Grasmassen, mit denen sie gedeckt sind, laufen in einer Rundung von der Kuppe bis zur Basis; nur über dem Eingang befindet sich ein vorspringendes, gewölbtes Regendach. Aber all dies ist nicht originell; dagegen zeigt die Türeinfassung Eigenart. Während in den östlichen Ländern Ruanda, Urundi usw. hinter dem Eingang meist die sogenannte Mumfurukka, der Vorraum, durch eine Querwand abgetrennt wird, in der sich eine zweite Türöffnung befindet, tritt man hier direkt in das Innere durch eine Art Torweg, der durch senkrecht dicht nebeneinanderstehende Stakete — meist Bambus — gebildet wird. Namentlich seine rechte Wand zieht sich oft bis in die Mitte der Hütte, gleichzeitig als spanische Wand für die Bettstelle dienend. In Ruanda finden sich bisweilen Ansätze zu dieser Form, aber meist ist dort der Bettverschlag selbständig und zeichnet sich in den Wohnungen der Vornehmen durch wunderschön zwei- und dreifarbig ornamental geflochtene und wie Stickereien wirkende Grastapeten aus. Während in Ruanda die Feuerstätte links ist, steht sie hier oft vis-à-vis der Tür; über ihr befindet sich derselbe Rost wie in den Hütten von Ruanda, der als Gärraum für Pombe, und als Wärmeplatte für Speisen benützt wird. Originell sind hie und da Keller im Hofe, die ich, weil sie mit Hölzern geschlossen und in unauffälliger Weise unter Schutt oder Gerümpel versteckt sind, nie entdeckt hätte, wenn die ortskundigen Wanjabungu bei ihren gegenseitigen Diebstählen sie nicht bloßgelegt hätten. Es sind große Höhlen in Butterglockenform, deren Wände durch gebogene Äste und durch geflochtene Reifen gestützt werden, die, von unten anfangend, in konzentrischen, immer kleiner werdenden Ringen bis zur mannsbreiten Öffnung laufen. Diese Keller dienen hauptsächlich als Reservevorratskammern für den Fall, daß überirdische Speisehütten durch kriegerische Überrumpelung ausgeraubt würden.

Langweilen den Leser diese Dinge? Es täte mir leid; aber wenn ich mich hier auch auf die wichtigsten beschränken kann, so kann ich sie doch nicht ganz in meinem Bericht unterdrücken, der zum ersten Male von diesen aus dem Dunkel der Jahrtausende jetzt erst auftauchenden Völkern Kunde gibt. — — — — — — — — — — —

Als ich zur Erholung für den Leser in meinen Notizen ein Thema von allgemeinem Interesse suchte — „Belangen“, wie statt dessen neuer= dings Zeitungen alldeutscher Färbung sagen, was zwar unschön klingt, dafür aber kein Mensch versteht —, fand ich in ihnen ein paar Tage später die detaillierte Aufzeichnung eines Vorgangs, der gerade so gut hier wie an anderer Stelle stehen kann und charakteristisch für den früher erwähnten, bisweilen an Schwachsinn streifenden Leichtsinn der Neger in Geldausgaben ist. Ich schiebe ihn etwas vorgreifend hier ein, weil ich ja immer nicht nur die Neger, durch deren Länder ich reiste, sondern abwechselnd auch die, mit denen ich reiste, zum Gegenstand meiner Briefe gemacht habe.

Es war heute nach Tisch; ich hielt mich in dem um diese Zeit noch sehr dürftigen Schatten, den das Zelt nach Osten auf den Boden wirft, und lag im Bombaystuhl. Ich dachte der Frage nach, ob die Bibel wohl recht hat, wenn sie die Arbeit als einen dem Menschen auferlegten Fluch bezeichnet, und kam zu dem Schluß, daß sie in der Tat recht hat. Um mich diesem Fluch nicht unnötig heftig auszusetzen, beschloß ich für meinen Teil, an der Abtragung der Erbschuld tätig zu sein und die nächste halbe Stunde keine Sünde auf mich zu laden, nicht zu fluchen, was hierzulande viel Entsagung kostet, keine unkeuschen Gedanken zu hegen, was bei den hiesigen Zuständen Kinderspiel ist, noch in sonst einer Beziehung zu sündigen, was ich alles am besten durch ein Nachmittags= schläfchen zu erreichen hoffte. Kaum hatte ich mich zu diesem frommen Werk entschlossen, als mir das Gelüste kam, auch die Beine auszu= strecken, wozu ein zweiter Stuhl nötig war. Dazu hätte ich aufstehen, was ausgeschlossen war, oder meinen Boy rufen müssen. Ich wählte das letztere. Da er doch erst seiner dasturi gemäß beim dritten Male erscheint, so rief ich gleich dreimal hintereinander, aber ohne Erfolg. Ich suchte mir allein zu helfen. Aber es ging nicht. Die Stuhllehne drückte mir fast die Kniekehlen durch, was mich zum Fluchen verleiten konnte, also rufen wir lieber noch einmal. Keine Reaktion. Mein Zelt

stand, wie fast immer, etwas abseits vom Lager, aber doch in bequemer
Rufnähe. Da geht etwas vor, man weiß nur nicht was, dachte ich mit
Sabor, und raffte mich mit vieler Mühe und herben Anklagen gegen
das Schicksal auf. Als ich ins Lager kam, sah ich, daß alle bis auf den
letzten Mann am anderen Ende in dichtem Kreis standen, den als Mittel=
punkt der Spitzbubenkopf des langen Omari überragte. Aha, sagte ich
mir, „ein Duell", sah aber gleichzeitig meinen Irrtum ein, als ich die
Stimme Omaris ertönen hörte: „23 Rupien zum ersten, 23 zum zweiten
— 24 Rupien." Es gehörte wenig Scharfsinn dazu, um zu erraten, daß
eine dalali, eine Auktion veranstaltet wurde. Ich hielt mich bescheiden
im Hintergrunde, bis es hieß „32 Rupien zum zweiten, 32 zum letzten
Male". Dann aber drang ich rasch vor, um wißbegierig zu sehen, was
für ein wertvolles Objekt in meinem Lager mir unbewußt sich befände.
Sehr wertvoll; wirklich! Es war ein sehr kleines Zelt, das bei sehr
guter Rechnung für etwa 3 Mark Stoff enthielt, zwar noch nicht zer=
rissen, aber alt, fadenscheinig und höchstens 3 Rupien wert. Und dafür
zahlte jemand 32 Rupien gleich 44 Mark und 80 Pfennig.

„Höre, Abdallah Kilwa," sagte ich zu dem Käufer, „du bist einäugig,
du bist auch sonst nicht der schönste deiner Kabilah und du bist zeitlebens
ein Bettler gewesen, warum auch nicht? Allah wollte es so. Jetzt aber
sehe ich und möchte Tränen vergießen, daß du auch geistesgestört bist.
32 Rupien! 3 Monate und 5 Tage mußt du bergauf, bergab in Sonnen=
glut, in Regenschauern mit deiner schweren Last wandern, um 32 Ru=
pien zu verdienen. 3 Monde und 5 Tage, und wenn du jetzt in 2 Mo=
naten nach Usumbura zurückkehrst, so wirst du keinen Pesa in bar, aber
Schulden und dies zersetzte Zelt dein eigen nennen. Sage selbst, mein
Kind, bist du verrückt oder nicht?"

Das wollte er aber doch nicht ohne weiteres zugeben.

„Wir haben es zu zweit gekauft," antwortete er.

„Um so trauriger," replizierte ich, „also sind zwei meiner Träger
geisteskrank."

„Was soll ich machen, Herr, ich habe kein Zelt."

„Hast du bisher die Nächte durchwacht? Hast du nicht in deiner Schilf=
hütte ebenso gut geschlafen, wie ich in meinem Zelt?"

„Ewalla, bana," bejahte er.

„Wer ist der Verkäufer?"

„Der Mnjampara."

„Natürlich Omari," wandte ich mich diesem zu, „ich wußte ja, daß deine Seele schwarz ist wie dein Auge. Deine Kinder so zu betrügen!"

„Ich betrüge sie nicht, großer Herr," entrüstete er sich, „es war Auktion."

„Schwatze nicht von Auktion. Ist dein Verstand eingetrocknet, daß du nicht weißt, was das Zelt wert ist? Hast du nicht einen großen Bart? Bist Du nicht ein Msafiri, ein Weitgereister? Weißt du nicht, daß Glattgesichter wie diese hier noch dumme Jungen sind?"

„Amri ja mungu, Gottes Wille," antwortete er so unpassend, wie möglich, die Arme in gekränkter Unschuld von sich spreizend. Aber vielleicht wollte er damit sagen: „Wenn Gott es nicht gewollt hätte, hätten sie nicht so viel geboten."

„Es ist so, wie du sagst, aber Allahs Wille befiehlt jetzt durch mich, diesen Handel für ungültig zu erklären. Du behältst dein Zelt und Ihr eure Rupien. Bassi!" Damit zerstreute sich der Haufen, während die einen ihren Mnjampara auslachten, die anderen beifällig riefen: Der Msungu spricht die Wahrheit.

Ich habe diesen Disput mit Absicht ausführlich wiedergegeben, weil nur so das Bild solcher Szene dem fernen Leser lebendig werden kann. Ich weiß nicht, ob ich mich täusche, aber ich finde immer, solche kleine Episoden gewähren für den Nachdenklichen einen tiefen Einblick in die Wesenheit des Negers. Denn es handelte sich hier ja durchaus nicht um einen Einzelfall, noch um Ausnahmenaturen, auch waren es ja nicht nur die beiden Leute gewesen, die so wahnsinnig und blindlings ins Blaue hinein agierten, sondern noch viele andere, vielleicht die meisten, denn nur dadurch kam die törichte Übersteigerung zustande.

Sobald der Neger auf einen Gegenstand versessen ist, verliert er alle Direktion. Man frage nur einen Wissenden, wie die Händler aller Farben und Nationen diese Eigenschaft auszunutzen verstehen, besonders an den Askaris. Kommt aber noch der Wetteifer hinzu, so wird ein besonnenes Innehalten dem Neger oft geradezu zur Unmöglichkeit. Wie ein Rausch, wie ein Fieber kommt es über ihn, und ich sah Leute, denen die Halsadern vor Erregung pulsten. Deshalb sollte man prinzipiell keine Auktionen veranstalten. Es geschieht aber doch, z. B. in jeder Nachlaßsache. Ich erinnere mich einer solchen von Mpapua her, wo das Vieh und Zeug von verstorbenen Sudanesen versteigert wurde. Da gingen die Leute, die täglich eine Kuh auf der Station für einen bestimmten Preis haben konnten, über sein Duplum hinaus. Als der ver-

nünftige, leider Gottes zu früh ins Grab gesunkene Leutnant Stadel=
baur, damals interimistischer Stationsleiter dies sah, sagte er: quod non;
das geht nicht. Ich weiß, daß es Herren gibt, die der Ansicht sind, es
sei besser, den Hinterbliebenen falle eine große Summe zu, als daß die
Kerle ihren Sold in Wein und Weibern vertun. Das kann unter Um=
ständen richtig sein. Aber man muß Fall für Fall prüfen. Ich werde
doch nicht meinen Soldaten das Geld aus der Tasche ziehn, damit der
Erbe, ein Nichtstuer in Alexandria, damit die öffentlichen Häuser be=
reichern kann. Und den nächsten Tag, wenn die Leute zur Besinnung
kommen und von allen, die zufällig nichts erstanden haben, ausgelacht
werden, dann sagen sie in ihrer Einfalt: „Der Msungu hat uns be=
trogen. Quod non! Ich bestimme den reellen Wert jeder Sache; bietet
darauf mehr als einer das Maximum, so wird unter ihnen gelost. So
wird es gemacht."

Also lautete seine verständige Rede, aber der Zahlmeisteraspirant,
ein etwas pedantischer und an Formalien hängender Herr protestierte:
„Die Auktionen seien Vorschrift, also müsse danach gehandelt werden."

„Sie haben vollkommen recht," antwortete S., „und doch bleibt es
bei dem, was ich gesagt habe."

„Dann kann ich das Protokoll nicht unterschreiben."

„Das bedaure ich, ändert aber nichts an der Situation. Bemerken
Sie bitte ausdrücklich im Protokoll den Modus, den ich befohlen habe.
Ich will doch sehen, ob an der Küste ein Mensch so unvernünftig ist,
das nicht anzuerkennen."

Hoffen wir, daß er mit seiner Annahme recht behalten hat. — — —

Das Tagebuchblatt des 24. Januar beginnt mit einem Seufzer aus
tiefster Brust. „Ich werde afrika=alt, schrieb ich, afrika=alt und müde.
Ich vertrage keine Strapazen mehr und sie greifen mich an: psychisch
mehr noch als körperlich. Wenn ich früher Marschschwierigkeiten wie
die heutigen erlebte, so hatte ich ihren Eindruck abgeschüttelt, sobald
ich mich im Lager restauriert hatte, ja ich freute mich dann noch der
überstandenen als zukünftiger Erinnerungen. Forsan et haec olim
meminisse juvabit. Nie wieder bekäme ich es fertig, mich, wie einst
an den Ugalla=Sindi oder Njawarongo, an einen Flußlauf zu hängen
und mich von ihm auch durch tagelanges wegloses Pori nicht trennen
zu lassen. Jetzt habe ich schon zu viel schweres erlebt, um noch für das
Erhebende solcher Überwindungen empfänglich zu sein; jetzt wünsche ich
mir nur noch wie meine Neger amöne Promenaden."

O tumper Knabe, reinster Tor, möchte ich mit Gurnemanz beim Anblick dieser Zeilen ausrufen; wenn du geahnt hättest, was an Widrig-
keiten dir die Zukunft der nächsten Monde bringen sollte, du hättest
diesen Seufzer im Busen, „da wo er am tiefsten ist", verborgen und du
hättest dich des Wortspiels geschämt, mit dem du das Fazit dieses Tages
zogst: „Es war zum Davonlaufen — wenn es nur zum Davonlaufen
gewesen wäre." Daß man nämlich vor lauter Hindernissen nicht davonlaufen, nicht vorwärts kommen konnte, das war das ganze Unglück
gewesen und daher irae, clamores et lacrimae. — — — — — — —

Wir überschritten heute die Grenze von Bunjabungu und Itambi.
Es ist charakteristisch für das, was ich früher über die Abwehrlügen der
durch die Hantierungen des wegaufnehmenden Reisenden erschreckten
Eingeborenen gesagt habe, daß ich zwölf Tage durch dieses Land marschierte und erst jenseits seiner Grenze seinen wahren Namen erfuhr.
Bis dahin lebte ich in dem Glauben Issofu oder Itschofu zu passieren,
denn so es zu nennen, lautete die vom Sultan ausgegebene Parole.
Issofu nennt sich eine Insel, die dem Festland von Itambi vorgelagert
ist und die für mich in Kiwanda umgetauft wurde, das in Wirklichkeit
ein Dorf auf einem andern kleinen Eiland ist. Solchermaßen verwirrt
man die Reisenden, von denen jeder natürlich auf seine Bezeichnungen
schwört, wenn er die Art der Eingeborenen nicht durchschaut hat. Ich
habe mich deswegen für meine Karten immer nur auf relativ wenige
und vielfach bestätigte Namen beschränkt.

Sultan von Itambi ist Kalimimwumba, ein arger Störenfried, der mit
seinen Nachbarn in ewiger Fehde lag, bis sich diese durch ein heroicum,
im Sinne der Pharmakopoe gedacht, etwas Ruhe verschafft haben. Sie
verwüsteten nämlich das Grenzgebiet, besiedelten es aber nicht, sondern
verhinderten nur eine Wiederbesiedelung, ließen die Bananenschamben
verwildern, die Wege verwachsen, die Täler versumpfen und schufen
so einen künstlichen Graben von beträchtlicher Breite zwischen sich und
dem schwierigen Nachbar. Aber Kalimimwumba fand auch an diesem
Zustande eine „Butterseite". Denn diese Wildnis gestattete ihm, bei
Raubzügen sich dem Gegner unbemerkt zu nähern und so verwüstete
er seinerseits auch sein nördliches Grenzgebiet, das ihn von Ujungu
scheidet. Die Wanjabungu halfen sich gegen Überraschungen, indem sie
eine so große Menschenmasse an der Grenze zusammenzogen, daß Kalimimwumba die Lust an feindlichen Einfällen verging. Nun hat er
nördlich und südlich ein Pori, im Westen die Randberge mit ihrem Ur-

wald und im Osten den See, so daß er mitten in seinem Lande wie in einer von der Außenwelt durch eine Waberlohe oder einen Dornröschen= busch abgeschlossenen Burg sitzt. Man sieht wieder einmal, wohin es führt, wenn keine starke natürliche Grenze zwei Völker scheidet. Leider hatten mir die Wajabungu nichts von diesen Verhältnissen erzählt oder ich hatte sie nicht verstanden. Sie klagten zwar über die Feindseligkeiten der Wanjaitambi, aber umgekehrt klagten auch meine Wanjaitambi= Führer, Leute von der früher erwähnten Kwiwindscha=Insel, die, wie alle anderen Ruanda vorgelagerten, vor Jahren von Kalimimwumba okkupiert wurden, über die Feindseligkeiten der Wanjabungu. Das war mir nicht neu, so erlebte ich's noch in jedem Lande, und wer will da ergründen, wie er Recht und Unrecht auf die Wagschalen der beiden Kläger und Widerkläger verteilen soll.

Der geringe Handelsverkehr zwischen Bunjabungu und Itambi fin= det über Wasser statt und so hätte ich es auch machen sollen, wenn ich nur den status gekannt hätte. Dann wäre auch der Seufzer meinem Tagebuch erspart geblieben.

Bis zur Grenze, einem ganz kleinen Gewässer in enger Schlucht, wa= ren die Wege leidlich, wenngleich mir auffiel, daß wir meist Verbin= dungswege einzelner Hüttenkomplexe benutzten, die aber oft unterein= ander nicht korrespondierten, so daß wir dann pfadlos in den Acker= furchen marschierten. An der Grenze blieben die mich begleitenden Wanjabungu auf den Wunsch der Führer zurück und ein paar Wanja= itambi erwarteten uns und schlossen sich an. Jetzt begannen die Schwierigkeiten. Das arg zerklüftete Terrain ist verwildert, die Wege sind verwachsen, die Furchen und Schluchten und — wo die Berge zurückweichen — die Ebenen sind bedeckt mit undurchdringlichem Schilfdickicht, das einem heillosen Morast entsprießt. Am schlimmsten sind die Bäche, die zahlreich dem nahen See zuströmen. Die kleineren überschwemmten das Flachland und verwandelten es allmählich in Sumpf, während die großen in einem 10 Meter und tiefer eingeschnitte= nen Bett dahinströmen. Aber gerade über sie schreitet man trockenen Fußes und nur aus der Tiefe hört man ihr Brausen und Rauschen: das Schilfdickicht nämlich hat sie, indem Jahr für Jahr das alte Rohr zu= sammenstürzt und von dem jungen überwuchert wurde, mit einem dicken geradezu verfilzten Gewölbe übermauert; nur hier und da weist es dünne Stellen oder gar Löcher auf, aus denen kalter Moderduft mir entgegenschlug, wenn ich hindurchblickte, um den Bach reißenden Laufs im Halbdunkel unter uns dahin strömen zu sehen. Wiederholt müssen wir jenseits der Bäche steile Wände über Geröll und Felstrümmer hinaufklettern, stellenweise auf allen Vieren hinaufkriechen. Und welch zögerndes Vorwärtskommen in diesem unseligen Dickicht! 10 Mann und mehr hauen gleichzeitig mit Messern, Äxten, Sicheln förmlich Gänge in die über vier Meter hohe, an spanisches Rohr erinnernde Grasmasse, in der die Stengel der letzten Trockenzeit durch rankende Pflanzen gestützt, dichte Flechtwerke bilden, oder sie werfen sich, zum Haufen geballt, mit der ganzen Wucht ihrer Körper dagegen und treten sie nieder. So oder so wird die Luft von einer Wolke feinster Härchen wie von Mühlenstaub erfüllt, die unsere durch die heiße Anstrengung an sich trockenen Kehlen in empfindlicher Weise zum Husten reizen und mir im Munde das Gefühl erregen, als wachse auch nach innen ein stattlicher Bart, der mindestens fünf Tage nicht mehr rasiert wurde. Wie die Schnecken kriechen wir unserem Ziel entgegen. Aber endlich gelangen wir in verwilderte Bananenschamben, die, wenn auch pfadlos und morastig, so doch leichter zu überwinden sind und schon hoffe ich, das Schlimmste überstanden zu haben, als ein Bote von rückwärts mir meldet, daß die Milchkuh in den ersten Bach gefallen sei und unten im Morast stecke. Das war nun sehr unangenehm, denn es forderte, noch einmal den ganzen Weg zurückzugehen. Zwar hoffte ich kaum, sie retten zu können, aber versuchen mußte ich es, denn meine Hauptnahrung bestand aus Kompositionen von Milch; außerdem war sie von Jugend an an Märsche gewöhnt und versagte nicht so leicht in ihrer Produktion wie eine des Wanderns ungewohnte, die ich wahrscheinlich nur nach langen Verhandlungen und nur unter großen Opfern von meinen beschränkten Tauschwaren hierzulande erstehen könnte. Also nochmals zurück durch Sumpf und Schluchten. Als ich ankam, war das Mißlichste bereits überwunden, noch lag das Tier unten, aber auf festem Boden. Wir krochen Mann für Mann durch das Loch herunter, durch das sie hinabgestürzt war. Da standen wir nun, bis zu den Waden im Wasser, blickten bettauf= und bettabwärts wie in einen Kanalisationsdrain hinein und atmeten die schauerlich kalte Moderluft. Dann hieß es durch die ganze Breite der Schlucht in das mit Schlinggewächs dicht verfilzte Schilf eine gangartige Bresche für die Kuh durchschlagen. Hunderte und aber Hunderte von isabellfarbigen Fledermäusen scheuchte der Lärm des krachenden Rohrs auf, die aus ihren dunklen Verstecken durch alle Löcher emporflogen und verwirrt im verhaßten Sonnenschein umherflatterten. Am Ende des Ganges kam die schwerste Arbeit, das Tier eine fünfzehn Meter hohe, überaus steile Wand hinaufzubringen. Zwanzig Mann, Eingeborene und Träger, die vorne ihre Last abgelegt hatten und gleich mir umgekehrt waren, betätigten sich dabei. Das Kalb immer als Lockmittel voran. Dann packte man die vier Beine, den Schweif und die Hörner der Kuh und aufwärts ging es mit dem üblichen, jede große gesellige Kraftleistung auf bestimmte Momente konzentrierenden Gesang: wana-ume he, wana-ume he — nguvu ssauassaua heee! Immer abwechselnd wurde ein Fuß an eine sichere Stelle gesetzt, ehe der nächste gehoben wurde, während die Vorderen beim letzten Takt der Strophe mit Feuereifer zogen und die Hinteren schoben: Männer he, Männer he, die Kraft vereint, heee! Das Tier unterstützte uns so gut es konnte, aber trotzdem war es ein ewiges Rutschen, Gleiten, Stolpern, Fallen, und immer lagen einige der Leute ventre à terre. Dann dieselbe Arbeit mit dem anderen Großvieh, während Ziegen und Schafe behend wie Gemsen aufwärts kletterten. Ohe iam satis: Genug des grausamen Spiels. Es war greulich, einfach greulich. Aber schließlich nahm auch dies einmal wie jedes böse und leider auch jedes gute Ding dieser Welt ein Ende. Die künstlich geschaffene Wildnis war durchschritten und wir kamen wieder auf gute Wege, auf denen wir durch den Kontrast angeregt über die Grashänge geradezu vorwärtsflogen. Die Leute zu Tode erschöpft, das Vieh am Ende seiner Kraft und ich: „kaputti kabissa" d. h. total kaputt, insbesondere von der geistigen Anstrengung des Routierens unter solchen Verhältnissen — so kamen wir in unserem heutigen Lager an, einem dicht am Wasser gelegenen verlassenen Fischerdorf, das sehr schmutzig war und nach Neapel oder noch präziser nach Mergellina roch. Selbst das Badewasser hatte einen sehr üblen Fischduft. Von den Eingeborenen stellten nur einige wenige sich ein, die einen kümmerlichen Eindruck machten.

25. Januar. Heute fünfstündiger Marsch, die ersten Stunden auf nichts weniger als angenehmen, aber mit den gestrigen doch nicht vergleichbaren Wegen. Wir hielten uns immer in der Nähe des Sees, in den hier Bach neben Bach einmündet, auf einer Strecke von 4 Kilometern deren 14, darunter einige respektable. Hätten die Neger Augen zum Sehen, so würden diese Wassermengen sie frappieren und zum Nachdenken anregen. Es tritt nämlich der Urwald hier immer dichter an den See heran, in der Nähe des heutigen Lagers bis auf einen Kilometer.

Vielleicht würden sie dann in der Verwüstung ihrer Wälder etwas einhalten. Gerade in Afrika hat man oft Gelegenheit, zu erkennen, wie dankbar der Wald ist, wenn man ihn schont, aber auch wie zur Rache geneigt, wenn man ihn kränkt. Unter den Bächen hatten viele ihr Bett verlassen und folgten auf großer Distanz den ausgetretenen Fußpfaden, wodurch unser Marsch stark verzögert wurde. Nach 2½ Stunden erstiegen wir aber eine Höhe und kamen damit auf gute Wege. Oben hatten wir einen herrlichen Ausblick, der mich lange in seinen Bann schlug.

Bisher hatte ich die mächtige Kwidjwi-Insel, die fast ²/₃ der Kiwu-Mitte einnimmt, immer nur in Regen und Nebel eingehüllt in grauer Ferne liegen sehen. Jetzt hatten wir sie zum Greifen nahe im Osten uns gegenüber. Jede Schlucht, jeder Fels, jeder Baum, jede Hütte wurden in der klaren Luft zu plastischen Gebilden. Man erkennt deutlich, wie das Südende durch eine tiefe Bucht in zwei Teile getrennt wird, von denen der östliche weit nach Süden sich erstreckt, und durch Überschneidung, von hier aus gesehen, mit dem Festland von Ruanda eine Masse bildet. Etwa 1000 Meter stürzt er sich in mehreren steilen Sprüngen zum See hinab, während der westliche, uns bedeutend nähere, aus gleicher Höhe in sanft geneigter Kammlinie vorsichtig absteigt. In den Tälern und Mulden, auf den Terrassen und Hängen des Südendes verraten die eng an einander gereihten Bananenheine eine zahlreiche Bevölkerung; mehr nördlich treten die besiedelten Gegenden spärlicher auf. Groß ist der Reichtum an Wald. Nicht nur sind der ganze Kamm und die Hänge unter ihm mit dichtestem Urwald erfüllt, nicht nur steigt dieser die meisten Schluchten und stellenweise bis zum See hinab, sondern Wald, wenn auch von anderem Charakter und lichter bedeckt fast alle Berge und die Ufer und fehlt selbst nicht ganz in der nächsten Umgebung der reich bewohnten Gebiete. Fast direkt östlich uns gegenüber endet der hohe Teil der Insel. In jähem Sturze fällt sie dort nach Norden ab und zieht, bis drei- oder vierhundert Meter über dem Seeniveau aufragend, als ein von zahlreichen Buchten zerschnittenes und durch tiefe Täler und Schluchten zerrissenes, gut besiedeltes Hügelland nach Norden. Aber nicht Kwidjwi allein sehen wir, sondern wir blicken bis weit nach Ruanda hinüber und in alle Buchten der letzten Märsche und auf all die hellgrünen, mannigfach geformten Eiländer, die in einer Flut schwimmen, deren leuchtende, den tiefblauen Himmel wiederspiegelnde Farbenglut von keinem der Seen Italiens übertroffen wird. Eine starke Brise fährt von Norden über den See und wirft hier und da weiß schäumende Wellenkämme auf, die wie eitel Silber in der Sonne leuchten. In einer flachen Bucht der Jssofu=Insel, die dicht unter uns liegt, sieht man eine kleine Herde Fischottern spielen, die erst in sanftem Bogen wie die Delphine vorstoßen und dann senkrecht in ihre Jagdgründe hinabtauchen. Ein Boot fährt von der Insel zum Festland hinüber; gleichmäßig arbeiten die vier Ruderer im Takt, ihre Ruder blitzen wie Spiegel zu uns herauf, aber man hörte ihre Arbeit nicht, weil sie von der Brandung, die unter uns gegen eine kleine Landzunge schlägt, über= tönt wird. Und über allem wölbt sich zum Betasten nahe und doch wie= der von unermeßlicher Tiefe, von keiner „schleichenden Ziehwolke" be= fleckt, die azurne Glocke Zarathustras: „O Himmel über mir, du reiner, du Lichtabgrund". Zu unserer Linken streckt sich eine Halbinsel zwei Meilen weit nach Nordosten; zu der Bucht, die sich hinter ihr verbirgt, marschieren wir auf guten Wegen quer über den Rücken der Berge und lagern 1 1/2 Stunde später an ihrem Südende. Es ist die Bucht von Tschiwumba, die vierte von den großen Buchten des Kiwu, die wir bis jetzt kennen lernten.

Zur Rechten die waldige, durch sechs oder sieben kleinere Nebenbuchten gezackte Halbinsel, zur linken das steile Ufer, hinter dem sich in mehre= ren Ketten die jähen Randberge, mit Urwald bestanden, erheben, das ferne Ende versperrt durch isoliert aufsteigende Berge mit kegel= und hutförmigen Gipfeln, die von beiden Seiten scheinbar zusammenstoßen, — so liegt sie wie ein in sich geschlossener, schweigsamer, einsamer See unter uns. Eine größere und zwei kleinere Inseln mit üppiger Vege= tation unterbrechen die schmale lange Wasserfläche, der die dunklen Uferwände eine tiefgrüne Färbung verleihen. Wie wir hier weiter vor= wärts kommen werden, vermag ich bis jetzt nicht zu erkennen, denn ich sehe weder einen Weg, der über die schroff aufsteigende Küste führt, noch eine Ansiedlung der Eingeborenen. Tot und verlassen, voll herber Größe und wehmütig stimmender Anmut liegt das stille Wasser in der Tiefe zu unseren Füßen. Kein Mensch, kein Tier belebt es, nur der gellend herausfordernde Schrei eines Seeadlers, der mit heftig wer= fenden Bewegungen über der kleinsten der Inseln kreist, bricht sich an den felsigen Hängen, und aus der baum= und farrenerfüllten Schlucht zu unserer Linken, durch die brausend ein Sturzbach zu Tal reitet, dringen die hellen langgezogenen, zuletzt in kleiner Tonfolge sinkenden Rufe grauer Papageien gleich wilden Jauchzern zu unserer Höhe.

Insel Kwidjwi, November 1901.

Brief X.

Wir waren im vorletzten Brief dem Südwestufer und -Golf gefolgt, hatten im vorigen Brief den Marsch durch das Sultanat Bunja-bungu längs der Westküste nach Nordnordost fortgesetzt, die Buchten von Kwischungwe und Kwiko passiert, unter großen Schwierigkeiten das Grenzgebiet von Jtambi überwunden und waren zuletzt in der vierten der großen Buchten, der langen, schmalen, in ihrer Abgeschlossenheit einem stillen See gleichenden Bucht von Tschiwumba angekommen. Hier fahre ich heute mit meiner Schilderung fort.

26. Januar. Wir machten heute nur einen kleinen Marsch von 3 Stunden. Es zeigte sich wieder wie so oft, daß die Wolken nicht ganz so schwarz sind, wie sie aus der Ferne scheinen; denn es fanden sich so-wohl ein Weg, wie auch an ihm menschliche Wohnstätten, die uns nur entgangen waren, weil sie spärlich zerstreut und in den toten Winkeln der Berge liegen. Ein schmaler, mit kleinen knirschenden Steinen besäter Pfad folgt der Bucht, deren von dem Widerschein der Uferwände tief-grün gefärbtes Wasser in mir Erinnerungen an den Königssee wach-ruft, und schlängelt sich bald über die Abhänge, jeder Einsenkung der Berge sich anschmiegend, bald durch bebaute Niederung, die die Nasen trennt. Auch heute ein großer Reichtum an Bächen, die weite Strecken unter Wasser setzen. Die Vegetation überall üppig, der Lagerplatz dementsprechend voller Reize.

Weniger reizvoll und sehr bedauerlich für mich ist, daß allmählich alle Gegenstände des täglichen Gebrauches in die Brüche gehen. Mein Zelt ist nicht mehr wasserdicht, so daß bei anormal starkem Regen, wie gestern abend, das Wasser durch zahlreiche Poren in mein Bett sprüht. Zwar schütze ich mich durch einen ausgespannten Schirm und Gummi-decken so gut es geht, aber trotzdem findet sich immer noch irgendwo eine Lücke, durch die, wenn nicht der Regen selbst, so zum mindesten Feuchtigkeit in die Wäsche dringt, bis ich zuletzt den ungleichen Kampf aufgebe, mir einbilde, Deutschlands Zukunft zu sein, weil ich auf dem Wasser liege, mich in Ergebung und ein feuchtes Laken hülle und nicht sehr abgeneigt bin, einen Pakt mit dem Teufel zu schließen, wenn er mir irgend eins aus der Reihe der je von mir benutzten Betten, deren

Caput Nili.

Erinnerungsbilder mich mit dem Feldgeschrei „Schlafe patent" höhnisch umtanzen, für diese eine Nacht zur Verfügung stellen wollte. „Aber der Teufel", klagt schon Zarathustra, „ist nie zur Stelle, wenn man ihn braucht, dieser vermaledeite Zwerg und Klumpfuß." Ach, dieses Bett, wie viele Seufzer hat es mich schon gekostet. Das Segeltuch, das als Unterlage dient, hat allmählich seine Spannung verloren und sich trotz meines Schneidergewichts, dem Körperdruck nachgebend, zum Kahn ausgebuchtet; infolge dessen rutschen, wenn ich auf der Steuerbordseite liege, mir alle Decken nach, und drehe ich mich nach Backbord hinüber, so wandern sie nach derselben Seite; wahre Gefechte liefere ich jeden Abend vor dem Einschlafen meinen Laken und Kissen und wache trotz= dem oft genug so zerlegen auf, als hätte ich die Nacht auf einem Reib= eisen zugebracht. Aber auch sonst habe ich noch Schmerzen. Von meinem Haupthaar, das sich immer mehr aus dem einstigen Urwald in die Formation des lichten hie und da gerodeten Steppenwaldes umwandelt, schweige ich, weil es kein Gegenstand des täglichen Gebrauchs ist — eher noch könnte ich das meines Boys so bezeichnen —, aber es bleiben noch berechtigte Klagen genug übrig. Das Moskitonetz kann nur noch unter unerhörten Kunstgriffen befestigt werden, die Tische werden alters= schwach und wackeln in allen Gelenken, die Lampe ist gleich hinter Usumbura verrückt geworden und gestattet dem Docht nur noch zur Hälfte der Schraube zu folgen; mein Geschirr schmilzt unter der pfleglichen Behandlung meines Kochs wie Schnee in der Maiensonne, von meinem Schuhwerk rede ich nicht, weil ich seinen erbarmungswürdigen Zustand schon früher erwähnte, und meine Wäsche geht, besonders in letzter Zeit, infolge der schlechten, morastigen Wege täglich mehr in Fetzen, so daß ich von anständiger Kleidung nur noch mein europäisches Winterzeug und eine Badehose habe. Wenn ich auch diese verlöre — das Unglück wäre nicht auszudenken. Der heilige Augustin hat wirklich recht: Sunt quadam inter parietes martyria — es gibt Märtyrertum auch zwischen den vier Wänden.

Daß unter solchen Umständen mir das Reisen nicht ganz das gleiche Vergnügen wie einst bereitet, ist einigermaßen verständlich.

27. Januar. Heute wieder ein böser, böser Marsch. Wir geraten immer mehr in die Berge hinein, die so jäh zum See abfallen, daß kein Weg mehr sich ihnen anschmiegen kann und wir gezwungen sind, viel weiter westlich über das Gebirge dem nach Nordosten laufenden Ufer zu folgen. Die Gegend, die wir heute passierten, ist eigentlich kein Pori, überall

sieht man von Zeit zu Zeit Bananenschamben an den steilen Hängen
förmlich kleben. Wie ist es nur möglich, hier seine Äcker anzulegen,
ohne daß der Regen die Erde fortspült, und wie hält man sich hier,
daß der Schwung der Hacke einen nicht in die Tiefe reißt? Dazu ist der
Boden in seinen unteren Schichten so steinig, daß die Leute für ihre
Hütten keine horizontale Basis abgraben können. Ein sonderbares Bild!
Wenn ich heute auf einem Kamm, um Atem zu holen, stehen blieb und
zurückblickte, hatte ich den Eindruck, als müßte jeden Augenblick die
Landschaft mitsamt ihren Bananenhainen, Feldern und Dörfern in die
Schluchten hinabstürzen und noch einen anderen Eindruck, dem drolliger=
weise mein kleiner Boy Mabruk Ausdruck verlieh, als ich mit dem
Finger auf eine solche Ansiedlung wies: „kilima hiki kimelewa" sagte
er — dieser Berg ist betrunken — und in Wahrheit wüßte ich kein
treffenderes Wort für die Verschrobenheit solchen Anblicks. Erst seit
wenigen Jahren wird diese Gegend bebaut, und noch jetzt sieht man
ganz frisch angelegte Siedelungen. Ich bekam Respekt vor diesen Leuten.
Welche Mühe, welcher Fleiß, welche Arbeit, welche Unverdrossenheit.
Wir glauben immer, daß der Neger den ganzen Tag auf dem Rücken
liege und in die Sonne blinzle; mag sein, daß ihm dies das liebste
wäre — mein Gott, andere Leute täten es auch gerne, aber wo die
Notwendigkeit ihn zwingt, kann er auch wahrhaft Tüchtiges leisten,
immer vorausgesetzt, daß wir unsere Ansprüche nicht überschrauben.

Der Umfang der Rodungsarbeit läßt sich leicht ermessen, da überall
noch Stümpfe stehen — in den unteren Hängen die jenes fast das ganze
Jahr prächtig purpurblühenden Baumes, dessen kleine rote, an der
Haftstelle schwarze Früchte man in norddeutschen kleinbürgerlichen
Haushaltungen als Verzierung von Muschelschachteln und ähnlichen
Nippes findet. (Erythrina toment.) Zuerst werden Bohnen gepflanzt,
später erst Sorghum. Wo nur zwischen den Felstrümmern und Baum=
stümpfen ein kleiner Humusfleck ist, wird er gereinigt, gelockert und
bebaut. Die kleinen Steine werden zu Haufen zusammengeworfen, die
hochgetürmt umherliegen, daß man ganze Städte damit pflastern könnte,
wenn die Haufen auch nicht so groß sind wie in Südwestafrika die
Bierflaschenhügel, mit denen man die Strandwege in Swakopmund
pflastert. So schön die Felder sind, die Eingeborenen selbst sehen merk=
würdig ungepflegt und ärmlich aus; das wenige, was ich an ethno=
graphischen Dingen erstehen konnte oder was sonst an ihnen be=
merkenswert ist, soll später im Zusammenhang erwähnt werden.

Hundemüde, die letzten Träger einige Stunden hinterher eintreffend,
so kamen wir in unser heutiges Lager. Aber immer durch Dickicht,
immer durch tiefgründigen Morast oder in Bachbetten, immer steil auf
und immer wieder sofort steil ab — das sind die besten Knochen, die
das lange aushalten. Dabei ist die Verpflegung in den letzten Tagen
miserabel. Die Leute wohnen zu zerstreut, die Wege sind zu schlecht, zu
regenschlüpfrig, überdies eine nasse Kälte, die ich trotz dicken Winter=
zeugs kaum erträglich finde — wer wollte es ihnen da verübeln, daß
sie unser Hunger und die Aussicht auf Marktgewinn gleichgültig läßt.
Meine Träger verübeln es ihnen allerdings sehr, besonders daß sie
keinen Tropfen Pombe für sie übrig haben, von der sie gerade heute
einen Überfluß vertragen könnten. Denn:

> „Wundervoll ist Bacchus Gabe
> Balsam fürs zerriss'ne Herz.

Ich würde ihn den armen erschöpften Teufeln auch gerne gönnen,
schon um ihre Stimmung nicht auf den Gefrierpunkt sinken zu lassen,
wenn mir selbst auch in diesen schlimmen Zeitläuften Balsam für zer=
rissene Kleider und Schuhe lieber wäre. Es ist gut, daß sie unseren
Kalender nicht kennen, denn wüßten sie, daß heute Kaisers Geburtstag
ist, den sie gewöhnt sind, auf der Station in sehr feucht=fröhlicher Weise
zu feiern, sie schnitten sich gegenseitig die überflüssig gewordenen Kehlen
ab. Auch ich habe in meinem Leben noch keinen so trübseligen 27. Januar
mitgemacht. O me miserum! Allerhand Fragen bohren sich mit un=
anständiger Beharrlichkeit in mein Hirn und dazwischen höre ich die
Bocksstimme eines ordinären boshaften Dämonen die Antwort meckern,
die ganz trivial von einem jemand erzählt, dem es zu wohl gewesen
ist und der deshalb aufs Eis tanzen ging. Aber was liegt daran! Wie
vieles ist noch möglich! Nicht ewig werden die Regenwolken, die
Trauerweiber so dicht über unseren Berg ziehen, nicht ewig wird diese
mißfarbige Decke uns den Himmel und unsere göttliche Mutter ver=
bergen, nicht ewig der Nebel so dicht wie jetzt sich ballen, daß zwei
Stunden vor Sonnenuntergang schon fahle Dämmerung uns umdunkelt
und Kwidjwi, vorgestern zum Tasten nahe, heute grau, relieflos mit
unsicheren Konturen in meilenweiter Ferne wie die verdrossene einsame
Schattenburg eines alten grämlichen wolkensammelnden Zeus Hyetios
in der Luft schwebt. Aber was liegt daran! Wie vieles ist noch möglich!"

28. Januar. Das sollte sich heute gleich zeigen, aber anders als ich
es hoffte und wünschte. Ich glaube, ich habe den alten Regengott da

drüben gestern gekränkt, und er wollte mir beweisen, daß seine Kraft doch noch nicht so wurmstichig ist, wie ich spottete. Nun werde ich die erste Gelegenheit benutzen, um ihn durch Libationen zu versöhnen, damit er mich nicht mit seiner Rache verfolge, wie einst sein Kollege von der anderen Fakultät meinen Kollegen Odysseus. Aber ich will keine Rätsel stammeln, sondern erzählen.

Heute wollte ich mir und den ermüdeten Leuten einen ganz kleinen Marsch zum Geschenk machen, es kam aber anders. Unser Führer, der uns mit Sprüchen von sanftgeneigten Bergen, weiten Bananenschamben und in ihnen dichter Bevölkerung das Herz weich gemacht hatte, hatte gelogen, und wir gerieten immer tiefer in unbebaute Gegend, bald durch Schluchten, in denen reißende Bäche durch den Regen der letzten Zeit zu tosenden Flüssen angeschwollen waren, und bald über steile Grashänge, auf denen nur eine krüpplige Erikazäe ein kümmerliches Dasein führte, und immer auf glatten, wenig begangenen Wegen. Aber all dies wäre zu ertragen gewesen, bis uns nach einigen Stunden ein Unwetter überraschte, so furchtbar und vor allem so eigenartig in seinen Begleiterscheinungen, wie ich es vorher noch niemals erlebt habe.

Erst verwandelte sich sehr merkwürdig der See. Es sah aus, als er= starrte das Wasser und würde zu dunkelgrünem strauch= und baum= losem Wiesenland, über das ein heftiger Schneesturm weht; ein Netz von schmalen Kanälen, die sich ganz regellos schnitten und hier und da zu kleinen Teichen sich erweiterten, gliederte diese in halber Dämme= rung ruhende Ebene. Inzwischen jagten schwere schwarze Wolken in rasender Eile auf uns zu. Zuerst waren sie über Kwidjwi aufgetaucht, dicht über seinem Kamm, daß es schien, als entstiegen sie seinen Spalten und Schluchten wie der Rauch eines ungeheuren Opferbeckens. Dann hatten sie die Sonne verdunkelt, und nun kamen sie uns in wahn= sinniger Hast näher und näher. Noch nie sah ich Gewölk von solcher Plastik. Bald schien es senkrecht wie eine fliegende Mauer zu stehen, bald horizontal sich auszubreiten, und so glaubte man einmal an seinem unteren, ein andermal an seinem hinteren Ende die zerfransten Fetzen sich ablösen zu sehen, die in heftig wirbelnder Bewegung aus dem Rande hervorschossen und wieder eingesogen wurden, und an an= derer Stelle hervorschossen und wieder eingesogen wurden. Ein paar Augenblicke noch, und die vordersten Wolken jagen dicht über uns hinweg. Auf unserer Höhe ist es windstille, aber 80 Meter über unseren Häuptern beugen sich Gräser und Erikazaeen tief zur Erde. Und

dann ergreift es auch uns. Wie mit unsichtbaren Riesenhänden packt
es uns und drückt uns an die Wände. Und allmählich senken sich
die schweren Ballen tiefer, die Luft verdunkelt sich immer mehr, wird
grau, wird grau mit schwärzlicher Mischung, als sei sie mit Aschen=
teilchen gemengt. So muß es sich auf die fliehenden Pompejaner gelegt
haben. Körperlos, wie Schatten, schweben die Leute, die kaum zehn
Schritt vor mir sind, in den Nebeln. Bisweilen müssen wir durch Schilf=
dickicht kriechen, und dann scheint es, als bräche die Nacht herein.
Langsam tappte ich mich, den tanzenden Schemen vor mir folgend, die
steilen Geröllpfade auf= und abwärts; immer stärker heult der Orkan,
immer dichter hüllen uns die Wolken ein. Die Schreie der Träger, die
sich gegenseitig zurufen, zerreißt der Sturm, und wie wilde flatternde
Vögel glaubte ich sie bald über mir auf den Hängen, bald unter
mir in der Tiefe der Schluchten zu hören. Es war ein Entsetzen! Nicht
ohne Bewußtsein wähle ich dies Wort. Manchmal entstand eine Lücke
in dem dichten Schleier, dann sah ich, rückwärts blickend, die armen
Kerle an die Felsen gedrückt, in ihren weißen, zerrenden Gewändern,
steif, unbeweglich, wie festgenagelte Leichen. Ganz jäh wird es heller,
und gleichzeitig setzt der Regen ein. Erst in großen, kalten Tropfen, die
uns wie Hagel ins Gesicht schlagen, dann läßt der Sturm nach, und
bald gießt es in Strömen aus der jetzt gleichmäßig grauen Wölbung
über uns. In wenigen Minuten sind wir bis auf die Haut durchnäßt.
Aber jetzt hat man wenigstens sein Augenlicht wieder, und, so hurtig
es geht, eile ich vorwärts. Die Wege durchweicht der Regen bald und
macht sie so glatt, daß es ein ewiges Rutschen, Gleiten, Fallen wird.
Gleichviel! Nur avanti, avanti, um einen Lagerplatz zu finden, denn
hier auf dem jäh geneigten Abhang ist es unmöglich. Hinab, hinauf,
hinab, hinauf. Triumph! Wir kommen auf eine Paßhöhe, sogar ein
paar Bananenschamben und Hütten stehen in der Nähe.

Die Zeltträger, die kräftigsten meiner Leute, sind rasch bei der Hand,
aber die übrigen noch weit hinten. Der Regen hat nachgelassen, jetzt
sprüht es nur noch in feinen Strichen zur dampfenden Erde. Zwei
Stunden saß ich melancholisch auf dem Boden des geschlossenen Zeltes,
schauernd bis ins Mark. Ich glaube, das Wasser lief mir die Knochen
und Eingeweide entlang. Dann waren genügend Lasten da, um mich
umkleiden zu können, natürlich Winterzeug, vom Hemd bis zum Rock.
Meine übrige Wäsche, die vor drei Tagen gewaschen wurde, ist über=
dies noch gar nicht trocken, da wir seitdem nur heute ein paar Sonnen=

blicke gehabt haben. Augenblicklich — 3/46 — treffen noch immer
Träger ein, natürlich halb erfroren und ausgehungert. Während sie sich
zu den übrigen ans Feuer setzten, wird zum so und sovielten Male das
heutige Ereignis wiederholt. Eins frappierte mich, während ich diese
Zeilen niederschrieb. Hat es eigentlich gewittert? Ich forschte die Leute
aus, die sich fragend anschauen; auch sie erinnern sich weder an Blitz
noch Donner. Auch wie kurz oder wie lange das schreckhafte Schauspiel
gedauert hat, ahne ich nicht einmal, vielleicht wenige Minuten, vielleicht auch das zehnfache, ich weiß es nicht, aber es dünkte mich eine
Ewigkeit. (Ich bin seit jenem Tage noch jahrelang am Kiwu gewesen,
ich habe aber nie wieder ein solches Unwetter erlebt; wohl haben
furchtbarere über seinen Küsten und Inseln gewütet, aber nie wieder
eins, das so seltsam in seinen Begleiterscheinungen war, und keins,
dem sich ein solcher Orkan gesellte; ich glaube, wir befanden uns im
Zentrum des Sturms.)

Kurz vor Sonnenuntergang, den wir aber nicht sahen, hellt die Luft
sich noch mehr auf. Wir blicken auf den See, zu dem von unserem
Lager eine lange gewundene Schlucht hinabsteigt, und nach Kwidjwi
hinüber, dessen Nordende direkt östlich uns gegenüber liegt. Dicht ihm
vorgelagert ist ein reicher Archipel von kleinen und großen, flachen und
bergigen, kahlen und bewaldeten Inseln. Mein Führer Schirangalle
zeigt auf die größte von ihnen, Kitanga, und sagt, daß dort in tiefem,
durch den ganzen Berg gehenden Brunnen ein regenmachender Geist
in Gestalt einer Schlange hause. „Vielleicht Jupiter pluvius?" frage
ich ihn, und wie immer, wenn ich scherzend unverständliche Worte zu
ihm rede, klatscht er in die Hände und sagt: „So ist es, mein Fürst!"

29. Januar. Ich hätte nach den Strapazen der letzten fünf Tage mir
und der Karawane einen Ruhetag gönnen können, aber der Platz ist
zu ungünstig, und die Träger drängen selber weiter, weil der Führer
ihnen wieder seinen Sang von nahen reichen Gegenden ins Ohr geflötet
hat. Heute sollte er aber Recht behalten. Zwar ließ es sich im Anfang
schlecht genug an: viel Klettern und vor allem der fette Boden, durch
das gestrige Unwetter zur Schlitterbahn verwandelt, auf der ich nur
mit Steigeisen vorwärts komme. Auch wird mir die Aufnahme durch
die Mabugu=Schilfmassen sehr erschwert, die unseren Pfad mit undurchsichtigen Mauern einzwängen, aber später werden die Wege gut,
und wir schreiten munter aus, den Blick auf unser Ziel gerichtet, eine
Kuppe, die mit zahlreichen Hüttenkomplexen und Feldern bedeckt ist.

Die Landschaft ist eintönig, von Bäumen nur niedrige Akazien. Die schönen, schattigen Ficusarten stehen meist nur in der Nähe von Siede= lungen, werden aber entweder eifrig von den Anwohnern — omnes eodem cogimur (scil. „loco") — benutzt oder von wüstem Unkraut umrahmt, so daß sie so oder so als Lagerplatz unbrauchbar sind. Das bischen Schatten, dessen die Leute in diesem naßkalten Klima bedürfen, gewähren ihnen die Bananenschamben. Auch ich liebe diese sehr, be= sonders wenn Sonnenschein all die tausende zartgrüner Blätter golden durchleuchtet und auf die Gräser und den Boden zitternde Scheiben wirft. Ich glaube, ich werde manchmal Heimweh nach ihnen haben. /

Auch heute lagere ich unter Bananen in anmutiger Umgebung. Es ist Nacht, eine herrliche Nacht voll Schönheit und Größe. Mondschein und Lagerfeuer gewähren immer ein prächtiges Bild. Die schönen großen Blätter, die von unten her von den flackernden Flammen er= hellt werden und als fast weißschimmernde Flecke aus dem schwarzen Hintergrund herausgeschnitten werden, oder die Silhouetten der schlanken Stämme wie Säulenhallen von Ebenholz von dem fahlen Nachthimmel sich abhebend, oder die glattpolierte Rinde, auf die der silberne Mondschein Spiegel wirft und auf denen die zuckenden Reflexe der Lagerfeuer tanzen, oder die Sterne durch alle Lücken funkelnd und gleich glitzernden Spinnen zwischen den Bäumen aufgehängt: das ist immer voller Reiz und erhebend für den, der nicht den bösen Blick für die Schönheiten dieser Erde hat. — — — — — — — —

Ich mußte heute die triviale Wahrheit erleben, daß auch in der schönsten Natur die Menschen von Unvollkommenheit, Unglück und Leiden nicht verschont werden. Ich sah hier zwei Leprafälle. Jene furchtbaren Zerstörungen der Gliedmaßen, die vielfach, insbesondere von den Missionaren, für Folgen der Sandflöhe gehalten werden, sind in Wirklichkeit sehr oft Lepra. Auch die beiden Kinder, die ich heute sah, waren entsetzlich zugerichtet, bei lebendigem Leibe angefressen. Arme Tierchen! So jung und schon so elend! Gerade die beste Zeit des Lebens, auf die wir Alternden später wie auf ein verlorenes Paradies zurückblicken, müßt ihr unter Schmerzen und Tränen verbringen. Und da ist kein himmlischer Trost, der wie ein freundliches Gestirn in eure Nacht hineinleuchtet, denn der Fuß derer, die euch die frohe Botschaft bringen könnten, und nicht zuletzt euch, den Ärmsten der Armen, hat die Schwelle eures Landes noch nicht überschritten. Wie wohl wäre euch, wenn ihr mit euren mageren Körperchen jene Bananen düngtet,

die jetzt eure schmerzliche Not beschatten. Und der Nachtwind, der sanft
durch die Bäume rauscht und leise die Blätter gegeneinander schlägt,
daß es wie Flüstern und Raunen und schlürfendes Tappen durch den
Hain sich bewegt, singt mir, während ich mich zur Ruhe begebe, die
alte traurige Weise:

> Die Welt ist vollkommen überall,
> Wo der Mensch nicht hinkommt mit seiner Qual.

———

Da gibt es Leser, die eine Karte von Afrika zur Hand nehmen; sie
sehen blaue und grüne und gelbe Flecken, bedeckt mit allerhand ihren
Ohren fremd und unrein klingenden Namen, sie sehen die Routen der
Reisenden, dünn wie die Fäden eines feinsten Spinnennetzes, nach allen
Richtungen kreuz und quer durcheinanderlaufen; sie sehen wie dort ein
Fluß sich windet, hier eine Bergkette sich krümmt und alles zusammen
erscheint ihnen so einfach, so mühelos und fast selbstverständlich. Aber
nur die wenigsten ahnen, aus wieviel kleinen und kleinsten Gliedern
das Werk erwachsen ist, nur der Kartograph, der das Blatt konstruiert
und redigiert hat, weiß, aus wieviel Einzelleistungen und immer neuen
Nachprüfungen und Verbesserungen es langsam entstanden ist; und nur
der Reisende erkennt ganz die Größe des Kapitals an Mühen und
Schweiß, an Überwindungen und Entsagungen, an Geldern und Kräften,
das aufgewendet werden mußte, damit dies kleine, bunte Bild entstehen
konnte.

Dort dehnt sich auf der Karte ein großes Gebirgsland; von allen Seiten
schlängeln sich die Pfade seiner Erforscher heran. Die meisten, die es sehen,
interessiert vielleicht kaum der Name von Land und Forschern; den
Geographen die Technik der Arbeit, den Geologen Lage und Gestalt,
aber dem Reisenden erscheint es wie eine große Burg, verteidigt von
Natur und Menschenhand, mit einer langen Geschichte voll von Kämpfen
und Belagerungen, Siegen und Niederlagen, und jeder jener dünnen,
schwarzen Fäden bedeutet ihm einen Angreifer. Hier naht sich der erste,
aber verzagt kehrt er schon am Fuße um; dort kommt nach Jahren ein
zweiter, er steigt schon auf die Höhen, er erobert die ersten Schanzen und
von ihnen aus dringt er weiter und weiter vor. Aber plötzlich endet
sein Weg und führt nicht vor=, nicht rückwärts, und die Bücher erzählen
uns vielleicht, daß dort, wo der dünne schwarze Faden endet, das Grab
eines Forschers liegt; sein Werk aber lebt, denn, was einmal erobert
ist, das bleibt in den Händen der Erben. Wieder vergehen Jahre, ein

dritter und vierter greifen die Burg gleichzeitig von verschiedenen Richtungen an und legen überall Breschen, und manchmal kreuzen sich die Fäden, aber dem Wissenden scheint es, als kreuzten sich Klingen, denn die Angreifer sind eifersüchtig auf ihre Erfolge und jeder will möglichst viel Siege an sein Schwert heften. Endlich — vielleicht wieder nach langen Jahren — kommt ein neuer Faden und kriecht bis auf den letzten Gipfel hinauf und bis in die letzte Schlucht hinab; hier, ruft er uns zu, pflanzte ein Sieger seine Fahne auf, und die Bücher erzählen uns vielleicht, daß damals jener kleine Fluß, der wie ein mikro= skopisches Schlänglein über die Karte sich windet, vom Blut der letzten Verteidiger rot gefärbt wurde.

Dies alles mag Phantasie sein, aber eine Phantasie, die in sehr realem Grunde ihre Wurzeln hat; yet there is method in it. Ich habe ihr Flugraum gegönnt, weil mir die Gelegenheit günstig schien, an die Schilderung meiner letzten Marschtage anknüpfend, dem Leser im Gleichnis ein Bild von den Opfern zu geben, die die wissenschaftliche Eroberung Afrikas gekostet hat und noch täglich kostet. Ich habe gerade diesen Zeitpunkt gewählt, um nicht den Vorwurf auf mich zu laden, daß ich durch Hervorhebung der eigenen überwundenen Schwierigkeiten mich auf Kosten anderer erhöhen wollte. Das liegt mir fern; aber ich habe auch keinen Grund, mich zu verkleinern; denn für dies Geschäft finden sich immer genügend andere Leute. Ich habe mich in diesen beiden letzten Briefen absichtlich nur auf eine besondere Art von Über= windungen, nämlich auf Marschschwierigkeiten beschränkt, weil mir daran lag, einmal zu zeigen, wie ungerecht meist die Schätzung der verschiedenen auf den Reisenden feindlich einwirkenden Faktoren ist, und zwar einfach deshalb, weil die einen dem Erzähler einen dank= bareren und leichter zu bewältigenden Stoff liefern als die anderen. Nachdem ich diesem Gelüste nachgegeben habe, kann ich mich in der folgenden Schilderung wieder eine Zeitlang kürzer fassen — bis — bis — bis mich ein neuer Gegenstand zur Geschwätzigkeit reizt und ich nach neuen Ausflüchten zu ihrer Motivierung suchen muß. — — — —

Über die Märsche der nächsten Zeit ist nicht viel zu berichten. Leicht waren sie nie, denn es blieb ja stets dasselbe zerrissene steile Gebirgs= land, dessen tiefeingeschnittene Täler und Schluchten immer im rechten Winkel auf unsern Weg liefen, so daß wir sie stets kreuzten und fast nie ihnen folgen konnten.

3. Februar. Wenn man die vierte der großen Buchten (Tschiwumba) überwunden hat, bleibt die Küste lange offen und wird nur von kleineren Buchten ausgezackt. Am 30. Januar stiegen wir allmählich zum Kiwu hinab und blieben an schönem Badestrand unter großen Uferbäumen liegen. Am nächsten Tage lagerten wir nur eine halbe Stunde weiter, ganz wider meine Absicht. Aber als wir den Rücken eines niedrigen Uferhügels erstiegen hatten, überraschte uns plötzlich eine Landschaft, die uns mit ihrer farbigen Anmut festhielt wie das bunte Band, das die thüringischen Kinder am Johannistag den Er= wachsenen in den Weg spannen; und wie jene kleinen Schelme sang sie mir schalkhaft in das horchende Herz: „Das ist der Tag, wo man die Herren hemmen mag!", so daß ich diesen Tag zu opfern beschloß. Ich schreibe „opfern" und sollte „empfangen" sagen, denn wie könnte ich Opfer nennen, was mich so im tiefsten Innern beglückte. /

Das Ufer, das in zierlicher Buchtung mehrere Zungen in den See streckt, war mit üppiger Vegetation bedeckt. Herrliche Bäume, darunter eine mir neue Feige mit armlangen Blättern, an der die langgestielten Früchte in großen Dolden hingen, und ein anderer, dessen Blätter an der Spitze langer kahler Zweige in dichten Büscheln wie die Prismen eines Kronleuchters leise zitternd sich bewegten, ein Gewirr von Lianen und Schlingpflanzen, violetten und gelben Winden, wilden Gurken und wilden Bohnen, auch in Massen jene kalmusduftenden rotfrüchtigen Cardamum=Stauden, die ich am Russisi erwähnte, dazwischen saftgrüne Wiesenflecke — all dies zusammen bot allein schon ein Bild voller Anmut und Anziehung.

Aber dazu kamen noch zwei Inseln, die ich die glückseligen taufte: eine kleinere mit dunklen Bäumen bestanden, halb versteckt hinter der größeren, die zwei bis drei Kilometer lang, nur 50 Meter dem Ufer vorgelagert ist und von der Basis bis zu der Kegelspitze unter Bananen begraben liegt. Kein Fleckchen, wo nicht dieses sympathische Gewächs seine Krone wiegte. Nur auf dem Gipfel standen einige Hütten, be= schattet von drei großen Milumba=Bäumen. Die Ufer waren in fast symmetrischer Anordnung von weit ausladenden Ficus eingerahmt, deren Äste weit über das Wasser hinausragten, teilweise bis unter den Spiegel tauchten und riesige Lauben bildeten, durch die nur wenige Sonnenstrahlen drangen, deren Scheiben mit kaum merklichem Regen= bogenrand auf den nassen algenbewachsenen Steinen wie leuchtende Quallen lagen.

Nachmittags ließ ich mich um dies schöne Eiland herumfahren. Von Zeit zu Zeit waren die Bananen dicht am Wasser halbkreisförmig ausgeschnitten, um für die Hütten Platz zu machen, vor denen die Männer rauchend sitzen oder Netze zum Trocknen aufhängen, die Weiber Getreide in den Holzmörsern stampfen oder zwischen Steinen zu Mehl verreiben, die Kinder im Sande spielen, die Hunde mit mißtrauischem Knurren sich aufrichten und die Hühner gackernd in den Hain hineinflüchten. Während wir so langsam und schläfrig dahinglitten und unser Boot kleine Wellen warf, die leise plätschernd gegen die Kalkfelsen schlugen oder die herabhängenden Zweige schaukelten, war mir oft, als träumte ich von Bildern, die ich einst als Knabe im „Robinson" oder „Stanley" gesehen hatte, von jenen jämmerlichen Holzschnitten, die doch so fest in den Seelen der Kinder haften, und als müßte ich jeden Augenblick in meiner Berliner Wohnung aufwachen und das Klingeln der Pferdebahn und das Rollen der Droschken zu mir heraufschallen hören. Aber als ich wieder im Zelt saß und kaltes „Ziegenfleisch" mit Bohnen von verbeulten Emailtellern aß, da versanken die Träume sehr rasch, und ich wußte wieder, wieviel Länder und Meere zwischen Berlin und mir liegen.

Am 1. Februar folgte unser Marsch dem üppigen Ufer, am nächsten Tage schnitten wir eine Halbinsel ab und kletterten tüchtig in den Bergen. Dann stiegen wir wieder zum See hinab und lagerten in schmutzigem Dorf an kleiner Bucht. Unterwegs traf ich viel Schmiede, die ein vorzügliches reines Eisenerz, das weiter nördlich in den Bergen gewonnen wird, bearbeiten. Immer vier bis fünf walnuß-große Steine werden in ein handlanges Schilfnetz gepackt und so von den eingeborenen Händlern verkauft. Hügel von Hunderten solcher Päckchen lagen stellenweise am Wege vor den Schmieden.

Heute endlich, am 3. Februar, erreichten wir nach langem Marsch und vielem Steigen durch reiche Gegenden den Kogwefluß und auf den jenseitigen Höhen im Dorfe Kiguli Anschluß an die Route des Grafen Götzen. Von hier aus war er über die Berge zu unserer Linken in das Kongobecken hinabgestiegen. Kiguli ist ein, 1800 Meter hoch, auf einem langen Kamm und den Abhängen gelegenes Dorf von mindestens 4—500 Hütten und entsprechend viel Menschen, darunter auffallend viel Weiber und sogar manche hübsche (solange sie noch nicht über den Schneider hinaus sind, der notabene hier nur bis 21 Points reicht.) Ich vermute, daß in der Nähe der Sitz des Sultans Kalimimwumba ist, es ist mir aber nicht möglich, eine Zusammenkunft mit ihm zu erreichen. Er verbirgt sich, wie die meisten Sultane dieser Länder; manchmal ist es bei ihnen nur Furcht vor dem Unbekannten, manchmal auch der Aberglaube sterben zu müssen, wenn sie das Gesicht eines Weißen sehen; drängen oder drohen hätte keinen Zweck und könnte höchstens eine Komödie provozieren, also bescheide ich mich. Auch bin ich nicht neugierig, denn der Sultan solcher Völker kann schließlich nicht viel anders sein, als die Vornehmeren seiner Untertanen, und auch bei ihm wird, wenn man ihn ein wenig kratzt, der „Barbar" herausschauen. ⸙

Vom Lager aus sehe ich in die fünfte und letzte der großen Buchten, in die von Mbusi hinein und erblickte das Ende und das Nordufer des Sees und darüber aufragend die mir von früher her vertrauten Riesengestalten der vier westlichen Vulkane. In der Nähe unseres heutigen Lagers soll Jtambi endigen und morgen von uns die Grenze von Ujungu, des nördlichsten der drei Westsultanate, überschritten werden. Da wäre es eigentlich an der Zeit, einen kurzen ethnographischen Rückblick auf die Wanjaitambi zu werfen, aber ich verschiebe es auf einen der nächsten Briefe, weil die Uniformität der Völker des West-Kiwu im Interesse einer Vermeidung von Wiederholungen es nötig macht, sie im Zusammenhang zu besprechen. Ich hätte mir eigentlich auch die Erörterungen über die Wanjabungu bis zum Schluß sparen sollen, wollte aber doch den Leser nicht ganz über die Art der Eingeborenen in den gemeinsam zu durchziehenden Gebieten im Dunkeln lassen. Ich will daher heute den geringen Raum, der mir noch für diesen Brief zur Verfügung steht, zu irgend einem amoenum diverticulum benutzen. Im heutigen Lager war es übrigens, wo die früher geschilderte Auktion stattfand. Aber noch eine andere Bemerkung finde ich unter den Notizen dieses Tages, an die sich leicht einige Worte anknüpfen lassen. — — — —

„Ich begreife nicht, schreibe ich nämlich, wo meine Leute all ihren Gesprächsstoff hernehmen. Letzte Nacht erwachte ich gegen 2 Uhr und blieb noch fast eine Stunde schlaflos, und die ganze Zeit hörte ich dumpfes Gemurmel aus dem Zelt des Trägers Mschomari, der mit seiner Dame sprach. Ähnlich vor einigen Tagen. Damals konnte ich erst nach Mitternacht einschlafen, weil mich aus einer Hütte nebenan Kinderwimmern störte, und da ich mir einbildete, es käme von einem der leprösen Würmchen, wurde ich von trübseligen Bildern und Gedanken heimgesucht; währenddessen saßen draußen eine Anzahl Träger

am Feuer und schwätzten, schwätzten, schwätzten. Man sollte meinen, sie
könnten sich den ganzen Tag über aussprechen und müßten überdies
froh sein, nach so anstrengenden Märschen ihre Glieder strecken zu
können, aber nein: so bald sie im Lager sind, und namentlich, so bald
sie sich das gehörige Quantum Pombewein zugeführt haben, läuft jeder
unangenehme Eindruck und jeder körperliche Insult von ihnen ab wie
Wasser vom Entenflügel. Merkwürdig glückliche Naturen!"

Seitdem sind einige Jahre vergangen, ich habe noch öfter die gleiche
Beobachtung gemacht und ich habe oft versucht, ihre Gespräche zu be=
lauschen, um mir ins klare über ihren fabelhaften Stoffreichtum zu
kommen. Man behauptet oft, daß die europäische jeunesse dorée nur
über Weiber und Pferde sich unterhalte. Nun, das letztere kann man
dem Neger nicht zumuten, dazu ist er nicht geistesarm genug. Aber
das erste ist allerdings auch bei ihm ein sehr beliebtes Thema und wird
in allen Variationen behandelt. Am seltensten in frivoler Weise. Der
Neger ist in Gegenwart des Europäers sehr dezent, mehr als dezent,
peinlich schamhaft. Nicht ganz so, wenn er mit seinesgleichen verkehrt,
aber immerhin doch viel mehr als die meisten jungen Leute in Europa,
die unter sich sind. Zu Mikoschwitzen hat er es noch nicht gebracht, bezw.
er kennt wohl einige wenige in Form von Erzählungen, aber sie spielen
in seinem Geistesleben eine geringe Rolle. Darauf gehe ich nicht weiter
ein, denn ich würde nach meiner Gewohnheit vom Hundertsten ins
Tausendste kommen, zum mindesten näher auf ihre Dezenz, auf das
Verbot des Negerimports nach Deutschland, seine Ursachen, und die
Wirkung Europas auf den Charakter des Schwarzen, auf ihre Auf=
nahme europäischer Dinge im allgemeinen mich einlassen, von omnibus
et quibusdam aliis reden, wovon ich mich bei passender oder unpassen=
der Gelegenheit, nur nicht heute, verlocken lassen will.

Also das Weib spielt in seinen Gesprächen eine große Rolle aber zu=
meist als Gegenstand ganz gewöhnlichen harmlosen Klatsches. Er liebt
auch sehr die Gesellschaft und Unterhaltung edler Frauen, aber nicht,
weil er bei ihnen anfragen will, was sich ziemt, sondern weil das —
trotz Schopenhauer — als schöner anerkannte Geschlecht an solchen
Klatschgeschichten reicher zu sein pflegt als das minder schöne. Selbst=
verständlich nur in Afrika. (Ich werde mich wohl hüten, in das Wespen=
(taillen) Nest unserer heimischen Kränzchen zu stechen und mir so ge=
wichtige Leser zu Feinden zu machen.)

Sehr häufig ferner kehren Reise= und namentlich Kriegserlebnisse in
seinen Unterredungen wieder. — — —

Man muß immer bedenken, daß man diese Karawanenneger keinesfalls etwa mit unseren Bauern vergleichen darf, weil beiden viele Groß-
taten europäischer Technik und bedeutungsvolle Gebiete aus Geschichte
und Kultur unbekannt sind, am allerwenigsten sie, weil sie meist Analphabeten sind, tiefer als solche rustikalen Intelligenzen einschätzen,
wie sie die Kassubei und ähnliche östliche Gefilde liefern. Eher kann man
sie Seeleuten an die Seite stellen. Ihre renommistischen Aufschneidereien,
höflicher: die Lust am Fabulieren, die Verschwendungssucht, sobald sie
eine große Summe in Händen haben, die Unlust, sich längere Zeit an
einem Orte seßhaft zu machen, ihr Aberglauben, das Sichbeladen mit
allerhand unnützen Kinkerlitzchen, wenn sie vom Innern kommend in
einer Küstenstadt Anker werfen, ihre Trunksucht, ihr geringer Widerstand gegen Verlockungen zum Geldausgeben, namentlich seitens ge-
witzter Huldinnen, ihre leichtsinnige Bereitwilligkeit zum Überspringen
der Gebote ehelicher Treue, die Häufigkeit der Leiden, die eines geheimen Rats bedürfen, und anderes mehr sind ja alles Eigenschaften
der Karawanenneger — und nur von diesen spreche ich hier —, wie
man sie ähnlich auch bei vielen Seeleuten findet. Die Ursachen dieser
Gemeinsamkeit brauche ich dem nachdenklichen Leser nicht auseinander-
zusetzen. — — — — —
Also kriegerische und überhaupt persönliche Reiseerinnerungen sind
ein sehr beliebter Stoff, dem um so leichter Rechnung getragen werden
kann, als sich unter Karawanenleuten ja immer viele befinden, die fast
die ganze Kolonie und womöglich große Strecken von Uganda und dem
Kongostaat kennen. Sind sie selbst gerade auf Reisen, so werden natürlich auch die täglichen Erlebnisse eifrig durchgesiebt. Daneben werden
auch gern Sitten, Gebräuche und Werkzeuge fremder Negervölker besprochen und verglichen. Ein unerschöpfliches Thema ist ferner der Europäer, aber mehr die Herren, denen sie früher dienten, als der gegen-
wärtige, denn darin läge doch ein gewisses Risiko, da die Zeltwände
noch feinere Ohren als Hauswände haben und der eigne Herr immer
als „Schwert des Damokles" über ihren Häuptern schwebt. — Diesmal
wende ich dies sonst von mir verpönte Gleichnis an, weil es mir gelungen ist, ihm eine neue, durch Gebrauchsmusterschutz geschützte Fassung
zu geben. Bei seinem Sinn für das Komische liebt der Neger namentlich, Eigenheiten der Stimme und des sprachlichen Ausdrucks zu be-
spotten und zu imitieren, wobei er des Beifalls seiner Korona sicher
sein darf.

Diesen Erinnerungen assoziieren sich zwanglos Jagderlebnisse und Zoologie überhaupt. So kommt es oft, daß Leute die Merkmale von Tieren kennen, ihre Rufe nachahmen usw., die sie selbst nie gesehen haben. Meinem kleinen Boy z. B. sind Schimpanse und Colobus ganz unbekannt, aber er weiß genau, daß jenem der Schwanz, diesem der Daumen fehlt, und würde sie demnach beim ersten Zusammentreffen leicht identifizieren. Auch Krankheiten werden häufig besprochen und damit zusammenhängend ihre Therapie und heute diese, morgen jene Pflanze aus der ihnen bekannten Flora erwähnt. Nicht leicht kann ich meinen Leuten in einem Lager eine neue Pflanze zeigen; sofern sie einigermaßen auffällt, ist sie schon vor mir von ihnen bemerkt worden.

Endlich kürzen ihnen Märchen, Gedichte usw. die Zeit, wobei ich Musik und Tanz ganz außer acht lasse, weil es mir hier nur auf ihren Gesprächs=, nicht auf den Unterhaltungsstoff ihrer Geselligkeit im allgemeinen ankommt. Ich rekapituliere die Stichwörter des wegen Raummangels hier leider nur zu flüchtig Erwähnten: Weiber, Kriege, Reise, Ethnographika, Europäer, Jagd und Zoologie, Pathologie und Therapie, Botanik, Märchen usw. Aber trotzdem ich über diese Dinge nur gerade hinweghuschen konnte, genügt es wohl, um dem Leser zu zeigen, daß der Gesichtskreis der Neger und danach der Kreis ihrer Unterhaltung groß genug ist, um ihre oft bis in die Nacht sich erstreckende Mitteilsamkeit verständlich zu machen; und doch kommt noch eine Eigentümlichkeit hinzu, die man kennen muß, nämlich ihre Freude an Wiederholungen.

So wie wir uns im Theater ein Stück mehrfach ansehen, je nach Stimmung oder Zerstreuungstendenz die einen „Jphigenie“ oder „Tasso“, die andern „Das weiße Rößl“ oder „Charleys Tante“, so liebt der Neger ein Erlebnis selbst harmloser Art zwei=, dreimal und öfter zu hören. Ich erinnere mich einer Geschichte, die einer der Askaris, die auf dem Marsch dicht vor oder hinter mir zu gehen pflegen, seinen beiden Kameraden erzählte. Er war am Tage vorher in ein Dorf gegangen, hatte von einem Weibe Erbsen für ein paar Perlenketten erstanden, der Ehemann war dazu gekommen, fand den Handel ungünstig und schmähte deshalb das Weib. Bei jedem der getreulich zitierten Schimpfworte eine Lachsalve der Zuhörer. Dann fuhr er fort: „Als der Barbar gar nicht aufhörte, stellte sich das Weib so hin, seht“ — alle bleiben stehen; denn der Erzähler imitiert die Armstellung des Weibes und hält inzwischen das geschulterte Gewehr mit dem Kinn fest, damit es

ihm nicht entfalle — und sagte: „Wenn du nicht abläßt, mich zu schimp=
fen, weißt du, was ich dann tun werde?" Was wollte sie tun? Viel=
leicht in den Fluß gehen? Vielleicht Gift nehmen? Da ich es selbst
nicht weiß, kann ich es auch dem Leser nicht verraten, denn der Er=
zähler wußte es auch nicht, weil das Weib so grausam war, es zu ver=
schweigen; der Erfolg war aber trotz der verschluckten Pointe großartig,
wie das fröhliche Gelächter der Zuhörer bewies. Die Leute waren wohl
nicht in der gleichen Tischgenossenschaft, saßen jedenfalls im Lager nicht
zusammen, und infolgedessen hatte ich drei Morgen hintereinander das
Vergnügen, auf dem Marsch dieselbe Geschichte mit den gleichen Worten
und immer an gleicher Stelle den gleichen Armbewegungen, dem glei=
chen Fassen des Gewehrs mit dem Kinn, die gleiche nie gelöste Frage,
„was sie tun werde, wenn" und das gleiche Gewieher aus denselben
Kehlen zu hören. Seitdem ich dies drei Tage hintereinander schaudernd
erlebte, wundere ich mich nicht mehr wie damals am Kiwu, wenn das
Gespräch von Eheleuten, das den ganzen Tag nicht geruht hatte, nach
Mitternacht in ihrem Zelte noch einmal zu neuem Leben aufflackert.

Insel Kwidjwi, November 1901.

Brief XI.

„Uns ist in alten maeren wunders viel geseit
Von helden lobebaeren, von groszer arebeit."

Jch pflegte sonst nicht meinen Briefen ein Motto an die Spitze zu setzen, schon deshalb nicht, weil oft nur ein lockeres Band ihren heterogenen Inhalt verknüpft, heute aber kann ich mir diese Freiheit gestatten, weil ein herrschender Geist über meinen Tintengewässern schweben wird, der Geist des Sohnes Peleus und der Thetis mit samt seinen Myrmidonen. Denn ich werde von einem gar erschröcklichen blutigen Kriege zwischen den Wanjaitambi und ihren nördlichen Nachbarn zu berichten haben, dessen interessierter Zuschauer ich war, und den ich mit einem Opernglas von meinem Zelt aus wie aus einer Loge betrachtete. — Wir hatten im letzten Briefe Kiguli erreicht und damit Anschluß an die Route des Grafen Goetzen. Um einen sicheren Verbindungspunkt für unsere Aufnahmen zu haben, wollte ich meine Arbeit erst an der Furt des Muwimbi=Flusses, den ich nicht allzu weit ab unter mir sah, abbrechen und mich die nächsten drei Tage auf kurze Wegnotizen beschränken. Indes mein Schicksal, „mine Fru Isebill", wollte schon wieder einmal nicht, as ick ock will.

In Kiguli wünschte Schirangalle sich von mir zu verabschieden, mein Führer, der mich schon durch halb Bunjabungu und ganz Itambi geleitet hatte, der witzigste und verlogenste Neger vom Kiwu, ein „Schaucherl" aber auch ein „Schufterle", wie die schönen Münchener Ausdrücke lauten. Ich konnte ihm die Heimkehr nicht versagen, verlangte jedoch einen Ersatzmann, der mich über die Grenze bringen sollte, aber siehe da, von all den Tausenden, die das große Kiguli bewohnten, fand sich trotz Geld, guter und böser Worte nicht ein einziger dazu bereit. So mußte Schirangalle mich noch einen Tag länger führen, was ihm zu meiner Verwunderung offenbar sehr unangenehm war. Die Ursachen alldessen erkannte ich erst später.

So brachen wir also am 4. Februar frühmorgens auf. Sobald wir den Muwimbi=Fluß erreichten, wollte ich auf Goetzens Weg marschieren, der nach der Karte dicht am See entlang führt. Aber ich scheiterte mit diesem Wunsche an dem Widerstand des Führers. Erst behauptete er, unser Weg sei der richtige und verleumdete damit Goetzen, dessen Karte in diesem Fall miserabel gewesen wäre: dann wieder log er, jener alte Pfad sei längst „gestorben" — kurz, wir folgten nicht dem Seeufer, auch konnte ich meine Aufnahme nicht abbrechen, sondern wir kletterten über gebirgiges Terrain mit großen Steigungen durch ein unwirtliches Pori. Es war genau so, wie an der anderen Grenze von Itambi: Das Gebiet war verwüstet, die Bananenhaine verlassen, die Wege verwachsen, nur daß hier die künstliche Wildnis frischeren Datums war als im Süden.

Das war eine böse Enttäuschung. Ich hatte mich auf einen angeneh= men Spaziergang gefaßt gemacht, mich gefreut, wieder einmal laufen zu können, ohne stundenlang meine Schritte zu zählen, und statt dessen wollte ich oft fast verzweifeln, weil das Dickicht keine seitliche Orientie= rung gestattete und wir unaufhörlich im Zickzack auf und ab und pfad= los durch dichte Schilfmassen in kleinsten Windungen uns schlängelten, streckenweise bei heftigem Regen, der mein Routenbuch rasch durch= näßte und seine Blätter verklebte. Schirangalle jammerte — aber ein Schalk sah ihm dabei aus den Augen — daß dies schöne Land Kali= mimwumbas durch Mwunje, den Sultan von Ujungu, so verwüstet worden sei. Das war der Wolf, der das Schaf anklagt, denn Itambi ist dreimal so groß und zweimal so bevölkert als Ujungu. Zuletzt wurde der Weg besser; wir stiegen das hohe Gebirge zum Tal von Kurische= weri hinunter, folgten dem Rande eines Sumpfes und bezogen dicht vor einer großen zum Kiwu ziehenden Bananenschambe unser Lager, an der gleichen Stelle, an der vor fünf Jahren Graf Goetzen gelegen hatte.

Auf den Bergen der anderen Talseite befand sich ein Dorf, aus dem mich die langgezogenen gellenden Rufe der Weiber begrüßten. Dann trat eine kleine Schar von Männern zwischen den Hütten hervor und tanzte in aufgelöster Ordnung den Abhang hinab und auf uns zu. Die Arme nach beiden Seiten ausgestreckt, die Hände — Flächen nach außen — rechtwinklig nach oben zeigend, so hüpften sie mit wilden Verrenkungen der Hüften und Schultern bis zu mir heran, wo ihr Klatschen und überstürzendes Lobpreisen mich umtoste. Ihr Verhalten sprach Bände für die Expeditionsleitung Goetzens, denn es verriet ein — ziemlich seltenes — Vertrauen zu den Absichten des Fremden. Wie wenig Ursache sie gerade mir gegenüber dazu hatten, sollte ich mit Staunen und Entrüstung sofort erfahren, als sich ihre hochgradige Auf=

regung etwas gelegt hatte. Die Wanjakalunga — Kalunga liegt, durch einige Kuppen getrennt, auf demselben Berg wie Kiguli und übertrifft es womöglich noch an Größe — waren denselben Morgen bei ihnen eingefallen und hatten, noch dazu sich meiner Autorisation rühmend, dreizehn Weiber geraubt, die friedlich auf den Feldern arbeiteten. Für diesen Beutezug hatten sie den nahen Uferweg Goetzens benutzt, und deshalb mußte ich unter so großen Mühen weitab durch die Berge klettern, und darum hatte in Kiguli niemand außer dem Frechier Schirangalle den Mut gehabt, mir Führer zu sein. O, ihr Halunken!

Damals war ich allerdings noch zu gutgläubig oder zu unerfahren, um diese Zusammenhänge auf den ersten Blick zu erkennen: ich beschränkte mich daher darauf, als ich Schirangalle ablohnte, ihm einige ernste Worte an Kalimimwumba, der notabene mir niemals das übliche Gastgeschenk geschickt hatte, mit auf den Weg zu geben und ihm zu drohen, daß, falls er die Ujunguleute nicht in Frieden lasse, ich ihm eines Tages einen zweiten, aber weniger freundlichen Besuch von der anderen Seeseite aus, an der ich mich anzusiedeln dächte, abstatten würde. Damit wollte ich ihn entlassen, aber jetzt geriet er plötzlich in Verlegenheit. Er fürchtete nämlich, daß die Wahunde (so heißen die Bewohner von Ujungu) ihm unterwegs als Rache für den heutigen Überfall auflauern, ihn töten und verzehren würden, weil sie „buljoko" d. h. Menschenfresser seien. Letzteres hielt ich fälschlich für eine auf mich berechnete Lüge, um meine Antipathien gegen sie zu provozieren. Ich ließ das Bürschel etwas zappeln, indem ich ihm ungefähr den Spruch des Horaz verdolmetschte, den mir Hauptmann Leue einst mit seinem Humor als Reisesegen mitgegeben hatte: „Wer unbescholten und von Verbrechen frei sich fühlt, braucht Bogen und Pfeile der Mohren nicht zu fürchten", was allerdings auf ihn und seine Landsleute, die Wanjakalunga, leider nicht anzuwenden wäre. Auch tröstete ich ihn damit, daß es immer noch besser sei, jung verzehrt zu werden, als alt und gebrechlich langsam abzusterben. Das war aber gar nicht nach seinem Geschmack. Darum versprach er, die Weiber zurückzuschaffen, wenn ich ihm freies Geleit garantierte, und es fanden sich auch zwei Leute von Kurischeweri, die ihn begleiten und ihre Damen in Empfang nehmen wollten, wiederum, wenn ich ihnen durch Vermittlung Schirangalles die Rückkehr zusicherte. Beides tat ich und so zogen sie ab. Vorher wollte Schirangalle, der jetzt wieder Hänschen obenauf war, noch von dem Dorfchef eine Ziege für sein ehrliches Maklertum herausschlagen, was ich aber verhinderte. Dagegen versprach ich selbst ihm einen Bakschisch zu geben, falls er sich mit den geraubten Frauen wieder hier einfinden würde. In einem Moment aufwallenden Großmuts fügte ich hinzu, daß ich nicht eher wieder fortgehen würde, bis sie zur Stelle seien. Ich ahnte nicht, daß dieses Gelübde der Ausgangspunkt vieler Verdrießlichkeiten für mich werden würde. Schirangalle versprach alles, weil es ihn nichts kostete und verschwand. |

Daß die Wahunde an diesem Unglückstage übrigens nicht ganz ohne Trost bleiben sollten, zeigt folgende Stelle meines Tagebuchs: „Wir hatten heute in dem verwüsteten Grenzgebiet ein uraltes Weib aufgegriffen, das einen großen Korb mit einem Baby, vielleicht einem Enkel, an einem breiten um die Stirn laufenden Bande auf dem Rücken trug. Es ist dies eine spezifisch westafrikanische Tragweise. Die Alte war herrenlos, trieb sich angeblich schon seit Monaten in den verlassenen Schamben umher, und da sie einverstanden war, überließ ich sie den geschädigten Leuten von Kurischeweri. Jubelndes Freudengeschrei und Wiederbeginn der Gliederverrenkungen. Ich erkannte so recht, wie hierzulande das Weib zunächst als Arbeitstier und erst lange danach um ihrer Reize willen geschätzt wird. Denn deren hatte diese Hecuba, soviel man sah — und man sah ziemlich viel — wirklich keine erkennbaren. Während die Dorfjugend lärmend um sie herumtanzte, stand sie da mit ihren zahnlosen Kiefern schamhaft lächelnd und verlegen an ihren welken „Lungenflügeln" zupfend. Ein paar Blätter vorn und hinten, da wo Leib und Rücken beginnen inexpressibles zu werden, das war ihr ganzer Staat, der sich jener sagenhaften Südseeinsulaner-Kleidung, der Briefmarke auf dem omphalos, bedenklich näherte. —

5. Februar. Ich sitze im Lager und warte. Viele Hunderte von Eingeborenen haben sich von weit her heute hier eingefunden. Es ist Festtag. Das Gefühl vollkommener Sicherheit vor ihren Feinden leuchtet von jedem Antlitz. Brausendes Lärmen erfüllt das Lager und von Zeit zu Zeit wird musiziert und getanzt. Der Tanz ist wenig wert; der Gesichtsausdruck der Tänzer, womöglich noch ekstatischer wie bei anderen Negern, erinnert an die Verzückung von Medien oder Hysterischen. Mit nackenwärts gezogenem Kopf, halbgeschlossenen Augen, geblähten Nüstern, gepreßten Lippen, breitgezerrten Mundwinkeln, und alle Muskeln gestrafft, so bewegen sie sich einzeln oder zu zweit inmitten der Korona, bald trippelnd, bald springend, bald stehend, und verdrehen Arme, Schultern und Becken in fürchterlich

gezwungenen oder unschuldig schamlosen Verrenkungen. Die Art, wie
sie sich in ihnen zu überbieten suchen, erinnert mich an das wetteifernde
Spiel vieler Kinder im Grimassieren oder Bilden unsinniger Worte. In
der Tat wirken diese Tänze da vor mir wie Gliedergrimassen. Aber ihr
Ursprung wie der aller Tänze von Sansibar bis Kamerun ist sicherlich
weniger harmlos. Man behauptet vom bayrischen Schuhplattler, er
sei eine Nachahmung balzender und tretender Auerhähne, und auch
die Tänze der Neger ahmen naiv und ihres Ursprungs unbewußt ein
Balzen und Treten nach. Aber nicht von Auerhähnen. Die Begleitung
geschieht mit einer achtsaitigen in ganz Zentralafrika verbreiteten Gi=
tarre mit offenem Resonanzboden. Sie wird übertönt vom Rasseln durch=
löcherter, mit Steinchen gefüllter Flaschenkürbisse, die von den Mu=
sikanten zwischen den Handflächen hin und her geschüttelt werden.

Stundenlang tanzen sie schon, immer neue lösen die ermüdeten ab,
denen infolge der Anstrengung und Sonnenglut in Strömen der Schweiß
über Gesicht und Brust hinabläuft. Ich habe mich in den Schatten des
Bananenhains zurückgezogen und sehe in den Lücken nur Bruchstücke
des großen Kreises schwarzer gedrängter Leiber, der in leise wiegender
Bewegung die Tänzer umgibt. Die Wahunde hören endlich auf und
die Wanjaruanda, von denen etwa 15 Jungen als Trägerboys in der
Karawane sind, springen für sie ein. Ihr Tanz ist ähnlich aber ge=
messener. Die Korona begleitet die Vortänzer durch taktmäßiges Hände=
klatschen und dumpfe anspornende Rufe: hü, hü, hü in infinitum.
Schade, daß ich nur sechs Warundi habe, sonst ließe ich mir einen ihrer
schönen Tänze vorführen, die ich früher einmal beschrieben;[1] jenes rhyth=
mische Stampfen bald in Jamben, bald in Anapästen, bald in Spon=
deen, bald leise, bald laut, bald langsam, bald rasch, bei dem nur die
Beine agieren und das, von einer großen Masse aufgeführt, seinen
starken, eigenartigen Reiz hat. Zum Schluß wollen auch die Küstenleute,
die Wasidji=Träger, ihre Künste zeigen und wirbeln in wildem Ma=
negetanze umher, heftig galoppierend, wie der Blitz kniend und wieder
stehend oder niederfallend und wieder aufrecht im Kreise tollend.

Der Lärm will heute im Lager gar nicht enden und mordet das, was
ich höflich meine „Gedanken" nenne, und ich wollte gerade zu schreiben
aufhören, als die beiden gestern nach Kalunga mitgesandten Boten zu=
rückkehren, leider unverrichteter Sache. Die Wanjakalunga hatten sich
geweigert, die Weiber herauszugeben, ja sogar sie selbst töten wollen,

[1] Siehe Brief XXII.

was Schirangalle verhindert hätte. Letzterer hat aber sein Wort ge=
brochen und ist nicht zu mir umgekehrt. Die Boten berichten von frechen
Reden der Kalungaleute; ich sollte nur mit meinen paar Männchen
kommen, sie würden keine fünf Mann im Dorf lassen, um uns zu ver=
jagen. Es sei nicht viel zu fürchten an den Weißen und dergleichen
mehr. Das ist der Eindruck, den Friedfertigkeit in manchen Negerköpfen
hervorruft. Es würde mein Handeln aber wenig beeinflussen, weil ich
ja nicht konstatieren kann, ob die Worte wirklich so gefallen sind, denn
es ist ein bei Negern beliebter Kunstgriff, den Europäer bei der „Ehre
zu packen", ein Beweis, daß sie ihn auch unter sich anwenden, denn
eigens für den Weißen, den sie alle viel zu wenig kennen, können sie
ihn nicht erfunden haben. Ich halte mich indes nur an die Tatsachen:
den Überfall, die Wegnahme der Weiber und das Ausbleiben Schiran=
galles. Was nun? Gehen und die Weiber holen? Nachdem ich meine
Nase einmal in diese Affäre gesteckt habe, muß ich sie auch ganz auf=
riechen. Als ich das den Wahunde mitteile, erschüttert ein Jubelgeheul
das Tal und bricht sich an den steilen Wänden im Westen. Und sofort
beginnt Musik und Tanz aufs neue und tost bis zum späten Abend
im Lager.

Ich habe mich indessen mit den Ältesten der verschiedenen Dörfer
unter die Bananen zurückgezogen, um ihre Vorschläge zu hören. Im
Halbkreis kauern sie um mich herum, einer nach dem andern gibt seine
Weisheit zum besten, immer wieder muß ich sie daran erinnern, daß es
sich nicht um einen Krieg, sondern um die Befreiung ihrer Frauen han=
delt und schließlich einigen sie sich darauf, nachts aufzubrechen und bei
Morgengrauen die Höfe der Vornehmen zu umzingeln. Hätten wir diese
erst in unserer Gewalt, so würden die Weiber bald zurückgebracht wer=
den. Einen Moment dünkt es mich so gut, und ich akzeptiere ihren
Vorschlag, aber bald fällt mir ein, daß ich nachts solche Massen nicht
übersehen noch beherrschen kann und die Möglichkeit, Bilder zu er=
leben, wie sie bei diesen nächtlichen Überrumpelungen nur zu häufig
vorkommen: Auflodernde Hütten, Niedermetzelung der Flüchtenden,
verbrennende Kinder und Tiere, genügt mir, um den Plan zu wider=
rufen und als neue Ordre auszugeben, bei Tagesanbruch abzumar=
schieren. Ich hoffe immer noch, daß unser Erscheinen allein genügen
wird, um die Wanjakalunga zur Herausgabe der Weiber zu bewegen.

6. Februar. Als ich mich heute morgen nach 5 Uhr beim ersten Däm=
merschein erhob, waren noch keine zehn Wahunde sichtbar. Aber bald

erschienen sie in Massen, geführt von ihrem Sultan Mwunje, einem ziemlich dürftigen und häßlichen, aber nicht unsympathischen Jüngling. An seinem Äußern war nichts interessant. Ein schmales weiß-blau kar= riertes Tuch umhüllte ihn wie ein enges Weiberröckchen vom Hals bis zu den Knien. Am Hinterhaupt des rasierten Kopfes hing ihm ein Büschel von Federn über den Nacken. Während die Wanjabungu je 2—3 Speere führen, die Wanjaitambi sich nur mit langen Stöcken dem Europäer nähern, sah ich die Wahunde alltags immer mit leeren Hän= den einhergehen. Heute aber waren sie in voller Kriegsausrüstung mit Schild, Speer und Schwert, Bogen und Pfeilen, manche auch mit Keulen und Sichelmesser. Über die Art ihrer sehr interessanten Bewaffnung sei später im Zusammenhang berichtet.

Inzwischen hatten sich an 500 Mann eingefunden und wir konnten aufbrechen. Lasten, Weiber, Kinder und einige Wachen blieben im Lager, die übrigen meiner Leute schlossen sich mir an. An der Spitze ein eingeborener Führer, dann vier Askaris, ich, der Rest von drei Askaris, die Träger und hinter ihnen die Wahunde, so stiegen wir in langem Zuge den Berg hinauf. Die erste Stunde gingen wir auf unserem alten Weg, dann schlugen wir einen anderen verwachsenen Pfad ein, weil ich womöglich Kiguli ganz vermeiden wollte, um nur das schuldige Ka= lunga zu berühren. Verdrossen trabte ich hinter den Askaris her. Was ging mich eigentlich dieser Raub der Sabinerinnen an? In einem Auf= wallen meines Gerechtigkeitsgefühls hatte ich mich verleiten lassen, mich für die restitutio in integrum zu verpflichten und hatte mich dadurch gebunden. Jetzt zurücktreten, hieße mein und damit das Ansehen des Europäers überhaupt bei den Eingeborenen und meinen eigenen Leuten schmälern, denn sie verständen die Motive meiner Unlust nicht. Ge= rechtigkeit, ein schönes Wort und ein noch schöneres Ding, aber wie läßt sich bei solchen Affären auf die Dauer Gerechtigkeit üben.

In solchen Gedanken trottete ich meist durch Dickicht und verwilderte Bananenhaine hinter meinen Vorderleuten, als ich nach zwei Stunden — der Weg schlängelte sich gerade wieder in mäandrischen Krümmun= gen durch dichtestes drei Mann hohes Rohr — ganz plötzlich aufge= schreckt wurde: ein paar zornige Schreie, der Führer an mir vorbei= stürzend, ein Speer und gleich ein zweiter, die durch das Schilf rascheln und neben mir sich in die Erde bohren, fast gleichzeitig zwei Schüsse, ein dritter hinterher, ein rauher erstickter Laut, Fußtrappeln, Grasrauschen, Zweigeknacken — dann tiefe Stille. Das geschah aber alles viel rascher, als seine Erzählung sich liest. Ich will sofort zu meinem Gewehr greifen, das mein Boy Mabruk hinter mir herträgt, aber ich greife Luft. Der tapfere Knabe hatte den Führer flüchten sehen und erblassend folgte er seinen Spuren oder zum mindesten ohne Erröten. Das sind so die treuen Diener, von denen geschrieben steht, daß sie lieber sterben, als den Herrn im Stiche lassen. Nachdem er sich wieder eingefunden und ein verächt=liches moga (Feigling) empfangen hatte, das ihm aber nicht weiter wehe tat, gehe ich, das Gewehr schußfertig, vorsichtig voran. Die Spitzen=askaris sagten, daß sie mit einer bewaffneten Bande zusammengestoßen seien, von denen sie wegen der Wegwindung nur die ersten fünf hätten sehen können. Die beiden vordersten hätten sofort ihre Speere geworfen und gleichzeitig hätten sie selbst geschossen; ob sie getroffen haben, wuß=ten sie nicht. Nach wenigen Schritten beginnt reichlich dunkles venöses Blut das Gras zu beiden Seiten zu färben und etwa 15 Meter weiter finde ich den Körper eines 30jährigen Mannes. Er lag auf der rechten Seite, den zweimal durchbohrten Schild noch in der Hand, unter ihm Bogen und Pfeile, und stieß gerade, als ich hinzutrat, den letzten Atem aus. In der Mitte der Brust zu beiden Seiten des Sternums hatte er zwei Löcher. Die Wahunde, die ihn mit Blättern bedeckten, identifizieren ihn als einen der Wanjakalunga, die sich an dem vorgestrigen Raub=zuge beteiligt hatten. Das zertretene Gras am Rande des Weges und die vielen Fußspuren sprechen dafür, daß eine große Zahl von Leuten hier passiert war, und die kriegsmäßige Ausrüstung beweist, daß sie offenbar schon wieder einen Beutezug machen wollten, wahrscheinlich in der Meinung, daß ich weitermarschiert sei.

Solche plötzlichen Zusammenstöße im Dickicht enden immer blutig (ich hatte das ähnlich ja schon früher mit den Zwergen[1] im Urwald des Mikeno=Vulkans erlebt) und ereignen sich bisweilen selbst unter friedlichen Verhältnissen. Beide Parteien, aufs ärgste erschrocken, greifen sich blindlings an, sie, die vielleicht in freier Ebene freundlich an=einander vorbeigezogen wären. „Wie ein nachdenklich Wandernder, der einen schlafenden Hund tritt, der in der Sonne liegt — wie sie auf=fahren, sich anfahren, diese zwei zu Tode Erschrockenen — also erging es auch uns — und doch, und doch, wie wenig hätte gefehlt, daß sie einander liebkosten — dieser Hund und dieser Wanderer."

Nach dieser Episode ereignete sich während des Marsches nichts mehr. Wir kamen in gerodetes Land und stiegen langsam zu dem hoch=

[1] Siehe Brief II des 2. Bandes.

gelegenen Kalunga hinauf, deſſen 500 Hütten einen durch Quertäler
unregelmäßig zerſchnittenen Bergrücken bedecken, dem im Oſten eine
höhere Kuppe aufgeſetzt iſt. Die Einwohner erwarteten uns auf dem
Kamm des niederen kwa Mbugu genannten Teils mit großem Geſchrei
und Hin- und Herlaufen und ſuchten uns mit kindiſchen Drohungen
abzuſchrecken. Als ſie aber keine Antwort erhielten, ſondern ſahen, daß
wir Schritt für Schritt vorwärts gingen, zogen ſie ſich auf die Höhe
zurück. Indes kam ich in kwa Mbugu an und begann mit ihnen par
distance zu verhandeln. Ich ſagte ihnen, daß, wenn ſie die 13 Weiber
zurückgäben, ich ſofort wieder umkehre, worauf ſie erklärten, die
Weiber nicht zurückgeben zu können, weil ſie nie welche geraubt hätten.
Als ich daraufhin drohe, die Unterredung abzubrechen, erſchienen
plötzlich drei Frauen auf dem Plan, von ihren Wahunde-Ehemännern
mit großer Freude begrüßt. Mir fiel ein Stein vom Herzen, denn bisher
hatte mich immer noch die heimliche Furcht beherrſcht, von den
Wahunde durch Lügen gemißbraucht worden zu ſein. Nach einiger Zeit
fand ſich kühn und vergnügt, wie immer, Schirangalle ein und verſprach,
die fehlenden zehn Weiber heranzuſchaffen. Die Zeit verſtrich. Um
1 Uhr kamen wieder zwei, um 3 Uhr drei andere. Aber immer noch
fehlen fünf. Schirangalle klagt — vielleicht aufrichtig — ſeine Landsleute bitter an, verwünſcht ſeine Miſſion, erzählt von ihren frechen
Reden, „er ſolle erſt Stoffe von mir als Löſegeld bringen" und erklärt
ſich außer ſtande, die letzten fünf Weiber herbeizuſchaffen, weil ſie
bereits an Händler aus Ruanda verkauft ſein ſollten. Dieſer unver-
dächtige Zeuge beſtärkt mich darin, nicht locker zu laſſen, und ich ſage
daher, daß ich jetzt umkehren müſſe, aber morgen früh meine Leute an
den Muwimbifluß ſchicken würde, wohin ſie die reſtierenden Weiber
oder falls ſie nicht mehr zu erreichen ſeien, fünf Rinder als Schaden-
erſatz für die Ehemänner zu bringen hätten. Er verſpricht es und wir
ziehen ab.

Das Dorf, deſſen zahlreiche leere Rinderſtälle beweiſen, daß die Leute
für alle Eventualitäten vorbereitet waren, war inzwiſchen natürlich
von den Wahunde tüchtig geplündert worden. Aber es ſteckte ſo voll
von Lebensmitteln, namentlich rieſigen Körben und Ballen mit Bohnen,
daß ſelbſt die 500 Mann nur einen kleinen Teil fortſchleppen können.
Die Wahunde zeigten ſich entſetzlich feige. Als ich den Rückzug antrat,
brach plötzlich eine Panik unter ihnen aus, weil jeder der letzte zu ſein
und von den Wanjakalunga im Rücken angegriffen zu werden fürchtete.

So kugelten fie zu Hunderten in wilder Flucht den Abhang hinab, verfolgt vom Hohngefchrei der Dörfler auf der Kuppe, die ihre gellenden Kriegs=, Jagd= und Spottfchreie ins Tal hinabriefen und unaufhörlich „Menfchenfreffer, Menfchenfreffer" johlten. Der Abhang wurde mit Bohnen, Sorghum, zerbrochenen Töpfen, Körben, Kalebaffen u. a. wie befät: ich fchämte mich ein wenig diefer Schützlinge. Wenn fie mich nur nicht einmal aus Liebe freffen wollten! Hundemüde erreichten wir bei einbrechender Nacht das Lager!"

7. Februar. Meine Leute kehren eben vom Muwimbi zurück; es waren keine Weiber da, aber auch keine Rinder, dafür hatten die Frechlinge fünf Häufchen Kuhmift fauber aufgefchichtet.

8. Februar. So zieht es mich immer weiter hinein. Mwunje ver= pflichtete fich, felbft die Frauen zurückzuholen, wenn ich ihn mit meinen Leuten begleiten und für den Notfall als Rückendeckung dienen würde. Ich verfprach es ihm, Rückendeckung, Bauchdeckung, was er nur will. Was würde ich nicht verfprechen, um der Sache ein Ende zu machen und mein Bündel fchnüren zu können. — Das Lager war heute fchwarz von Menfchen. Alle hatten fich ein welkes Bananenblatt um die Stirn gebunden, damit wir fie fpäter als Freunde unterfcheiden könnten, das große ∴ H. U. N. Z. ∴ für den von ihnen erhofften Fall, daß wir mit den Wanjaitambi handgemein werden follten.[1]

Um nur einigermaßen einen Überblick zu haben, ließ ich jedes Dorf mit feinem Älteften gefondert aufftellen und zählte fo über 2000 Mann oder — wie ich nach dem neulichen terror panicus fagen möchte, 2000 Menfchen, die äußerlich nicht als Weiber kenntlich waren. Man konnte deutlich zwei Typen unterfcheiden — fchlanke Figuren von der gleichen Gefichtsbildung wie die übrigen Bewohner der Weftküfte und auffallend kleine unterfetzte, mit großen Köpfen, fehr platten Nafen, breiten Jochbogen und ftarken Kinnbacken, Batwa=ähnliche — nämlich jene: die Wahunde, die Ureinwohner des Landes und diefe die Wabembe, die vor langen Zeiten aus den Waldgebieten des oberen Kongo zu= gewandert find und, wie ich eine Woche fpäter mit Grauen erleben follte, aus ihrem Vaterlande den Kannibalismus mitgebracht haben. Auf demfelben Weg wie vorgeftern marfchierten wir ohne Zwifchenfall

---

[1] Diefe Stelle hat verfchiedene briefliche Anfragen veranlaßt. Deshalb fei erklärend gefagt, daß nach Anficht klerikaler Kreife die Freimaurer über ein kleines und ein großes H (ilfs) u (nd) N (ot) Z (eichen) verfügen, das fie zu unbedingtem Beiftand verpflichtet.

nach Kalunga. Der Zug dehnt sich über eine enorme Strecke aus, weil
immer noch neue Nachzügler kamen, und als die Spitze schon hoch oben
in den Bergen war, verließ der Schwanz dieses absonderlichen Heer=
wurms erst das Lager. Die tausende mit dem weißglänzenden Bananen=
band umwickelten Köpfe sahen aus der Vogelperspektive merkwürdig
genug aus.

In Kalunga empfing mich naiv und fidel wie je Schirangalle mit
einigen Freunden und forderte mich auf, mir einen anderen Berg als
Lagerplatz auszusuchen — denn ich hatte heute alle Lasten mitgebracht.
Ich hatte jedoch die Fladenkunstwerke vom Muwimbi noch nicht ver=
gessen und empfahl ihm, sich sehr rasch zu drücken, ehe ich mein Gewehr
entsichert hätte, was für Ernst gehalten wurde und ihn in die Büsche
trieb. Ich lagerte auf dem mittleren Teil des Bergrückens, etwa
150 Meter von dem Fuß der höchsten Kuppe entfernt, auf der sich die
Wanjakalunga, heute verstärkt durch die Wanjakiguli, in dichten
Massen waffenstarrend versammelt hatten. Ich hatte mich mittags,
infolge des täglichen Lärms übermüdet, für ein Stündchen schlafen
gelegt. Als ich gegen 2 Uhr wieder vor mein Zelt trat, war bereits ein
frischer, fröhlicher Krieg entstanden, der sich bis gegen Sonnenuntergang
in gleicher Weise hinzog. Im Schatten einer Ficus saß ich in meinem
Bombanstuhl, nahm das Opernglas zur Hand und schaute nun dem
kaum 200 Meter entfernt sich abspielenden Kampf — wenn man es so
nennen will — in aller Gemütsruhe zu. Meine Leute, die den Befehl
hatten, sich neutral zu verhalten, blieben im Lager.

Die Hälfte der Wahunde (und der Wabembe, was ich aber nicht
jedesmal hinzufüge) hatte sich plündernd über die unteren Partien des
Berges ergossen, die indes geräumt waren und heute nur noch wenig
Beute boten. Die andere Hälfte, also etwa tausend Mann, standen und
saßen am Fuße der 50 Meter hohen Kuppe, auf der wohl auch ziemlich
1000 Verteidiger sich befanden. Der eigentliche Kampf spielte sich auf
dem mäßig geneigten Abhang ab, der mir gerade gegenüber lag, also
sehr bequem zu überschauen war. Ich hatte früher schon in Ruanda
und Bunjabungu Kriegstänze gesehen und war nun höchst erstaunt,
wie genau sie die Wirklichkeit kopierten.

Von den Wahunde rückten immer Abteilungen von 50—100 Mann
vor, nämlich je ein Dorf mit seinen Chefs, während die anderen mit
Beifall und Spott als Chöre auf dieser seltsamen Szene agierten. Die
Spitze bildeten 2—3 Vorkämpfer, βοηνάγαθοι, die Rufer im Streit.

Singend und schreiend führten sie ihre Tänze auf, duckten sich hinter
den Schild, stachen rings wütend in die Erde, daß manches Gras daran
glauben mußte, legten den Pfeil auf die Sehne und schossen ihn lotrecht
in die Höhe, vom Beifall der Genossen belohnt, wenn er recht hoch flog
oder von langgezogen gellendem Spott der Gegner verhöhnt, wenn er
seitwärts vom Finger glitt, oder warfen sich platt hin, als markierten
sie einen erlegten Feind und was derlei Schnurrpfeifereien mehr waren.
Desgleichen taten oben auf der Kuppe die Führer der Verteidiger. |

Waren sie dessen müde, so begannen sie wie die homerischen Helden
endlose Reden, in denen sie den Wanjaitambi eine lange Liste ihrer
Lasten und Schandtaten vorhielten, die sie an ihnen, ihren Vätern und
Großvätern verbrochen hatten, rühmten die eigenen Tugenden, die
Zahl der getöteten Gegner und der erjagten großen Tiere der Wildnis,
hoben die Arme hoch und schüttelten die Waffen, durch ihr Klirren die
Kraft ihrer Muskeln andeutend, oder warfen sich in die Brust und
schlugen mit dröhnender Faust dagegen, priesen den Zauber, der ihre
Pfeile und Lanzen unwiderstehlich machen würde, apostrophierten jeden
der gegnerischen Vorkämpfer einzeln, die die Antwort nicht schuldig
blieben und mit Stentorstimme über den Hang hinab brüllten und
immer wieder ihre Angreifer den Hyänen und Geiern verglichen, weil
sie sich von Menschenaas nährten, und von hüben und drüben endete
jede Rede mit dem Refrain:

Mach deine Rechnung mit dem Himmel, Vogt!
Fort mußt du, deine Uhr ist abgelaufen.

Es scheint aber, daß die Uhren hier zu Lande äußerst präzise gearbeitet werden, denn ich habe nicht bemerkt, daß am Ende des Tages
auch nur eine einzige „abgelaufen" wäre; gelaufen sind nur die Vögte,
und das nicht zu knapp.

Nach diesem Vorspiel, das sich bei jeder neuen Gruppe von Angreifern
und Verteidigern wiederholt, beginnt die Haupt= und Staatsaktion.

Die Wahunde ziehen sich vom Fuße der Kuppe weiter zurück, damit
ihre Kämpen einen Anlauf haben, während die Wanjakalunga auf den
mittleren Teil des Abhangs vorspringen. Der Pfeil liegt auf dem Bogen,
die Rechte spannt die Sehne — einstweilen erst mit halber Kraft — die
Linke hält den schützenden Schild, hinter dessen Handgriff die übrigen
Pfeile geschoben sind, und faßt gleichzeitig die Bogenmitte, um den
Pfeil zu stützen, — so armiert laufen oder vielmehr springen die Wahunde, tief geduckt hinter den hölzernen, mit Weidengeflecht verstärk-

ten Schilden ruckweise in aufgelösten Reihen über den Sattel gegen
ihre Feinde vor; hinter und neben den Bogenschützen die Lanzenwerfer,
ebenfalls beschildet und in gleicher Haltung. Die Wanjaitambi warten
aber ihre Ankunft nicht ab, sondern laufen verhöhnt von dem gellen=
den Hi-i-i-i der nichtkämpfenden Wahunde, die ihren Schrei durch
rasches Klatschen auf den Mund trillern lassen, den Hang hinauf bis zu
den dichten Reihen ihrer Brüder. Inzwischen haben die Wahunde
sprungweise die Mitte der Anhöhe erreicht. Hic haeret pugna, denn
es reizt sie offenbar wenig, sich in die geschlossene Phalanx der Wanja=
itambi zu stürzen. Einige Verteidiger treten ein paar Schritte mit er=
hobenen Lanzen vor, und ein paar Sekunden stehen sich in lautloser
Stille die Kämpfer untätig, gespannt, mit verhaltenem Atem gegenüber.
Hinter ihnen auf der Kuppe sehe ich keine Leiber mehr, sondern nur
noch Schild an Schild. Jetzt schwirren die ersten Pfeile in hohem Bogen
durch die Luft und kreuzen sich mit denen der anderen Partei; alle
fliegen viel zu weit und hoch, weil die Kämpfer, weniger auf ihr Ziel
als auf Dokumentierung ihrer Kraft das Augenmerk richten. Unter den
Wanjakalunga muß ein Riesenkerl sein, denn sein Pfeil fliegt über
150 Meter weit bis auf den Sattel hinab und spießt sich unfern von
mir in ein Hüttendach fest; auch Schirangalle sehe ich hinter seinem
Schild wie ein Känguruh hüpfen und dann schießen. Als die erste Pfeil=
salve verpufft ist, und die Wahunde, immer den Blick auf den Gegner
gerichtet, nach dem zweiten Pfeil greifen, springen die Verteidiger in
zögerndem geducktem Hüpfschritt mit erhobenem Speer vor, jeden Mo=
ment bereit, ihn zu entsenden. Ich sehe deutlich durch das Glas, wie
die Schäfte vibrieren und wieder ruhen, ein Zeichen des beabsichtigten
und wieder aufgeschobenen Wurfs. Die Wahunde halten nicht Stand,
sondern fliehen, die hinteren Reihen abgewendet, die vorderen rück=
wärts oder seitwärts springend. Die Nichtkombattanten am Fuße der
Kuppe erheben ein großes Geschrei, das die Nachdrängenden verwirren
soll. Sobald die Flüchtenden den Sattel und ihre Brüder erreicht haben,
wenden sie sich und stürzen den Wanjakalunga entgegen. Die Speere
fliegen durch die Luft, wobei die Verteidiger, weil sie höher stehen, im
Vorteile sind; sobald sie aber nur noch einen von ihren drei Speeren
zu versenden haben, laufen sie den Abhang hinauf, unterwegs rasch
die im Boden steckenden Lanzen der Wahunde auflesend. Eine kurze
Strecke verfolgen diese sie noch, dann kehren sie um, die Kämpfer rücken
unter ihre Landsleute ein, eine neue Abteilung geht vor, neue Vertei=

diger empfangen sie auf der Mitte des Hangs, und dasselbe Spiel beginnt, wie vorher durch den Prolog der Vorkämpfer oder, wenn man will, Vortänzer eingeleitet.

Inzwischen durchschreitet die abtretende Gruppe die Scharen ihrer Genossen, schweißbedeckt aber frisch, schreiend, gestikulierend, mit fröhlichem Gelächter. Die Führer werden lebhaft umdrängt, begrüßt und beglückwünscht; leuchtenden Auges, die weißen Zähne zeigend, erzählen sie prahlend von ihren Taten, berichten hundert Einzelheiten, in denen das Wörtchen „beinahe“ eine große Rolle spielt, und zeigen die Stellen, wo sie den Gegner getroffen haben — „beinahe“ natürlich. Ob sie es selbst glauben? Ich zweifle nicht daran. Auf der Seite der Wahunde gab es zwei Verwundete, einen kleinen Jungen, der sich mit seinem Bambusholzspeer unter das Getümmel gemischt hatte, und bei dem ich mit unbewehrtem Auge beobachten konnte, daß ihn der Gegner geschont hatte; denn er war ihm so nahe auf den Fersen, daß er ihn stechen oder nach ihm werfen konnte. Er wählte das erstere, vielleicht, weil jener noch ein halbes Kind war, vielleicht, um seinen Speer nicht einzubüßen. Der andere war einer der Stentoren, der eine mit voller Wucht geschleuderte Lanze mit dem Schild auffing, die dessen Holzbuckel durchbohrte und dann den linken Oberarm des Zurücktaumelnden streifte. Einer seiner Dorfleute legte ihm Blätter auf den Riß und band sie mit Bananenbast fest, worauf der Verwundete von Gruppe zu Gruppe ging und immer neue Details seiner Heroica zu berichten wußte.

Bis gegen Sonnenuntergang hatten etwa acht Abteilungen sich abgelöst, ohne daß die eine oder andere Partei irgend einen Vorteil erlangt oder irgend ein Kombattant den blutigen Ernst eines Krieges verspürt hätte; dann kamen meine Leute und baten mich, die Wanjaitambi zu vertreiben, weil sie sonst gewiß des Nachts einen Überfall machen würden. Immer dieselben Ängste. Ich schickte zu ihrer Beruhigung vier Askaris vor, rief sie aber schon nach 20 Schritten wieder zurück, weil dies Heraustreten aus meiner bisherigen Indifferenz allein genügte, die Wahunde zu solchem Mut zu entflammen, daß sie mit tosendem Gebrüll in gedrängten Massen den Abhang hinaufstürzten. Die Wanjaitambi, die die Ursache dieses plötzlich erwachten furor mhundicus nicht erkannten und vielleicht vermuteten, daß sich unter den Angreifern Leute von mir verbergen, gerieten in Verwirrung und jagten in wilder Flucht davon, so daß, als die Wahunde auf der Kuppe ankamen, die Verteidiger schon in unerreichbarer Ferne durch die jenseitigen Schluchten und Mulden kletterten.

Über die weiteren Ereignisse dieses Froschmäuslerkriegs im nächsten Briefe.

Insel Kwidjwi, Dezember 1901.

Brief XII.

Der Leser wird aus der im vorigen Briefe veröffentlichten, an
Ort und Stelle sofort ausführlich niedergeschriebenen und jeder
schmückenden Zutat entbehrenden Darstellung mit demselben Staunen,
mit dem ich es erlebte, gesehen haben, in wie kommentmäßigen, spiele-
rischen Formen der Krieg zwischen den Eingeborenen stattfand. Ich habe
wiederholt gesehen, daß die zuschauenden Chöre bisweilen sehr gut in
den Kampf eingreifen, ihren Brüdern helfen und ihren Gegnern Schaden
zufügen konnten. Aber sie taten es nicht, gerade als handelten sie wie die
Sekundanten eines Duells nach vorgeschriebenen Gesetzen. Mehr oder
weniger so verlaufen bei Stämmen, die Feuerwaffen noch nicht kennen,
alle Kriege der Eingeborenen. Deshalb habe ich, als ich an anderer Stelle
nach den Gründen der Seltenheit von Negergreifen forschte, den Krieg als
Ursache vollkommen ausgeschlossen. Ich erinnere mich eines charakteristischen Gesprächs mit einem Häuptling in Urundi, der mir erzählte,
daß er seit einem Jahre mit seinem Nachbar Krieg führe. Als ich fragte,
ob er schon viel Opfer an Menschenleben gekostet hätte, antwortete er:
Ach, viele, sehr viele! Und als ich weiter nach der präzisen Zahl forschte,
nannte er „elf". Und selbst diese Zahl kam nur durch einen nächtlichen
Überfall zustande, bei dem es meist unverhältnismäßig viel Tote gibt;
denn wenn ein einzelnes Gehöft umzingelt wird, wenn die Hütten in
Brand gesteckt werden, so geht natürlich gleich die ganze schlafende
Sippe zugrunde.

9. Februar. Des Nachts wurde ich geweckt, weil gleichzeitig auf der
Höhe und auf dem untersten Teil des Kammes die Hütten aufloderten,
trotzdem ich es Mwunje ausdrücklich verboten hatte. Ich mußte schnell
die in der Nähe des Lagers abreißen. Ich habe diese Menschenmassen
nicht in meiner Gewalt und werde mich deshalb bald von ihnen zurück-
ziehen und für meine Person die Sache abbrechen.

Übrigens war es ein prächtiger Anblick, als binnen kurzem das Feuer,
genährt von den wein= und siegestrunkenen Wahunde sich über die
dichtstehenden Gehöfte verbreitet hatte und von der Kuppe bis zu der
tiefsten Platte und auf den Hängen überall die Flammen zum nächtlichen
Himmel schlugen, deren hell erleuchteter Rauch trotz der Windstille sich

Mhutuweib.

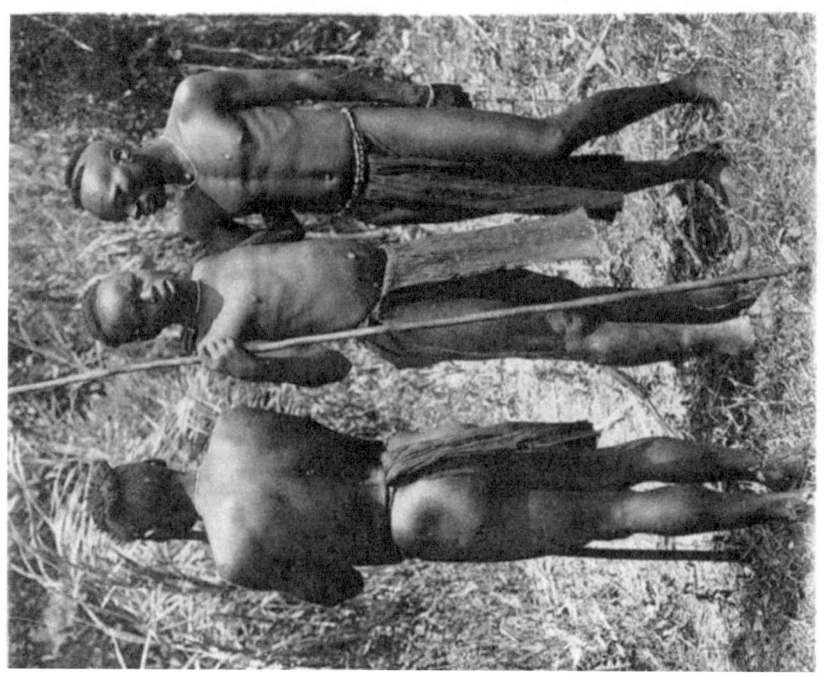

Wahunde.

erst in alle Schluchten senkte und in den Tiefen unruhig wogte und flutete, zuletzt aber wieder nach oben aufstieg. Die Wohnhütten, die geleerten Vorratsmagazine, die Ställe, die Zäune — alles brannte lichterloh und überall erhoben sich kerzengrade die Feuersäulen, als wären tausend Opferbecken entzündet worden, vor denen in Raserei und Verzückung ein Volk bacchantische Feste feiert. Mein Lager habe ich in weitem Zirkel von Menschen säubern lassen, aber gleichwohl ist an Schlaf nicht zu denken, weil der Berg von wildem Lärm, Gesang und Tanz widerhallt, und dazwischen krachen die in den Bambushölzern eingeschlossenen, jetzt freiwerdenden Gase und machen ein Getöse wie Mitrailleusen.

Viele hunderte kleiner Herdfeuer flackern bis zum Morgen, umkreist von kochenden, schwätzenden, zechenden, singenden, tanzenden Wahunde, und ich sehe vom Bett aus durch den Rahmen der Zelttür ihre dunklen Silhouetten, die meiner Schlaftrunkenheit seltsam und voller Geheimnisse zu sein scheinen in dieser wundervollen Nacht, deren stiller, klarer Sternenhimmel von dem im Westen drohend und schwarz bis in die Wolken ragenden Gebirge sich hinüberspannt nach den in fahlen Fernen verschwimmenden Bergen von Ruanda. Und wieder, wie jedesmal bei so fremdartigem Bild, beschleicht mich das Gefühl, daß ich all dies schon einmal erlebt habe in einer andern und doch der gleichen Welt, deren Gedächtnis mir erloschen ist, und in die nur manchmal durch seltsame Erlebnisse, wie durch kleine schimmernde Spalten, zurückzublicken die Götter mir gestatten.

10. Februar. Da ein Verhandeln mit den Wanjaitambi unmöglich ist, weil seit vorgestern abend keine Menschenseele mehr sichtbar wurde, unternahm ich es gestern, durch sorgfältige Suche den geschädigten Eheleuten zu ihren fünf Kindern zu verhelfen. Aber es war unausführbar. Die Wahunde sind nicht mehr zu halten. Sobald sie auf unseren Streifzügen nach Vieh Hütten sehen, zerstreuen sie sich und brennen. Überall folgen ihren Wegen Rauchsäulen. Im Laufe des gestrigen Tages kamen noch Hunderte von Weibern und Kindern mit großen Körben, um Bohnen und Sorghum nach Ujungu zu transportieren. So erklärte ich heute Mwunje, nichts mehr für sie tun zu wollen noch zu können und begann meinen Rückmarsch.

Ich lagerte bei Kiguli und suchte die Wahunde zu sammeln, aber ich habe sie so wenig in der Hand, wie einst Goetz die aufrührerischen Bauern. Sobald ich einige Hunderte zusammen hatte und die anderen herbeitrommelte, verliefen sich wieder die ersten. Sysiphusarbeit. Sie ernten jetzt die reifen Bananen, aber es versöhnt mich mit ihnen, daß sie die halbreifen Feldfrüchte schonen. Kein Baum wird geschlagen, keine Kultur vernichtet. Und wer will es ihnen schließlich verübeln, daß ihre seit langen Jahren angesammelte ohnmächtige Wut jetzt Befriedigung sucht? Noch etwas freut mich. Alljährlich verkaufen die Wahunde, weil ihr Land zu klein für ihre großen Familien ist, aus Nahrungsmangel hunderte ihrer eigenen Kinder als Sklaven nach Ruanda. Dies Jahr jedoch würden, wie sie sagen, die erbeuteten Lebensmittel es unnötig machen. Die Wanjaitambi aber haben so viel in Sicherheit gebracht, überdies in wenigen Wochen eine Ernte bereit, daß ihr Schaden trotz alledem nicht sehr groß ist; ich weiß nicht recht, ob ich gottlob oder leider sagen soll.

11. Februar. Ich kehrte nach Kurischeweri auf dem Goetzenschen Wege zurück, der dicht am See durch schattige Bananenhaine entlang führt, genau, wie ihn seine Karte markiert. Mein Zorn erwacht wieder, wenn ich daran denke, wie ich vor acht Tagen durch jenes abscheuliche Pori klettern mußte. Das zeugt deutlich dafür, daß Schirangalle von dem geplanten Überfall wußte. Nachmittag brachte man einige schwer= verwundete Wahunde ins Lager; Wanjakalunga, die sich auf einer kleinen Insel verborgen hatten, überfielen sie nach meinem Abmarsch und raubten ihnen die beutebeladenen Weiber. Ich hätte trotz allen Ver= drusses doch noch versucht, wenigstens diese zurückzuholen, aber die Boote, die noch in der Nacht hinfahren sollten, schickte Mwunje erst heute früh um $^1/_2 6$ Uhr zu mir, trotzdem ich doch mit gutem Recht sagen konnte: Tua, non mea res agitur. Aber solche Fälle von Indolenz er= lebe ich täglich. Gewöhnt, erst dann etwas auszuführen, wenn es sieben= mal beschlossen, ebenso oft umgestoßen und zwei Dutzend Male ver= schoben ist, begreifen sie den Wunsch nicht, einen Entschluß sofort in die Tat umzusetzen. „Das Eilige auf — morgen" heißt ein wichtiger Teil ihrer Lebensweisheit, der mit der Zeit auch den lange unter ihnen weilenden Europäer infiziert.

12. Februar. Ich benutzte die fünf Boote, um nach Kirascha, weiter nördlich zu fahren. Die Karawane, die auf guten, planen Wegen längs des Ufers ging, kam ebenso rasch an wie ich. Die Fahrt durch die Bucht von Ubusi war bei gutem sonnigen Wetter wunderschön. Die Ufer sind fast überall von Bananenschamben bedeckt, die Berge, die bald Aus= läufer in den See schicken, bald weit zurückweichen, sind reich kultiviert.

Überall auf den Höhen und am Ufer stehen zwischen Hütten die Ein=
geborenen, die den „mami", den „Sultan", d. h. mich mit jauchzenden
Zurufen und langgezogenem Freudengeschrei beim Vorbeifahren be=
grüßen. Der See, dessen Wasser die Uferberge grün färben, ist wunder=
bar klar. Auf 6 oder 8 Meter sieht man noch den Felsboden schimmern.
Wie ein Schwarzspiegel wirft die Flut in aller Reinheit und Schärfe
die Farbennüancen der Landschaft zurück. Jede Heuschrecke eines gerade
über den See ziehenden Schwarmes ist deutlich in ihm erkennbar. Wir
lagern in der kleinen Bucht von Kirascha.

13. Februar. Heute legte ich den letzten Teil der Wegstrecke von
Ujungu und der seit Kalunga, d. h. seit vorgestern mit Graf Goetzen
gemeinsamen Route zurück, zuerst zu Lande, später zu Wasser. Eine
große Flottille gab mir das Geleit. Ich selbst fuhr in breitem, schönem,
von fünf Eingeborenen gerudertem Einbaum, während ein sechster vor
mir auf den Bootsrändern balancierte, bald die Glieder verrenkte, bald
gebückt auf die Bordwände trommelte, die Ruderer im Chor schwer=
mütige Weisen sangen und von den Ufern her wie gestern die grellen=
den, trillernden Jubelschreie der Weiber über das Wasser hallten. Der
letzte Teil der Küstenberge ist nur auf dem Kamme bebaut; auf den
steilen Abhängen herrscht üppige Vegetation von Sträuchern, Kräutern
und Schlingpflanzen, dazwischen viel Drachenblutbäume, Kandelaber=
euphorbien und besonders häufig eine mir unbekannte, schön stilisierte
Baumart. Viel bunte Vögel, namentlich Feuer= und Blutfinken und
zahlreiche schillernde Nektarinen sitzen auf den Zweigen und folgen
neugierig den Booten von Baum zu Baum. Im Wasser schwimmen
Taucher und Enten, oder ziehen mit gestrecktem Hals dicht an uns
vorbei; auch Ottern trafen wir, die blitzschnell bei unserem Anblick
verschwinden, und seit langem zum ersten Male sehe ich einen alten
Bekannten von der Ugallaexpedition wieder, den Schlangenhalsvogel,
der hier in derselben würdigen Ruhe mit ausgebreiteten Schwingen
wie ein hölzerner Schützenadler auf einem den Wasserspiegel über=
hängenden Aste saß und sein schwarzes Gefieder von der Sonne trocknen ließ.

Bis zum Lager am nordwestlichen Zipfel des Sees, wo die Karawane
auf großen Umwegen erst spät eintraf, gab uns Mwunje das Geleit,
d. h. der Pseudo=Mwunje. Trotz all meiner bezüglichen Erfahrungen
und meines Mißtrauens bin ich doch wieder auf den Leim gekrochen.
Denn gestern entdeckte sich unser Sultan Mwunje von selbst als sein
eigener Sohn; der richtige Mwunje, sein Vater, sei alt und „fußkrank",

(natürlich!) und konnte diesmal nicht erscheinen. Ich glaube jetzt nicht einmal, daß es der Sohn des Sultans ist, aber ich schwöre, mich niemals mehr von diesen Barbaren düpieren zu lassen. Der Pseudo ist indes von mir mit Stoffen behängt worden, von denen er einen über den anderen zieht, eine wandelnde — und nicht ganz duftlose — Zwiebel. Er ist dankbarer als die Watussi vom Ostufer und hat uns in dieser Woche mehr als ein Rind als willkommene Unterbrechung des ewigen, unausrottbaren, unsterblichen Zickenfleisches gestiftet. „Gesegnet sei er allezeit, von der Wurzel bis zum Gipfel."

Dicht neben meinem Lager ist die Grenze von Kameronse (Herrscher: Lohunga), dessen Bewohner aber das Land verlassen haben sollen. Eine dunkle Sache, aus der ich bisher nicht klug werde. Noch habe ich nichts von ihnen entdeckt, dagegen sehe ich eine große Buschwildnis, die auch das Nordufer des Kiwu, soweit es sichtbar ist, überzieht. Auf einer Rekognoszierung fand ich die Wege stark verwachsen, zum Teil sogar durch allerhand Hindernisse künstlich gesperrt. Auch ist ein schmaler, aber tiefer Bach in nächster Nähe, über dessen breites verschlammtes Sumpfbett keine Brücke führt, sehr fatal für das Vieh. Soll sich hier etwa noch einmal wiederholen, was ich an den beiden letzten Grenzen erlebte? Wir werden ja sehen. Quid sit futurum cras, fuge quaerere. Gegen Abend empfahl sich der Pseudo mit all seinen Leuten, dankte noch einmal manierlich und ließ mir dann zwei junge Bengel als Führer da. Er versprach mir, wenn ich das nächste Mal wiederkäme, Elfenbein, wovon er augenblicklich (??) nichts hätte.

Als die Boote um das nächste Kap herumbogen, hörte ich noch einmal seinen und seiner Leute gellenden Ruf. Zum letzten Male: denn ich hatte keine Gelegenheit mehr, ihn wiederzusehen, trotzdem ich mehrfach in seiner Nähe verweilte. — — — — — — — —

Nicht lange nach meinem Abmarsch fiel Kalimimwumba, nachdem er Kiguli und Kalunga wieder aufgebaut hatte, in Ujungu ein, um seine „Bohnen" zurückzuholen, ging aber wieder fort, als Mwunje drohte, zu mir nach Ruanda zu schicken, von wo er meine Ankunft gehört hatte. 1½ Monate später, als ich gerade den dritten Tag an meinem Dorf „Bergfrieden" im Süden des Sees baute, erschien plötzlich Schirangalle mit großem Hallo und Gelächter, als sei nie etwas zwischen uns vorgefallen, brachte mir Grüße von Kalimimwumba und die fünf Rinder, die er für die geraubten Ehefrauen hergeben sollte. Wenn du sie für dich verlangt hättest, sagte er, hätte Kalimimwumba sie dir gleich ge-

geben, aber für diese buljoko, diese „Menschenfresser“? Jamais. Man
hat also auch seine Ehre. An diesem Tage wurde Schirangalle zu meinem
Hoflieferanten in Fischen und Flaschenkürbissen (zum Buttern) ernannt
und ist es bis zum heutigen Tage geblieben. — — — — — — — —

Ich möchte von diesem Kapitel, das unter dem Zeichen des Ares
stand, und das ich, wenn nicht mit Blut, so wenigstens mit roter Tinte
hätte schreiben sollen, nicht scheiden, ohne den Bericht eines Disputs
anzuknüpfen, den ich mit einem der Gegner, die ich mir von Zeit zu
Zeit einbilde, um Gehirn und Eloquenz nicht einrosten zu lassen, im
Geiste ausgefochten habe. Das muß man, denn sonst würden gewisse
intellektuelle Zentren rettungslos veröden und man verwandelte sich in
der afrikanischen Einsamkeit allmählich zu einer Art sensualem Ganglion.

Dieser Gegner stellte sich mir sehr breit in den Weg und fragte mich
zunächst, woher ich, als Privatmann und Forschungsreisender die Legiti=
mation nahm, mich in den häuslichen Streit der Eingeborenen, noch
dazu auf kongostaatlichem, also fremdem Boden zu mischen, und wie
ich es rechtfertigen wolle, daß diese Einmischung Opfer an Menschen
und Vermögen verursacht habe, möge man sie so hoch oder gering ein=
schätzen, wie man wolle.'

Auf diesen Punkt antwortete ich folgendes: „Sie fragen nach meiner
Legitimation. Ich befand mich allerdings auf unbestritten kongostaat=
lichem Gebiet, und also wäre es meine Pflicht gewesen, statt selber ein=
zugreifen, dem nächsten kongostaatlichen Posten von dem Übergriff der
Wanjakalunga Mitteilung zu machen. Aber wie stand es damit? Als
ich diese Reise von Usumbura aus antrat, war der Kongostaat nicht ein=
mal Herr über die Hälfte seiner Tanganikaküste, geschweige über diese
entlegenen Gegenden. Sein nächster Posten befand sich in Mtoa, mehr
als 400 Kilometer von mir entfernt, und wurde, wie die ganze Straße
dorthin, von Rebellen beunruhigt. Sollte ich warten, bis es ihm ge=
lungen war, sich zu befreien und inzwischen jede Freveltat der Einge=
borenen übersehen? Außerdem war ich der einzige Europäer in einem
sehr umfassenden Gebiet, und dies legt gewisse Verpflichtungen auf.
Wenn ich den nächsten Europäer — gleichviel ob Offizier, Missionar
oder Händler erreichen wollte, so hätte ich nach Süden 220 Kilometer
bis Usumbura, nach Osten mehr als 300 bis Bukoba, nach Norden eben=
soviel bis zur nächsten englischen Station in Unjoro und nach Westen
zirka 600 Kilometer bis zum Kongo laufen müssen. Da innerhalb dieser

doch nicht ganz kleinen Landscheibe von rund 350000 Quadratkilometern niemand anders als ich selbst mit meinen sieben Gewehren mich schützen konnte, mußte ich auch das Recht haben, die Eingeborenen so zu be= handeln, wie mein Gewissen es mir gestattete — ich meine übrigens nicht ein ad usum occasionis konstruiertes afrikanisches, sondern ein ganz gewöhnliches Gewissen europäischer Herkunft. Denn es ist durch= aus nicht so, wie manche Leute gerne möchten, daß Afrika alles ent= schuldigt; an sich entschuldigt es überhaupt nichts, von Wesentlichem nichts, einfach nichts. Aber das nebenbei."

„Schön", sagte mein Gegenpaukant, „das läßt sich hören. Doch ge= setzt auch, daß Ihr Eingriff sich legitimieren läßt, so bleibt mir doch manches an Ihrem Verhalten dunkel. Vielfach habe ich das Gefühl, daß Sie nur mit halber Seele auf Ihr angebliches Ziel, die restitutio in integrum, hinarbeiteten, die Sie überdies gar nicht einmal erreich= ten. Im ganzen habe ich den Eindruck, daß Sie etwas mochten und nicht konnten, oder konnten, aber nicht mochten. Nur weiß ich nicht was, weil Sie es verschleiern."

„Ich verschleierte nichts", entgegnete ich, „und hatte auch keinen Grund dazu. Aber, daß ich — was auch vorausging — gleichwohl nur mit Unlust mich feindlich zu den Eingeborenen stellte, daß es mir, wenn auch in diesem Falle nicht so stark wie sonst, geradezu widerwärtig war — das ist, was Ihnen als Äußerungen einer „halben Seele" erschien. Die Wanjakalunga waren in Ujungu eingefallen, trotzdem ich am gleichen Tage das Land betreten sollte; sie hatten meinen Namen ge= mißbraucht, als sie behaupteten, von mir autorisiert zu sein; sie hatten mich irregeführt, um ungestört ihren Raubzug auszuführen — das wa= ren nicht ganz alltägliche Dreistigkeiten, die unter Umständen verhäng= nisvoll werden konnten; denn hätten die Wahunde nicht schon früher einmal einen Europäer kennen gelernt und einen Europäer, der wie Graf Goetzen ihr Vertrauen gewonnen hatte, so hätten sie die Lügen der Wanjakalunga geglaubt, ich hätte bei meinem Durchzuge ein leeres Land gefunden, Lebensmittel wären knapp oder gar nicht aufzutreiben gewesen, und meine Expedition wäre im weiteren Verlaufe, wenn nicht zu Grunde, so doch arg in die Brüche gegangen. Nämlich nur der reichen Nahrung in Ujungu verdankten wir es, daß die Katastrophe, die sehr bald über uns hereinbrach, in ihrem Umfange beschränkt blieb. Ich hätte bei meiner Abneigung gegen alle den Zweck meiner Reisen stö= renden Zusammenstöße vielleicht gleichwohl krumm gerade sein lassen,

— vielleicht! — wenn ich nicht in dem leider unangebrachten Selbstver=
trauen, meiner Pappenheimer sicher zu sein, von vornherein gesagt hätte,
daß ich nicht eher fortgehen würde, bevor der den Wahunde zugefügte
Schaden repariert wäre. Sobald ich dies — mag sein, allzu rasch —
ausgesprochen hatte, war ich der Knecht meiner Worte. Denn nichts,
das ist mein Dogma (vielleicht ein falsches, gleichviel), nichts zerstört
so sehr das Ansehen der Europäer bei den Schwarzen, als Wankel=
mütigkeit, leere Drohungen oder leere Versprechen und Inkonsequenzen.
Und die ersten Europäer, die sie kennen lernen, sind naturgemäß lange
Zeit für die Beurteilung all ihrer Nachfolger maßgebend.

Auch was Sie von „konnten" und „mochten" sagten, enthält einen
wahren Kern. Ich „konnte" die Wanjakalunga sehr empfindlich an
Leib und Gut strafen, wenn ich von Anbeginn rücksichtslos vorgegan=
gen wäre, aber ich „mochte" es nicht, weil ich sie zu wenig kannte, um
der Furcht enthoben zu sein, daß summum ius summa iniuria werden
könnte, und ich „mochte" den Wahunde mein Wort bis zum letzten
Tipfel erfüllen, „konnte" es aber nicht, in erster Linie wegen ihrer In=
dolenz, dann aber auch, weil es mich fortdrängte. Denn dies Motiv
war nicht grundlos sehr mächtig in mir, nicht wegen des pekuniären
Verlustes, denn der war ziemlich gering, sondern die Vergeudung einer
ganzen Woche war mir ärgerlich, da ich der wenigen Träger wegen
auch nur wenig Tauschwaren mithatte, und tatsächlich verhinderte dieser
Zeitverlust mich im weiteren Verlauf der Expedition, das mir gesteckte
Ziel vollkommen zu erreichen.

Endlich sagen Sie, daß mir die restitutio in integrum ja doch nicht
geglückt wäre. Das ist wohl richtig, aber ich habe doch immerhin
von 13 Weibern 8 zurückgeschafft und für die fehlenden dem Stamme
durch die reichliche Gelegenheit, seine Nahrungsmittel zu ergänzen, die
Möglichkeit gegeben, sich Hunderte von Kindern zu erhalten — zum
mindesten für ein Jahr zu erhalten, die sonst, wie schon mein Tagebuch
vom 10. Februar erwähnte, der Sklaverei verfallen wären. Und schließ=
lich ist ja auch der ethische Gewinn zu verzeichnen, daß beide Völker
gesehen haben, daß der Europäer nicht nach Willkür, sondern nach dem
Prinzip handelt, den unschuldig leidenden Teil zu unterstützen, den
angreifenden abzuwehren — et parcere subjectis et debellare su=
perbos.

Damit endete unser Disput, den ich aus mehr als einem Grunde
nicht unterdrücken wollte. — — — — — — — — — —

Es bleibt mir nur noch übrig, einen kurzen ethnographiſchen Rückblick auf die Völker der Weſtküſte zu werfen, ohne bereits erwähntes
zu wiederholen. Da in dieſem Kapitel ſoviel von Kämpfen und Kriegs-
kunſt die Rede war, lohnt es ſich wohl, die Waffen dieſer Stämme
an den Anfang der Erörterungen zu ſtellen. Ein tüchtiger Ethnograph
kann überhaupt aus der Bewehrung eines barbariſchen Volkes viel
Schlüſſe ziehen; „zeige mir deine Waffen, und ich werde dir ſagen, wer
du biſt." Am intereſſanteſten ſind die Bogen der Ujungu-Leute. Die der
meiſten Wanjabungu[1] und Wanjaitambi ſind in keiner Weiſe originell.
Es ſind die üblichen walzrunden Hölzer mit ſpitz zulaufenden Enden
und einer Darmſehne. Dieſe Bogen finden ſich auch in Ujungu, aber
nur zu etwa dreißig Prozent. Die übrigen ſiebzig Prozent ſind zuſam-
mengeſetzte oder beſſer verſtärkte Bögen, wie ich ſie früher bei den Zwergen gefunden hatte.[2] Damals erſchien mir, wie auch Herrn Profeſſor
v. Luſchan, dies iſolierte Vorkommen rätſelhaft; aber in dies Rätſel
brachte mein Aufenthalt in Ujungu Licht, weil es ſich zeigte, daß nicht
allein die Batwa dieſe Bögen haben. Zwar wurde mir in Ujungu geſagt,
daß dieſe Bögen Batwa-Bögen ſeien, als ich aber nach der Art ihres
Imports forſchte, ſtellte es ſich heraus, daß die Wabembe, die vielfach
Brüder der Batwa genannt werden, ſie im Lande ſelbſt fabrizieren.
Nach meiner Überzeugung ſind dieſe verſtärkten Bambusbögen überhaupt nicht Batwa- ſondern Waregga-Bögen d. h. allen Waldvölkern
des Oberkongo eigen und von ihnen erſt an den Kiwu gebracht worden,
alſo nicht ſo iſoliert, ſondern über ein großes Gebiet verbreitet. Ein
kleiner Unterſchied zwiſchen den Bögen der Wabembe und der Batwa
beſteht vielleicht in der Befeſtigung des Zopfes an den Sehnen.

Groß iſt auch der Unterſchied zwiſchen ihren Pfeilen. Gemeinſam iſt
ihnen nur, daß ihr Ende nicht geſpalten iſt — weil ſie ja nicht einem
dünnen Darm aufſitzen — ſondern breit, wie es der breiten Bambus-
ſehne entſpricht. Die Batwapfeile, die ich nach Berlin ſandte, ſind wahre
Perlen der Pfeilmacherkunſt. Sie haben Eiſenblätter, eine ganz eigen-
artige Bügelfiederung und eine trommelſchlägelförmige Anſchwellung am
Sehnenende. Die Pfeile von Ujungu hingegen ſind ganz aus Holz, achtzig
Zentimeter bis ein Meter, alſo ſehr lang und beſtehen aus zwei in-
einanderſteckenden Teilen. Der obere trägt unter der Spitze einen oder
zwei oder drei ſeitliche Widerhaken — notabene alles aus einem
Stück Holz. — Merkwürdig iſt ferner, daß ſie nicht befiedert ſind, ſon-

---

[1] Siehe Brief VIII des 2. Bandes.   [2] Siehe Brief III des 2. Bandes.

dern am unteren Ende einen Spalt haben, durch den der Kämpfer vor
dem Kriege frische Feigenblätter hindurchschiebt, so daß je eine Hälfte
nach beiden Seiten herausschaut. Das war also eine sehr interessante
Überraschung für mich, die mir nebenbei zeigte, wie sehr ethnographische
Forschungen vom Zufall abhängen. Denn zwar nicht Goetzen selbst,
aber die beiden anderen Herren seiner Expedition waren 5—6 Tage in
Ujungu gewesen, ohne diese Bögen, deren es dort tausende gibt, zu
Gesicht zu bekommen. Es wäre mir, da die Leute aus Höflichkeit gegen
den Europäer, und um ihm ihre friedliche Gesinnung zu zeigen, keine
Waffen tragen, ebenso ergangen, wenn ich nicht zufällig Zeuge ihres
Krieges geworden wäre. Die Pfeile der Wanjabungu erwähnte ich
früher und der Vollständigkeit halber sei noch gesagt, daß die der Wan=
jaitambi, sofern sie an der Grenze nicht Wabembe=Bögen haben, die
gewöhnlichen afrikanischen Eisenblattpfeile sind.

Und nun die Speere. Ich habe eigentlich fast nirgends in Afrika
durchweg uniforme Speere bei einem Stamm gefunden, und ebenso auch
nicht am Westkiwu. Die Lanzenblätter der Wabembe zeichnen sich durch
Extravaganzen aus; sie sind z. B. 70 Zentimeter lang und ganz schmal
oder Trapeze, deren kurze Diagonale 20 Zentimeter und darüber
breit ist; oder die Speerzwingen sind fast einen halben Meter lang.
Sie sind sehr gut geschmiedet und werden deshalb augenblicklich schon
von fremden Händlern exportiert. So passierte dieser Tage ein Araber
meine Insel, der 80 Stück nach dem Tanganika ausführte. Interessant
waren auch die Speere der halbwüchsigen Jungen von 12—15 Jahren.
Sie hatten keine Eisenspitze noch Zwinge, sondern waren ganz aus
Bambusholz geschnitzt, z. T. sehr geschickt in den Einzelheiten der
Eisenimitation.

Die Schilde der Völker am Westkiwu sind wie die im Osten (Ruanda)
oval oder viereckig mit abgerundeten Ecken, aus Holz, das auf der
Vorderseite mit Weiden überflochten ist, die horizontal oder schräg
laufen. Sehr beliebt ist es Glimmerplättchen zwischen die Flechten zu
stecken. In der Mitte der Vorderseite befindet sich der Nabel, d. h. ein
Buckel, der in Ruanda spitz, im Westen meist flach ist. Bei den Wahunde
fanden sich noch andere Schilde, die die Häuptlinge trugen. Sie sind
sehr hoch und breit, viereckig, rot bemalt, mit Fellstreifen eingefaßt,
eminent geschickt aus Rohr geflochten und daher sehr elastisch; nur
auf der Rückseite, gleichzeitig als Griff dienend, befindet sich eine ovale,
ornamentierte Holzplatte. Der Ethnograph wird aus der Beschreibung

leicht erkennen, daß es sich hier um Schilde vom Oberkongo handelt,
die zweifellos auch von den Wabembe importiert worden sind. Über
ihre Keulen und Sichelmesser brauche ich nichts zu sagen, da sie denen
in Ruanda entsprechen.

Kleidung, Frisur, Schmuckgegenstände sind bei allen Völkern des
West=Kiwu im wesentlichen uniform; ich kann also auf meine frühere
Schilderung der Wanjabungu verweisen; dagegen will ich noch einige
Äußerlichkeiten erwähnen, die ich damals noch nicht kennen gelernt
hatte. Selbstverständlich kann ich an dieser Stelle nur eine Auswahl der
interessanteren treffen, und ich benutze dazu meine Sammlungen, um
dies oder jenes Stück aus ihnen herauszugreifen. Im Norden von
Bunjabungu beginnen Ringe aus Elfenbein für Handgelenk und Ober=
arm häufig zu werden; in Itambi treten sie noch vermehrter auf, und
in Ujungu trägt sie jeder dritte Mann. Ich habe mir lange den Kopf
zerbrochen, wie die Handwerker dies spröde Material bewältigen, und
erst in allerjüngster Zeit erhielt ich die doppelseitige, von zwei Männern
gehandhabte Säge, mit der der Zahn in Scheiben zersägt wird und
den kleinen Hohlmeißel, mit dem die Scheiben zu Ringen bearbeitet
werden. Dabei zerbrechen die Ringe häufig, und es ist interessant, zu
sehen, wie die einzelnen Stücke durch Grasflechtwerk kunstvoll anein=
ander gefügt werden.

Häufig ist ferner ein Hals= und Brustschmuck aus kurzen Elefanten=
babyzähnen, die wie Dominosteine mit schwarzen Kreisen ornamentiert
werden. Auch Wildschweinzähne dienen als Zierden, meist für den
Kopf. Sie werden entweder flach auf den vorderen Teil des Schädel=
dachs gelegt oder sagittal, so daß der dünne, spitze Teil nach vorn und
oben ragt. In Ujungu trug man auch Halbmonde à la Diana; sie be=
standen aus zwei Eberzähnen, deren dicke Enden aneinandergelegt
und mit einem Lederscharnier verbunden waren.

Vielfach sah ich Kämme, die an einer Schnur getragen werden mit
drei bis sechs Zinken, zum Teil sehr hübsch aus Holz geschnitzt, und
Nadeln zum Schlichten des Haares aus Holz, Horn, Knochen und an=
derem Material; diese meist zwischen das krause Gelock gesteckt. In
Ujungu fand ich, namentlich bei den Fischern, sehr oft fingerlange und
längere Nähnadelbüchsen aus Bambus mit selbstgeschmiedeten Nadeln
und kleinem Schleifstein.

Ferner erwähne ich aus meiner Sammlung eiserne runde Löffel mit
sehr langem Stil aus einem Stück, um Kohlen in die Tabakspfeifen

zu legen; von Armbändern Eisenrinnen, deren Höhlung mit Wachs und Zahnsplitterchen ausgefüllt ist, oder Perlen in Leder gefaßt; ferner Wadenringe aus Eisendraht mit Messingröhrchen verziert, kleine Feder= büschel als Kopfschmuck zum Auf= und Zuklappen wie ein Schirm en miniature, lange, eiserne Gliederketten, besonders von Frauen getragen; viereckige Diademe aus Kaurimuscheln auf Leder genäht; Glocken aus Holz als Armzier; einen ornamentierten hölzernen Fischkasten, zierliche Ölfläschchen, Prunkbergstöcke aus Eisen oder Messing, Brutkörbe für Hennen aus Strohgeflecht in Form riesiger Schuhe, Holzgefäße aller Art, Krüge, Schalen mit langem und kurzem Schnabel, mit und ohne Fuß usw.; ferner sehr originelle, dreißig Zentimeter lange, auf dem Rücken getragene Felleisen für das Feuerzeug, die derart gearbeitet waren, daß man zwei, drei sackartige Felle ineinandergeschoben und über den oberen geschlossenen Teil eine Lederkappe gestülpt hatte; die Reibehölzer und =Bretter schauten am unteren, offenen Ende her= aus, ohne hinunterzufallen, weil die Kappe sie fest aneinanderdrückte.

Endlich erwähne ich noch Messer, von denen es alle möglichen Arten gab. Da waren kleine, schmale in Holzscheiden, die unten schuhförmig endeten; sie wurden am Oberarm getragen. Andere waren wie Lanzen= klingen, aber ornamentiert: sie dienten den Weibern dazu, das Unkraut in den Feldern zu jäten. Ganz kleine, reich verzierte Klingen ohne Griff aber mit eiserner Öse trugen Männer und Weiber als Rasiermesser für das Haupthaar und schließlich gab es noch sehr sonderbare Messer mit einer langen schmalen und einer breiten, dreieckigen Klinge aus einem Stück, die zum Rasieren und Entfernen der Sandflöhe dienen und in nicht minder merkwürdigen Scheiden getragen wurden.

Ich könnte noch vieles andere anführen, aber ich beschränke mich auf das bisherige, weil solche Sachen ja ohne Abbildungen schwer wirksam beschrieben werden können.

Insel Kwidjwi, Dezember 1901.

Zwischen Kiwu und Albert=Eduard=See.

Brief XIII.

Am 13. Februar 1899 war ich, wie mein letzter Brief erzählte, am nordwestlichsten Punkt des Kiwu angekommen. Damit war ein Teil meiner Aufgabe, die Erforschung und Kartographierung des unbekannten Westufers dieses Sees, soweit meine schwachen Kräfte es vermochten, beendet. 2 Wege standen mir jetzt offen. Ein kurzer, der direkt die Nord= küste entlang nach Kissenje, meinem alten Lagerplatz am Nordostzipfel des Sees führte, und ein längerer, mir total unbekannter nach Norden, der mich westlich der Vulkane irgendwie zum Albert=Eduard=See bringen konnte. Was dazwischen lag, wußte damals noch niemand. Auch von den Eingeborenen hörte ich nur ein paar Namen von Ländern und Sultanen. Aber das genügte mir, denn wo andere Menschenwesen leben, da durfte ich hoffen, auch existieren zu können, und so wählte ich den zweiten Weg, dem Reiz des Unbekannten nachgehend. Übrigens sind diese Gebiete, nachdem ich sie passiert hatte, wieder in ihr altes Dunkel zurückgesunken und bis heute (1901) ist noch kein Nachfolger meinen Spuren gefolgt. Die zwei Expeditionen, die es versuchten, muß= ten wegen der Unbilden der Landschaft wieder umkehren und wahr= scheinlich zu ihrem Glück. Denn beide, eine deutsche und eine englische, waren viel zu umfänglich, — die deutsche 1000 Mann stark — als daß sie das hätten überwinden können, was mich mit 30 Mann Opfer ge= nug kostete. — — — — — —

Es war am Abend des 13. Februar. Wir lagerten dicht am Wasser auf einem kleinen Wiesenfleck vor einer großen verlassenen Bananen= schambe — ich saß vor meinem Zelt und überdachte noch einmal die Ereignisse der letzten Wochen und sann über die nächste Zukunft, die noch so schwarz vor mir lag, wie ringsum die Landschaft, als aus dem Dunkel, das den See bedeckte, ein Ruf vernehmbar wurde. Das Lager verstummte und wir horchten hinaus und hörten deutlich den dumpfen Doppelschlag von Rudern, der uns allmählich näher kam. Dann schwieg er und wieder hallte eine Stimme über das Wasser und fragte, wer an den Feuern säße. Auf meine Gegenfrage „Wer da?" antworteten die

Rufer: Leute des Lohunga von Kameronse. Wir befriedigten ihre Neu=
gier und forderten sie auf, ins Lager zu kommen, aber sie sagten, daß
sie erst den Tag abwarten müßten, um zu sehen, ob unsere Worte wahr
wären und nicht nur eine List der Waregga. Dann vernahmen wir
wieder den Doppelschlag der Ruder, der langsam in der Ferne verklang
und unsichtbar, wie er gekommen, verschwand dieser nächtige Spuk.

14. Februar. Aber heute morgen erschienen sie, nämlich ein kleines
verschrumpftes Männlein und ein langer rothäutiger Mensch mit einer
merkwürdig verstümmelten und schiefgedrückten Nase und bekleidet
mit einem Leopardenfell. Sie kannten mich von früher, sagten sie, denn
sie hätten mich im vorigen Jahre in Kissenje kennen gelernt. Um so
besser. Also heuchelte auch ich Erinnerung. Sie seien Leute des Sultans
Lohunga von Kameronse, aber das ganze Land stände leer und die Be=
wohner wären vor den Waregga nach Bugoie, einer Provinz von
Ruanda, geflüchtet. Als ich sie weiter aushorchte, logen sie zuerst, Kame=
ronse gehöre dem König von Ruanda und Lohunga sei an seinem Hofe;
später gaben sie zu, daß es selbständig sei und ihr Herrscher sich mit
seinen Leuten östlich am Fuße des Niragongwe=Vulkans in dem großen
Buschpori befände. Sie erhielten Stoffe, worauf sie sich bereit erklärten,
mich einige Tage zu begleiten; vorsichtshalber nahm ich die beiden
Wahunde, die mir Mwunje gegeben, auch noch mit.

Meine Askaris hatten in aller Frühe eine Brücke über den Gihira
geschlagen. Übrigens hatten wir nicht nötig, seinen Sumpf zu passieren,
weil wir uns zunächst nicht nördlich, sondern östlich hielten und den
Hügel jenseits seiner Mündung erklommen. Oben trafen wir die trau=
rigen Reste des zerstörten Dorfes Kumasa, das sehr viele Hütten gehabt
haben muß, die in schöner Ordnung zu beiden Seiten eines breiten
Weges lagen. Eine Hecke von Rhizinus=Bäumchen umgab einst jede
der Hütten, von denen man jetzt nur noch die Staketenstümpfe des
Grundrisses, die drei Herdsteine und rotgeglühte Topfscherben sah. Die
Wabembe Mwunjes sollen das Dorf vor 4—5 Monaten vernichtet
haben. Von Kumasa, von wo aus wir einen weiten Blick auf das Nord=
ufer hatten, dem nicht zu fern von uns eine lange Zunge entsprang, die
als 100 Meter hohe Lavatuffwand senkrecht zum See abfiel, stiegen
wir zu dem großen Pori ab, das sich bis zum Fuße des Vulkans er=
streckt. Der Weg schlängelt sich über vielfach noch nackten Lavaboden,
auf dessen verwitterten Partien Mabugu=Gras und jene schöne violett
blühende Papilionacee (Acanthus arbor.) üppig gedeiht, die in jedem

Dickicht wächst und den Passanten mit ihren stachligen Blättern peinigt. Sie böte Material zu vorzüglichen Hecken, wenn nicht die Ziegen mit perversem Geschmack gerade dies stachlige Zeug mit Vorliebe genössen. Von Bäumen wuchsen im Busch nur eine kleinblättrige Akazie, und die prächtig rotblühende Erythrina, die meine Leute wegen ihrer roten Samen nach den Simsim=Perlen benennen. Wir kehrten bald durch das Dickicht nordwestlich zurück und folgten dann dem Fuß der Berge nach Norden und Nordosten. Einen großen Teil des Weges gingen wir durch verödete Bananenschamben.

Es ist etwas eigentümliches an ihnen. Als ich gestern rekognoszierte, drang ich ziemlich weit in den verlassenen Hain hinter unserem Lager ein, mußte aber umkehren, weil mich plötzlich ein grundlos peinigendes Gefühl überlief. Es herrschte in ihm eine beängstigende, drückende, schwer auf der Seele lastende Stille, die nur der dumpfe Klang des eigenen Schrittes und sein leises Echo unterbricht; oft schaute ich mich jäh um, weil ich das Gefühl hatte, als folge ein fremdes, unnennbares, unbeschreibliches meinen Schritten. Alles trieft hier zu dieser Jahreszeit von Nässe, wie im dichtesten Urwald. Ein feuchter, modriger Verwesungs= geruch entströmt dem Boden, die faulenden Früchte, die überall auf der Erde liegen, erzeugen einen scharfen alkoholischen Duft, der sich mit einem anderen, der fast dem von frischem Leder gleicht, vermischt. Die gestürzten Stämme erweichen allmählich, zerfallen, werden von streichen= den Tieren zertreten und bieten zuletzt das Bild von Matten, die in den Grund gestampft wurden und sich in 1000 Fasern auflösen. Sie atmen am stärksten den Verwesungsdunst aus. Dazu dieses halbe Dunke besonders an trüben Nachmittagen, wie gestern. Die Nektarinen, die Charaktervögel der Bananen, finden sich hier nicht, weil die Blüten fehlen, aus deren Tiefe sie mit dem langen gekrümmten Schnabel ver= stecktes Gewürm holen. So schweigt ihr Flöten und das eifersüchtige „Zett, zett, zett", das sonst die Haine erfüllt. Nur Fledermäuse hausen hier und tausende von Spinnen vielerlei Art, welche den Millionen von winzig kleinen und von den meisten Vögeln verschmähten Bananen= fliegen nachstellen. Zu 10 und 20 sitzen diese auf den großen Tausend= füßlern, die es hier in Menge gibt, und lassen sich von ihnen, die eine feine Witterung für Bananenschalen haben, zu den faulenden Früchten transportieren. Nur an wenigen Stellen kann die Sonne noch durch das dichte Dach dringen, weil die Kronen Schlinggewächs verbinden, das wohl die Kraft der Fruchtstauden allmählich erstickt, denn sie ver=

lieren in dieser Verwilderung bald die Fähigkeit zu neuen Schößlingen. Allmählich mit stärker werdendem Schatten sterben auch die Gräser und Kräuter zu ihren Füßen ab und nur spärliche Halme schießen hier und da aus der schwarzen Erde.

Die Gegend, durch die wir heute zogen, war mit Bananenschamben bedeckt. Sieht man diese Berge, auf denen sich Hain an Hain reiht, so glaubt man in reichen Gebieten zu sein, aber sie sind alle ausgestorben, keine Hütte mehr und kein Mensch, verlassen und öde liegen sie da und wirken durch den Kontrast noch trauriger als wirkliches Ödland. Das ganze Volk von Kameronse ist vertrieben. Es scheint hier am westlichen Grabenrand ein eigenes Gesetz zu walten; bisher hat sich jeder Sultan stärker gezeigt, als sein nördlicher Nachbar. Das beginnt am Tanganika mit Kinoni, vor dem Gwesche stets auf der Hut sein muß, der seinerseits wieder ständig Bunjabungu bekämpft. Die Wanjabungu verwüsteten dafür das Grenzgebiet der Wanjaitambi, diese das der Ujungu=Leute und die wiederum haben gleich das ganze Kameronse zerstört. Das ist doch eine sehr auffallende Erscheinung, die ich nicht zu erklären versuche, sondern nur konstatiere.

In der Nähe unseres heutigen Lagers, mitten unter den Bananen machten wir einen greulichen Fund. Da lag der Kopf eines höchstens vor zwei Tagen geschlachteten Menschen. Die Ohren, Lippen und das Fleisch von Wangen, Hals und Kinn waren weggeschnitten, die großen Röhrenknochen hatte man zerschlagen, offenbar um Blut und Mark auszusaugen. [1] Die Feuerstelle mit der Asche war noch vorhanden, der blutige Schurz aus Rindenstoff, die Stroh= und Drahtringe des Ge= schlachteten lagen rings zerstreut im Grase. Ich rief die Führer; sie kannten den Mann und sagten, wenn wir suchen wollten, würden wir noch viel andere solcher Reste finden, aber ich verspürte keine Lust dazu. In den „Fliegenden" lesen sich Kannibalen=Witze sehr amüsant, aber die Wirklichkeit ist so ekel= und grauenerregend, daß einem für einige Zeit die Freude an diesen Scherzen vergeht. Da die unteren Lider und die Wangen entfernt waren, lagen die Höhlen der Augen und des Mundes bloß und die nackten, von Fliegen umschwärmten Augäpfel

---

[1] Das konnte auch einen anderen Grund haben, auf den mich mein Freund C. G. Schillings, der Verfasser des nie zu viel gerühmten „Mit Blitzlicht und Büchse", aufmerksam machte. In manchen Gegenden zerschlagen die Eingeborenen den Tieren „die Knochen im Leibe", weil sie dann schmackhafter seien. Geschieht ähn= liches nicht auch bei uns beim Zubereiten mancher Vögel?

boten zuſammen mit dem bis zum letzten Backzahn ſichtbaren Gebiß
den fürchterlichen Anblick eines ſo ſchrecklichen Grinſens, daß ich all
meine ärztlichen Erinnerungen zu Hilfe nehmen mußte, um dieſes Bild
zu ertragen. Die Führer erzählen, daß vor vier bis fünf Monaten
Mwunje das Land überfallen hätte. Was nicht fliehen konnte, ſei ge=
ſchlachtet worden. Die Wahunde hatten immer, wenn ich ſie fragte,
proteſtiert: „ſie ſeien keine Kannibalen". Ich glaubte es ihnen auch,
weil der Körper des jüngſt von meinen Askaris im Dickicht getöteten
noch nach Tagen unberührt war. Auch heute wehrten ſich die beiden
Wahunde, die mir Mwunje gab, gegen dieſen Verdacht, aber ſie können
nicht mehr leugnen, daß ihre Landsleute, die Watembo und Wabembe,
Menſchenfreſſer ſind. Ich frage die Kameronſeführer, wie der Getötete
hierher gekommen iſt, und ſie antworten, daß ſich eine Anzahl Leute
wieder eingefunden hätte, um verſuchsweiſe ihre alte Heimat zu be=
ſiedeln. Aber ſie ſeien vor wenigen Tagen, während ich in Kalunga
war, von den Watembo überfallen und faſt alle verzehrt worden. Auch
hundert Rinder ſeien den Räubern in die Hände gefallen. Was dieſe
Leute zum Kannibalismus verführt, dafür fehlt mir jede Kenntnis und
jedes Verſtändnis. Ich vermute, daß viel Aberglaube im Spiel iſt. Ihre
ſämtlichen Nachbarn verachten ſie grenzenlos deswegen, behaupten
aber auch, daß viele Wahunde demſelben Laſter frönen. Vielleicht wirkt
da eine Art pſychiſcher Anſteckung mit.

Meinen Trägern geht es ſchlecht; ſie haben ſich wieder ſo töricht und
unüberlegt benommen wie einfältige Kinder. In Ujungu lebten ſie in
Hülle und Fülle, überfraßen ſich natürlich, ſo daß die Hälfte an
Indigeſtionen leidet, und waren nicht dazu zu bewegen, aus dem
Reichtum an Nahrungsmitteln, der ihnen faſt umſonſt zur Verfügung
ſtand, einigen Vorrat mitzunehmen. Allah hat bisher geholfen, Allah
wird auch weiter helfen. Nun haben ſie geſtern nichts an Gemüſen oder
Mehl kaufen können, ſo daß ich an beiden Tagen ſchlachten laſſen
mußte. Das bißchen Fleiſch geht bei ihnen aber auf einen hohlen Zahn,
ſo daß ſie leere Magen haben und jammern. Hoffentlich finde ich bald
Eſſen, ſonſt könnte es ein Malheur geben.

15. Februar. Im weſentlichen nordweſtlicher Marſch im Tal, zu
beiden Seiten die reichen und doch ſo armen Berge. Wir erreichten
einen großen Papyrusſumpf namens Kalimiſſamba, in dem mehrere
kleine Bäche und Flüſſe verſickern. Ich ſah heut zum erſtenmale frucht=
tragende wilde Bananen. Sie erinnern in der Form dieſes Stadiums

An stiller Bucht.

an die Kandelaber von elektrischem Bogenlicht. Die reifen Früchte, deren spärliches rosafarbiges Fleisch sich um große, schwarze Kerne lagert, schmeckte fade und nichtssagend. Im Lager kein Eingeborener und keine Lebensmittel. Ich schlachte das vorletzte Stück, und die Träger, die zum Teil schon merkwürdig verfallen aussehen, beginnen sich gegenseitig das bischen Fleisch zu stehlen, infolgedessen viel Zank und trübe, unzufriedene Stimmung. Ich selbst esse sehr wenig, weil mir der tägliche Braten widersteht und mein Koch natürlich versäumt hat, Bataten und Bohnen von Ujungu mitzunehmen. Ich nähre mich von Brot und Kaffee; Konserven konnte ich diesmal wegen Trägermangels nicht mit mir führen.

17. Februar. Was ich all die Tage im geheimen befürchtet habe, daß meine Leute so erschöpft sind, daß irgend ein außerordentliches Ereignis eine Katastrophe herbeiführen kann, das ist gestern eingetroffen. Nun habe ich einen Mann begraben, zwei sind so schwer krank, daß sie ihm binnen kurzem nachfolgen werden; einige liegen halb irr in ihren Zelten und die anderen sind zum großen Teil so schwach, daß, wenn nicht bald bessere Zeiten kommen, wir alle zugrunde gehen. Was war denn geschehen? Nichts weiter als ein Hagelschlag im Urwald. Gerade die scheinbar allergewöhnlichsten Erlebnisse sind im Innern Afrikas die schlimmsten und auch die undankbarsten für den Erzähler. Wer von uns wurde noch nicht von Regen und Hagel überrascht? Aber das ist der Unterschied zwischen einem Unwetter in Europa und dem afrika-nischen Urwald, daß hier die Folgen eintreten konnten, die ich eben erwähnte. (Als ein Jahr später Missionare den schmalen, kaum 3/4 Stunden langen Urwald der anderen Seeseite passierten, noch dazu mit frischen, nicht ausgehungerten Leuten, die sie am gleichen Tage in den Dörfern gemietet hatten, wurden sie von einem Gewitter über-rascht. Als sie ins Lager kamen, vermißten sie drei Träger, die sie am anderen Morgen suchten und neben ihren Lasten tot am Wege liegen fanden. Wohlgemerkt: nicht durch Blitzschlag, sondern nur durch die Schrecken des Unwetters im Walde.)

Ich will versuchen, auf Grund meiner Notizen vom 16. Februar dem Leser ein Bild dieses Tages zu geben, aber ich weiß von vornherein, daß es nur ein Schatten der Wirklichkeit sein wird; und wenn ich mir vornähme, mit allen Kräften zu übertreiben, es bliebe doch nur ein matter Reflex des Erlebten.

Der Marsch begann gestern gleich anstrengend. Wir erstiegen einen hohen steilen Berg, auf dem bis in den Grund zerstörte Dörfer für den Vandalismus der Waregga zeugten. Dann kamen wir in eine Gegend, die wohl auch früher unbewohnt war, und traten allmählich in Urwald ein. Das Wetter war heiter, der Boden nicht schlüpfrig, der Weg nicht ver= wachsen, die Vegetation herrlich, so daß ich die Mühe der kartographi= schen Arbeit infolge mangelnder Orientierung gern übersah. Nach zwei Stunden ermüdender, aber nicht zu arger Steigungen machte ich eine kurze Pause. Als ich aufbrach, trafen gerade die letzten Träger ein, und alles schien verhältnismäßig guter Dinge. Ich konnte keinesfalls im Pori lagern, sondern mußte einen ergiebigen Marsch machen, um endlich in bewohnte Gebiete zu kommen und Gelegenheit zum Nahrungskauf zu haben, denn es war bereits der vierte Tag, den die Karawane bei ganz ungenügender Ernährung zubrachte.

Bald nach Antritt des Weitermarsches verdunkelte sich der Himmel, und von fern her hörte man dumpfen Donner. Vergebens suchte unser eingeborener Führer durch grelles Pfeifen und schrillenden Gesang den Regen zu beschwören, vergebens schüttelte er, während ich vorwärts= trieb, seine Lanze, an deren Spitze er ein Horn gebunden hatte, gegen den Himmel; umsonst rief er den Leuten immer wieder zu, sie möchten beim Überschreiten der Rinnsale ihre Speere nicht ins Wasser tauchen. Die Götter spotteten seiner, und es brach über uns herein und dauerte nur wenige Minuten, bis der wildeste Kampf der finsteren Gewalten entfesselt war. Der Regen vermengte sich rasch mit Hagel, und ich suchte mit zwei Boys Schutz im dichtesten Dickicht.

Wo nehme ich die Worte her, um einen Begriff von dem Höllenlärm zu geben, der jetzt durch den Wald toste? Das war kein Donner, wie ich ihn kannte, das rollte nicht und polterte nicht, nein, das war, als führen tausend Riesenschwerter zischend durch die Luft, als klirrten tausend Riesenschilde wütend gegeneinander, und dann wieder krachte es, als berste die Erde an hundert Stellen und wolle alle Kreatur ver= schlingen. Das brüllte und heulte und raste über uns und schüttelte die Kronen der gigantischen Bäume, daß sie sich tief herabbeugten und die Äste wie fliegende Haare alle nach einer Seite gezogen wurden und das welke Holz prasselnd hinabfiel; das schlug und preschte und peitschte auf das Blätterdach des Unterholzes, daß das Laub bald in Fetzen an den Zweigen hing; das trieb und jagte und wirbelte Blüten und Beeren und Blätter in wildem Tanz umher, daß es aussah, als flöhen sie wie erschreckte Vögelchen vor unsichtbaren Feinden bald

hierhin, bald dorthin und nirgends Ruhe findend. Und in den
Schluchten tobte das Wasser, und der Sturm fing sich in ihren engsten
Rissen und Spalten, daß es unter uns pfiff und brauste und kreischte
und lachte und ächzte, als öffne die Unterwelt ihre Gräber, und als
wollten die Toten alles Lebendige zu sich herabziehen. Nie in meinem
Leben habe ich Gewitter gefürchtet, an diesem Tage lernte ich das Zittern.

Indessen saß ich im Dickicht; das Wasser ergoß sich von allen
Zweigen auf uns, floß mir in den Nacken und den Rücken entlang,
und bald triefte ich am ganzen Leibe; der Hagel war erbsengroß, aber
der Sturm warf ihn mit solcher Gewalt durch das Gezweig, daß ich
Kopf und Hände bald hier, bald da umsonst zu verstecken suchte. Der
Regen war kalt, hundekalt, eiskalt, und ich fror und schauerte in
meinem dünnen Zeug, das überall am Körper klebte, bis in die
Knochen, und der Regen strömte und strömte auf uns herab, immer
tiefer versanken die Füße im Morast, immer stärker fror ich und bebte
mit verklammten Händen, und der Regen strömte und strömte, immer
wilder jagten die Bäche an uns vorbei, in die sich die tiefeingetretenen
Wege verwandelt hatten, und bespritzten uns mit ihrem schmutzigen
Wasser, und der Regen strömte und strömte, und über uns toste der
Lärm der Hölle.

Ich gestehe, als ich so im Dickicht kauerte und fror — nie in meinem
Leben fror ich so — da kam mir einen Moment der feige Gedanke,
mich hinzuwerfen und mich nicht mehr zu rühren; was liegt am Tod,
nur nicht mehr sich wehren müssen. Endlich ließ wenigstens der Hagel
nach, ich raffte mich auf und marschierte weiter. Von den Leuten hatte
ich nichts mehr gesehen, aber ich hatte gesehen, wie meine Boys grau
und aschfarben wurden und Furcht und Frost ihnen alle Glieder schlug,
und ich wußte, daß, wenn ich nicht bald ein Lager fände, wir alle zu=
grunde gehen. Zum ersten Male auf meiner neunzehnmonatlichen Reise
mußte ich die Aufnahme des Weges unterbrechen. Ich marschierte
weiter, aber das war kein Marschieren, das war ein Gleiten, Stürzen,
Klettern, Rutschen, Fallen. Der Weg war zum Wildbach geworden; an
tiefen Stellen, wo auf ebenem Wege ein querlaufender Stamm oder
Wurzelwerk eine Art Stauwerk bildete, stand das eisige Wasser und
reichte uns bis zum Knie; und die Luft war, als der Regen endlich auf=
hörte, rein, aber schauerlich kalt.

Ich wollte, um nur ein Ende zu machen, mehrmals an ganz un=
möglichen Stellen lagern, wo höchstens Raum genug war, um mir eine

Schilfhütte roh zusammenzuschlagen, aber der Führer jagte mich durch die Aussicht auf einen guten Platz immer wieder vorwärts. Endlich lichtete sich der Wald, wir überschritten einen reißenden Fluß, die Bäume stehen vereinzelter, Riesenfarne verdrängen das Unterholz und zuletzt treten wir, was ich kaum noch zu hoffen wagte, ins Freie. Ein kahles gebirgiges Grasland ohne Strauch und Baum, selbst ohne Bananen, dehnt sich endlos, endlos vor uns aus. In trostlos weiter Ferne sieht man auch Hütten, aber sie scheinen unbewohnt, kein Rauch steigt von ihnen auf. Das Land heißt Kischari. Überall an unserem Wege liegt noch der Hagel, der als er den Abhang hinabrollte, in allen Vertiefungen hängen blieb und sich zu großen Haufen aufschichtete. Um 3 Uhr — 4 Stunden waren seit Beginn des Unwetters verstrichen — hielt ich mit den Führern und einigen Askaris auf einem langgestreckten Kamm. Die Sonne bricht für Augenblicke durch das graue Dunkel, aber bald verschwindet sie wieder hinter Wolken, ein kalter Wind weht uns feuchten Nebel zu, der wie Dampf aus allen Tälern und Schluchten aufsteigt, und ich werde wie ein Fieberkranker von Frost geschüttelt, daß mir die Zähne heftig gegen einander schlagen.

Aber nach einer Stunde kamen die ersten Träger, zum Glück auch das Zelt und — ein Frottiertuch, und ich wurde wieder Mensch. Um 5 Uhr erscheint ein größerer Trupp, unter anderen der Träger der Bettlast; sie ist durchnäßt, weil sie der schützenden Hülle entbehrt, seitdem ein Jahr vorher am Njawarongo ein Dieb die Geschmacklosigkeit hatte, mir eines Nachts den wasserdichten Segeltuch=Sack zu stehlen und irgend einer mir dunklen Bestimmung zuzuführen. Um halb 6 meldet man mir, daß einige Leute unterwegs liegen geblieben oder unfähig oder zu schlaff sind, um weiterzugehen; so muß ich $1/4$ Stunde danach mit 2 Askaris den Weg zurückkehren.

Nach Sonnenuntergang erreichen wir den Fluß am Urwaldrande; 2 Träger liegen jenseits am Wege neben ihren Lasten; Finesse, der alte Mnjampara, läuft wie ein wildes Tier im Käfig unter den Uferbäumen auf und ab, und ein kleiner Askaribot kauert neben dem Wasser, murmelt vor sich hin und wirft einen Stein nach dem anderen in den Fluß, als wollte er ihn damit ausfüllen. Ich rede den Trägern zu, aber sie erklären apathisch, lieber sterben zu wollen, als sich zu erheben; sie wiederholen es, als ich ihnen sage, daß das Lager nahe sei. Ich wende mich an Finesse, aber er schüttelt nur den Kopf und ruft wohl zehnmal hintereinander in kläglichem Ton „nakufa baba", „ich sterbe, Vater"

und ſetzt ſeine Wanderung fort. Mit dem Jungen aber iſt gar nichts zu
wollen; er ſieht mich nur verſtändnislos an, rollt die Augen, murmelt
immer denſelben unſinnigen Ziſchlaut und greift nach einem neuen
Stein. Der Peppo[1] hat ihn gepackt, ſagen die Askaris. Und nun — es
mußte etwas geſchehen. Der Regen hatte bereits unterwegs wieder
begonnen, jetzt fällt er ſtärker, es dunkelt raſch und hinter dem Wald=
rand herrſcht ſchon Finſternis. Ich verſuche es noch einmal mit Zureden,
aber als das nichts hilft, ſuche ich mir nach Xenophons Rezept einen
Stock und prügle auf ſie ein. Sie werden es mir noch einmal danken.
Solchermaßen treibe ich ſie zum Lager; noch fehlen viele Träger, aber
ich kann in dieſer ſchwarzen Nacht nicht noch einmal umkehren; auch
würde ich ſelbſt zuſammenbrechen.

Trotzdem ich totmüde bin, kann ich in dem feuchten Bett nicht ein=
ſchlafen, überdies quält mich das Bild der Leute, die dieſe Nacht ohne
Feuer und Eſſen im Urwald zubringen müſſen. Um Mitternacht treffen
ſie noch ein; ein einziger ſei allein im Walde zurückgeblieben.

Sobald der heutige Tag graute, brach ich mit einigen Leuten auf, den
Träger Semakweli, einen kräftigen hübſchen Burſchen vom Rufidji, zu
ſuchen. Mir ſchwant das Schlimmſte. Nach einer Stunde fanden wir ihn;
mitten auf dem tiefeingetretenen ſchmalen Pfade lag er quer über ein
Wurzelſtück auf dem Bauch. Den Kopf und die Bruſt tiefer. Das Geſicht
war in den Schlamm gedrückt, die Hände gekrallt, Mund und Naſe voller
Erde. Er war ſchon kalt und ſtarr. Entweder war er hier zuſammen=
gebrochen und zu ſchwach, ſich zu erheben, in der Pfütze ertrunken
oder er hatte demſelben Gedanken, der mich geſtern einen Moment
gefaßt hatte, nachgegeben und hatte ſich wie die Träger am Fluß
hingeworfen, um zu ſterben. Seine Laſt liegt zerbrochen nicht weit
von ihm, die Bücher und Diarien, die ſie enthielt, ſind über den Weg
verſtreut und in ſchrecklichem Zuſtande. Ich ſuche alles zuſammen, aber
einige Tagebücher ſind fortgeſchwemmt und nicht mehr zu finden, zum
Glück nicht geographiſchen Inhalts. Ich ſchickte ins Lager, um Schaufeln
zu holen, und wir begruben ihn im Dickicht abſeits des Weges nach
dem Ritus ſeines Glaubens. Wir hatten noch nicht die letzte Scholle auf
ſein Grab geworfen, als wieder neuer Regen und Hagel losbrach und
die Wege in Bäche verwandelte, aber heute berührt es mich wenig,
weil ich ein trockenes Lager nahe wußte.

Zum Marſchieren war es heute zu ſpät geworden, auch wollte der

[1] Wer dieſe myſteriöſe Perſönlichkeit iſt, berichte ich im nächſten Briefe.

Regen den ganzen Tag nicht aufhören. Das war schlimm, denn es ist heute das fünfte Hungerlager. Ich ließ die letzten drei Hühner und die letzte Ziege schlachten und verteilen. Von den Eingeborenen hatten sich nur drei Leute eingestellt, aber nichts zum Verkauf gebracht. Ich sah heute, daß es viele Dörfer gibt, die ich gestern nicht erkannt hatte, weil sie alle auf den höchsten Gipfeln der steilsten Berge hinter einer dunklen Mauer sich verstecken. Die Felder, fast nur Bohnen, liegen dagegen tief unten in der Nähe der Gewässer und bei ihnen für die Säer und Schnitter eine Anzahl Hütten, die Dörfer vortäuschen. Jede Hütte, auch die in den Dörfern, hat zwei sich gegenüberliegende Türen. Ein Kind könnte aus alledem die Geschichte dieses Landes schreiben. Die Feinde sind Waregga, Watembo und Wabembe von jenseits der Randberge aus dem Wald= gebiet des Kongo, unter ihnen auch belgische Meuterer, die hier mit ihren Donnerbüchsen furchtbar gewütet haben sollen.

18. Februar. Ich marschiere heute, um Essen zu finden, trotzdem ich mich krank fühle. Wir erblicken auch bald ein Dorf uns gegenüber, aber sobald wir über den hohen Kamm tauchen, tönt von allen Bergen der dumpfe Schall der Pauken und die Leute fliehen die Hänge hinauf. Meine ausgehungerte Karawane rast den Abhang hinab in der Hoffnung, daß die Eingeborenen nicht Zeit haben werden, alle Nahrung mit sich zu schleppen. Erschöpft kommen sie an und schauen in alle Hütten, aber außer einem nicht eßbaren alten Weibe ist nichts zu finden. Das Dorf ist schon seit Unzeiten verlassen und die Leute kamen nur, um aus den alten Hütten Brennholz zu schlagen. Inzwischen gelang es den Askaris, einige Flüchtlinge zu fassen. Sie sagen, Hungersnot herrsche im Lande, sie selbst nährten sich von wilden Kräutern, und sie schauen wahrhaftig danach aus. Man sieht ihnen an, daß sie den ganzen Tag zusammen= gepfercht im Schmutz am Feuer liegen, und ihren knurrenden Magen mit Schlaf stopfen. Das war eine schlimme Botschaft, die uns weiter trieb.

Wir passieren einige Dörfer und revidieren jeden Winkel, aber alle Körbe sind leer, wir finden nichts als geröstetes Mark von Bananen= stämmen, allerhand Gräser und Farrnknollen, lauter Symptome einer Hungersnot. Unterwegs treffen wir einige Watussi, die versprechen, uns in ein Dorf zu führen, wo wir Nahrung finden sollen; aber nichts finden wir als einen halben Korb alter Bohnen. In Ermangelung von anderem essen die Träger die unreifen Bohnen von den Feldern, doch sind sie sehr traurig und murren immer stärker „Nach Ruanda".

Ruanda — das schwebt jetzt wie ein Dorado vor ihnen. Ich kann nicht
viel auf ihre Reden achten, denn ich habe mit mir selbst zu tun. Ich
marschierte heute unter heftigen Kolikschmerzen, denn die Durchnässung,
Anstrengung, mangelhafte Ernährung und Aufregung gemeinsam haben
mir einen dysenterischen Katarrh zugezogen, der mich zwingt, seit acht
Monaten zum ersten Male das Krankenbett aufzusuchen. Und meine
Arzneilast liegt fern in Usumbura.

19. Februar. Die Schmerzen haben etwas nachgelassen, aber das
Leiden ist stärker geworden. Aber fort muß ich um der Karawane
willen. Ein kurzer, aber wegen der Steilheit des Terrains ermüdender
Marsch brachte uns nach einem Dorf namens Tschowa. Hier besuchten
uns viele Watussi, freundliche einfache Menschen, aber weder so schön
noch so vornehm, wie die von Urundi und Ruanda; das macht, sie
müssen arbeiten. Denn hier sind sie nicht die Herrscher des Landes,
sondern leben in isolierten Dörfern als Viehzüchter neben den acker=
bauenden Ureinwohnern. (Es ist überhaupt merkwürdig, eine wie
scharfe Grenze der Russisi und Kiwu in dieser Beziehung bilden; östlich
leben die Watussi in Mengen als Könige und Häuptlinge der unter=
worfenen Völker, westlich — nur vereinzelt oder wie in Kischari in
größerer Zahl, aber so oder so nicht als Herrscher.) Ich erzähle ihnen
von der erhabenen Stellung ihrer Brüder und sie streichelten mir
dankbar die Arme; (aber ich glaube, sie taten nur aus Liebens=
würdigkeit so und ich sagte ihnen nichts neues, denn später hörte ich,
daß Kischari das Asyl aller Watussi sei, die aus ihrer Heimat aus irgend
einem Grunde fliehen mußten.)

Mir ging es in diesen und den nächsten Tagen recht schlecht. Mein
Magen war im Gegensatz zum Darm gesund, aber ich hatte nichts, um
ihn zu füllen. Nun, klagt mein Tagebuch, versagt auch die Kuh in ihrer
Milchproduktion und so erscheint auf meiner Tafel nichts anderes, als
dreimal täglich Schnitzbohnen von den Hülsen der unreifen Bohnen.
Ziegenfleisch widersteht mir, wenn ich es noch lebend herumlaufen
sehe, und etwas andres gibt es nicht. Zwar versucht mein Koch mit
rührender Beharrlichkeit, es bald als Kalbskotelett, bald als Rinder=
keule, bald als Goulasch zu frisieren, aber ich schicke es mit gleicher
Beharrlichkeit immer wieder in die Küche zurück; „die janze Richtung
paßt mir nich." Aber trotzdem ließ ich mich dadurch nicht sehr nieder=
drücken, sobald mein Körper seine Krankheit einigermaßen überwunden
hatte. Es ist ja zum Verzweifeln, wenn man sieht, ein wie gebrechliches

Ding unſere Seele iſt und wie ſie jeder Laune der Materie folgt. „Das Leben iſt ein Born der Luſt, ſagt Zarathuſtra, aber aus wem der ver⸗ dorbene Magen redet, der Vater aller Trübſal, dem ſind alle Quellen vergiftet." Das iſt leider nur zu wahr und das ſind die wirklich Großen, die jederzeit ihren Leib bezwingen. Aber auf welchen glückſeligen Inſeln wohnen ſie?

Inſel Kwidjwi, Dezember 1901.

Brief XIV.

Der freundliche Leser — alle Leser sind bekanntlich in der Einbildung des Autors freundlich — hat mich im vorigen Brief vom nördlichsten Punkt des Kiwu durch das zerstörte Kameronse nach Kischari bis zum Dorfe Tschowa begleitet und hoffentlich manche Träne über seine schreckensbleiche Wange laufen lassen. Es wäre wünschenswert, wenn er sich noch einige aufgespart hätte; denn noch war das Ende aller Mühsal nicht gekommen, wie die folgenden Tagebuchblätter erzählen.

20. Februar. Wieder ein Marsch, wie ich ihn als Mensch und Christ all meinen Feinden nächst einem sanften Selbstmord am innigsten gönnte. Erst steil ab von dem hohen Gipfel, auf dem Tschowa liegt und jenseits der Schlucht wieder enorm steil an auf Wegen, die mit Absicht so mühsam wie möglich angelegt sind. Mitten auf dem Anstieg, der mich nach jedem fünften Schritt zur Ruhe zwingt, trotzdem ich mich wieder leidlich wohl fühle, überrascht uns ein tüchtiger Guß und durchnäßt mich in wenigen Minuten. Aber zum Glück ist oben ein kleines Dorf und bald sitze ich in einer Hütte an einem erquickenden warmen Feuer, umgeben von einem halben Dutzend Watembo und einigen Wahunde, die sich alle der Karawane in Ujungu als Trägerboys angeschlossen haben.

Ich mußte lachen, wenn ich daran dachte, was meine Freunde für Augen machen würden, wenn sie mich so gemütlich unter lauter Menschenfressern sitzen sähen. Man wird ja allmählich so stumpf und abgebrüht, daß jede neue Impression die alte rasch verwischt, und daß infolgedessen die Ereignisse der letzten Tage den abscheulichen Eindruck jenes Menschenfleischluncheons in Kameronse so weit abgeschwächt haben, daß ich wieder Sinn für das Komische, das dieser „holden Männlichkeit" anhaftet, habe. Ich schaue mir einen nach dem anderen an. Wer sie so dasitzen sieht, möchte glauben, daß sie alle ganz biedere liebe Jungen sind. Nur die fürchterlichen Kinnbacken der Watembo scheinen zu bestätigen, daß sie die Künstler im Kannibalismus sind, als die sie verschrieen werden. Ich habe den nassen Rock ausgezogen und zum Trocknen über die Knie gespannt. Jetzt strecke ich ihnen meinen nackten Arm hin und frage sie, ob sie hineinbeißen wollten. Dieser Scherz, der bei der

Feigheit der Kerle absolut ungefährlich ist, — ich führe dies an, weil ich daheim ganz unberechtigte Lobsprüche ob meines „Mutes“ über mich ergehen lassen mußte — amüsiert sie kolossal; sie schütteln sich und werfen die Köpfe nach hinten und öffnen den Rachen, der sich fast bis zu den Ohren verbreitert. Und wie sie lachen: als ob ein Dutzend Wasser= pfeifen gluckste. Die Wahunde verhalten sich reservierter, aber nach ihrer Freundschaft mit den Watembo zu schließen, sind sie auch keine Kostverächter. Im Dunkeln, glaube ich, käme es ihnen nicht darauf an, wenn sie mal statt einer Handvoll Bohnen versehentlich ein Stück „kalten Missionars“ erwischten. Doch „solche Dinge tut man, Ede“, denken sie wie Herr Auer, „aber man spricht nicht von ihnen“.

Da saß ich nun mitten unter den edlen Seelen auf einem niedrigen Stück Holz, wie auf einem Schemel; wenn ich zur Türöffnung hinaus= sah, sah ich den kalten Nebel um den Berg wehen und den Regen auf die Dächer und Wege prasseln; hier drinnen aber war es warm und heimlich, denn das Feuer flackerte hoch zur Decke, und die zusammen= brechenden Scheite knisterten lustig. Meine nassen Kleider und Schuhe dampften, der Rauch des feuchten Holzes wollte mir die Augen weg= beißen und die Tränen liefen mir unter den halb geschlossenen Lidern über die Backen. Man schwätzt halblaut in eintönig abgehackten Wor= ten, man legt vorjährige angefaulte süße Kartoffeln in die glühende Asche und verzehrt dann Asche und Kartoffeln; man dörrt frische grüne nasse Tabaksblätter und raucht sie aus kurzen Tonpfeifen. Mein Nachbar zur Rechten zieht aus einer kleinen Kürbisflasche mit zierlich besticktem Rande ein ölgetränktes Stück Rindenzeug, knetet es zwischen den Händen, bis das Öl, ganz schwarz vor Schmutz, ihm über die Finger läuft und schmiert sich dann von oben bis unten ein. Dann reicht er es meinem Nachbarn zur Linken, der desgleichen tut. Und Tabaksqualm und Herdrauch, die brenzlichen Kartoffeln und das Rhi= zinusöl, all das mengt sich zu gar lieblichen Wohlgerüchen: to all the perfumes of Arabia. Aber es dünkt mich gleichwohl behaglich; denn mein Körper fühlt sich wieder wohler, die Kleider dampfen und dampfen und die Wärme dringt mir bis auf die Haut; dann stecke ich mir auch eine Pfeife an und an die Wand gelehnt, lausche ich mit halbgeschlossenen Augen, aus denen die Tränen über die Backen laufen, dem eintönig plätschernden Geschwätz und denke der fernen Heimat und derer, die ich verließ, während der Regen leise gegen das Grasdach trommelt, das Feuer qualmend zur Decke flackert und die zusammenbrechenden Scheite lustig knistern und prasseln.

Eine Stunde saß ich schon so und noch hatten die Nachzügler nicht
die steile Höhe erklommen; ich war indes trocken, und so marschierte
ich weiter. Der Regen hatte aufgehört; aber dichte feuchtkalte Nebel
hüllen den Berg ein, immer neue Massen kommen aus der Tiefe, und
kaum zwanzig Schritt entfernt sind die Leute vor und hinter mir
nicht mehr sichtbar. Wir steigen noch weiter hinauf durch Urwaldreste,
zwischen denen Bohnenfelder stehen, die der Ernte nahe sind. Zuletzt
treten wir in einen Hohlweg, der, 3—4 Meter tief, zwischen nackten
Felsen läuft und so eng ist, daß ich fürchte, meine breitgehörnte Kuh
könne ihn nicht passieren. Dom Himmel sieht man kaum etwas, weil
oben sich Schlinggewächs über die schmale Öffnung wölbt. 200 Schritt
steigen wir so steil an — oft über natürliche Treppen — dann stehen
wir plötzlich vor einem engen Tor, das das Ende des Hohlpfades bildet
und mit geringer Mühe von einem Mann verteidigt werden kann.
Gebückt treten wir hindurch und befinden uns in einem großen Dorf,
das uns selbst heute morgen total entgangen war, als noch nicht Nebel
die Aussicht versperrte. Rings herum läuft, wie bei allen Dörfern, eine
sehr merkwürdige Mauer, die aus tausenden von Astgabeln und ge=
spaltenen Wurzelstücken besteht und zehn Lagen in der Breite, zwanzig
in der Höhe bildet, also ein für Eingeborene undurchdringliches
Hindernis. Auf zwei Seiten der Dörfer, die nur durch Hohlwege oder
ganz steile Zugänge zu erreichen sind, befinden sich die Tore, die durch
Bäume rasch und sicher geschlossen werden können. Daß jede Hütte zwei
sich gegenüberliegende Öffnungen hat, erwähnte ich früher. Welche
traurigen Erfahrungen müssen diese Menschen gemacht haben, um zu
solchen Vorsichtsmaßregeln zu greifen und „wann wird ein Retter
kommen diesem Lande"?

Ich nehme es ihnen daher auch gar nicht übel, daß die Ansiedlun=
gen, die wir passieren, meist von Mann und Maus verlassen sind. Die
Einwohner werden zweifellos von dem Weg, den wir einschlagen, be=
nachrichtigt und begeben sich mit aller Habe an sichere Plätze. Es scheint
überhaupt hier Brauch zu sein, uns die Häuser als Lager zu überlassen,
auch das nötige Brennholz an Ort und Stelle zu legen, damit wir nicht
die Hütten demolieren, im übrigen aber unsere Gesellschaft möglichst zu
meiden. Infoldegessen ist zu ethnographischen Käufen wenig Gelegen=
heit. Übrigens habe ich genügend gesehen, um nicht allzu betrübt zu
sein. Die Leute haben wenig am Leibe, und das wenigegl eicht teils
dem, was ich am West=Kiwu oder dem was ich bei den Watussi von

Ruanda gesehen habe. Das schließt natürlich nicht aus, daß ein längerer Aufenthalt doch allerhand Interessantes zu Tage fördern würde.

Es war fürchterlich kalt hier oben und ich bedurfte dicken Unterzeugs und Winterkleider, um mich einigermaßen warm zu halten. Gegen drei Uhr fing der Wind an, den Nebel für kurze Momente zu zerreißen, und dann sah ich Bruchstücke eines der merkwürdigsten Landschaftsbilder. Gegen vier Uhr siegte die Sonne, der Nebel schwand, die Luft war klar und ich genoß von dem Dach einer Hütte aus einen weiten Rundblick nach allen Richtungen der Windrose.

Was der Landschaft den eigenartigen Charakter gab, war die enorme Ausdehnung namentlich nach Südwesten und Westen; ein ungeheures zerklüftetes Gebirgsland. Kette hinter Kette und mit einem Durcheinander von Tälern und Schluchten, daß es über meine Kräfte ging, dieses chaotische Bild zu entwirren und auf seine einfachsten Formen zurückzuführen. Gipfel neben Gipfel, wahre Riesen unter ihnen, und alle überragt von den beiden Kolossen des Wuko und Wikumbur. Und alles kahles, d. h. baum= und strauchloses, von der Abendsonne mit Gold übergossenes Grasland; nur ganz ferne auf der letzten Kette Urwald und im Südwesten der, den wir jüngst durchschritten, sonst nichts als hohes Gras, Gras und wieder Gras, das wie unsere Kornfelder im Winde Wellen schlägt. Nur tief, tief unten stehen wilde Bananen, aber in solchen Massen, daß meine Leute glauben, es seien Kulturen, und ich selbst es glaubte, wenn nicht die hellgrünen, fast silberweiß schimmernden Blätter auch ohne Fernglas genügten, ihren wilden Zustand zu bezeugen. Zahllose gewundene Wildbäche strömen aus allen Richtungen dem nach Norden fließenden Hauptarm zu; bis zu unserer Höhe dringt das Rauschen aus ihren nebeldampfenden Abgründen.

Wo sind die Menschen, die dieses unermeßliche Gebiet bewohnen? Wenn der Herdrauch nicht wäre, der durch die Hüttendächer dringt und, von der feuchten Luft niedergeschlagen, in blauen Schleiern die Gipfel umschlingt, würde nur ein geübtes Auge die Dörfer erkennen, die die Höhen einrahmen. Wie hoch, wie steil, wie zerklüftet auch ein Berg sei — er verbirgt auf seiner Kuppe hinter dunkler Mauer eine Ansiedlung. Diese hunderte von Burgen in dem ungeheuren gebirgigen Grasland bieten einen der sonderbarsten Anblicke, die ich je genoß. Im Südosten erhebt sich der Niragongwe=Vulkan und weiter nördlich uns gegenüber der nach seinem Schutzgeiste Namjagira benannte. Eine Rauchwolke kriecht seinen Abhang hinab. Von ihm aus senkt sich ein

mit dichtestem Urwald bestandenes Gebirge nach Westen mit vielen
Zungen und losgelösten Kuppen. Auch das Tal an seinem Fuße ist
waldbedeckt. Nach Nordnordost setzt sich der Namjagira ohne scharfen
Übergang in ein Bergland fort, das reich bewohnt scheint und Muschari
genannt wird. Zu unserer Rechten fällt unser Berg jäh und tief zu einem
von kahlen Hügeln eingerahmten Sumpf ab. Nach vorne d. h. nach
Nordost dehnt sich ein Becken mit Sumpf und vier kleinen Seen, die
früher ein einziger gewesen sein sollen und wechselnden Wasserstand
haben. Der größte von ihnen ist der Muntaragga, von dem ich schon
tagelang vorher gehört hatte. Das Ende des Beckens sah ich nicht, weil die
Nebel sich wieder dichter schließen. Eingerahmt ist es von wilden zer=
rissenen Bergen, in denen zerstreut und versteckt räuberische Wabembe
leben sollen.

Der See zu unseren Füßen wird auf zwei Seiten von Urwald, auf
der dritten von kahlen Hügeln und im Westen von Papyrussumpf um=
rahmt. Zahlreiche helle Schilfinseln ziehen sich in die dunkle Flut hin=
ein. An ihrem Rande stehen Tausende weißer Vögel, die ich für Störche
halten würde, die aber nach der Beschreibung der Eingeborenen Fla=
mingos sind. Von Zeit zu Zeit fliegt eine Partie wie eine weiße Wolke
auf, fällt aber bald wieder in der Nähe in das Schilf ein. Nicht weit
von ihnen steht eine Büffelherde, die ich zuerst für Erdhaufen gehalten
hatte; Leib an Leib, die vordersten halb im Wasser; ich schätzte sie auf
400 Stück. Nach Aussagen der Führer sollen sie zweimal im Jahre über
die Berge zum Rutschurru hinüber wechseln.

Durch mein Glas kann ich sie deutlich sich bewegen sehen. Wieder,
wie schon so oft, tauchten mir beim Anblick dieser Tiere mitten in der
unendlichen Einsamkeit dieser kalten Wildnis, auf die jetzt die in Ne=
beln versinkende Sonne durch jede Spalte des Gewölks purpurrote Strah=
len sendet, längst vergessene Bilder aus alten Reisebüchern meiner
Kindheit auf.

Auf Grund der heutigen Rundschau beschließe ich nicht weiter nach
Norden zu gehen. Ich müßte erst tagelang durch Pori und später durch
auch nur spärlich besiedeltes Land, das hält meine Karawane nicht
mehr aus. Seit heute wird zwar durch Vermittlung der Watussi etwas
mehr Nahrung gebracht, aber doch nicht genügend, um ihr Wohlbefin=
den auf den alten Status zu bringen. Und da auch meine Tauschwaren
nur noch für vier Wochen reichen, beschließe ich, nach Osten zu biegen
und über den Abhang des Namjagira=Vulkans nach Ruanda zu mar=

ſchieren. Meine Leute brachen in wildes Hurra aus, als ich es ihnen mitteilte.

22. Februar. Es gibt immer noch neue Weghinderniſſe, deren Be=kanntſchaft ich auf dieſer Reiſe machen ſoll. Geſtern war es ein ganz infames Dickicht aus einem Flechtwerk von Schilfgras und einem mir fremden dornigen Strauch, durch das wir ſtundenlang marſchieren mußten, nachdem wir unſern hohen Lagerberg hinabgeſtiegen waren. Alles flucht, ich, weil ich bei jedem zehnten oder zwanzigſten Schritt die Kompaßableſung notieren muß, und die Träger, weil das Gezweig die Laſten auf ihren Köpfen und Schultern feſthält, ſo daß es fortwäh=rend Stockungen gibt. Dann gab es einen Flußübergang und jenſeits wieder ſteil hinauf; hinauf unter Ach und Weh. Auf dem Kamm treffen wir ein leeres Dorf, in dem ich uns eine Ruhepauſe gönnen will, und dort ereignete ſich, was mir dieſen Tag unvergeßlich machen wird.

Als ich mich gerade zu kurzer Raſt geſetzt hatte, meldete mir der Askari Mauledi, der die Arrieregarde ſchließt, daß in der Nähe des eben paſſierten Fluſſes ein einſamer Elefant im Grasdickicht ſtehe. Das war nicht unwahrſcheinlich, weil wir alle dieſe Tage viel friſche Loſung und Fährten geſehen hatten. Ich kehrte alſo mit Mauledi und zwei anderen Leuten um bis zum Ende des Kammes. Hier zeigte er mir tief, tief unten, dicht am Fluſſe eine Stelle, wo das edle Wild ſtehen ſollte. Ich ſah zunächſt nichts als zwei Bäumchen, die von hier oben aus Sträuchern glichen, und zwiſchen ihnen einen hellrotbraunen Fleck. Von Zeit zu Zeit bewegte ſich das Gezweig, wurde herabgezogen und ſchnellte wieder in die Höhe. Das iſt ein ſehr ſicheres Zeichen, wie ich ſpäter mehrmals konſtatierte; wenn ich im Urwalde durch eine Lücke des Dickichts dies ſtarke Emporſchnellen von Zweigen ſah, durfte ich ſicher ſein, daß dort ein Elefant äſte. Damals aber kannte ich es noch nicht und, da der Hauptfleck ſo auffallend rot war, durfte man an alles andere eher denken — beſonders an ein Rind —, als gerade an einen elephas. (Das war keine törichte Vermutung, weil es hierzulande gar nicht ſelten iſt, daß ein älterer Stier melancholiſch wird, ſeine Herde verläßt und ſich im Pori einem Einſiedlerleben ergibt. Schoß doch neulich einmal ein Europäer in Urwaldwildnis ſolchen Bullen und zer=brach ſich den Kopf über die unbekannte Büffel=Art, die er zur Strecke gebracht hatte.)

Ich ſtieg den Abhang etwas hinab und erkannte von einem günſtigen Standpunkt aus mit dem Glaſe deutlich, daß es doch ein Elefant war.

Er hatte den Kopf von uns abgewandt und weidete nichts ahnend, ab und zu mit den Ohren klappend und mit dem Rüssel Blätter herab= holend. Der Wind stand sehr gut. Da ich aber nicht hoffen durfte, durch das enorme Grasdickicht unbemerkt anschleichen zu können, gab ich den Gedanken an die Jagd auf und befahl den Askaris, eine Schreck= salve abzufeuern, wenn auch auf gut Glück mit Visier 400 Meter in die Nähe des Tieres zu halten — sie gehörten ja zu denen, die die dicksten Bataten ernten, also wäre alles möglich gewesen. Natürlich dachte ich nicht ernsthaft an Treffer, sonst hätte ich selbst geschossen; das wollte ich aber deswegen nicht, weil mir daran lag, die Flucht des Dickhäuters zu beobachten. Ich hatte so oft von ihrer unglaublichen Schnelligkeit gehört, jetzt wollte ich es selbst einmal sehen, da kein Ort zur Beob= achtung günstiger sein konnte als der meine, von dem aus ich mehrere Quadratkilometer des Tales übersah.

Aber die Askaris nahmen die Sache ernster als ich, erklärten, sie bekämen den roten Fleck nicht in die Kimme und wollten versuchen, näher heranzukommen. Mit einem Seufzer an den Aufstieg denkend, gab ich ihrem Wunsche nach. Es gab nur eine Möglichkeit, nämlich eine Nase herabzusteigen; dadurch konnten wir näher, aber auch in ungünstigeren Wind kommen. Trotzdem wir nicht sonderlich geräusch= los durch das Hochgras uns den Weg bahnten, äste das Tier ohne Mißtrauen wie vorher und ging nur wenige Schritt zu dem nächsten Bäumchen weiter. Als wir noch etwa 250 Meter entfernt waren und es zwischen den Fluß und unserer diesem parallel laufenden Bergnase hatten, mußten wir Halt machen; denn hier, wo der Hang steil abfiel, hätten wir wegen des hohen Grases nichts mehr gesehen. Auch von hier aus war nur noch ein Stück des Rückens sichtbar, aber doch genug, um zielen zu können. Ich wollte tiefer halten, um eventuell ein Bein zu treffen, weil diese schweren Dickhäuter auf drei Beinen nicht laufen können. Den beiden Askaris befahl ich, sich ebenfalls fertig zu machen und sofort hinterher zu schießen, falls er auf meinen Schuß nicht falle.

Natürlich geschah, was ich mir hätte denken können, ich hatte kaum abgezogen, als im gleichen Moment rechts und links von meinen Ohren zwei Gewehre krachten, daß mir noch tagelang das Trommel= fell summte. Aber zu Rekriminationen war jetzt keine Zeit; denn der rote Fleck verschwand sofort nach unten. Der Elefant war scheinbar zusammengesackt.

Bis jetzt war die Jagd ein Kinderspiel gewesen, nun begann der

Ernst. Denn wir mußten versuchen, in dem hohen Grasdickicht, in dem wir weder uns noch das Tier sehen konnten, an unser Ziel zu kommen, dessen Richtung wir ungefähr wußten. Wir konnten aber nie sicher sein, daß nicht plötzlich über uns ein Rüssel auftauchte, der den vordersten verdientermaßen am Kragen packen würde.

Da die Askaris, wie ich ihnen anmerkte, einen Heidendampf vor dieser Möglichkeit hatten, setzte ich mich anstandslos an die Tête, und infolgedessen war ich es auch, der auf etwa dreißig Meter das Tier wieder zuerst erblickte, wie es aufrecht, abgewandt, den Rüssel in die Höhe gestreckt und, ihn nach rechts und links schwenkend, das hohe Gras überragte. Ein kurzer Pfiff zwischen den Zähnen — das verabredete Signal, stehen zu bleiben — dann hob ich so leise wie möglich die Büchse, zielte in den Nacken, zog ab, und zum zweiten Male brach der Elefant zusammen. Mit wieder fertigem Gewehr lauschten wir. Nichts ist in der in Mittagsgluten schlafenden Landschaft hörbar als das Brechen von trockenen Ästen und ein leiser, keuchender Laut. Vorsichtig näherten wir uns auf fünfzehn Meter. Aber der Koloß lebt noch und schwenkt wie vorher den hoch erhobenen Rüssel wie eine Fahne, nach seinen unsichtbaren Feinden in ohnmächtiger Wut nach rechts und links greifend.

Jetzt traten die Askaris in Aktion; sie haben keinen kleinen Respekt vor dem Rüssel, der mkonga, und bitten sie „töten" zu dürfen. Eigentlich mehr, um ihnen das Schießen zu gönnen, als aus Unüberlegtheit gestatte ich es ihnen, worauf ein wohlgenährtes Schnellfeuer beginnt. Trotzdem bei der kleinen Entfernung jedes Geschoß sitzt und der Rüssel jedesmal scharf herunterklappt, steigt er doch immer wieder sofort auf, wie selbstverständlich, da alles Fleischschüsse sind und die Qual des Tieres nur unnütz verlängern. Nach dem sechsten Schusse „blase" ich ab, gehe in kleinen Bogen rechts auf fünf Schritte heran und töte es durch einen Gehirnschuß. Noch zuckten die Muskeln und machten reflektorisch vernünftige Abwehrbewegungen, als ich schon übermütig auf dem Rücken des Elefanten saß; das war töricht und unrecht, dieses, weil er die Hybris nicht verdiente, denn die zwanzig Minuten, die ihn die Zerschmetterung des Beines oder der Wirbelsäule bei vollem Bewußtsein in wehrloser Pein leiden ließ, müssen gräßlich genug gewesen sein und töricht, weil gar nicht selten die letzten Verblutungskrämpfe großer Tiere den Umstehenden sehr gefährlich werden können, wie ich es selbst einmal an einem Träger nach der Erlegung eines Flußpferdes erlebte.

Meine Leute brachen in ein dreimaliges Hipp Hipp Hurra aus, dem fern von der Höhe, wo meine Träger, durch die Schüsse angelockt, erwartungsvoll stehen, ein Echo antwortete. Nun stieg ich gern hinauf und schlug oben das Lager auf, während mein eingeborener Führer, der immer wieder die kleinen und doch so wirksamen Geschosse verwundert betrachtete, seine Landsleute holen ging, um das Elfenbein herauszubrechen.

Gegen 4 Uhr begann der zweite Teil des Programms, der mir fast interessanter war als der erste. Gab er mir doch vor allem Gelegenheit, eine größere Zahl Eingeborener kennen zu lernen, die der Führer herangeschafft hatte. Es waren meist sehr kräftig gebaute, aber schlecht genährte Leute. Ihren Körper hatten sie mit einer Mischung von Rizinusöl und einer roten, lateritähnlichen Erde gesalbt, so daß ihre Haut ein merkwürdig karminfarbenes Aussehen hatte, ähnlich der des Elefanten, dessen auffallende Färbung durch Wälzen in einer flachen Suhle erzeugt war. Sie hatten zum Teil große Äxte mitgebracht, um möglichst rasch die Zähne herauszuholen und dann den Braten unter sich zu teilen, ob dessen sie in diesen schlimmen Zeitläuften außer sich vor Freude waren. Meine eigenen Leute aßen nichts davon, weil das Tier ja nicht rituell geschächtet war; sie möchten es zwar sicherlich alle sehr gern, aber jeder geniert sich vor dem andern. Sechs Mann arbeiteten gleichzeitig mit den Äxten, nachdem das Gesichtsfleisch abgeschnitten und vor allem der beste Bissen, der Rüssel, in Sicherheit gebracht worden war. Sie hatten sich um Stirn und Hals grüne Rankengewinde gelegt, weil die Pulpa sonst die Augen vernichte, wenn sie bei zufälliger Verletzung der Zahnschale herausspritze. Es ist sehr sonderbar, wie weit verbreitet dieser Glaube ist; ich meine fast überall in Afrika, wo es Elefantenjäger gibt. Die Arbeit des Herausbrechens ist enorm; denn bekanntlich sitzen die Stoßzähne bis dicht unter dem Auge im Knochen. Erleichtert wurde sie durch die Art, wie der Elefant zusammengesunken war. Er saß in einer kleinen Mulde, die Vorderbeine auf dem erhöhten Rande und den Kopf aufrecht, so daß man von beiden Seiten gleichzeitig schaffen konnte. Der Eifer, fertig zu werden, war außerordentlich. Die an den Zähnen arbeitenden fürchteten, daß die unbeschäftigten Zuschauer das beste Fleisch kapern würden, daher baten sie uns, die wir zu fünf auf dem Rücken des Tieres saßen, sie mit Zweighieben fernzuhalten. Aber viele stürzten sich doch immer wieder auf den Hals unter dem Vorwande, daß dort der Knochen ent-

blößt werden müßte. Da immer mehrere an einer Stelle herum=
schnitten, mit der Linken das Fleisch anspannend, mit der Rechten das
Messer handhabend, so geschah es oft, daß, wenn der letzte Schnitt er=
folgte, zwei oder drei Leute das gleiche abgetrennte Stück mit ihrer
Linken umklammerten. Das gab dann ein großes Gezerr und Getue,
wobei sie sich nicht nur anfauchten und anschrien, sondern auch, da ihre
Backentaschen mit Fetzen rohen Fleisches angefüllt waren, in der Auf=
regung gegenseitig „besprühten", bis ihre Gesichter glänzten, als läge
auf ihnen dichter Morgentau — kurz, sie machten ein Gezeter, als
stände mehr noch als ihre Seligkeit auf dem Spiel. Aber der Magen
knurrt und die Seligkeit nicht — wenigstens hat nicht jeder Ohren, um
sie zu hören. Hm!

Nach einstündiger Arbeit baten sie mich um Kraftarznei, ich hatte
keine andere als das Versprechen eines schönen Bakschischs. Die Nacht
brach herein und man arbeitete bei Mondschein weiter. Es war alles
mögliche, daß um 9 Uhr die Zähne ausgelöst waren; da sie aber noch
in den Oberkiefern steckten, waren sie so schwer, daß sie abwechselnd
durch acht Mann den steilen Berg hinaufgetragen werden mußten. Ich
war vorausgegangen und schickte ihnen Ablösung mit Magnesium=
fackeln entgegen.

Gegen 10 Uhr kamen sie schreiend und singend ins Lager. Es war
ein Höllenlärm. Die Weiber gellten ihre Triller, die Trommeln rasten,
die Kinder brüllten, die erschreckten Karawanenaffen und =Hühner
kreischten und gackerten — es war fürchterlich. Die Zähne legten sie
in den Lichtkegel meiner Lampe vor das Zelt, dann umtanzten sie sie
in wildem Galopp und zuletzt liefen Männlein und Weiblein über die
Zähne hinweg, um dadurch des Elefanten Kraft und Schnelligkeit zu
erlangen, was mir namentlich für das schöne Geschlecht sehr wichtig
schien. Es ist zu kindisch, aber ich bin seit gestern in der Achtung meiner
Leute um eine Himmelsleiter gestiegen. Noch tief in der Nacht hörte ich
aus ihren erregten Gesprächen und Gesängen immer wieder den Refrain,
daß ihr baba einen Elefanten geschossen habe und einen größeren, als
alle Wasungu, denen sie früher gedient hatten.

Als ich heute morgen aufstand, waren die Zähne schon völlig aus
den Kieferknochen bloßgelegt. Die Pulpa wurde gerade vorsichtig
herausgezogen, in eiligem Lauf davongetragen und vergraben. Auch
ein weitverbreiteter Aberglaube. Die Zähne stellten ein kleines Ver=
mögen dar; sie waren exzeptionell groß, 2,50 und 2,60 Meter lang,

und je 120 Pfund schwer, d. h. nach dem Antwerpener Marktpreis
über 3000 Franks wert. Solche alten, einsam weidenden Bullen haben
ja fast immer respektable Stößer. Ich war sehr froh, denn wenn ich
auch nur im Notfall daran denken würde, die Zähne zu verkaufen,
trotzdem sie wegen ihrer Größe keine Trophäe für eine bürgerliche
„gute Stube" sind, und wenn auch 3000 Franks kein Königreich be=
deuten, so sind sie in einer halben Stunde gewonnen, auch kein
Pappenstiel und ein Notgroschen für eine unsichere Zukunft. Wer
verdient das sonst in solcher Zeitspanne? nicht einmal ein lyrischer
Dichter. — — —

Als ich heute morgen kurz nach 7 Uhr noch einmal an den gestrigen
Kampf= und Arbeitsplatz hinabstieg, sahen meine Augen etwas Un=
glaubliches. Obstupui, steteruntque comae, vox faucibus haesit.
Von den 50 oder 60 Zentnern, die solch ein Koloß an Fleischmassen
wiegen mag, war nicht mehr so viel da, um ein Huhn sättigen zu können.
Wie mit einem feinen Raspatorium abgeschabt lagen ringsum Knochen
und Haut im Grase. Kaum daß noch irgendwo an einem Wirbel oder
Gelenk größere Fettpartikel saßen. Daß die 40 Leute von gestern alles
weggeräumt haben, scheint mir unmöglich. Es müssen sich nahebei
Hunderte Eingeborene verborgen gehalten haben, die nach meinem
Weggang gemeinsam mit den anderen die Nacht hindurch bei Mond=
schein gearbeitet haben. Dafür sprachen auch die vielen Aschenhaufen
ringsum. Aber stupend blieb es trotzdem.

Sehr in Verlegenheit kam ich durch meinen Trägermangel. Woher
die Leute für den Transport der Zähne nehmen? Schließlich arrangierte
sich auch dies. Was irgendwie in meinen Lasten zu entbehren und
wertlos war, mußte ich fortwerfen, andere fügte ich zusammen, so daß
je zwei zu einer wurden; und leichtere Objekte gab ich den Ruanda=
jungen der Karawane. Einer der beiden Wahunde, der die Last des
toten Semakweli übernommen hatte, war übrigens des Nachts geflohen
und hielt sich, verlockt durch den Fleischreichtum, bei den Wanjakischari
verborgen.

Wir machten heute — 22. Februar — nur einen kurzen Nachmittags=
marsch und lagerten in einem kleinen Dorfe dicht am Pori. Die Land=
schaft leuchtete im Abendsonnenschein voll lieblichen Reizes. Die Berge
waren mit einem lichten Wald weißstämmiger, schlanker, zartbelaubter
Bäume wie mit schimmernden Birken bestanden, dazwischen die grünen
Wiesen und Bohnenfelder oder die goldgelben Ulesikulturen im Feuer

der späten Strahlen. In der Ebene dicht unter uns dehnte sich ein großer dunkler Urwald wie ein riesiger Park aus und hinter ihm tauchten die scharfgeschnittenen Gebilde niedriger kahler Hügel auf.

Im Lager gab es zwei Krampffälle. Nirampetta, eine jener Frauen, die ich in Ruanda loskaufte, erlitt, wie schon öfter, einen epileptischen Insult. Bald darauf fiel auch ein kleiner Boy hin, derselbe, den ich vor wenigen Tagen nach dem Unwetter halbirr am Fluß angetroffen hatte. Es war ein typischer hysterischer Krampf mit Stellungen und Er=scheinungen, als hätte er sie in der Salpetrière bei Charcot studiert. Meine Leute, die bei ihm auch Epilepsie vermuteten, waren aufs höchste verblüfft, als ich Suggestion wirken ließ und den Jungen, der scheinbar bewußtlos auf nichts reagierte, bei Androhung von „25" aufforderte, zu genesen, worauf er bedächtig aufstand und in sein Zelt kroch.

Einen hysterischen Anfall nennen die Karawanenneger peppo, was eigentlich Sturmwind bedeutet. Nur selten äußert er sich als Krampf, viel häufiger in irgendwie unverständigem oder unmotiviertem Be=nehmen: Lachen, Weinen, Singen, Schreien, Schimpfen, Toben usw. Manche können stundenlang dasselbe Lied ableiern, andere einen unsinnigen Laut (z. B. gitsche, gitsche) in infinitum wiederholen oder sie begehen törichte Handlungen.

So erinnere ich mich eines Negers, der scheinbar nicht von dem Plan abzubringen war, seine Hand über dem Herdfeuer zu rösten. Ich sage scheinbar, denn es ist viel Simulation im Spiele. Mag auch der Anfall meist autosuggeriert sein, die Besinnungslosigkeit ist fast stets geheuchelt. Die Sucht, eine Zeitlang den Mittelpunkt des allgemeinen Interesses zu bilden, löst in der Mehrzahl der Fälle die hysterische Attacke der Schwarzen aus. So bin ich auch überzeugt, daß jener eben erwähnte Mucius Scaevola sehr rasch seine Hand aus den Flammen gezogen hätte, wenn seine entsetzten Gesellen ihm Freiheit gelassen hätten, statt ihm immer wieder in die Arme zu fallen. Heri, einer meiner Leute in Bergfrieden, tobte eines Abends nach einem Streit mit seiner Gattin fürchterlich und schwor sich zu erschießen; eine Viertelstunde kämpften seine Kameraden schon mit ihm, um ihn festzuhalten, als ich hinzukam. Ich ließ ihn in seine Hütte bringen, reichte ihm sein geladenes Gewehr und schloß hinter ihm die Tür. — Das war von mehr als $1^1/_2$ Jahren und er hütet noch heute mein Dorf, während ich in Kwidjwi auf Expedition weile.

Ein Arzt wird aus dem Gesagten leicht den Schluß ziehen, daß nicht

jeder Peppo mit Hyſterie identiſch iſt. Hyſterie iſt ja eine Konſtitution
Man hat einen hyſteriſchen Charakter oder hat ihn nicht; man erwirbt
ihn ſchwerlich, noch verliert man ihn; Peppo dagegen kann gelegentlich
auch den geſündeſten Neger befallen; am beſten ließe er ſich mit
Tropenkoller übertragen, jener den Weißen oft zugeſchriebenen unbe=
wieſenen Krankheit, die nach meiner Überzeugung überhaupt keine
Krankheit sui generis, ſondern nur eine Form der Neuraſthenie iſt,
die, wenn es Kolonien an den Polen gäbe, als „Polarkoller“ aufträte.
Deshalb täte man beſſer von „Kolonialkoller“ zu ſprechen.

„Den Mann hats“, ſo ſagt das Sprichwort —; auch der Neger ſagt
es vom Peppo, und wer über guten Willen und ſchlechtes Deutſch
verfügt, kann noch hinzudichten:

> „Geiſt haben“ fällt oft ſchwer,
> „Vom Geiſt gehabt ſein“ weniger.“

Die Neger glauben nämlich, daß im Peppo ein Mſimo, d. h. ein
Dämon, ein Geiſt von dem Kopf des Kranken Beſitz genommen hat. —
Iſt die Attacke vorüber oder dauert ſie ſehr lange, ſo wird zum „Arzt“
geſchickt, der auf dieſe oder jene Weiſe die Identität des Geiſtes feſtſtellt
und ihn nach ſeinen Wünſchen fragt, um ihn durch Libationen zu ver=
ſöhnen. Meiſt hat der Dämon denſelben Geſchmack wie der „Arzt“, und
beſonders oft ſcheint er in ſeiner transzendentalen Exiſtenz ein Gelüſte
nach Pombe zu haben. Auch wählt er aus der afrikaniſchen Weinkarte
(Bananenpombe, Sorghumpombe, Honigpombe, Eleuſinenpombe uſw.)
meiſt die Marke, die der Arzt ihm wie ein zuverläſſiger Oberkellner
empfiehlt. Allerdings wird der arme Geiſt ſehr kurz gehalten; denn
ihm fallen nur einige auf den Boden geſprengte Tropfen zu, während
der übrige Inhalt des Topfes in den Magen von Arzt und Patient
„geſprengt“ wird. Kein Wunder, wenn er durch häufiges Erſcheinen
wenigſtens einigermaßen das Quantum für die nötige Bett= bezw.
Grabſchwere zu erreichen ſucht.

Eine beſonders angenehme Villegiatur ſind dem Peppo die Weiber=
köpfe, und er zeigt ſich dankbar dafür. Verſagt ein Ehemann einer
afrikaniſchen Schönen einen bunten Stoff, der ihr Gefallen erregt und
bleibt er hart, trotzdem ſie alle Hilfsmittel ihres Geſchlechts verſchwendet
hat, dann ſtellt, wenn ihr für ſolch ſchnödes Verhalten die Begriffe
fehlen, oft genug ein Peppo zur rechten Zeit ſich ein, und es iſt zehn
gegen eins zu wetten, daß dann der mürbe gemachte Gatte die Tracht
bewilligt, nach der ihr Trachten ſtand. Ich kannte die ſchwarze Wirt=

schafterin eines Europäers, die Vorzügliches in dieser Kunst leistete — denn es ist immerhin eine Kunst, eine derartige Posse zu ersinnen und sein eigener Mime zu sein. Sollten am Ende jene Ohnmachtsanfälle europäischer Damen, für die der Hausarzt die ersehnte Badereise zu verschreiben pflegt, einem seine Forschungsreisen nach Europa aus= dehnenden Peppo ihr Entstehen verdanken? Und müßte eine schwarze Schöne, die zufällig Zeuge solchen Leidens und seiner Therapie wäre, nicht entzückt und angeheimelt ein Tout comme chez nous ausrufen?

Viel seltener als der Peppo, aber doch nicht ganz selten, sind typisch epileptische Anfälle, wie sie oft die arme Nirampetta erlitt. Übrigens sollte ich sie gleich nach der letzten Attacke ihres Leidens für immer ver= lieren. Ich erzählte wohl schon, daß sie vor einigen Jahren geraubt war, aber nur sehr vage Erinnerungen an ihre Heimat hatte. Gestern entdeckte sie plötzlich, daß sie in dieser Gegend zu Hause sei, was sich heute bestätigte, als ihr Ehemann im Lager eintraf, um sie zu rekla= mieren. Ich fragte ihn, ob er mir wohl die 10 Ziegen zurückerstatten wolle, mit der ich sie einst freigekauft hatte, was ihm um so leichter fallen sollte, als sie jetzt sogar um ein Knäblein reicher zu ihm zurück= kehrte, aber er schüttelte nur den Kopf und schüttelte weiter und weiter, als ich immer billiger wurde, acht, sechs, drei Ziegen, schließlich nur eine, dann einen Hahn und zuletzt eine Henne verlangte. Da er immer noch schüttelte, und ich schließlich Angst bekam, der Gemütsmensch könnte selbst dann noch schütteln, wenn ich etwas drauflegen wollte, so gab ich ihr schleunigst die Freiheit, worauf sie, umringt von den Verwandten und Freunden ihres Gatten, im Triumphzuge den hei= matlichen Hügel hinaufgeführt wurde und meinen Blicken für immer entschwand.

Insel Kwidjwi, Dezember 1901.

Brief XV.

Der Leser hat meine Karawane in den beiden letzten Briefen durch die Landschaft Kischari begleitet. Wir hatten am 22. Februar ein kleines Dorf erreicht, das sich dem Abhang eines Berges anschmiegte und unter uns breitete sich eine mit schwarzem Urwald bedeckte Ebene aus, über deren schwankende Wipfel hinweg wir deutlich das jenseitige Gebirge mit den Niederlassungen des Sultanats Muschari schauen konnten. Die Grenze der beiden Länder läuft durch den Wald.

Als ich am 28. Februar unsern Lagerhügel hinabstieg, um diesen Wald zu durchqueren, hatte ich gehofft, daß ich in den letzten Wochen alle Möglichkeiten an Marschschwierigkeiten erschöpft hatte; aber ich sollte an diesem Tage kennen lernen, daß dieses unselige Kischari mir doch noch eine neue Art zum Abschied aufgespart hatte. Mein Führer hatte gesagt, daß es 2 Wege für uns gäbe, einen schlechten und einen guten. Die Wahl war also leicht. Um so größer war die Enttäuschung, sobald wir in den Wald getreten waren. Der Boden ist in seinen tiefen Schichten Lava, die aber nur selten an die Oberfläche tritt. Über ihr liegt eine dicke, schwarze Humusdecke, die während der Regenzeit eine einzige große Kotmasse bildet. Durch sie führt der Weg für Fußgänger und — leider auch — Elefanten, so daß sich ein knietiefes Loch an das andere reiht. Wegen des Lavagrunds senden die Bäume ihre Wur= zeln und Hilfswurzeln möglichst wagerecht, die quer über den Weg verlaufend, wahre Menschenfallen bilden. In der Mitte und in den Elefantenspuren sammelt sich das Regenwasser, aber es ist immer noch vorteilhafter in diesen schwarzen Lachen zu gehen, als in dem daneben= liegenden Morast, weil man so die Arbeit spart, den Fuß nach jedem Schritt aus dem zähhaftenden Schlick herauszuziehen. Als ich nach drei Stunden einen über den Pfad gestürzten Baum benutzte, um im Trocke= nen etwas zu rasten, fragte ich den Führer, ob dies vielleicht der gute Weg sei, was er ganz aufrichtig bejahte, weil man auf dem anderen stellenweise bis zur Brust im Schlamm verschwände. Das war wenig= stens ein gewisser Trost. Nach weiteren zwei Stunden erschöpfenden Patschens und Pantschens traten wir, von unten bis oben bespritzt, ins Freie, d. h. auf wenig verwitterte Lava mit lichter Vegetation, darunter

viel Erikaceen, die ihre Wurzeln in die in alle Vertiefungen angewehte
Erde senken. Über zerriebenes knirschendes vulkanisches Geröll stiegen
wir zuletzt einen Hügel hinan und lagerten in einem, zu beiden Seiten
des Weges symmetrisch erbauten Dorf, das an Stelle eines von den
Waregga verwüsteten hier errichtet war. Wir befanden uns in Muschari;
im Südost der Namjagira-Vulkan, auf dessen Abhang ein kleiner Krater
dicke Rauchwolken ausstößt.

27. Februar. Mit dem Augenblick, in dem wir die Grenze von
Kischari überschritten hatten, schien uns die Ungunst des Schicksals ver=
lassen zu haben. Wohl waren auch in der Folge noch genug Anstren=
gungen zu überwinden, aber sie überstiegen weder allzu sehr das für
jede Expedition unvermeidliche Maß, noch häuften sie sich so, wie in
den letzten Wochen, wo jeder neue Tag seine neue Plage brachte. Ja
ich kann wohl sagen, daß die Summe der Strapazen und Entbehrungen
der verstrichenen 40 Tage nicht geringer war als die der zehnfachen
Zeit während der vorausgegangenen Reisen.

Wir passierten am 27. Februar Muschari, indem wir östlich und nord=
östlich die sanftgeneigten Höhen erstiegen. Überall viel Dörfer und
Leute, die furchtlos und zutraulich die Karawane bei sich aufnehmen.
Am 25. stiegen wir noch höher an, zuletzt durch Bambuswald und ka=
men auf steilem Pfad, über den ein Regenbach uns entgegen= und
hinabstürzte, auf den Rücken der Berge, die sich nach Osten zu einer
breiten Lavawüste senken, die ich fast 3/4 Jahre vorher zu meiner Rech=
ten hatte, als ich von Norden kommend dem Kiwu zu marschierte.
Dieser Tag blieb für meine Leute unvergeßlich, denn sie erhielten seit
Ujungu zum ersten Male wieder Pombe. Am 26. kletterte unser Weg
tief zum Pori hinab, aber vor dem letzten Absturz zauderte er und
folgte einer Platte, die 60 Meter über der Lavaebene liegt. Auf ihr
mußten wir heute nach Nordost weiter durch die Landschaft Mitongo,
weil kein Karawanenpfad durch die großen Lava=Schutt= und =Stein=
massen hindurch nach Osten führt. Ich sehe deutlich in Ruanda einen
meiner Lagerplätze vom vorigen Jahr, aber die Wildnis trennt mich
von ihm wie ein unüberbrückbarer Abgrund.

Herrlich ist — insbesondere morgens und abends — der Anblick
der Vulkankette. Alle 8 türmen sich zum Greifen nahe vor mir auf,
und ich kann mich nicht satt daran schauen, wie kühn geformt ihre
erhabenen Gebilde in den Himmel ragen. Am schönsten sind der Ka=
rissimbi (4550 m) und Mikeno (4500 m), deren stolze Häupter von

Schnee bedeckt die blauen Massive krönen. Jede Furche, jede Rille ist
zu erkennen und scharf gemeißelt hebt sich jede Zacke von der klaren
Luft ab. Aber die Tiefe ist verhüllt. Einen glühenden erstickenden
Dunst haucht die Ebene aus, die mit gelblichem Hochgras und kahlem,
rotbraunem Busch bekleidet ist, wo nicht die nackte, vegetationslose
Lava gleich schwarzen verdrossenen Seen große Flächen bedeckt oder
dunkle Schuttwälle sie wie dicke Schlangenleiber nach allen Richtungen
durchziehen. Jenseits dieser breiten Wüste steigt langsam das grüne,
von tausenden von Gipfeln überragte Ruanda an, das die Basis bildet,
von der die ungeheuren Kolosse der Vulkane einige tausend Meter hoch
emporwachsen.

Stundenlang konnte ich auf dem Rande unserer Platte sitzen, deren
Wand lotrecht nach Osten abfällt, ließ die Beine in den Abgrund hin-
abbaumeln und versuchte das herrliche Bild mit meinen Augen so auf-
zusaugen, daß es nie wieder meinem Gedächtnis entschwinden kann.
Als gestern abend die Sonne schon hinter unserem Rücken versunken
war, und die Vulkane in immer dunkleres Blau tauchten, da wurden
die Gipfel von Karissimbi und Mikeno plötzlich wie von unsichtbarem
Zauberstab berührt und verwandelt. Wie flüssiges Gold rieselte es
über die Nadeln und Zacken und floß leuchtend die Schründe und Risse
bis zur Schneegrenze hinab, wo der Berg es verschlang. Und zwischen
den Goldbächen ragten in purpurnem Glanz die Klippen und Schroffen,
als wollte auch ihnen aus allen Poren das Gold wie Blut schwitzen,
und wäre gebannt und könnte nicht. Als dies Schauspiel seinen Höhe-
punkt erreicht hatte, rief ich die Karawane herbei, um ihr das Alpen-
glühen zu zeigen und zu erklären. Die meisten waren aber zu ehrlich
oder zu faul, um Interesse zu heucheln, einige wenige taten es, aber
ihre Anmerkungen zeigten mir, wie verständnislos sie dieser Majestät
gegenüberstanden, und ich schalt mich einen rechten Esel, weil ich wieder einmal vergessen hatte, daß man auf nacktem Felsen nicht nach
kostbaren Blumen suchen soll. — — — — — — — —

Die Negerseele und die Schönheiten der Natur, darin liegt nicht viel
Rhythmus, noch Zusammenklang. Ich habe oft Europäer sich darüber
entrüsten hören. Aber mir scheint, daß dazu nicht viel Ursache vorhanden ist. Doch verstehe ich den Unwillen. Es ist der Schauder der Erkenntnis, unter Larven die einzig fühlende Brust zu sein; Larven im
Sinne des Unentwickelten, Animalischen, von höheren Trieben Unbe-

einflußten. Und er wirkt um so stärker, weil er den unvorbereiteten, der psychischen Vorgänge im Neger unerfahrenen Neuling meist schon in den ersten Marschtagen befällt, in denen er selbst für all das Fremde um ihn, all das unbekannter Reize Volle am empfänglichsten ist. Aber er wird dann leicht ungerecht gegen den Neger, weil er vergißt, ein wie komplizierter Vorgang das ist, was wir Naturgefühl nennen und wie viel Erinnerungen meist unter der Bewußtseinsschwelle zusammenwirken müssen, damit wir eine Landschaft als ernst oder heiter, als erhebend oder niederdrückend, als feierlich oder alltäglich empfinden können. Wo solche Erinnerungen fehlen, wie bei dem weniger gebildeten Teil der Europäer, fehlt auch ebenso wie bei dem Neger das Gefühl für die Schönheiten der Natur. Das was man an seiner Stelle — und oft es vortäuschend — bei Jägern, Bauern usw. findet, nämlich die Heimat= liebe (oder in ihrer andern Form: das Heimweh) — existiert auch beim Neger. Was ihm vollständig abgeht, ist die Fähigkeit, die Natur losge= löst vom Leben zu betrachten, als Schauspiel, als Gemälde. Seine Nerven und Sinne sind nicht verfeinert, nicht überfeinert genug, um eine Land= schaft als schön zu empfinden, auch wenn sie zugleich Entsetzen und Schrecken einflößt. Und selbst die Ästhetischsten unter uns, sofern sie gesund sind, ertragen auf die Dauer nur eine Landschaft, die in Sinnen, Geist und Gemüt Empfindungen auslöst, die angenehm, wohltuend, „harmonisch" sind. Auch der Neger strebt bei Betrachtung einer Land= schaft nach Harmonie. Aber da sein animalisches Leben viel stärker ent= wickelt ist, als das intellektuelle und gemütliche, so versteht sich, daß diejenige Natur ihm als die schönste und harmonischste erscheint, die seiner Triebwelt am kongruentesten ist. Eine Landschaft ist für ihn schön, wenn sie reich besiedelt und früchteschwer ist, aber eine Wildnis ist ihm immer häßlich. Ein Weg ist schön, wenn er bequem, aber immer häßlich, wenn er beschwerlich ist, und führte er durch die prachtvollste Gebirgslandschaft.

Dabei will ich auf eins besonders aufmerksam machen, trotzdem es so nahe liegt. Das, was auf uns neben der Form am mächtigsten in der Natur wirkt, die Farbe, ist für den Neger fast bedeutungslos. Wie sollte es auch anders sein? Wie groß sind nicht die Unterschiede ihrer Impression auf Kultiviertere. Wie viel mehr Genuß bereitet eine Farbenstimmung einem Künstler, der ihre Geheimnisse bis in die ver= stecktesten Gründe verfolgt, oder einem Dichter, dem sie ein Abglanz seiner phantastischen Träume ist, als gewöhnlichen Sterblichen. Und der Neger sollte von ihr in seinen Tiefen berührt werden?

Wie steht es überhaupt mit dem Farbensinn minder kultivierter Völker?
Man hat versucht, aus ihren Sprachen Erkenntnisse dafür zu gewinnen.
Das scheint mir schon deshalb schwierig, weil sie Farben ganz gut unter=
scheiden, für die sie keine Namen haben, so wie es uns mit Gerüchen
und Geschmäcken geht. Speziell beim Neger übersieht man, glaube ich,
immer, daß er nur die Farben benennt, die er auch darstellen kann.
Bei den meisten Stämmen schwarz, weiß und rot. Völker, die auch einen
anderen Farbstoff bereiten können, z. B. einen blauen, wie die Man=
jema und Waganda haben auch einen Namen dafür (trotzdem blau ein
Wort ist, das in den meisten Sprachen erst sehr spät aufzutreten pflegt).
Alle Dinge, für die der Neger keine Farbenbezeichnung hat, haben ihre
Eigenfarbe: Blätter sind blättern, Messing ist messingsch usw. Man
merkt oft, wenn man ihn prüft, wie er ringt und wie er wohl die grö=
beren Nüancen zu unterscheiden versteht, aber zuletzt erklärt er doch:
Ich weiß nicht, wie diese Farbe heißt. Um das einigermaßen nachzu=
fühlen, versuche man einmal z. B. die Farbe des Meeres bei verschie=
denen Beleuchtungen genau zu benennen. Ein Nichtmaler wird rasch in
Verlegenheit kommen.

Die Farben schwarz, weiß, rot faßt der Neger sehr weit. Den blauen
Himmel nennt er schwarz, wie Virgil die Veilchen; die gelbe Blume
nennt er rot, wie der Dichter das Gold. Merkwürdig ist, daß ihm durch=
sichtiges Wasser oder Glas schwarz heißt (was allerdings nicht viel fal=
scher ist als unser weiß). Ich habe nur selten gefunden, daß mit den
Farben gewisse seelische Vorstellungen verknüpft werden. Am auffällig=
sten war folgendes. Die Wanjaruanda — also ein Stamm tief im In=
nern ohne jede Beziehung zu abendländischen Anschauungen — nennen
„Trauer haben", „ukwirabura" d. h. schwarz sein, und „die Trauerzeit
hinter sich haben", ukwera d. h. weiß sein. Das ist um so sonderbarer,
da meines Wissens die beiden Farben weder in Kleidung noch Be=
malung usw. zur Kennzeichnung ihrer Trauer, beziehungsweise „Ent=
trauerung" verwendet werden. — — — — — — — — —

Ich kehre von diesem Ausflug wieder zur Schilderung meines Reise=
weges zurück.

28. Februar. Wir stiegen heute vollends in die Ebene hinab. Je weiter
man nach Norden kommt, desto älteren Eruptionen gehört die Lava an
und um so stärker wird die sie bedeckende Humusschicht. Stellenweise,
aber sehr dünn verteilt, finden sich die schattenlosen, durchglühten Nieder=

laſſungen der Eingeborenen. Die Hütten haben auch hier 2 Zugänge, die ſich aber nicht wie in Kiſchari gegenüberliegen, ſondern rechtwinklig zueinander ſich öffnen. Das Bett und davor die Feuerſtelle befindet ſich bei der Nebentür. Bis 40 Baumſtützen ſind in den ziemlich geräumigen Hütten verteilt, zwiſchen denen Flechtwerk verſchiedene Abteile und Ver= ſchläge bildet.

In den Steinmaſſen ſtießen wir heute auf einen Teich, dem ein an= ſehnliches Gewäſſer namens Mihondo entſpringt. Offenbar iſt er der Abfluß eines größeren unterirdiſchen Beckens, das den Regen und die vom Gebirge zuſtrömenden, ſich ſcheinbar im Pori verlierenden Bäche ſammelt und dem Rutſchurru (und damit dem Albert=Eduard=See und dem Nil) zuführt. Der Mihondo fließt längs eines hohen Walls von Lava=Schutt und =Steinen, der wie ein Eiſenbahndamm durch die Ebene zieht, nach Nordoſten, meiſt ſehr reißend, dann wieder teichartig auf 100 Meter ſich erweiternd und von einer großen Zahl von Flußpferden und Waſſervögeln belebt. Fußſpuren von allerhand kleinem und großem Wild laufen auf ihn zu, und ſtellenweiſe durchbrechen tiefe Wechſel die von Phönixpalmen dicht umrahmten Ufer. Wir hielten uns meiſt in der Nähe des Stromes und querten den Akazienwald, der dem linken Ufer folgt, bis wir auf eine große, bebend heiße Grasſteppe hinaustraten, in deren Öde einige elende, wenig einladende Dörfer in den ſchweigen= den Mittagsgluten verſchlafen dalagen. Sie gehörten zu dem Sultanat Butundwe. Trotzdem jeder Nerv in mir nach Schatten und friſchen Win= den ſchrie, mußte ich doch unter dieſer grell und ſchmerzhaft leuchtenden Sonne und in dieſer gekochten Luft mein Lager aufſchlagen.

Die Eingeborenen dieſes Gebiets waren freundlich und zutraulich, ſie fragten mich wiederholt, ob ich ein Bruder von Stokes wäre, jenem Engländer, der erſt Miſſionar, ſpäter Elfenbeinhändler war und ſeine Gewinnſucht mit dem ſchmählichen Tod am Galgen bezahlen mußte, den die Belgier ihm allzu haſtig und nach einer Farce, die ſie „Kriegs= gericht" nannten, bereiteten. Er hatte auf ſeinen Handelszügen auch die Gegend nördlich von hier berührt. —

Zu erwähnen iſt, daß die Eingeborenen wegen des heißen riſſigen Bodens Sandalen tragen, aber einfachſter Art. Sonderbar ſind auch ihre Speere, die am unteren Ende keine Zwinge, ſondern hölzerne, bisweilen mit Leder überzogene Anſchwellungen haben, an denen eine lange Schnur befeſtigt iſt. Angeblich dienen ſie zur Jagd auf Affen und Nilpferde.

1. März. Die Nacht war wie immer in den letzten Tagen ſchwül,

mein Schlaf schlecht. Da ich außerdem noch an den Folgen der schlechten
Ernährung und der Strapazen laboriere, ist meine Stimmung im allge=
meinen unter Null. Zu meiner Erheiterung trägt auch nicht bei, daß
einer der schönen Elefantenzähne Miene macht, zu zerspringen. Man
hätte sie in Felle einnähen sollen, aber als ich das vorschlug, lachten
meine Leute, wie die Bauern, wenn ein Städter zu ihnen von Land=
wirtschaft spricht. Ich hätte es gleichwohl getan, wenn die Träger nicht
fortwährend über die Zähne gemurrt und täglich erst einige Stunden
später als wir das Lager erreicht hätten. Die furchtbare Sonnenglut der
letzten Tage, der Wechsel zwischen der feuchtkalten Bergluft und dem
beklemmend heißen Atem der Ebene wirkten zusammen, um den Aus=
trocknungsprozeß des Elfenbeins zu sehr zu beschleunigen. Jetzt natür=
lich ist die Last nicht zu schwer, trotzdem sie mit 10 Fellen umwunden
ist, jetzt kann im Lager nicht genug Gras herbeigeschleppt werden, um
sie in Schatten zu decken, und was nicht alles noch — jetzt; aber mein
Grollen findet bei den Leuten kein anderes Echo, als „amri ja mungu,
Allahs Wille".

Wir wandten uns heute nach Osten. Die Ebene dehnt sich in kaum
merklicher Steigerung nach Nordosten weiter. Mit 2 kleinen Märschen
soll der Albert=Eduard zu erreichen sein, der hier Itschumwi genannt
wird; gerne würde ich hin, aber mein Tauschzeug ist so knapp, daß ich
umkehren muß. Auch so weiß ich nicht, wie ich die Leute bis Usumbura
verpflegen soll.

Vom heutigen Tage, der im allgemeinen ohne Strapazen war, sind
nur zwei Flußübergänge zu erwähnen. Zuerst über den Mihondo. In
mehrere Arme geteilt strömt er an der Furt reißenden Laufs über Lava=
felsen, die teils in spitzen Zacken den Spiegel überragen, teils von tiefen,
unsichtbaren Spalten zerrissen sind. Da die Anwohner das Bett bis ins
einzelne kennen, ist die Passage für die Träger zwar schwer aber un=
gefährlich. Dem lieben Vieh kann man aber nicht sagen „hier ist ein
Schlund, cave!", so daß ich mich auf neue Verluste gefaßt machte.

Aber es ging besser, als ich hoffte. Die Eingeborenen setzten Huf
nach Huf auf passende Stellen und nur in den größten Spalt fielen die
Tiere hinein; ihre Todesangst gab ihnen aber Kraft, sich wieder heraus=
zuarbeiten.

Später kamen wir an den Rutschurru, dessen Quellgewässer ich schon
im vorigen Jahre gekreuzt hatte. Diese Furt war nur für mich fatal.
Der Fluß ist 40—50 Meter breit, über brusttief und heftig reißend. Man

muß ihn erst queren und dann ebenso weit dem anderen hohen Ufer stromaufwärts folgen, um landen zu können. Da die Eingeborenen anstandslos hinübergingen, folgte ich ihnen mit Vertrauen, nachdem ich Schuhe und Strümpfe abgelegt hatte. Die ersten Meter waren nicht schlimm, aber dann war der Boden mit kleinem, spitzen Lavageröll bedeckt, die sich um so mehr in die Sohlen bohrten, als die Strömung gebot, die Füße fest anzustemmen, um nicht fortgerissen zu werden. Da ich in einer Hand die Uhr, in der anderen den Kompaß hoch halten mußte, konnte ich nicht schwimmen, ich war aber doch nahe daran, es zu tun, weil ich vor Schmerzen nicht vorwärts kam und die Uferlandschaft bereits in schwindelnder Schnelligkeit an mir stromabwärts zu schießen begann, während es mir schien, als falle mein Körper nach der entgegengesetzten Richtung — ein Phänomen, das beim Queren reißender Flüsse leicht sich einstellt. In diesem Moment kamen mir die Eingeborenen ungerufen zu Hilfe und führten mich hinüber, wobei ich mit Neid an den Feuerrostgang der heiligen Elisabeth dachte. Ich glaubte am anderen Ufer statt meiner Füße nur noch ein paar zersetzte Stummel zu finden und war angenehm enttäuscht, von ein paar stark blutenden Rissen abgesehen, unversehrt zu sein. Mein „Stolz" hätte jetzt gefordert, daß ich die Eingeborenen etwas insultiert hätte, weil sie unverlangt mir beigesprungen waren, als ob der Msungu, der alles kann, nicht auch ohne ihre Hilfe hinübergekommen wäre, aber ich war anständig genug, es bleiben zu lassen.

Am rechten Ufer fand sich ein verlassener Bananenhain, in dem wir lagerten. Im übrigen ist der Rutschurru von einem schmalen Galleriewald umrahmt, dessen dunkles Band sich durch die Ebene bis zu der Stelle schlängelt, wo der Strom aus den Bergen von Ruanda bricht. Die Vegetation ist äußerst üppig. Baumriesen und schlanke Phönixpalmen, die oft auch auf kleinen grasigen Inseln im Fluß sich erheben, Lianen und dichtes Unterholz bilden einen dunklen feuchten Park, der vom Kreischen der Papageien, vom Gelächter der Spottdrosseln, vom schwirrenden Gesang der buntschillernden Nektarinen und dem melodischen Flöten der Drynoskopen widerhallt. Zahllose Schmetterlinge, darunter Riesenfalter mit samtartigen blauen oder leuchtenden grünen Flügeln schweben zwischen den Blüten der Winden und Loranthen oder sitzen in Scharen am Rande kleiner Wasserlachen. Auch von Käfern wimmelt es; gelbe Skarabäen mit schwarzer Totenkopfzeichnung oder mit silbernen Decken, die ein durchsichtiger Hornrand überragt und viele andere; des

Abends aber illuminierten hunderte von Leuchtkäfern und Leucht=
würmern gleichzeitig das Dunkel der Bäume und die Tiefe der Gräser.

2. März. Marsch durch die Lavaebene nach Südosten, zuerst lange
Zeit dem Rutschurru folgend. Weite glühende Savannen, in denen hie
und da ein einsames Dorf schläfrig träumt. Die Luft von heißem, gelbem
Dunst und dem Rauch brennender Grasflächen erfüllt. Auf der östlichen
Seite des Grabens mehren sich die Ansiedelungen; auch Bananen=
schamben. In einer von ihnen (Landschaft Bukomme) unser Lager.

3. März. Weiter nach S. S. E.; bald durch gut bebaute Gegend, bald
durch steinige Lava=Wüste. Wir überschreiten den Rutschurru zum zwei=
ten Male, da wo er in engem tiefem Felsbett von üppiger Vegetation
begleitet, reißend und brausend dahinschießend in die Ebene tritt. Er ist
überbrückt von vier schwankenden, lose gefügten Phönixpalmen, über
die die nicht schwindelfreien Leute — insbesondere alle Weibsen — auf
dem Rücken kriechender Eingeborenen hinüberreiten müssen. Am ande=
ren Ufer finden wir uns nach sanftem Anstieg dicht über einem lieb=
lichen See, der einen alten, großen Krater ausfüllt. Einige kleinere
Trichter auf einer Halbinsel zeigen reichen Strauch= und Baumbestand.
In der Nähe ein Dorf, in dem wir lagern. Die Eingeborenen überbieten
sich in Liebenswürdigkeiten. In den letzten Tagen erhielt ich in 5 Por=
tionen nicht weniger als 140 Eier; allerdings die meisten faul. Es ist
wirklich nicht alles zum besten in dieser besten aller möglichen Welten.

4. März. Ich hegte heute die Hoffnung, den Anschluß an meine vor=
jährige Route zu erreichen, aber sie trog. Mit all diesen Nordostmärschen
sind wir doch weiter nördlich geraten, als ich annahm. Wir passierten
heute Kissigalli, das in lockerem Verhältnis zu Ruanda steht. Die Ein=
geborenen fangen bereits an reservierter, furchtsamer und doch im
Tauschverkehr begehrlicher zu werden. Der Anblick der Landschaft war
wie gestern. Wechsel zwischen Öde und Fruchtbarkeit. Auch einen hüb=
schen Kratersee sahen wir wieder. Viele frische Elefantenfährten kreuz=
ten unsern Weg; in einer Pflanzung hatten die Tiere fürchterlich ge=
wütet. Wir lagerten in einem Bananenhain, den eine großäugige
Mäusespezies reich bevölkerte. Des Abends veranstalteten sie ein stim=
mungsvolles Vokalkonzert.

5.—7. März. Am nächsten Tage fand ich meinen alten Weg in der
Nähe des Dorfes, in dem man mir vor dreiviertel Jahren meinen kleinen
Boy Hamiß zu stehlen versuchte. [1] Die Räuber waren diesmal auf die

---

[1] Siehe Brief III des 2. Bandes.

Kunde von meinem Kommen mit aller Habe geflüchtet. Über die näch=
sten Märsche kann ich mich kurz fassen, weil sie schon früher geschildert
wurden. Wir zogen auf dem gleichen Pfade wie einst am Rande des
Lavaporis, passierten den Platz, von dem aus ich die Batwa=Pygmäiden
in ihren Wäldern aufgesucht hatte, um ihnen den geraubten Knaben
abzunehmen; [1] wir sahen jetzt, daß sie sich ein paar hundert Meter
weiter ab ein neues „Lug ins Land" aufgebaut hatten, von dem sie
noch besser als früher die Straßen überblicken konnten; und die glim=
mende Asche bewies, daß sie noch ebenso eifrig ihrem Wachdienst ob=
lagen. Trotz der Regenzeit war das durchzogene Gebiet so wasserarm,
wie in der Trockenzeit, und als wir in Kamuhanda in derselben Bananen=
schambe wie einst lagerten, fanden wir dieselben Haufen von gespaltenen
Bananenblattscheiden zur Gewinnung des in ihnen eingeschlossenen
Wassers wie ehemals. Dann ging es über die trostlos öden Lavasteppen
nach Südwesten durch die Provinz Bugoie, am Hügel des Ngomajombi
vorbei, der zwei Jahre später die Karawane des Superiors von Jssawi
angriff und einen braven Schwarzen, einen der ältesten Christen Zentral=
afrikas, ermordete. An vielen kleinen längst erloschenen Kratern vorbei
ging es zum schönen Tal des Ssabeje, dessen Fall mit seinen großen
Wassermengen jetzt einen besonders prächtigen Anblick bot, und zuletzt
in sanftem Anstieg über die Hänge, auf denen die Glimmerplättchen im
Sonnenschein wie Spiegel blitzten, hinauf zur Höhe, von der aus sich
plötzlich das herrliche Panorama des Kiwu=Sees mit seinen graziös ge=
formten Inseln und Halbinseln öffnet. Mit Entzücken schaue ich wieder
auf das reizvolle Bild der nördlichen Uferlandschaft, auf den dunklen
Kandelabereuphorbienpark von Kissenje, das große von Feigen um=
rahmte Dorf der Erben des Häuptlings Bissangwa, auf den schönen
gelben Badestrand neben der Ssabejemündung, auf die von riesigen
Feldern und Bananenhaine bedeckte Ebene, über der sich das kühne
Profil des Niragongwe=Vulkans aufbaut bis hinüber zu dem kahlen
Buschpori, das in öder Eintönigkeit bis zu den Bergen von Ujungu
nach Westen sich ausdehnt.

Am Strande von Kissenje, wenige Meter vom Ufer, schlage ich mein
Lager auf. Rwakadigi, der Verwalter der Provinz Bugoie — sein
Herr Buschako weilt zurzeit am Hofe des Königs Juhi — sandte sofort
einen seiner Watussi zu mir, der mir das „funguru" das „Freundschafts=
geschenk" bringt und gleichzeitig das größere „idsimanu" das „Gast=

[1] Siehe Brief III des 2. Bandes.

Eine Insel im Kiwusee.

geschenk" ankündigt. Er sucht mein Gedächtnis zu schärfen, indem er mich daran erinnert, wie viele Krüge Pombe nebst Ziegen und Vegetabilien er mir das letzte Mal gebracht hätte. Um mir und meinen Leuten einige Ruhe nach den Strapazen der letzten Monate zu gönnen, blieb ich vom 7. März an in Kissenje liegen und trat erst am 10. meinen Weitermarsch längs der Ostküste an.

Kissenje liegt in der großen zu Ruanda gehörigen Provinz Bugoie, deren Bewohner, die im ganzen Vulkangebiet und auf den Höhen der Randberge ansässigen, in diesen Briefen schon mehrfach erwähnten Bakiga, sich wesentlich von denen anderer Provinzen unterscheiden. Am Hofe des Königs betrachtet man sie schon lange als Rebellen und würde ihre Züchtigung durch die Europäer sehr gerne sehen, um so mehr, als die eigenen Kräfte für eine dauernde Unterwerfung kaum ausreichen. Denn die Bevölkerung, die hunderttausend Menschen zählen soll, sitzt sehr gedrängt und erhält noch fortwährend Zuzug aus den nördlichen Ländern, namentlich aus dem südwestlich des Albert=Eduard=See gelegenen Jbgwischa. Auch das ganze Volk von Kameronje hat sich in den letzten Jahren dort angesiedelt. Ich glaube, daß hier die Wellen einer größeren Völkerwanderung schlagen, die, aus den Waldgebieten des oberen Kongo kommend nach Osten hin flutet. Es sind hauptsächlich Waregga, mit ihrem Schmähnamen abariabantu oder buljoko, d. h. Menschenfresser genannt, die immer mehr Terrain diesseits des Grabenrands zu gewinnen suchen und die dort ansässigen Stämme ostwärts drängen. Westlicher Einfluß zeigt sich infolgedessen auch sehr stark in Sitte und Sprache, in Ackerbau und Gewerbe, in Charakter und Erscheinung — kurz, in jeder Beziehung bei den Bakiga und daher der Gegensatz zu dem übrigen Ruanda.

Die Herrschaft, die der König bezw. seine Häuptlinge in diesen Bezirken mit ihrer freiheitslustigen, kriegerischen Bevölkerung ausüben, ist eine recht beschränkte. Offene Auflehnung der Bakiga gegen die Watussi ist an der Tagesordnung. Das deutsche Gouvernement aber muß sich einstweilen auf die Aufrechterhaltung der notwendigsten Beziehungen zwischen der Bevölkerung und ihren eingeborenen Autoritäten beschränken, solange infolge der Ansprüche des Kongostaats der unleidliche Zustand der Ungewißheit über die Zukunft des Landes fortdauert[1]. Das ist bedauerlich, denn je länger diese latente Anarchie anhält, um so schwieriger

---

[1] Durch ein Abkommen zwischen Deutschland und Belgien fiel im August 1910 der größte Teil dieses Gebiets an das Deutsche Reich.

wird sich die Retablierung geordneter Verhältnisse gestalten und um so zäherem Widerstand späterhin die deutsche oder belgische Verwaltung begegnen. Unser kolonialpolitisches Interesse erfordert die Unterstützung des Königs und die Aufrechterhaltung der Watussiherrschaft mit der ihr innewohnenden strengen Abhängigkeit der großen Masse der Wanjaruanda. Das läßt sich bei einiger Kenntnis des Landes und Volkscharakters durchaus mit dem Gebot der Humanität vereinen, das die Ausrottung ungerechter Vergewaltigung und roher Willkür gegen die Unterworfenen heischt. Ja gerade diese Verbindung von kolonialen Interessen und Menschlichkeit wird es sein, die eine spätere Fruktifizierung dieser schönsten, weil bevölkertsten Teile unseres ostafrikanischen Besitzes am sichersten verbürgen wird.

Das Bild von Kissenje, wie überhaupt des ganzen nördlichen Kiwu wird durch die erhabene Erscheinung des Niragongwe=Vulkans beherrscht. Wer vom Süden her über den See fährt, erblickt, sobald er das mittägliche Ende der Kwidjwi=Insel umschifft hat, den gewaltigen Kegelstumpf. In ganz sanfter Neigung steigt das Nordufer langsam etwa 15 Kilometer an, hie und da von alten kleinen Kraterhügeln unterbrochen, die je nach ihrer Gestalt von den Eingeborenen mit phantastischen Namen getauft sind, bis er das Dach erreicht, von dem auf meilenweit nach Ost und West greifender Basis der Vulkan sich erhebt, dessen wundervoll graziös geschwungene Profillinien über 4500 Fuß hoch emporstreben und in scharfgeschnittener Horizontale, dem Rande des riesigen Kraters, sich vereinen. Graf Goetzen hat den Berg von Osten her unter großen Mühsalen erklettert und seine Eindrücke anschaulich geschildert. Seine Nachfolger haben sich einen bequemeren Zugang von Süden her verschafft. Man geht jetzt erst vier Stunden über alte Lavafelder, die aber seit langer Zeit verwittert genug sind, um menschlichen Ansiedlungen zu dienen, und so reiht sich, trotzdem nirgends ein Brunnen oder Gewässer ist, Acker an Acker, Hain an Hain. Dann beginnt Wildnis. Durch üppigen Busch und Wald, der von Elefanten= und Antilopenfährten durchzogen ist, geht es über zerrissene Lava den mäßig steilen Berg hinauf. Je höher um so lichter wird die Vegetation; überall liegen vom Sturm gefällte Bäume, die zwischen dem in die Luft ragenden Wurzelwerk große im Sturz aus dem Boden mitgerissene Steine tragen, der Weg wird immer rauher und holpriger, häufig blickt man in große röhrenförmige Blasenräume, bis der Weg immer mehr verödet und nach drei Stunden Erikazeen und eine gelbblühende Staude mit tabaksähnlichen Blättern (Senecio Johnst.) das einzige Grün, weiße und gelbe Helichrysumarten den einzigen Schmuck der Landschaft bilden.

Nur in den Schluchten steigt der Wald höher, dann folgt der letzte steile Anstieg über einen nackten Trümmerhang. An seiner unteren Grenze blickt man in den etwas tiefer gelegenen südlichen Krater hinab, dessen achtzig Meter hohe Wände mit dunklem Wald bestanden sind, während eine helle gelbgrüne Sumpfdecke die Sohle bedeckt, auf der in den Morgenstunden die Nebel ihre wirbelnden Reigen tanzen. 1½ Stunden steigt man von dort über das Geröll an, um oben ganz unvermittelt vor dem mittleren Krater zu stehen. Fast senkrecht stürzt die mehrere Kilometer umfassende Ringmauer durchschnittlich ca. 80 Meter tief hinab, die sich aus hellen und dunklen, schwarzen, grauen und roten, breiten und schmalen, rauhen und glatten Schichten aufbaut. An einigen Stellen werden sie von weißen silberglänzenden, vertikal laufenden Bändern gekreuzt. Fast in der Mitte des Grundes liegt der Schlot mit bretzel- oder acht-ähnlichen Rändern, aus dessen Tiefe ein dumpfes Kochen und Rauschen zur Höhe dringt und weißer Qualm in dicken Wolken nach oben steigt. Feiner Rauch quillt auch aus zahlreichen kleinen Spalten der ebenen Sohle, und hier und da sieht man eine leise Bewegung der Erde, als würde sie von arbeitenden Maulwürfen gehoben. Der Anblick des ganzen Schauspiels ist von einer unbeschreiblich geheimnisvollen Größe und nicht mehr aus dem Gedächtnis zu tilgen, selbst nach nur flüchtigem Blick. Bald drückt der Wind auf die Rauchmassen und hält sie im Kessel fest, wo sie mit den Nebeln, die einen großen Teil des Jahres mehr oder minder stark den Vulkan einhüllen, sich zu undurchsichtigen Schleiern verdichten, bald zerreißt er die geballten und jagt sie die Wände entlang und hinauf und hinaus und legt für das Auge den ganzen Krater bis auf den letzten Winkel frei. Und bei klarem Wetter schaut man von dort oben in solche Weiten und auf eine Rundsicht von solcher Pracht, daß, wer dies Bild genossen hat, verstummt, weil es zu schildern das pompöseste Wort zu ärmlich, die leuchtendste Farbe zu stumpf, der wärmste Ton ihm zu kalt dünken wird.

Kissenje, im Januar 1902.

Brief XVI.

Am 10. März verließ ich Kiffenje. Kiffenje — wörtlich: der große Sand — ift darum vor allen andern Stellen des Sees ausgezeichnet, daß es keine mit Kalk verkitteten Felsufer, sondern einen schönen, etwa 1½ Kilometer langen Strand von gelblichem, grobkörnigem Sand hat, der in ziemlich dicker Schicht die Lava bedeckt. Er beginnt am Einfluß des Sfabeje, der mehrere hohe Fälle bildend sehr viel fein gemalmte Erde mit sich reißt und sie auf einer Bank vor seiner Mün= dung weit in den See hinein ablagert. So hat er auch den Sand von Kiffenje erzeugt, indem bei starkem Wellengang Teile der Sandbarre fortgespült und weiter westlich angetrieben wurden.

Meine Karawane genoß den prächtigen Badestrand reichlich. Den ganzen Tag war er von nackten schwarzen Gestalten belagert, deren nasse Körper das Sonnenlicht in grell glitzernden Reflexen zurückwarfen. Abwechselnd stürzten sie sich mit großem Geschrei ins Wasser, tauchten und schwammen auf ihre etwas unvollkommene Art und doch zum Teil recht ausdauernd,[1] oder lagen in kleinen Gruppen auf dem Trocknen, ließen sich die Rückseite von der Sonne bescheinen und die Füße von den Wellen bespülen. Die Damen, die das gleiche schon in den frühen Morgenstunden besorgt haben, halten sich meist züchtig im Lager, verschmähen aber auch nicht ein Schwätzchen mit den Badenden, wenn sie der Zufall an ihnen vorüberführt. Die Gelegenheit, Aktstudien zu machen, lockt sie gewiß nicht, auch denken sie sich sicherlich nichts Arges dabei, trotzdem sie sich sofort in die Büsche drücken, wenn sie sich vom Europäer bei diesem tête à tête beobachtet sehen. Denn der Neger besitzt zwei Decenzen, eine mildere im Verkehr mit seinen Rassegenossen, eine strengere im Verkehr mit den Weißen. (Ähnliches kann man ja auch bei unseren niederen Volksschichten in ihrer Art sich „unter sich" und vor dem Vertreter einer sozialen höheren zu geben, beobachten — confer Bauer und Sommerfrischler.) — — —

---

[1] Der Neger schwimmt, indem er sich abwechselnd auf die Flanken wirft, gleich= zeitig mit dem Arm der Gegenseite weit vorgreifend, wobei er über dem Wasser eine Art Halbkreis mit ihm beschreibt. Die Füße strampeln nur ein wenig; auf dem Rücken können nur wenige schwimmen.

Während so die einen in Wasser, Luft und Sonne ihre wohlgebilde=
ten Körper baden, benutzen andere die Gelegenheit, auch für die Um=
hüllung ihrer Leiber zu sorgen. Schon in aller Frühe schallte von weiter
her, da wo Felsen den Sand ablöst, der dumpfe Schlag der Wäscher zu
mir hinüber. Einer deutschen Hausfrau würden bei ihrem Anblick die
Haare zu Berge stehen, wenn dies — ich bin nicht orientiert — bei
Damen möglich ist; denn sehr pfleglich wird die Wäsche nicht behan=
delt. Wie der Neger überhaupt fast jede ihm komplizierte Verrichtung
nicht mit bedächtiger Sorgfalt sondern mit übermäßigem Kraftaufwand
zu überwinden trachtet — ich könnte aus eigenem Bestande eine große
Kollektion bartloser Schlüssel als Okular=Demonstration zusammen=
bringen —, so sucht er auch das Problem, sein und leider auch seines
Herren Zeug von der „Spur der Erdentage" zu befreien, mit möglichst
viel Seife, Berliner Blau, vor allem aber mit verschwenderischer Nguwu
d. h. Kraft zu lösen. So setzt er sich denn hin (im Stehen arbeitet ein
Neger ungern und schon gar nicht, wenn er sich nicht wenigstens
irgendwo — und sei es an einen schwanken Zeltstrick — anlehnen
darf), setzt sich hin, nimmt als Unterlage einen großen Stein oder in
Ermangelung dessen ein Brett (Fleischhackbrett bevorzugt!!) und klopft
den Schmutz aus, so wie es bei uns mit grobem Zeug getan wird. Nur
viel energischer. Ist er nicht bösartig, so packt er nur einen Zipfel
des eingeseiften Wäschestücks mit der Linken, z. B. einen Hemdsärmel,
und schlägt ihn mit ziehharmonikaähnlichen Bewegungen auf das
zum Klumpen geballte Hemd. Gleichzeitig haut auch seine Rechte zu,
die entweder leer oder mit einem Stock oder Stein bewaffnet ist; das
sind die Gutmütigen, die indes nicht allzu häufig sind. Die Hartherzigen
packen das Hemd mit beiden Händen wie eine tolle Katze am Schwanz,
schwingen es hoch durch die Lüfte und lassen es immer wieder auf den
Stein niederschmettern, als wollten sie mit wissenschaftlicher Gründlich=
keit feststellen, mit wieviel Schlägen sie es zu Purée zermalmen könnten.
Es gibt ein Gemälde, ich denke von Rubens, auf dem die Krieger des
Herodes die bethlehemitischen Kinder ähnlich mißhandeln, und die Mütter
in ihrer Verzweiflung zu Megären geworden, den Scheusalen mit ge=
krallten Händen in die Haare und Augen fahren. An dies Bild muß
ich jedesmal denken, wenn ich mir vorzustellen versuche, wie sich deut=
sche Hausfrauen beim ersten Anblick einer Negerwäsche benehmen
würden. Solchermaßen duldet das arme, wehrlose halb bewußtlose
Hemd — oder was es gerade ist — je nach Bedarf eine kürzere oder

längere Frist teuflische Folterqualen, bis es zwar in jungfräulicher Reinheit strahlt, aber von zahlreichen Wunden bedeckt die Spuren der Räderung (und oft genug auch noch einer Vier= und Mehrteilung) am Leibe trägt. Und so wird für das Zeug des Europäers, das ihm vielleicht mütterliche oder schwesterliche Sorgfalt liebevoll ausgewählt hat, die Negerwäsche in kurzem

„Zum großen gigantischen Schicksal,
Welches das Hemde erhebt, nachdem es das Hemde zermalmt."

(Schiller.)

Übrigens hat es mit dem „Erheben" nicht immer seine Richtigkeit, denn wozu sich die Arbeit machen, etwas mühsam auf Stricken zu befestigen, was man viel bequemer im Grase plazieren kann, wo die Sonnenstrahlen viel besser wirken können, allerdings auch die Ziegen und Hühner hinüberlaufen. Tutafanjaje bana mkuba? amri ja mungu. Was soll man da machen, gnädigster Herr? Allahs Wille.

Während das Baden am Strande von Kissenje damals noch ein durch nichts getrübtes Vergnügen war, bot es später eine etwas geschmälerte Lust, weil inzwischen Sandflöhe in nicht zu knapper Zahl das Terrain okkupiert hatten; sehr erklärlich, weil früher keine menschliche Ansiedlung in nächster Nähe war, während nachher die deutsch=belgische Grenzkommission mit ihrem Konflux von Trägern und Soldaten ihr Lager dort lange Zeit aufgeschlagen hatte.

Über den Sandfloh (Sarcopsylla penetrans) habe ich in jedem Reisewerk etwas gelesen, aber seine Biologie ist mir deswegen doch bis heute in vielen Punkten dunkel geblieben. Er gehört bekanntlich zu jenen Schädlingen, die scheinbar aus dem Nichts entstehen, in Wirklichkeit Jahrtausende auf kleinen Kreis beschränkt leben, plötzlich durch irgendwie besonders günstige Lebensbedingungen sich ungeheuer vermehren und einen Wanderzug um die Erde antreten. Auch die Sarcopsylla soll so von Westindien über Amerika in das Nigergebiet gekommen sein, von wo aus sie quer durch Afrika zog und vor mehreren Jahren die Ostküste erreichte. Von hier wird sie wohl bald den Kreis ihrer Pilgerfahrt wieder geschlossen haben. Den Namen Sandfloh verdient sie übrigens nur halb, denn sie gedeiht auf jeder Erde, wo es Menschen und Tiere gibt, und ist eine rechte Plage, gegen die man sich nur schwer schützen kann, und von der niemand verschont bleibt. Es ist daher ungerechtfertigt, wenn der sonst so scharf beobachtende Stuhlmann meint, daß man durch Sauberkeit davor bewahrt bleiben kann.

Gerade beim bezw. nach dem Baden haben die Parasiten die beste Ge=
legenheit, sich auf ihre Opfer zu stürzen. Man hat gegen sie kein an=
deres Mittel, als sich täglich ein= bis zweimal durch seinen Boy
die Haut — namentlich die der unteren Extremitäten — inspizieren zu
lassen, um die ungebetenen Gäste womöglich zu entfernen, bevor sie
sich eingebohrt haben. „Cherchez la femme" befiehlt man ihm, denn
nur die Sandflohdamen verfolgen uns. Übrigens ist ihnen außer der
behaarten Kopfhaut jede Stelle recht, wie man an Kindern, die sich viel
auf der Erde sielen, sehen kann. Bei vernachlässigten Kindern findet
man an Ellbogen, Knie und anderen Körperteilen oft 40 und mehr
erbsengroß angeschwollene Sarcopsyllen wie Wollsäcke über= und neben=
einander im Zellgewebe liegen.

Nicht weniger als die Menschen werden die Tiere heimgesucht;
Affen, Hunde, Hühner, überhaupt Vögel, besonders Kuhreiher und
Bachstelzen — alle müssen sie den Sandflöhen als Wirte dienen. Die
Plage ist sehr groß, aber die Gefahr meist gering.

In Heck=Matschies „Tierreich"[1] finde ich als Folgen erwähnt: Eite=
rungen, Brand, Verstümmelungen der Füße, ja bisweilen Tod. Das ist
wohl etwas sehr schwarz gesehen. Harmlose infektiöse Entzündungen
sind wie bei jeder anderen Wunde häufig, aber ihre Ursache sind nicht
die Sandflöhe, sondern die unreinen Nadeln, mit denen sie entfernt
werden. Selbstverständlich können dadurch gelegentlich auch die
anderen erwähnten Zufälle eintreten, aber sie sind sicherlich sehr selten.
Die großen Verstümmelungen ganzer Glieder, besonders der oberen
und unteren Extremitäten, haben zweifelsohne nichts mit Sandflöhen
zu tun. Darin sind verschiedene Gouvernementsärzte, mit denen ich
über dieses Thema sprach oder korrespondierte, mit mir einig gewesen.
Es wäre auch sehr auffallend, warum man in gewissen Ländern, z. B.
Unjamwesi und Uschirombo, solche Amputationen relativ häufig sieht,
während sie in anderen Gebieten, z. B. in Ruanda, die nicht weniger
von den Sarcopsyllen heimgesucht werden, fast nie bemerkbar sind. Da
muß eine andere Ursache wirksam sein und, wie ich vermute, sehr oft
Lepra. Außerdem aber ist der Neger noch einem Heer von Leiden aus=
gesetzt, die unter dem Bilde geschwüriger und gangränöser Prozesse
verlaufen und nur zu leicht vom Laien auf Sandflöhe zurückgeführt

---

[1] Die beiden Bände von Heck's „Tierreich" kann ich allen Eltern gar nicht warm
genug als lächerlich billige und eminent lehrreiche Geschenke für verständige
Knaben empfehlen.

werden. Aber solange nicht exakte Beobachtungen von Einzelfällen vorliegen, glaube ich nicht daran. Auch spricht dafür nicht, wie manche wollen, die Häufigkeit solcher Erscheinungen gerade an den Füßen. In Staub und Schmutz leben eben noch andere Schädlinge als die Sand=flöhe, und wenn die Neger auf den Händen liefen, so wären eben diese am meisten heimgesucht. Ich kann auf Grund meiner Erfahrungen, die gerade in diesem Punkt weniger beschränkt sind als in anderen, nur sagen, daß ich keine schwere Erkrankung, Verstümmelung usw. gesehen habe, die mit Sicherheit für Folgen der Sandflöhe gehalten werden konnte. Bei vernachlässigten Kindern z. B., die an einer Stelle vierzig und mehr der Parasiten sitzen haben, findet man fast ganz aseptische Wundhöhlen, die nach Entfernung der Tiere überraschend schnell heilen. Gerade hier in Bugoie gibt es Sandflöhe in Massen, aber wenn ich die Kinder betrachte, die oft zu hundert ins Lager zum Perlen=aufreihen kommen, und die alle den charakteristischen Sandflohgang haben — nämlich auf den Hacken und die Zehen gehoben — so finde ich wohl Zehen, die durch immer neue Invasionen der Schädlinge und die täglichen Eingriffe schmutziger Instrumente entzündet und durch Narbenbildung verunstaltet sind, aber fast keine Verstümmelungen, ge=schweige das Fehlen ganzer Glieder, eines Fußes, Unterschenkels usw. Als direkte Wirkung der Sandflöhe scheint mir letzteres auch ganz un=möglich. Aber trotzdem bleiben sie eine Plage. Der heftig bohrende Schmerz im Anfang und später das infame reflektorische Juckgefühl sowie bisweilen die peinlich brennende Entzündung nach der Heraus=nahme pressen auch dem Europäer manchen Seufzer aus. Sobald übrigens die Weibchen eine gewisse Größe, nach etwa fünf, sechs Tagen, erreicht haben, läßt auch der Schmerz nach. Man hat gegen sie allerlei Prophylaktika empfohlen (die Eingeborenen rühmen das tägliche Ein=reiben der Haut mit Butter), aber das am sichersten wirkende scheint mir vorläufig immer noch das Tragen hoher Schuhe zu sein, wenn auch dies kein Spezifikum ist, da man sie ja auch mal wieder ausziehen muß. Aber dies, und daneben täglich penible Inspektionen bieten doch einen fast vollkommenen Schutz. Freilich darf man nicht wie mein Boy Mabruk Kanonen bis über die Knie und in den Sohlen sieben Löcher haben. Erwähnen möchte ich noch die Behauptung der Kiwuleute, daß man durch stundenlanges Stehen im Seewasser die Sandflöhe zum Ab=sterben bringt. — — — — — — — — — —

Am 10. März trat ich also, wie erwähnt, den Marsch längs des Ost=ufers an, das bis zum Russisi=Ausfluß hin zu Ruanda gehört.

Vom 10. bis 13. März marschierte ich nach Süden bis zu einem Kap, dem die Insel Mugarura vorgelagert ist. Bis zu ihr war Graf Goetzen auf seiner Bootsfahrt gekommen. Ich hielt mich, so oft es ging, in der Nähe des Sees, passierte die gut besiedelte Landschaft Bugoie und kam in den nächsten Distrikt Bwischascha, der, an unserem Wege wenigstens, nicht sehr menschenreich war. Das Ufer ist enorm ausgezackt, eine kleine Bucht folgt der anderen, in immer neuen Formen ziehen die Landzungen in den See, den kleine und kleinste Inseln beleben. Wo die Buchten tiefer einschneiden, müssen wir uns mehr in die Berge hineinziehen. Oft läuft, durch sie getrennt, ein Tal dem Ufer parallel und biegt zuletzt in starkem Winkel zum See. Diese Täler bezeichnen dann unsere Marschrichtung. Zahllose kleine und größere Bäche kreuzen unseren Weg, die einen träge in sanft geneigten Schilfmulden fließend, die anderen steil durch gewundene Schluchten stürzend. Ur= wald ist nicht sichtbar, ringsum nur grüne Grasberge, in die allein die Hecken der Gehöfte, die Bananenhaine und hin und wieder ein ein= samer dunkler Feigenbaum, der Seele eines Toten geweiht, etwas Abwechslung bringen. Aber trotzdem ist die Landschaft für den nicht eintönig, der ein empfängliches Auge für die Schönheiten der Form und Linie hat.

Wer den See freilich in der höchsten Trockenheit zum ersten Male besucht, wird manche Enttäuschung erleben, sonderlich, wenn er seine Erwartungen zu hoch geschraubt hat. Denn das ist allerdings eine Zeit, wo auch ich am liebsten den Kiwu floh oder mich wenigstens auf seine schönsten Plätze, die Inseln Wau und Kwidjwi, zurückzog. Juni bis Mitte September, d. h. unser Winter hier, das ist die Periode, in der der Harmattan die Fernsicht mit undurchdringlichen Mauern versperrt, jener fahle, bläulich=gelbliche Verdunstungsnebel, vermischt mit dem Rauch der Grasbrände. Außer dem Schilf und Dickicht dicht am Ufer und den Blättern der Bananenhaine kein grüner Fleck; die Erde von der Glut der Sonne ausgedörrt und rissig, zwischen den grauen, toten Schollen und Klumpen der Stoppelfelder spärlich verteilt ein kümmer= liches, niedriges Unkraut; die Hänge der Berge abwechselnd gelbe, welke Hochgrasflächen oder schwarzgebrannte Strecken, auf denen nur noch hier und da ein paar verkohlte Stümpfe und geknickte dürre Büschel stehen oder gebleichte, teilweise angeröstete Knochen von Men= schen und Tieren neben gebräunten Schneckengehäusen und Hüllen großer Tausendfüßer verstreut sind. Hier und dort ein Berg in Flam=

men, die langsam über den Abhang hinabkriechen. An der Feuergrenze
Reiher und Kraniche und in der Höhe kreisende Raben und Falken, die
alle begierig sind, das flüchtende kleine Getier dem heißen Tode zu
entreißen und es mit ein paar Schnabelhieben ins Jenseits ihres
Magens zu befördern. Dicke schwefelfarbene Rauchwolken steigen auf,
die der Wind weiterträgt und in hohe Luftschichten, in denen sie sich
tagelang halten. Dann erst fallen ihre festeren Bestandteile langsam
als Aschenregen auf weitentlegene Gebiete, und oft senkten sich, wenn
ich mitten auf dem See fuhr, gaukelnd abwärtsschwebend verkohlte
Teile von Halmen und Farnen, die noch ihre Form bewahrt hatten,
wie ein schwarzes Schneetreiben auf unser Boot und die Wasser in der
Runde und schwammen weithin auf den stillen Fluten, bis Sturm und
Wellengang sie zerschlugen und auflösten.

Es gibt viel Schönheit, die der aufdringliche, schreiende Tag nicht
aufkommen läßt. Auch wer das Schauspiel der brennenden Berge in
seiner ganzen Pracht genießen will, muß es in der Nacht aufsuchen, so
wie ich es oft von meinem hohen Dorf aus erblickte. An vielen Stellen
gleichzeitig sieht man den Himmel vom Feuerschein gerötet, hinter den
fernsten Kämmen nur ein mattes Leuchten, auf den nahen ein
Flammenmeer, dessen Gischt den nächtlichen Horizont hinaufzuspritzen
und nach den stillen Sternen zu züngeln scheint; man denkt an Krieg
und brennende Dörfer oder, wenn von jenseits des Sees eine Kette
roter Punkte den Nebel durchdringt, an die Lichter einer großen Stadt.
Manchmal hebt sich die schwarze Silhouette eines Baumes auf immer
heller werdendem Hintergrunde ab, bis sie zuletzt verschwindet und nur
noch Bruchstücke, ein Astgewirr, ein Stamm zwischen den gierig empor=
schießenden Flammen für Augenblicke sichtbar wird. Über den einen
Abhang klettert die Feuerlinie wie ein langer ausgerichteter Fackelzug
bis zum See hinab, über den andern in Serpentinen, auf einem dritten
bildet sie Kreise oder Achten, auf einem vierten noch wunderlicher ver=
schlungene Figuren, wie gerade der Wind oder die Art der Vegetation
oder die Lage des ursprünglichen Feuerherdes oder die Begrenzung
durch nackte Wege oder Flächen es bestimmen. Ein wundervoll wech=
selndes Schauspiel, das mir manche Stunde Schlafs raubte, wenn ich
über schwarze Schluchten und brennende Täler hinweg auf brennende
Hänge und schwarze Gipfel schaute und nichts die Stille der Nacht
zerriß als der Lärm der zehrenden Flammen, und es war, als stürzten
Hunderte von Wagenladungen großer Steine über felsige Wände in

tiefe Abgründe. Da begriff ich, wie fein beobachtet es ist, daß unsere Sprache Feuer wie Steine „prasseln" läßt.

An der Grenze von Bugoie besuchte mich Rwakadigi, der Chef der Provinz, und brachte mir zwölf Ziegen und viele Lebensmittel als Geschenk. Er ist ein Mtussi in den dreißiger Jahren, von nicht sehr vornehmer Gestalt, der von Jahr zu Jahr infolge zu großen Pombegenusses geistig zurückgeht. Bei Watussi ist dies nicht gerade häufig; sie mischen so viel Honig in ihr Getränk, daß es viel von seiner an sich mäßigen Giftwirkung verliert. Ich fragte ihn im Laufe der Unterhaltung, warum man am Hofe den König verberge und den Europäern einen Pseudojuhi vorführe, doch sprach er sich über die Motive nicht deutlich aus; er wand sich aber vor Lachen, als ich weiter fragte, warum nicht wenigstens ein bartloser Jüngling die Komödie spiele, da doch Pambarugamba, der jetzige Königsmime, schon seines Alters wegen als Juhi nicht glaubhaft sei. Endlich erholte er sich und meinte, es sei eben kein bartloser da, der es so gut verstände wie der schlaue Pambarugamba.

———————————————————————

Gestern bereitete ich vielen Wahutu mit wenigen Kosten eine große Freude. Meinen Führer, einen etwas ärmlichen Mtussi von Bugoie, hatte ich für vier Tage engagiert und auf seine Bitten mit vielem Mißtrauen aber noch mehr Zeug voraus besoldet — denn solche Leute verfügen immer über ein Dutzend Kinder, die insarra haben, d. h. nach Brot schreien. Aber schon am zweiten Tage, nämlich gestern morgen, hatte er die Dreistigkeit, nicht zu erscheinen. Nun hätte ich mir zwar einen anderen mieten können, aber ich wollte mir die Unfreundlichkeit nicht gefallen lassen, die in dieser Unterschlagung lag; ich drohte daher, umzukehren und mir den bezahlten Lohn zurückzuholen und wenn sich der Mann auf dem Monde versteckt hätte. So heimtückisch war er aber doch nicht, denn nach 1½ Stunden erschien er, durch Rufen von Berg zu Berg herantelephoniert und gebrauchte eine so törichte Ausrede, daß ich mich wider mein Prinzip nicht enthalten konnte, diesem Herrn von Adel erst die rechte Backe zu massieren und dann — nach der Vorschrift der afrikanischen Bibel: So du einem auf die rechte Backe haust, so hau ihm auch gleich zwei auf die linke — auch diese. Ob dessen unbändige Freude bei den Wahutu wie bei Schülern, vor deren Augen der Schulrat einen verhaßten Lehrer anraunzt. Nun pflegt zwar die aktive Beteiligung von Hand oder Fuß jeder Diskussion die Sachlichkeit zu nehmen und der Attackierte war auch im ersten Moment so erstaunt,

„daß er wie vom Wahn umfächelt,
   seine Augen schließt und lächelt",

sehr rasch aber gewann er seine ruhige Würde wieder und hauchte ein
sanftes „wampai inka" d. h. „du hast mir eine Kuh gegeben" (dem
Sinne nach natürlich: „soviel wie eine Kuh"). Konnte man wohl höflicher
auf eine Unhöflichkeit antworten? Denn man muß bedenken, was hier
zu Lande eine Kuh bedeutet. Es wäre noch nicht einmal ein Analogon,
wenn jemand von einem Fürsten einen Tritt gegen die Kehrseite bekommt, so daß er durch den ganzen Audienzsaal fliegt und dann noch
für die huldvolle „Beförderung" in Dank ersterben würde. Es wird ja
neuerdings viel von Byzantinismus und Servilismus geredet; zu der
Höhe dieses Mtussi hat sich wohl aber der gelehrigste Jüngling noch nicht
aufgeschwungen. Memorieren, ihr Herren! Wampai inka. Es fällt in
die Ohren und behält sich leicht.

Ich habe diese Redensart übrigens später noch oft gehört, sowohl als
Antwort auf freundliche wie unfreundliche Äußerungen oder Aktionen.
Wenn z. B. ein Ruanda-Mann niest, so erfordert der Anstand, daß die
Anwesenden „ukire" sagen, d. i. „genese", worauf er nicht minder
höflich mit „twesse" antwortet, was „wir alle" (also „gleichfalls")
heißt. Für mich aber, als einen mami, einen Fürsten, genügt ihnen das
meist nicht und so danken die Leute mit wahrhaft guter Kinderstube:
„wampai inka".

„Und willst du wissen was sich ziemt,
   So frage nur bei edlen Schwarzen an." — — — —

Am 13./14. März lagerte ich in der Nähe des alten schönen Dorfes
Mlutto, gerade gegenüber von Mugarura. Diese Insel ist mehrere
Kilometer lang, ein unbewohntes, an Vegetation reiches Hügelland.
Eine kurze Zeit schwankte ich, ob ich mich nicht auf ihr ansiedeln sollte,
aber ethnographische und botanische Rücksichten — ihre Unbewohntheit
und die große Entfernung vom Urwald — entschieden gegen sie. Graf
Goetzen, der auf ihr übernachtete und von ihr aus zum Treffpunkt mit
seinen Begleitern nach Ujungu hinüberfuhr, hat ihre Schönheit in sehr
anschaulicher und interessanter Weise beschrieben. Es gab Herren, die
sein Urteil etwas zu wohlwollend fanden, und ich selbst konnte, auch
wenn ich die bei allen Beobachtern verschiedene Empfänglichkeit und
Augenblicksstimmung in Rechnung zog, seine Schilderung nicht ganz
nachempfinden, bis mich jüngst ein Zufall an die Westküste der Insel
brachte, von der aus auch er sie gesehen hatte. Die Ostküste ist —

namentlich in der Trockenzeit — ziemlich kahl und reizlos. Anders die
Westseite. Ihr sind, durch einen schmalen Kanal getrennt, noch einige
kleine Inselchen vorgelagert; auf einer von ihnen mußte ich unlängst
sehr wider meinen Willen übernachten, doch freute es mich hinterher,
weil ich dadurch die Schönheit Mugaruras und eine merkwürdige Tier=
spezies kennen gelernt hatte.

Ich wohnte damals auf dem Nordkap von Kwidjwi, war von dort
nach Kissenje gefahren, um einen schwarzen Sergeanten, der den
schlechten Einfall gehabt hatte, sich den Unterschenkel zu brechen, liebe=
voll zu bandagieren, befand mich bereits den zweiten Tag auf der Rück=
reise und hoffte, zur Mittagszeit wieder mein Lager auf Kwidjwi zu
erreichen. Aber „mine Fru Isebill", d. h. mein Schicksal, wollte es schon
wieder einmal anders als ich. Denn kaum, daß ich 1 1/2 Stunden in See
war, geriet ich in Sturm und Strömung. Die Wellen schlugen meinem
Einbaum an einer geflickten Stelle ein armlanges Leck, und wir kamen
in die Situation, in der, wenn ich recht berichtet bin, Schiffskapitäne
„über Nacht graue Haare" zu bekommen pflegen. Aber dies mag eine
Spezialität der Schiffskapitäne sein — ich wenigstens bin von ihr ver=
schont geblieben — es war allerdings auch Tag. Wir mußten also
wenden und retteten uns mit einiger Not auf ein kaum 100 Meter
langes und 15 Meter breites Eiland dicht vor Mugarura.

Der Blick auf die Insel war wirklich prächtig. Auf dem Südende
frische Wiesen mit lichten Sträuchern und Bäumen, im Norden ein alter
Bestand von Feigen und Akazien mit schier undurchdringlichem Unter=
holz und ein goldgelb blühender Busch, der über die steilen Hänge
tausend wundersame Arabesken webte; unter den Akazien viele, deren
Kronen mit einer Seite sich an den Berg lehnen, während sie im übrigen
sich horizontal ausbreiten und dunkle Laubdächer bilden, zu denen
Lianen, mit roten kleinen Birnen oder mit vierkantigen, dicht sitzenden
hellvioletten Früchten behangen, senkrecht aufsteigen. Wilde Gurken
und zahlreiche Schlingpflanzen klettern an ihnen zur Höhe, und ihre
blauen und gelben Glocken und Sterne zwängen sich durch die eng
stehenden, strahlenförmigen Äste der Decke, zeichnen auf dem dunklen
Dache verworrene Figuren oder stürzen sich über seine Ränder: ein
schwebender Garten. Und über all dieser schönen grünen Einsamkeit
kreisten mehrere Adlerpaare in stolz=ruhigem Fluge. Sonst schien die
Insel von Vögeln merkwürdig gemieden, und außer dem Gezänk einiger
Weißkehlendrosseln hörte ich keinen der mir wohlbekannten Töne. Ich

war daher um so mehr überrascht, als ein Boot, das ich nach Brennholz
hinübergeschickt hatte, plötzlich hinter einer kleinen Einbuchtung des
Ufers einen riesigen, wildbewegten Schwarm aufscheuchte, dessen un=
ruhig flatternder Flug mir verriet, daß er nicht aus Vögeln, sondern
Fledermäusen einer besonders großen Art sich zusammensetzte.

Dies reizte mich, gegen Abend hinüberzufahren. Vorsichtig bewegte
sich unser Fahrzeug das steinige Ufer entlang, bis erst leise, dann rasch
immer stärker anschwellend ein keifendes Quieken aus den Bäumen
vernehmbar wurde, ähnlich dem Konzert zankender Ratten, wie es so
manches liebe Mal aus den Graswänden einer Hütte heraus meine
Nachtruhe gestört hatte. An der tiefsten Stelle des flachen Bogens herrschte
ein Höllenlärm, in dem unser Kommen ganz unbemerkt blieb. Er ragte
dort eine hohe Ficus mit großen Blättern und kleinen reifen Früchten
empor, die ihr Gezweig zum Teil weit über das Wasser neigte. In
deren Krone kletterten auf Stamm und dickeren Ästen die Fledermäuse
auf=, über= und nebeneinander und stießen dabei jämmerlich quiekende
Laute aus — ein ekliges Gewimmel unruhiger Leiber und zuckender
Flügel. Einzelne hingen auch still mit abwärts gerichtetem Kopf. Ich
schoß. Ein gräßlich schriller Ton antwortete mir, uud gleichzeitig
rauschte eine dunkle Wolke aufwärts, prasselte morsches Holz durch das
dichte Gebüsch, schlugen die Körper der Getroffenen dumpf auf die
Kalkfelsen und rollten dem Wasser zu. Jetzt erst sah ich, wie groß dieser
Trupp gewesen war; ich schätzte sehr vorsichtig auf 800 Exemplare. So
dicht saßen sie, namentlich am Stamm, übereinander, daß viele nicht
gleich auffliegen konnten, und ich noch zwei=, dreimal hätte feuern
können. Aber dies wäre unnötig gewesen. Denn mindestens sechs waren
auf den Schuß gefallen, wovon drei in den Lianen und Dornengewirr
hängen blieben.

Es waren Palmenflederhunde, 20 Zentimeter lange Kerle, eine west=
afrikanische Form: Xantharpyia straminea. So harmlos an sich diese
Fruchtfresser mit ihren niedlichen Hundsköpfchen und den großen Reh=
augen sind, und so wenig sie dem Schreckbilde der Vampyre gleichen,
so sehr verdienen sie ihren Namen Xantharpyia, gelbe Harpyia; denn
sie sind solche Schmutzfinken, daß mit ihnen verglichen mir sogar mein
Koch sauber — nein, ich will nicht übertreiben, aber doch nicht mehr
ganz so dämonisch schmutzig erscheint.

Ein paar Tage, nachdem ich sie kennen gelernt hatte, stellte sich auch
in Kwidjwi jede Nacht eine Gesellschaft von 20 oder 30 Stück ein, die

über meinem Zelt ruhelos hin und her strichen. So manches Mal stand ich draußen unter den Bäumen, sah ihre Silhouetten an der Mondscheibe vorüberfliegen und hörte sie dicht über meinem Kopf in größeren und kleineren Kreisen umherschwirren, nicht lautlos wie die kleinen Chiropterenarten, sondern weit hörbar flatternd wie große Eulen; oder ich sah ihre zarten Flügel von den Strahlen des nächtlichen Gestirns seltsam durchleuchtet, wenn sie von Zeit zu Zeit aus den schwarzen Schatten der Feigen auftauchten und wieder verschwanden, und aus dem Dunkel des Laubes zitterten ihre klagenden Laute wie Wehrufe kleiner Kinder über die schweigende Bucht. Nach zwei, drei Tagen ihrer Anwesenheit war das Sonnensegel meines Zeltes von oben bis unten beschmiert. Sie fressen nämlich die Früchte verschiedener Ficus, werfen aber die Samen, zu großen ausgesogenen Klumpen geballt, hinab. Diese Samen finden sich auch zahlreich in ihrer schwarzen, scharfen, wässerigen Losung, die sie weithin verspritzen, um ihrem Namen Ehre zu machen.

Noch eins fiel mir an ihnen auf. Als ich sie in Mugarura sah, glaubte ich, ihr Keifen hinge mit den reifen Früchten ihres Standbaumes und mit Freßneid zusammen, aber die Magen aller erlegten Exemplare waren leer, so muß ich sie also in einer Art Brunstzeit überrascht haben.

Übrigens möchte ich noch folgende lustige Episode erwähnen, die sich an meine Jagd auf sie knüpft. Als ich auf Mugarura gemeinsam mit meinen Bootsleuten, harmlosen Jünglingen von Kwidjwi, die toten Flederhunde betrachtete, fiel ihnen an einem alten Männchen das stumpfe braune Gebiß im Gegensatz zu dem glänzenden weißen der Weibchen auf. Als sie mich nach dem Grunde fragten und ich ihnen antwortete, „es sei eben auch nicht anders als bei ihren eigenen Zähnen; die Männchen rauchten vermutlich viel mehr Tabak als die Weibchen", wurden sie erst still und nachdenklich und man sah, wie es in ihrem Gehirn arbeitete. Als sie mich schließlich aber doch zweifelnd ansahen, und wohl den Spott in meinen Augen merkten, brüllte erst einer, dann der ganze Chor los und in den nächsten Wochen mußte ich auf Kwidjwi noch oft die Historie von den rauchenden Fledermäusen mit anhören. — — —

Ich habe mich wieder vom Hauptpfad der Erzählung fortlocken lassen; einen Sprung vorwärts, zwei Sprünge seitwärts, das scheint nun einmal das Schicksal dieser Briefe zu sein. Ein variierter Echternacher Pas.

Hinter dem Kap, dem Mugarura gegenüber liegt, biegt das Ufer des Sees nach Südosten aus. Dementsprechend lief auch meine Marschrichtung. Den östlichsten Punkt des Sees passierte ich am 16. März, und nun zog

fich die Küfte lange und ftark nach Weftfüdweft. Die zwifchen beiden
Schenkeln liegende große Bucht mit einem ausgedehnten Infelarchipel
taufte ich Mecklemburgbucht, um zum Ausdruck zu bringen, wieviel
Dank ich dem gütigen Protektor meiner Expedition fchulde.

Erft eine koloniale Gefchichtsfchreibung der Zukunft wird lehren, wie
viel wir dem Herzog Johann Albrecht zu Mecklemburg verdanken und
fonderlich, wie fein Beifpiel und Einfluß und fein nie verfagender Eifer
für eine an Widerftänden und Gegenftrömungen reiche und nicht immer
dankbare Sache dazu beigetragen hat, daß das koloniale Intereffe nicht,
wie leider fo manches andere in Deutfchland, in einer rafch verglim=
menden Strohfeuerbegeifterung verflackert ift. — — —

Je weiter man die Ufer der Mecklemburgbucht verfolgt, um fo zer=
riffener werden fie. Mehrere Hinterbuchten graben fich tief in das Land
ein, fo daß man, um nicht das Zehnfache an Zeit zu gebrauchen, oft
gezwungen ift, große Halbinfeln abzufchneiden. Lagert man am Ende
folcher Bucht, fo glaubt man bei manchen auf einen ftillen, abgefchloffenen
Gebirgsfee zu fchauen; denn wegen der zahllofen in die Fluten weit
vorfpringenden Zungen, die fich gegenfeitig überfchneiden, ift keine
Mündung fichtbar. Aber während des Marfches über die Höhen fieht
man die Pforten der Buchten und hat einen weiten, prächtigen Blick
auf den Kiwu. Die Berge fteigen refpektabel hoch an; was nicht unter
Kultur fteht, ift Grasland; der Urwald des Grabenrandkammes liegt
hinter den Ketten im Often verfteckt.

Das Bild des Gebirges, namentlich an der Südfeite der Bucht, ift
merkwürdig unruhig. Eine Kuppe neben der anderen löft fich von den
Hängen ab, die durch Täler und Quertäler, durch wafferreiche Mulden,
Furchen, Schluchten, Senkungen in ein unbefchreibliches Gewirr un=
gleicher Abfchnitte zerfchnitten werden. Und vermehrt wird diefe Zer=
riffenheit noch durch zahllofe, natürliche, meift horizontale Böfchungen,
die die Eingeborenen verftärkt und als Schutzwehr für ihre Felder her=
gerichtet haben. Oft drängt fich mir der lächerliche Eindruck einer hüp=
fenden Landfchaft auf, fo bewegt, fo unruhig ift ihre Erfcheinung. Man
glaubt, Riefenmaulwürfe hätten diefe Berge unterwühlt und würde fich
kaum wundern, plötzlich an neuer Stelle den Boden fich rühren und zum
Hügel fich ausftülpen zu fehen. Oder man glaubt, ein wildbewegtes
Meer, auf dem alle Winde gleichzeitig tanzten, fei plötzlich erftarrt und
zu Stein und Erde geworden. Oder man glaubt, daß alle diefe Gipfel
und Kuppen aus einer Art himmlifchen Salzbüchfe herabgeftreut und

Bootsfahrt auf dem Kiwu.

liegen geblieben wären, wo gerade sie hinfielen. Oder man glaubt — ach Gott, glaubt, glaubt — all das sind Gleichnisse; Gleichnisse, die nicht einmal sehr hinken und doch dem Leser kaum eine plastische Vorstellung geben werden. Manchmal möchte ich verzagen. Und manchmal mich er= boßen. Und manchmal fragt ein Ketzer in mir: „Wozu alle diese Reise= briefe und =beschreibungen, deine und andere in Zeitungen und Büchern? Ist es nicht im Grunde ein minderwertiges Beginnen? Ist nicht jede Photographie aufrichtiger als jede Schilderung?

Und dann werfe ich verdrossen die Feder weg und laufe hinaus und schaue lieber den Bachstelzen zu, wie sie ihr Nest bauen oder den Sand= wespen, wie sie über den Strand huschen und fleißig die Füßchen regen oder irgend anderem, was erfreut und belehrt. Aber mit der Sonne draußen und ihrem hellen Licht kommt mir auch die Ruhe wieder und Klarheit. Und ein Beschwichtigungsrat in mir jagt den Ketzer fort und predigt: „Was liegt daran?! Was liegt daran, wenn des Lesers Phan= tasie, an deine oder andere Bilder anknüpfend, ihm Landschaften vor= zaubert, mag es sie auch so, genau so, nie und nirgends gegeben haben: fernere heißere Süden als je ein Bildner träumte. Und Photographien? Photographien machen denkfaul, mein Lieber und sind gut für Bar= baren. Und wenn je eine Zeit kommen sollte, in der alle Welt sich Tages= schriften und Bücher nur dann anschafft, wenn sie „aktuell illustriert" sind, dann" — — — hier ging seine Stimme in dumpfes Murmeln über und ward von der Brandung des Sees verschlungen. Dann? Dann? Was hat der Kauz nur sagen wollen?

Kissenje, im Januar 1902.

Brief XVII.

Wir hatten im letzten Brief den Marsch längs der Ostküste des Kiwu von Kissenje dem „großen Sande" aus am 10. März angetreten und lagerten, nachdem wir Bugoie passiert hatten, am 13. gegenüber der Insel Mugarura in der Provinz Bwischascha. Bis hierhin hatte ich einen Vorgänger im Grafen Goetzen, der dasselbe Ziel, aber zu Wasser erreicht hatte. Ich glaube, wenn ihm damals einer seiner Begleiter geweissagt hätte, daß er, der Leutnant, sieben Jahre später im gleichen Lande Gouverneur und Major sein würde, er hätte ihn mit schmerzlicher Miene aufmerksam betrachtet und heimlich ein sedativum in den Kaffee gemischt. Aber nach allem, was man in der Kolonie hört, scheint seine rasche und nicht mühelose Karriere ihm nur ein Sporn gewesen zu sein, die europäischen und afrikanischen Kritiker, die ein allzu pedantisches Qualitätsschema für den Gouverneursposten aufgestellt hatten, in kurzer Zeit ziemlich stumm zu machen. Vielleicht antwortete er ihnen ähnlich, wie jener ob seiner Jugend am englischen Hof mißtrauisch empfangene Gesandte Spaniens: „Wenn der Wert des Mannes im Barte liegt, Sir, so hätte mein Monarch Ihnen einen Ziegenbock schicken können".

(5 Jahre — von 1901 bis 1906 — durfte Deutsch=Ost=Afrika der weisen Leitung des Grafen Götzen sich freuen und hat in dieser Zeit auf vielen Gebieten bemerkenswerte Fortschritte gemacht. Leider schloß die Regierungsperiode des Grafen mit dem großen Mißgeschick des Aufstandes im Süden des Schutzgebietes. Dadurch, aber auch durch den beispiellosen Aufschwung, den die wirtschaftliche Entwicklung unter Götzens Nachfolger, Frh. v. Rechenberg, nahm, wurden seine Erfolge in der öffentlichen Meinung etwas verdunkelt. Aber auch wer Herrn v. Rechenberg so bewundert und verehrt, wie ich, wird gerechterweise nicht vergessen, daß Götzens Tätigkeit noch mit Hemmungen und Widerständen in den politischen Kreisen der Heimat zu rechnen hatte, die in diesem Maße in den folgenden Jahren nicht mehr bestanden. Leider raffte ein grausames Geschick den Grafen Götzen im Sommer seines Lebens aus einer hoffnungsreichen Laufbahn allzufrüh hinweg. Allzufrüh auch für mich, der diesen im besten Sinne vornehmen und adligen Mann mit warmer Liebe verehrte.)

Doch nun zurück zur Ostküste des Kiwu. Die schmalen Fußpfade waren immer gut, aber, wie es in so zerrissenem Gebirgsland nicht anders sein kann, liefen sie in ewigem Auf und Ab. Die Gegend ist immer mehr oder minder wohl kultiviert, der Blick weit und klar über den See hinüber nach Kwidjwi und den jenseitigen 50 Kilometer entfernten Bergen. Unzählige zu Flüssen angeschwollene Bäche kreuzen unsern Weg, unter denen der größten einer, der Nkoko, in schönem Fall über eine hohe steile Felswand zu Tal stürzt. Der östlichste Punkt des Sees ist durch zwei Gruppen alter Bäume charakteristisch markiert. Sie sind geheiligt, weil König Luabugiri an diesem Platze ein Lager hatte, als er den Feldzug gegen Bunjabungu (1894) antrat, aus dem er sterbend nach Ruanda zurückkehrte. Niemand wird dort Brennholz sammeln oder aus ihrer Rinde Stoff sich bereiten, höchstens ein Mutwa (Pygmäe); „denn die", sagte mir ein Eingeborener verächtlich, „sind ja nicht Menschen, sondern wilde Tiere". Unter den Bäumen liegt noch, halb in der Erde vergraben, in der Mitte gespalten, zum Teil verrottet und jährlich mehr zerfallend, das aus einem Urwaldriesen gehöhlte Boot, das den Herrscher in den Krieg trug; nach meiner Erinnerung war es etwa 18 Meter lang und $^5/_4$ Meter breit.

Die Gegend war in den letzten Tagen gut besiedelt und der Marktverkehr im Lager groß. Auch viele Watussi wohnen hier, besonders in der Landschaft Lubengera. Diese vornehmen Herren sind indes sehr reserviert, ich glaube weniger aus Furcht — denn viele kennen mich ja vom Hofe her — als aus Bequemlichkeit. Sie schicken zwar Geschenke, aber besuchen mich weder selbst, noch lassen sie sich durch Kinder oder Verwandte vertreten. Eine Ausnahme machte im Lager des 15. März der vornehme Häuptling Semirigamba, der reichlich Geschenke brachte und erhielt.

Am 16. und 17. März folgte ich dem südlichen Schenkel der Mecklenburgbucht in langen ermüdenden Märschen und schnitt am 18. März ihren westlichen Zipfel auf weitem Umweg ab. (Was mir bei dieser Gelegenheit an Küstenkonturen entging, nahm ich zum größten Teil auf späteren Reisen zu Lande oder vom Boot aus auf.) Dies Ufer macht einen zu merkwürdigen Eindruck. Gerade als ob es, da es die schaffende Hand von Westen nach Osten leitete, durch irgend eine geheime Liebe nach Süden gelockt, immer wieder dorthin ausweichen wollte und immer wieder nach Norden zurückgezwungen wurde, bis es die alte nach Sonnenaufgang ziehende Straße wieder erreichte.

Dadurch entstand eine seltsame Schlangenlinie, deren Schleifen den nach Norden offenen Buchten entsprechen.

Auf diesen letzten Marschstrecken veränderten die Eingeborenen sehr auffallend ihr Betragen. Während bis dahin ein sehr reger Markt im Lager stattfand, blieben jetzt die Verkäufer ganz aus. Mein Führer, ein intelligenter Mtussi namens Lubembura, vermochte mir ihr Verhalten nicht zu erklären. Die hiesigen Wahutu seien „schlecht“, war seine einzige Auskunft, und er riet mir, seine eigenen Landsleute zu bekriegen. Das spricht gerade nicht für ein großes Zusammengehörigkeitsgefühl der Wanjaruanda, wie überhaupt die Watussi auf jede Klage über die Wahutu zu antworten pflegen: „Schlage sie tot“.

Vom 16. bis 18. passierten wir fünf große Buchten, die bis zu sechs Kilometer ins Land schneiden. Ich lagerte stets am See, weil mich ein Teil der Lasten und ein paar schwerkranke Träger in drei Booten begleiteten. Am 18. März entließ ich Lubembura und erhielt dafür einen Mhutu als Führer, den er irgendwo aufgestöbert hat. Unterwegs saßen eine Unmenge von Leuten am Wege, die die Karawane neugierig an sich vorbeiziehen ließen. Dabei wiederholte sich an diesen und den nächsten Tagen öfter folgendes:

Sobald ich nicht mehr weit von einer Gruppe war, erhob sich einer aus ihrer Mitte und schrie mit gewaltiger Stimme über das Tal hinweg, „man sollte nicht versäumen, dem mami, d. h. dem hohen Herrn, das Gastgeschenk ins Lager zu bringen“, worauf es von den Hängen und Kämmen der anderen Seite antwortete „wie man glauben könne, daß sie so unhöflich sein würden“. Hierauf begann wieder der erste, der immer so tat, als hätte er mich noch nicht bemerkt, die erwünschten Dinge aufzuzählen: Pombe, Ziegen, Bananen usw., und jedesmal echote es von drüben ganz prompt: Pombe, Ziegen, Bananen usw. Hätten wir nur den zehnten Teil dessen bekommen, was uns so versprochen wurde, wir wären es zufrieden gewesen. In Wirklichkeit kam aber nichts ins Lager. Am 18. März brachte ein Mtussi gerade genug, um einen magenkranken Greis satt zu machen, und gebrauchte die dümmsten Ausreden, z. B. es sei Hungersnot — jetzt wo die zweite Ernte nahe war! Da ich weder Tee und Kaffee mehr hatte, auch keine milchende Kuh, bat ich ihn, mir etwas Milch zu bringen. Aber er bedauerte; der König habe ihm alles Vieh geraubt und dergleichen mehr. Dabei lagen rings um das Lager geradezu Hügel von frischem Mist! (Milch von den Watussi zu erhalten ist übrigens meist sehr schwer. Erstens trinken sie

sie selbst sehr gern, außerdem glauben sie oft in ihrem Mißtrauen, man verlange die Milch, meine aber die Kuh, die sie dann hinterher nicht mehr verleugnen könnten. Drittens aber verbietet ihnen ihr Aberglaube, einem „Ziegenfleischfresser" Milch zu geben, es sei denn, er sei an diesem Tage noch fleischnüchtern, weil andernfalls die Herde ihre Milch ver= löre.) Alles in allem — jene Märsche waren weder für mich noch für meine Leute angenehm, und mein Magen, der nur mit Bananen gestopft wurde, wurde von Tag zu Tag eigensinniger.

Am Ende der Mecklemburgbucht biegt das Ufer nach Südsüdwesten und bleibt in dieser Richtung bis kurz vor dem Ende des Sees, wo es eine Zeitlang ziemlich direkt südlich läuft. Am 19. März mußte ich mein Vieh zurücklassen, weil es zu erschöpft war. An diesem Tage waren wir gezwungen, eine tief nach Süden einschneidende Bucht zu umgehen. Das hielt uns sehr lange auf, und wir erreichten erst abends wieder den Kiwu, trafen aber nicht die Boote; ebensowenig am nächsten Tage, wo wir an einer wundervollen kleinen Bucht lagerten. Aber abends, als ich schon im Bett lag, erschienen zwei von den rudernden Trägern und brachten mir die Nachricht, daß sie nicht allzufern in Kwischara wären, einem Bezirk, in dem der Sohn des mir vom Russisi her be= kannten Ngensi ein Dorf habe. An Lebensmitteln aller Art sei dort kein Mangel. Das war also erfreulich. Dagegen berichteten sie auch Trauriges. Mein Mnjampara (Trägerführer) Omari, der seit dem furchtbaren Unwetter westlich der Vulkane an großer Erschöpfung litt, war auf einer kleinen Insel, auf der sie übernachteten, gestorben, und dort hatte sich folgendes ereignet.

Während sie bei dem Sterbenden wachten, hörten sie auf dem See dumpfen Ruderschlag und beobachteten ein großes Boot, das von Kwidjwi her sich ihnen leise näherte. Begünstigt durch den Mondschein sahen sie, wie einer der Insassen, am Bug stehend, einen Gegenstand kreisend bewegte und dabei unverständliche Laute murmelte. Sie ver= hielten sich still und beobachteten. Die Leute legten an der Insel an, einige stiegen an Land und begannen das Boot, das mein Elfenbein enthielt, von seiner Befestigung zu befreien. In diesem Augenblicke sprangen meine sechs Träger wie die Löwen brüllend vor, und während die einen das feindliche Boot packten, stürzten sich die anderen auf die zu Tode erschreckten Diebe. Zwei davon sprangen ins Wasser und ver= schwanden, die anderen vier wurden gebunden und befanden sich jetzt mit ihrem Fahrzeug im Lager von Kwischara. Was an dieser Heldentat

Wahres war, wagte ich nicht einmal zu ahnen; aber der Gegenstand, den sie dem Verschwörer abgenommen hatten, war der typische Räuber=talisman der hiesigen Völker: ein großer Fell= und Riemenklumpen, der jedenfalls allerhand Zauberpulver einschließt, und daran eine Glocke mit festgebundenem Klöppel.

Übrigens wollte es der Zufall, daß ich in derselben Nacht auch einen sehr drolligen Diebstahlsversuch erlebte. Ich lagerte am Ende einer kleinen verschwiegenen Bucht und hatte mein Zelt auf einem schmalen Wiesenfleck dicht zwischen Berg und See aufgestellt. Die Tür stand wenige Schritt vom Wasser ab und ich konnte von meinem Bett aus die ganze Bucht und die dunklen Inseln überblicken, die wie schwim=mende Gärten auf der grünen Flut lagen. Es war eine klare Nacht und der Mond zitterte auf den stillen Wassern. Mitten aus dem besten Schlaf heraus weckte mich der Ruf des Postens und auffahrend sah ich einen Mann in den See laufen, wobei er über die Stricke stolperte und das Zelt stark erschütterte. Also ein Dieb. Es zog sich hier eine schmale Sandbank etwa zwanzig Schritt in den Kiwu, die zuerst ganz flach, all=mählich tiefer wurde. Als ich hinaustrat, stand der Mann bis zum Halse im Wasser; ich verbot dem Posten, der gerade anlegte, auf ihn zu schießen, und gleichzeitig tauchte der Dieb unter. Er mochte sich wohl da unten nicht ganz behaglich fühlen, denn er kam bald wieder zum Vorschein, worauf der Posten zum Scherz wieder anlegte und der Dieb wieder blitzschnell verschwand. Offenbar konnte er nicht schwimmen und wenn er uns nicht in die Arme laufen wollte, mußte er bleiben wo er stand, denn auf den übrigen drei Seiten war tiefer Grund. Mein Posten hätte kein Neger sein müssen, um nicht sofort zu ahnen, daß hier ein „prominenter" Witz zu arrangieren sei. So rief er schleunigst ein paar Kameraden und nun standen sie zu sechs am Strande mit ruhendem Gewehr; sobald der arme Teufel aber seinen Kopf über den Wasser=spiegel hob, flogen die Büchsen in die Höhe und mit einem hörbaren Luftschnapper tauchte er wieder unter. Ich sagte den Leuten, sie mögen jetzt schlafen gehen und den genügend bestraften Mann laufen lassen, worauf ich selbst wieder zu Bett ging. Als ich aber nach zwei Stunden aufwachte, war mir, als hörte ich von Zeit zu Zeit ein klappendes Ge=räusch und unterdrückte Laute. Ich ging leise hinaus. Da standen die sechs Esel immer noch im Mondschein stumm wie Salzsäulen, um mich nicht zu wecken, rissen immer noch in jeder Minute zweimal die Büchsen an die Backen und krümmten sich, krampfhaft ihr Lachen erstickend, wenn der Unglückliche jedesmal blitzschnell untertauchte.

Ein paar Boys, die im Sande kauerten, sahen bewundernd ihren
Herren zu, und breiteten von Zeit zu Zeit begeistert die Arme aus, daß
man glauben konnte, sie hätten sich hier versammelt, um den Mond zu
beschwören. Nachdem ich mir dies stumme Theater eine ganze Zeit lang
unbemerkt angeschaut hatte, jagte ich die Kindsköpfe in ihre Zelte.
Dem Wassermann aber — „unserem Freunde Nilpferd", wie sie ihn an=
deren Tags, kindisch froh ob des gelungenen Ulks, nannten, redete ich
gut zu, ans Land zu steigen und sich zu entfernen. Das wird er wohl
auch getan, aber sobald nicht mehr Lust verspürt haben, nächtliche
Gänge in Europäerlager anzutreten.

Am 21. März marschierte ich von der erwähnten Bucht aus in acht=
stündigem Marsch nach Kwischara. Dort übergab ich die vier Diebe dem
Ortshäuptling, damit er sie dem König zur Bestrafung bringe. Auf
Grund meiner späteren Erfahrungen zweifle ich, daß sie die Residenz
erreichten; wahrscheinlicher ist, daß sie von dem Ortschef zur Erlangung
eines anständigen Lösegeldes benutzt wurden. Unterwegs hatten wir
einen herrlichen Blick auf das Südende des Sees. Die lange Halbinsel
von Ischangi teilt es in zwei Buchten, aus deren westlicher der Russisi
abfließt. Durch einen schmalen Kanal von ihr getrennt, liegt der Halb=
insel die große Kwidjwiinsel vor. Von beiden Seiten fallen die Berge
schroff zum Kanal, wie die Säulen des Herkules.

Es ist wirklich ein herrliches Panorama: all diese mannigfach ge=
formten Landzungen und Inseln und das zerrissene Gebirgsland der
Ufer, die Grashänge, Bananenhaine, Hecken und Felder; die schilf=
erfüllten Hochtäler, die Schluchten mit Farnkräutern oder üppigem
Dickicht, die Flüsse, deren glänzendes Band durch breite Papyrussümpfe
sich windet, die blauen Fluten mit den sanft über sie hinweggleitenden
Einbäumen und die zackigen Felsen, besäet mit Möven und Enten; die
weißen Reiherketten, die wie ferne Segel über die Wasser ziehen, die
Wolken, die sich in ihnen spiegeln, und die violetten Wolkenschatten,
die langsam über die Berge kriechen; die Silhouetten der breit aus=
ladenden Feigenbäume und der bizarren Dracänen, die im Sonnenglanz
gelb leuchtenden Hütten und die roten, dunkel umzäunten Höfe mit den
Staffagen der arbeitenden oder ruhenden Eingeborenen; die weidenden
Ziegen und Schafe und die von singenden oder flötenden Hirten auf
breiten Wegen zur Tränke geführten Rinder. Und all das unter satt=
blauem Himmel von solcher Klarheit und Tiefe, daß alle unsere Begriffe
von Raum und Form sich verwirren, weil diese gewölbte Decke für das

Auge, das sie durchbohren will, eine Körperlichkeit gewinnt, deren Ma=
terie wir weder verstehen noch definieren können, bis es uns zuletzt
scheint, als ob diese Lichtmassen dort oben in einem Aggregatzustand
sind, der mit den uns von dieser Erde bekannten nichts mehr gemein
hat. Und wenn ich dann den Blick wieder in die Tiefen schweifen lasse
und noch einmal hinweg über all die bunte Schönheit, dann seufzt mein
Herz darüber, daß ich einst all dies wieder verlassen muß und der Tag
kommen wird, da ich wieder unter grauen, verdrossenen Himmeln,
zwischen hohen Häusermauern mein Leben verbringen und mich ver=
zehren werde in Sehnsucht nach Glanz und Farbe und glückseligen Ge=
filden. — — — — — — — — — — — — — — — — —

Am 21. März lagerten wir in Kwischara. Hier, wo mich mein Be=
kannter Kissasi, der Sohn des Häuptlings Ngensi, freundlich empfing
und mit allem versah, begrub ich den Mnjampara Omari. Am 22. März
war Ruhetag. Am 23. umgingen wir das Ende der letzten südlichsten
Bucht und lagerten in Limpischi hoch über ihr, die auf beiden Seiten
von steilen Wänden eingeschlossen ist. Dort mußte ich einen zweiten
Träger begraben, der so nahe am Ziel noch den Folgen der Strapazen
erlag. Von da stiegen wir nach Westen die Berge hinauf, um die Ischangi=
halbinsel und damit das Endziel dieser Expedition zu erreichen. Ich
lagerte in der Nähe des Kiwu, entließ alle Träger und baute in den
nächsten Monaten auf einem reichbesiedelten Kamm 1700 Meter hoch
unter einer herrlichen Baumgruppe mein Dorf Bergfrieden, in dem ich
in den folgenden Jahren noch manche schöne, aber auch manch bittere
und traurige Stunde erleben sollte.

Kissenje, im Januar 1902.

Bootsfahrten.

Brief XVIII.

12. Juni 1901. Heute morgen Aufbruch von „Bergfrieden" und
hinab zum Kiwu. Auf halbem Wege links das verlaſſene Lager
der deutſch=belgiſchen Grenzkommiſſion, ein paar Minuten tiefer
zur Rechten das Grab ihres Aſtronomen, des armen Profeſſor
Lamp, der vor einem Monat hier zum ewigen Schlaf gebettet wurde.
Ein primitives Kreuz mit Namen und Todestag, der Hügel von
Steinen eingefaßt, ein paar Blumen darauf, eine Wolfsmilchhecke in
großem Viereck und parallel eine Allee von jungen noch dürftigen Mi=
lumbaſtämmchen — ſo ward dem Unermüdlichen der Platz der Ruhe
bereitet. Zu Hauſe aber ſitzen ſeine Angehörigen ahnungslos, der guten
Nachrichten froh, ſeiner Rückkehr ſich freuend, eine Frau, die nicht
weiß, daß ſie Witwe iſt, Kinder die nicht wiſſen, daß ſie Waiſen ſind.
Und indeſſen geht der Bote mit der ſchlimmen Zeitung durch Siedelun=
gen und Wildnis zur Küſte, über meilenweite, glühende Steppen, durch
Buſch, Sumpf, Wald und mancherlei Fährnis. Doch von allen Gefah=
ren, denen andere erliegen, bedroht ihn keine. Das Fieber verſchont
ihn, Löwen und Leoparden ſchleichen ſcheu zur Seite, die reißendſten
Flüſſe ſpeien ihn aus; er iſt unverletzlich, geweiht, gefeit, geheiligt,
denn er trägt das Unglück in ſeiner Taſche. Schlimme Botſchaften
finden immer ihr Ziel; ſo will es das grauſame Schickſal. Und ſo geht
er ſeine Bahn weiter und weiter, wie eine ſchwarze Wetterwolke, lang=
ſam, tückiſch, bis die Unvorbereiteten erreicht ſind, und der Blitz die
Ahnungsloſen niederſchlagen kann. O hartes Los!

Ach, ich weiß, wie der Gedanke an dieſen ſchmerzlichen Botenweg
den Kranken würgt, der in einſamer Fremde mit dem Tode ringt; ich
habe es erlebt und ich weiß, wie ich in dieſen dunklen Stunden nach
dem Ende ſtöhnte, nur um nicht mehr an die denken zu müſſen, die
meine Seele liebt.

Dort drüben mitten im See liegt wie ein dunkler Hut eine kleine
Inſel, kaum fünfzig Meter lang. Wildes Dickicht bekleidet ſie, ſchil=
lernde Nektarinen huſchen durch ihr Gezweig und die Schwalben um=

kreisen sie von früh bis spät. Auch dort liegt ein Grab, das Grab eines jungen, kaum erblühten Menschen, der auch Eltern und Geschwister hatte und dem die Erinnerung an sie die Sterbestunde vergällte, trotzdem ich ihm bis zum letztem Atemzug ins Ohr schrie, daß er leben und in die Heimat zurückkehren würde. Dann fuhr der Tote in tagelanger, trauriger Fahrt über den See, denn ich wollte ihn nicht in der spärlich den Lavafels deckenden Erde von Kissenje begraben, die treulos ihre Toten nicht schützt. Dort drüben aber konnten ihn die Hyänen nicht auswühlen, die scheußlichen Schleicher, vor denen ihm noch in seinen letzten schweren Träumen grauste, daß er oft schreiend auffuhr und mit weit geöffneten Augen, die in dem verfallenen blaßgelben Gesicht doppelt groß schienen, durch die Tür in den Regen hinausstarrte, und auf den grauen, verdrossenen See, der dicht vor dem Zelt mit kleinen schwächlichen Wellen wie mit müden Fingern eintönig gegen den Strand schlug. „Kein Sterben war's, ein klägliches Verenden", so schrieb ich damals in mein Tagebuch.

Aber fort mit den drückenden Gedanken. Rasch noch ein paar hundert Schritte abwärts, vorbei an den Hütten des kleinen Askaripostens und hinab zum Wasser. Die Boote harren schon. Ein frischer Wind bläst über den See. Zornig schlägt er die Wellen gegen die Einbäume, wie wenn er grolle, daß sie keine Segel zum Schwellen haben. Mit frischem Ruderschlag geht es hinaus und bald werden die Berge kleiner. Ein paar Weiber mit brennend roten Gewändern steigen den Abhang hinauf wie wandelnde Mohnblumen. Die Bananen winken mit ihren Blättern wie mit langen grünen Tüchern einen Abschiedsgruß. Ein Graufischer rüttelt über uns und fällt wie ein Stein klatschend ins Wasser.

Die erste Bucht ist rasch überwunden. Von den Felsen am Ufer fliegen ein paar perlgraue Möwen kreischend auf. Wie Spielzeug liegen die Hütten von Bergfrieden auf dem Kamm. Scharf gemeißelt heben sich seine Bäume vom hellen Himmel ab, über den der Südost schweres graues Gewölk jagt. Der See ist heute schlechter Laune, ein Griesgram mit tausend mürrischen Lippen. Das Boot schlingert und rollt und macht mich schläfrig, und ich lege meinen Kopf in den Schoß meines Boy, der hinter mir auf der Mundharmonika eintönige, selbst erdachte Melodien spielt. Und ich lese in alten Notizblättern.

Wir fahren ganz nahe am Ufer. Dicht am Wasser niedriges Gebüsch, dahinter ein schmales Band von hohen schwankenden Sorghumfeldern, sonst sieht man nur die Grashänge. Viel Fischfallen stehen im Wasser, Rohrstengel, die an seichten Stellen halbkreisförmig in den Boden gesteckt sind. Wo je zwei dieser nach dem See zu konvexen Halbzylinder sich berühren, läßt man eine kleine Lücke offen, die, der Stereometrie des Baues entsprechend, einen nach dem Lande zu schmaler werdenden Gang darstellt, durch dessen Pforte die dummen Fischlein zwar hinein, aber nicht heraus finden. „Euren Eingang segne Gott, euer Ausgang sei unsere Sorge", denken die Fischer von Ruanda.

Wir passieren ein kleines Kap, hinter dem der See ruhiger ist. Aus der Tiefe leuchten die von Algen mit gelbgrünem Samt übersponnenen Felsen, träge, armlange Welse mit goldbraun schimmerndem Leib lehnen sich fast aufrecht gegen sie und huschen bei unserer Annäherung wie schwarze Schatten zwischen das Schilf. Die Feuerfinken in rotsamtnem Hochzeitsgewand, mit der Bulgarenkapuze auf dem dicken Köpfchen, sitzen zitternd vor Wohlgefallen auf den grünen schlanken Stengeln und bronzeschillernde Blumensauger verfolgen sich von Busch zu Busch mit eifersüchtigem zettzettzettzett.

Jetzt öffnet sich im Süden eine Bucht. Die Ruder ruhen; am Eingang ein einsamer großer Feigenbaum. Ein Seeadler kreist über ihm und ein paar Schildraben schnarren auf seinen Zweigen. Im Hintergrund reiches Bergland mit großen Bananenhainen. Dazwischen gelbe und violette Felder: auf den Abhängen kleine Herden von Ziegen und Schafen.

Die Fahrt geht weiter. Plötzlich heben wir die Nasen und schnüffeln. Brandgeruch. Aber woher? Bei einer Biegung sehen wirs. Ein paar Eingeborene stehen am Ufer und brennen aus den Gräsern einer versumpften Mulde schwarzes Salz. Sehr gut ist es nicht, aber was hilfts, sie haben keine andere Salzquelle hier.

Eine neue Bucht. Die Sonne steht schon hoch und sticht und die Bootsleute prophezeien nahen Regen. Die Uferberge werden sanfter geneigt. Vereinzelt steigen Bananen und Hütten tief hinab. Nun umfahren wir eine flache Landzunge. Zwischen dem Niedergras zerstreut dichte hohe Büschel, die sich rhythmisch, sanft wie im Reigen wiegen. Ein breiter, festgestampfter Viehweg steigt den Berg hinab und das rote Laterit leuchtet in der Sonne wie ein erstarrter Blutstrom.

Wir nähern uns einer platten unbewohnten Insel und lassen sie zur Linken liegen; zur Rechten eine Rinderherde bis zur Brust im Wasser. Sie stehen dichtgedrängt beieinander, schütteln die von Fliegen umschwärmten Köpfe, schlagen mit den Schwänzen und glotzen träumerisch dem vorüberfahrenden Boot nach. Am Ufer warten ihre treuen Begleiter, die weißen gelbschnäbligen Kuhreiher. Ein paar hagere Kuhhirten stehen, auf lange Stäbe gestützt, auf dem Abhang, über den Schultern Regendächer aus Bananenbast, die wie das Schutzdach eines Strandkorbes geformt sind. Kommt das Wetter, so stülpen sie sie über die Köpfe.

Weiter! Ein weißer Vogelfels ragt über die Wasserfläche. Auf ihm isabellfarbige Möwen, schwarze Taucher, graue Reiher. Still fliegen sie auf und in weitem Bogen wieder zurück. Nur eine Nilgans bleibt tapfer stehen und wackelt ein wenig arrogant mit dem Steiße.

Weiter! Die Ufer werden steiler; der Himmel bedeckt sich. Ein paar Weiber mit vollen Krügen auf den Köpfen, die vom Wasserholen kommen, wollen eben den Berg hinaufsteigen. Als sie mich sehen, setzen sie ihre Last ab und drehen sich mit gespreizten Armen im Tanz. Eine Huldigung, für die ich den holden Töchtern des Landes dankend zuwinke.

Weiter! In Südsüdwest liegt starker Regen auf dem See; auch bei uns fallen einige Tropfen. Der Steuermann — er steuert mit dem Ruder am Heck sitzend — beginnt einen beschwörenden Gesang. Wohl zwanzig Mal hintereinander ruft er: „Geh, geh, geh", denn er will das Gewitter nach Bunjabungu hinüber schicken in das Land der Abaschi, der Sklaven, aber ich fürchte, daß die Gottheit seiner spotten wird.

Weiter! Zur Rechten wieder eine kleine Insel. Über hundert schwarze Klaffschnäbel fliegen auf und lassen sich am Ufer nieder, beim Einfallen die Ständer wie Störche streckend.

Der Regen zog doch vorüber, aber heftiger Wind kommt auf und verscheucht alles Gewölk. Wir geraten außer Kurs und suchen Schutz in kleinem Hafen. Ich selbst und fast alle Lasten von einigen über Bord schlagenden Wellen total durchnäßt; während die Sachen trocknen, wandle ich wie Adam vor dem Sündenfall in der Sonne spazieren.

Nach ein paar Stunden fahren wir weiter. Der schmerzlich grell leuchtende See liegt glatt, die Sonne brütet auf den schlummernden Fluten, und träge ziehen die Bootsleute ihre Ruder durchs Wasser, das so schwer ist wie flüssiges Blei. Leise murmelnd wie aus tiefen Träumen, schlägt es gegen das Ufer, an dem wir so dicht vorbeifahren, daß wir den schwülen Duft spüren, der aus Schilf und Gras aufsteigt. Keine Seele zeigt sich. Mensch und Tier ruhen in den Hütten und dem

Schatten der Haine; die Vögel verstummen. Die bebend heiße Luft ist erfüllt von feinem Summen. Mein Boy schnarcht in dumpfen Rhythmen, die Ruderer blinzeln, und auch mir werden die Lider schwer, und der Kopf will mir auf die Brust sinken. Von der Höhe herab, aus dem Dunkel der Bananen zittern langgezogene, weinerlich klagende Klänge einer Königskerzen-Schalmei durch die flimmernde Luft. Ist es ein Knabe, der, im Grase liegend, sich und dem Freunde die Zeit vertreibt? Ist es Pan selber, der spielt?

Kamm und obere Hänge der Berge sind gut bebaut; unten, um die Feuchte des Bodens auszunützen, ein schmaler Feldstrich, fern von den Hütten des Besitzers. Was dazwischen liegt, ist dichtes, hohes Grasland.

Wir umfahren die letzte, weit vorspringende Zunge der etwa dreißig Kilometer langen, am Russisi beginnenden Halbinsel von „Bergfrieden" und wenden nach Osten in den Kanal, der Ruanda von Kwidjwi trennt. Ein frischer Wind streicht uns entgegen und macht uns alle wieder munter. Die Ufer fallen beiderseits schroff ab und senken sich unter dem Spiegel gleich zu enormen Tiefen. Das Südende von Kwidjwi ist mit üppiger Vegetation bekleidet. Wir fahren schräg hin= über und erreichen es in einer Stunde. Während der Fahrt prächtiger Blick in die Schluchten der Insel und ihre flachen Buchten mit kulissen= artig sich deckenden Bergen, und auf das Ostufer des Sees, auf die reichen Platten von Njakassekke und Kwirascha und das Randgebirge mit der schwarzen Urwaldkappe. Über dem tiefen Flußtal des Kalun= dura hängt ein von grellen Blitzen durchzucktes Gewitter.

Eine halbe Stunde später biegen wir in einen Hafen ein und lagern unter einer riesigen, von den Jahren ausgehöhlten Ficus.

Wir sind also auf Kwidjwi. Ich kenne das Lager von früher her, aber ich lasse jetzt Lager Lager sein und schiebe als Intermezzo einige orientierende Bemerkungen über diese Insel ein, teils dieserhalb, weil es sich nicht schickt, daß ich meine Weisheit ganz für mich allein behalte, teils außerdem, weil ich des Hackstils à la tartare müde bin, zu dem die Schilderung eines Wandeldioramas so leicht verführt.

Kwidjwi bildet einen Teil der zwischen Deutschland und dem Kongo= staat strittigen Terrains;[1] nominell üben wir dort die Herrschaft bis zur diplomatischen Endregelung aus, weil wir dort die Fahne gehißt haben, während der Kongostaat, von Rebellen bedrängt, keine Macht

[1] Die Insel ist inzwischen (1910) belgisch geworden. Leider.

am Kiwu ausüben, geschweige die zahlreichen Verletzungen unserer Grenze hintanhalten konnte. So angenehm der dauernde Besitz der Insel für uns wäre, so träte er doch hinter dem Gewinn, eine vernünftige Grenze zu erhalten, wesentlich zurück. Es gibt aber nur e i n e mögliche Grenze, das ist der Russisi-Kiwu, nicht nur wegen ihrer physikalischen Beschaffenheit, nicht nur weil sie politisch in sich geschlossene Staaten trennt, sondern vor allem, weil sie einen ethnographischen Graben bildet, weil zwei ganz verschiedene Kulturen, die östliche und westliche, hier zusammenstoßen. Ich bin auch überzeugt, wenn die Belgier dort in ewigem Krieg gelegen haben, wo ich von der ersten Stunde an ohne Waffen mich bewegen konnte, so lag es neben anderem daran, daß sie in ein ihnen ethnographisch ganz fremdes Gebiet kamen, das mit kongolesischen Praktiken nicht regiert werden kann. — — — —

Das etwa vierzig Kilometer lange, im wesentlichen nach N. E. N. ziehende Kwidjwi ist dem Festlande vorgelagert, nämlich dem östlichen (Ruanda) unmittelbar und nur durch einen etwa zwei Kilometer breiten Kanal getrennt, dem westlichen (Bunjabungu) mittelbar durch einige Inseln, die, eine Art Brücke bildend, von einem Riesen in den See geworfen scheinen, um trockenen Fußes vom Festland nach Kwidjwi zu gelangen.

Kwidjwi, das von Süden nach Norden in drei große Provinzen, erstens Agatongo, zweitens Njamuschische, drittens Amarambo, zerfällt, bildet zusammen mit den im Norden (Kitanga, Mkondo u. a.), Osten (Wau), Süden (Njamisi, Muhembe u. a.) und Westen (Jgitenda, Ugischuschu u. a.) vorgelagerten Inseln ein selbständiges Sultanat unter Mihiggo. Dieser ist kein Mtussi (so wenig wie die Sultane im Westen des Sees. Die Grenze der Watussi-Herrschaft läuft längs des Russisi und des Ostrandes des Kiwu), doch finden sich auf Kwidjwi vereinzelt Watussi als Häuptlinge. Die Wanjaruanda behaupten oft, daß die Insel seit Alters her zu Ruanda gehört habe, die Insulaner, die Wanjäschwe bestreiten es. Sicher ist aus der jüngsten Geschichte nur folgendes. Unter Mwendo, dem Großvater des Mihiggo, war Kwidjwi selbständig, erkaufte sich aber die Freundschaft des mächtigen Nachbars durch Tribut, wie die Leute von Ruanda, durch freiwillige Geschenke, wie die von Kwidjwi sagen. Gleichviel, als Mwendo starb, glaubte sich sein Sohn Kaweggo stark genug, um nichts mehr an den Hof des damaligen Königs Luabugiri zu schicken. Dies war dem kriegerischen

Riesen gerade recht, er landete ein Heer auf der Insel und unterjochte sie von Süden bis Norden. Kaweggo aber war entflohen. So lange er mit seiner ganzen Sippe nicht gefangen war, blieb den Unterworfenen immer ein Zentrum ihrer Hoffnungen, aber trotzdem Luabugiri große Werte auf die Köpfe der Herrscherfamilie setzte, blieb sie verschollen. Verrat kam ihm zu Hilfe. Etwa zwei Jahre vorher (etwa 1884), hatte Kaweggo sein Weib Nirampetta mit dem von ihr geborenen, bereits erwachsenen Sohn Nkundie verjagt, weil er sie im Verdacht der Untreue hatte. Wie Bettler lebend, saßen sie auf kleinem Grunde und brüteten Rache. Als nun Luabugiri Herr von Kwidjwi wurde, verriet ihm Nkundie, daß sein Vater in Ugischuschu, einer kleinen von Bananen bedeckten Insel im Westen von Kwidjwi sich versteckt hielt. Man fing und richtete ihn samt seinem Weibe Maligatschiko. Aber sein Tod half dem Eroberer wenig, weil es den übrigen Söhnen gelungen war, außer Landes zu fliehen. Übrigens rächte Luabugiri selbst sehr bald den Verrat Nkundies; er tötete ihn, „weil — so erzählen die Leute seine Worte — weil er von einem Menschen, der seinen Vater verrate, alles Schlechte erwarten dürfe." Nicht lange darauf (etwa 1888) mußte der König nach Ruanda zurückkehren, weil einige unzufriedene Köpfe dort Unruhen verursacht hatten. Sofort erhoben sich die Insulaner, riefen Mihiggo, den Sohn Kaweggos, zurück und wählten ihn zum Herrscher. Es dauerte lange, bis sich Luabugiri zu neuem Kriege entschloß; etwa 1892 oder 1893. Mihiggo floh wieder nach Bunjabungu und Luabugiri gründete auf Kwidjwi mehrere „Zwingburgen", d. h. Dörfer, in die er ihm ergebene Watussi einsetzte. Er selbst kehrte wieder nach Ruanda zurück, um einen Feldzug gegen Bunjabungu vorzubereiten, das jetzt zum zweiten Male seinen Feinden Asyl gewährt hatte. In diesem Unternehmen (1894) erkrankte er schwer — wie das Volk murmelt, von seinem eigenen Weibe Kansugera vergiftet — und starb. Sein Nachfolger wurde, wie bekannt, der unmündige Juhi. Kaum war der Knabe auf den Schild gehoben, so revoltierten die Insulaner, riefen den Mihiggo und töteten oder verjagten alle Fremden, soweit diese nicht vorzogen, dem eingeborenen Sultan zu huldigen und zu dienen. Seit dieser Zeit, d. h. seit 1894, ist die Selbständigkeit der Insel nicht mehr bedroht gewesen. Die Einwohner von Kwidjwi, die hauptsächlich im Süden und Norden sitzen, während die Mitte noch viel Urwaldwildnis hat, mögen etwa 20 000 Seelen stark sein. Sie sind aus allen Stämmen des Kiwu gemischt und empfangen jährlich neuen Zuzug von Leuten, die in ihrer Heimat nicht genügend Land besitzen oder irgendwie Schwierigkeiten gehabt haben, also auch Verbrechern. Die Völker des Westens überwiegen aber bedeutend, was sich in Sprache, Sitten und Gewohnheiten bis auf Tracht und Körperschmuck bemerkbar macht. Trotzdem auch viele Leute aus Ujungu stammen, soll doch kein Kannibalismus herrschen, was für meine früher erwähnte Meinung spricht, daß es in Ujungu im wesentlichen nur die vom Kongo zugewanderten Wabembe sind, die dieser scheußlichen Gewohnheit frönen. Kwidjwi bildet sozusagen die Kornkammer des Sees. Ungeheure Mengen von Vegetabilien werden jährlich ausgeführt — (ich selbst kaufte einst eine Bootskarawane von 700 Lasten) —, um gegen Kleinvieh eingehandelt zu werden. Rinder gibt es sehr wenige auf den Inseln, und von Ziegen, Schafen auch nur einen kleinen Bestand, weil die Insulaner große Fleischliebhaber sind, die ihre gekauften Herden durch Züchtung nicht vermehren, sondern sie verzehren.

---

14. Juni 1901. Wir sind auf Kwidjwi. Ich kenne das Lager von früher her. Ich habe einmal eine Nacht hier zugebracht, als von Kissenje die Alarmnachricht kam, daß ein Heer belgischer Rebellen im Anziehen sei. Ich war der einzige Europäer am Kiwu, also mußte ich hin, um zu erfahren, was an der Sache sei. Da ich rasch aufbrechen mußte, ließ sich in der Eile nur ein einziges Boot auftreiben, in dem ich und ein paar meiner Leute, aber weder Zelt noch Bett Platz hatten. Infolgedessen waren die Nächte alles andere als schön. Ein kleines Boy=Zelt, nicht viel größer als eine bessere Hundehütte, diente uns als Wohnraum, durch dessen fadenscheinige Wände der Wind Choräle blies und der Regen wie eine Gießkanne sprühte. Die dazu gehörigen Blumen waren vier Boys, die wie junge Teckel halb über=, halb nebeneinander lagen, während ich auf einem Graspodium hoch über ihnen schlief, oder es wenigstens versuchte; Blumen im Sinne jener rauhbeinigen, hier etwas gemilderten studentischen Strophe, die da anhebt: „Du bist wie eine Blume und riechen tust du auch." Aber schließlich ist alles andere nicht so arg, wie Frost und Zähneklappen; auch sorgte der Wind dafür, daß es nicht zum äußersten, nicht zu „der Blumen Rache" kommen konnte. „Blumenduft hat ihn getötet." Viel schlimmer war, daß trotz meines hohen Throns und trotz täglichen Platzwechsels jede Nacht von irgend woher ein Bein geflogen kam, und mein Schienbein attackierte, oder die nachbarliche Faust eines Träumenden mir in die Zähne schlug, meist die des kleinen

Mabruk. Es gibt nämlich nichts verrückteres auf unserem Globus, als einen schlafenden Neger; ich habe schon früher davon erzählt. Um aber ganz sicher zu sein, daß nicht etwa eine unlautere Ausnützung dieser Eigentümlichkeit stattfände, pflegte ich solche Insulte auf der Stelle zu erwidern: (blaues) Auge um (blaues) Auge, Zahn= (Lücke) um Zahn= (Lücke). Daß durch all dies die Nächte mehr interessant als angenehm wurden, läßt sich ja mit einiger Phantasie vorstellen und daher auch meine lebhafte Erinnerung an dies Lager.

Die Bucht, an deren Ende wir gestern Nachmittag, neben einer hoh= len Fikus die Zelte aufschlugen, ist etwa 700 Meter tief und sehr breit; im Westen von hohem, steilem Kegel begrenzt, der sich nach Norden in einen langen Rücken fortsetzt. Sein Abhang fällt fast senkrecht zu einem schmalen, unbewohnten, aber mit den Stoppeln von Sorghumfeldern bedeckten Tal ab und auch von der anderen Seite stürzen die Wände in großer Schroffheit ab. Das Tal ist kurz und endet in einer gewunden aufsteigenden Schlucht, die wie die Berge im Hintergrund dicht bewal= det sind. An lichten Stellen der Hänge finden sich auch Bananenhaine. Eingeborene ließen sich nicht sehen, trotzdem ihre Hütten nicht allzu weit sichtbar waren. Auch hier macht sich der Einfluß der Trockenzeit geltend, trotzdem die Szenerie durch die vielen Laubbäume nicht gar so trostlos ist, wie in Ruanda. Aber doch ist der Kontrast mit meinem letz= ten Aufenthalt, der mitten in die stärkste Regenperiode fiel, bedeutend genug. Damals konnte ich in mein Notizbuch schreiben:

„Trotzdem ich die halbe Nacht mit Händen und Füßen gekämpft habe, macht mich das erste Morgengrauen schon wach. Es ist die Nähe der Erde und ihr feuchter Atem, die mich nicht länger schlafen ließen. Ein Weilchen bleibe ich noch liegen, dann trete ich fröstelnd ins Freie; das Gras trieft von Tau, in den Schluchten steigen Nebel auf und niedrige warme Dunstwölkchen ziehen von den Ufern her über den still und dunkel ruhenden See. Hinter unserer Talwand muß über den Bergen von Ruanda die Sonne aufgegangen sein, denn schon beginnen die Blätter der Bananen auf den Höhen im Westen wie Silber zu flimmern, als wären sie von Reif bedeckt; aber es ist nur der Tau, der glänzt. In dieser oder jener Hütte hat man das nie ganz verlöschende Herdfeuer angefacht, blauer Rauch dringt durch alle Poren der Dächer, aber die feuchte Luft drückt ihn nieder, daß er wie eine Kappe die Hütten um= hüllt und an den Hängen kleben bleibt. Mit dem ersten Erscheinen des Tages werden auch die Vögel munter und heben rings in Büschen und

Bäumen ein vielstimmiges Konzert an. Am frühesten sind immer die Schwalben wach, die, wenn noch halbe Dämmerung herrscht, schon mit kurzen scharfen Lauten über die Bucht streichen. Blaue kleine Eisvögel, mit langem rotem Schnabel schwirren über das Wasser; aus dem Gezweig der Feigen pfeifen Papageitauben und schackern große Pisangfresser, die Charaktervögel von Kwidjwi. Mausvögel fliegen in starken Trupps zwitschernd von Busch zu Busch, die Nektarinen flöten, die Reiher schnarchen, Kraniche ziehen mit hellem Schrei hoch durch die Lüfte nach Süden. Die großen Orgelwürger stimmen ihr glockenklares Duett an, und eine rotbraune Cossypha schmettert ihren Morgengesang jubelnd der Sonne entgegen. Da beginnt man schließlich auch zu singen, und da ich es nicht wie ein Heldentenor fertig bringe, so muß ich wie jener wunderliche Einsiedler, den Zarathustra kannte, mit Summen und Brummen die Herrlichkeit der Schöpfung preisen. Bin ich doch auch ein Einsiedler und Einzelwanderer. Noch ein Blick auf all die grüne Pracht und die erntereifen Sorghumfelder im Tal, die des Schnitters harren, dann hinein ins Boot — — —"

So hieß es damals, aber heute rauben die dürren Stoppeln und viel welkes Gestrüpp und der Dunst der beginnenden Trockenheit der Landschaft viel von ihrem Reiz. Immerhin merkt man die gelbe Öde noch nicht so stark, wie auf dem Festlande, besonders jetzt nicht, wo wir an der baumreichen Südostecke der Insel vorbeifahren. Es sind meist Akazien und Euphorbien, am Wasser mehr Feigen und zwischen den Bäumen viel Lianen, meist Loranthusarten und Schlinggewächse. Eine sehr merkwürdige Kandelabereuphorbie tritt hier zahlreich auf, die ich früher nur einmal in wenigen Exemplaren im Galeriewald des Rutschurru gesehen hatte. Sie ist viel höher als die gewöhnliche, ihr Stamm nicht dick, sondern sehr schlank und mit symmetrisch in kleinen Distanzen übereinanderstehenden kraterartigen Vertiefungen. Die Krone nicht wie bei den anderen tiefsitzend, dicht und weit ausladend, sondern von allem das Gegenteil — im ganzen ein sehr bizarr aussehender Baum und noch heraldischer als sein in Afrika viel vulgärerer Vetter. Feigenarten gibt es in großer Zahl, von bisweilen verwirrender Ähnlichkeit; mit Früchten von Kirschkerngröße bis zu einem den europäischen gleichen Umfang und mit Blättern, deren Maß zwischen Arm- und Daumenlänge variiert. Die Ufer fallen hier wie überhaupt auf der ganzen Ostseite ungemein schroff, oft unersteiglich jäh ab.

Unser Boot biegt in ganz langsamen Wendungen immer mehr nach

links. Der Kurs, zuerst stark nordöstlich, weist später nach Nordnordost.
Die Ufer bleiben immer steil, die Vegetation üppig. Aus dem Dickicht
heraus tönt das dumpfe Gurren der Wildtauben und der melancholische
Ruf der Kuckucke; Grasmücken und Brillenvögel huschen durch das
weit überhängende Gezweig der Feigen, rote Fliegenschnapper mit
schwarz-blauem Kopf und schwarz-weiße mit roten Fleischläppchen über
den Augen haschen von schwankendem Ast auffliegend ihre Beute. Dicht
vor uns springt ein Fischchen hoch über den Wasserspiegel, verfolgt von
einem braunhalsigen Taucher, der verschwindet und bald wieder mit
der zappelnden Beute im Schnabel auftaucht. Auch Ottern sehen wir,
aber ziemlich fern, und einen Kappeniltis, der über die Kalkfelsen läuft.
Später wird das Gebirge zerrissener, die Schluchten und Mulden mit
kleinen Bächen häufen sich; hier und da zeigt sich hoch oben ein Dorf
mit Bananenhainen. Groteske Felspartien treten am Ufer auf und
kleine Waldparzellen, in denen langschwänzige Meerkatzen einer mir
noch unbekannten Art bei unserer Annäherung die Flucht ergreifen.
Manchmal öffnen sich Täler, die in flache Buchten mit sandigen Rändern
münden und bisweilen neigt sich der Abhang minder schroff zum Wasser,
aber meist steigt die Küste steil auf und bleibt steil bis zum hohen Kamm,
der mit Urwald bedeckt ist. Die Nasen der Berge sind kurz, dement=
sprechend die Einbuchtungen nicht tief. Nach zirka fünfstündiger Fahrt
erreiche ich das am stärksten nach Osten vorspringende Kap der Insel
mit einem Signal der Grenzkommission und werde von dem dort ar=
beitenden Oberleutnant Fonck liebenswürdig empfangen. Ein paar an=
genehme Tage verlebte ich hier in seiner Gesellschaft, dann fuhr ich
nach Wau voraus, einer etwa 3 Kilometer langen Insel, die vom Nord=
kap von Kwidjwi etwa 5 Kilometer östlich liegt. Dahin folgte mir bald
F., weil auch da ein Signal sich befindet. Um dieses herrliche Eiland
dem Leser zu schildern, wähle ich einen Abschnitt aus einem damals
entstandenen Brief an einen Freund.

„Bald acht Tage sind wir nun schon hier auf diesem kleinen Flecken,
den man mit guten Ruderern bequem in einer Stunde umfahren könnte,
wenn man die Bucht im Osten abschneidet. Ich könnte natürlich jeden
Tag fortfahren, aber erstens gefällt es mir hier zu gut und zweitens
will ich F. nicht noch unglücklicher machen. Der sitzt nämlich von morgens
an unter einem kleinen Strohdach und versucht nach Norden und Süden
hin den Dunst zu durchbohren, ob er nicht irgendwo das Blitzen
eines Heliographen bemerkt; aber trotzdem seine Augenstiele schon so lang

geworden find wie die gekochter Hummern, so sieht er doch nichts als höchstens das Flimmern seiner mouches volantes. Und genau so wird es den Herren, die auf den anderen Punkten sitzen, gehen. Des Abends entzünden wir riesige Scheiterhaufen. Dasselbe soll auch an den anderen beiden Signalen geschehen, aber wir sehen nichts, noch werden wir gesehen. Jeden Abend hofft man und sagt sich beim Schlafengehen „morgen!" aber der Morgen kommt und mit ihm derselbe bläuliche Dunst, der alles verhüllt und hinter dem selbst das kaum eine Meile entfernte Kwidjwi nur wie ein graues Schattenbild sichtbar ist. Nur die halbe Stunde vor Sonnenaufgang ist meist relativ klar. Dann treten die Berge beider Ufer, wenn auch etwas dämmerig aus dem Dunkel und über dem Nordufer ragen die kühnen Profile der vier westlichen Vulkane in den Himmel. Aber für die Triangulierungs= arbeiten der Grenzkommission nützt dieser kurze Lichtblick nichts, weil die Heliospiegel Sonne brauchen. Du kannst Dir vorstellen, mein Lieber, wie dieses Warten auf die Nerven schlägt, selbst mir, der ich nur frei= williger Zuschauer bin. Ich merke das daran, daß wir täglich mehr ge= neigt sind, die hitzigsten Dispute zu führen, z. B. über die Herkunft der Wasserböcke auf der Insel, ob sie von Kwidjwi herübergeschwommen sind oder schon seit Generationen hier weilen. Jeder glaubt seine Ehre engagiert, wenn es ihm nicht gelänge, den anderen zu überzeugen; jeder hält den anderen für entsetzlich rechthaberisch, dickköpfig, oppo= sitionell; die erstens, zweitens, drittens schwirren nur so über den Tisch, den Wasserböcken folgen die Buschböcke und dann die Riedböcke, bis die ganze Naturgeschichte durch ist. Die Köpfe werden abwechselnd rot und blaß, der eine wird spitz, der andere ironisch und schließlich trennt man sich unüberzeugt und Gift im Herzen wegen solcher dämlichen Wasserböcke. Den anderen Tag lacht man darüber, aber eine halbe Stunde später sind es vielleicht die Ziegenböcke, die aufs Tapet kommen. (Mit solchen Nichtigkeiten beginnt der tropische Koller: hat doch Karl Peters mit seinem Begleiter von Tiedemann wochenlang kein Wort gewechselt, weil dieser sich von einer Hühnerleber ein ihm nicht zu= kommend großes Stück auf den Teller gelegt habe.)

Die Insel ist wundervoll. Zuerst lagerten wir beide am Südende in einer kleinen Urwaldlichtung dicht am Wasser. Von da war unter Benutzung eines alten Bootsbauern=Pfades ein Weg zur südlichen Kuppe geschlagen worden. Zwanzig Minuten geht man sanft durch Wald bergan, der herrliche Bäume birgt. Einzelne Stämme stehen

wie eine breite Wand über dem Boden, an andern ziehen hundert
Stützwurzeln senkrecht zur Erde oder bilden dicht über der Rinde
ein wirres Gitterwerk; wieder andere laufen unten in drei oder vier
flügelartige Bretter aus, oder sie sind von einem unglaublichen, unbe=
schreiblichen Lianengeflecht umsponnen. Wohin man blickt, immer neue
Bilder, die mich entzücken, neue Blüten, die den Weg bedecken, neue
Früchte, die an den Zweigen hängen, neue Vögel, die durch die Kronen
huschen. Bald schreitet man über dicke Blätterlagen, bald über elastische,
gewundene Hölzer von Schlingpflanzen; hier über einen vom Sturm
gefällten Baum, dort über einen vermorschenden, unvollendeten Kahn,
der inmitten tausender kleiner Spähne liegt. Ein kühles Dunkel rings=
um, von dem sich die zitternden Scheibchen, die die Sonne verstreut, um
so heller abheben. Manchmal bricht sie von oben durch die Lücke eines
Blätterdaches und dann ist es köstlich zu schauen, wie es in der Tiefe
des Dickichts glüht und leuchtet, hier ein Stück Laub, dort ein Ast oder
ein Stein aus dem Schatten herausgeschnitten wird, ohne daß die Quelle
des Glanzes sichtbar ist. Stellenweise unterbrechen Lichtungen den Wald,
in denen kalmusduftende, großblätterige Stauden dicht gedrängt stehen
oder Akazien mit gelben Kätzchen, die von der Wurzel bis zur höchsten
Spitze von solchen Massen von rankenden Pflanzen bedeckt sind, daß
ihr Geäst nur noch durch wenige Lücken greift, wie die Hände eines
Gefangenen durch Kerkergitter. Zuletzt klettert man über Felsblöcke
hinauf, unter denen schwarz=weiße Iltisse mit glattem Samtfell ihre
Höhlen haben, oder zwischen denen Lazerten in allen Farben sich sonnen
oder jagen. Einmal kreuzte eine blau=grün schillernde Schlange unseren
Weg. Oben angekommen befindet man sich auf einer Graskuppe mit
enormen Trümmern, die sich bald wieder senkt. Zwischen Riesenfarren
laufen die tiefeingetretenen Wechsel der Antilopen, deren Schreckton
wie lautes rauhes Hundebellen klingt; Falter in allen Farben, dar=
unter gelbe und blaue und grüne Schwalbenschwänze oder perlmutter=
glänzende Apollinen gaukeln um Jasmin und Winden. Graue Papa=
geien mit roten Bürzeln schwätzen von den Bäumen am Rande der
Lichtung, die bald wieder von dunklem Wald abgelöst wird. Kurz, es
ist herrlich dort oben, herrlich, herrlich. Und wie wundervoll muß es erst
in wenigen Monaten sein, wenn man nach allen Seiten meilenweit
schauen kann und die schönen Formen der Gebirge und Vulkane, die
Inseln und Halbinseln, die Buchten, Bäche und Wasserfälle zum Greifen
nahe erscheinen?"

In den letzten Tagen des Juli verließ ich Wau und siedelte nach dem Nordkap von Kwidjwi über, wo ich fast fünf Monate blieb. Das nörd= liche Ende von Kwidjwi gehört zu den schönsten Landschaften des Kiwu. Eine große und mehrere kleinere Buchten, große Berg= und Urwald= inseln und kleine und kleinste Gras= und Steininseln vereinigen sich zu einem wundervollen Panorama. Wo ich lagerte, ist eine nur 25 Schritt schmale flache Landbrücke, so daß das gebirgige Nordkap von Kwidjwi fast völlig abgeschnürt scheint, der Kopf eines Riesen auf einem dünnen Schneiderhals. Hinter mir Wasser; vor mir Wasser; mein Zelt auf einer schmalen Sandfläche; bei Sturm schlagen die Wellen bis dicht an meine Tür. Über mir das Laubdach einer Spatothea mit gelben Tulpen und einer Akazie mit langen grünen Schoten. In sanfter Wöl= bung strecken sie ihre Zweige über das Zelt fort und berühren fast die Flut. Hinter mir ein schattiges Dickicht bis zur anderen Bucht, das kühlen Platz für den Tisch und Stuhl bot. (Gerne wollte ich von meinem Aufenthalt dort und von Land und Leuten erzählen, aber — — — — — — — schon schwoll und schwoll von Tag zu Tag dieser Band und bis in meine Träume hinein verfolgt mich schon lange das Seufzen meines als Faust maskierten Verlegers: ·

„Ist es Schatten? Ists Wirklichkeit?
Wie wird mein Pudel lang und breit!
Er hebt sich mit Gewalt,
Das ist nicht eines Hundes Gestalt!
Welch ein Gespenst bracht ich ins Haus!
Schon sieht er wie ein Nilpferd aus!")

Aber ein paar Seiten will ich doch noch meinen Tagebüchern ent= nehmen:

„Es gibt am Tanganika und Kiwu Morgenstimmungen, wie ich sie sonst nirgends in der Welt beobachtet habe. Sie sind auch hier nur selten. Die Sonne liegt noch dicht über dem Horizont, da beginnen die zwanzig, dreißig Kilometer entfernten Berge im Westen zu leuchten. Jede ihrer Furchen und Schluchten ist sichtbar und doch liegt etwas unwirkliches über ihnen. Man sucht und sucht und findet schließlich, daß es die Farbe ist. Aber eigentlich ist keine Farbe an diesen fernen Bergen, es ist nur ein Leuchten. Farblos liegen die grünen Grashänge, aber sie leuchten, farblos die Felsen und die Felder, aber sie leuchten. Und wenn es mir zuerst schien, als wäre dies Gebirge aus unendlich feinem Sand aufge= baut, so dünkt es mich zuletzt nur noch wie eine silbrige Fata Morgana, die leider nur zu selten und dann nur für kurze Minuten sichtbar ist.

So erschien mir heute morgen, als ich erwachte, das westliche Rand=
gebirge im Rahmen der Zelttür. Die Bucht vor mir ist von beiden Sei=
ten von Bergen umrahmt, mit Bananen auf den Höhen und riesigen
Bohnenfeldern auf den Abhängen, die so kahl und schwarzgebrannt
waren als ich vor einigen Monden hierher kam. Nun sind sie ein ein=
ziger grüner, von den violetten Blüten durchwirkter Teppich, der dem
Auge ungemein wohltut. Glatt und klar liegt die Flut und spiegelt den
Himmel und die weißen ziehenden Wolken und die dunklen Ufer. Zwei
Entenpärchen schwimmen von rechts nach links, aber bald werden sie
wieder umkehren, denn sie sind schlimme Diebe, die immer wieder die
Blüten der Bohnen abrupfen und erst davon fliegen, wenn der Feld=
wächter mit großem Geschrei sie verscheucht. Links von mir in dem hohen
Schilf, in dem der Wind des Nachts seine Lieder singt, stehen fünf Büb=
chen von vier bis sechs Jahren bis zum Leib im Wasser. Jeder hat zwei
Angelstöcke, die vor ihm auf dem Wasser schwimmen und die er von
Zeit zu Zeit lupft. Die zappelnden Fischlein wandern lebend in den ge=
strickten Beutel auf seiner Brust, der zugleich für Tabak und Tabaks=
pfeifen dient. Oft wühlen sie mit einem Stock den Schlamm auf, um ihre
Beinchen unsichtbar zu machen, und oft holen sie mit den gleich Fingern
beweglichen Zehen[1] ein faulendes Rohr aus dem Grunde, das sie auf=
beißen, um ihm die Fliegenlarven als Köder zu entnehmen. So stehen
sie ernst wie Erwachsene vormittags hier, nachmittags im Osten. Die
Sonne brennt ihnen den ganzen Tag auf die nackten Schädel, aber das
spüren sie gar nicht.

Da bin ich empfindlicher, und darum gehe ich bald nach dem Früh=
stück ins Dickicht und bleibe dort bis zum Abend mit Ausnahme der
Stunden, die ich laufe. Jeder Baum, jeder Strauch und viel lebende
Wesen sind dort meine Vertrauten. Lianen so dick wie ein Schenkel
bilden meine Laube; in kühnsten Windungen steigen sie hinauf und hin=
ab, verwachsen mit einander, wo sie sich kreuzen oder schlagen neue
Wurzel, wo sie den Boden berühren, so daß ihr Anfang oft kaum fest=
zustellen ist, und es scheint, als ob sie an drei oder vier Stellen gleich=

---

[1] Nur keine Kraftverschwendung, denkt der Neger nach den Prinzipien der mo=
dernen Mechanik. Nur nicht sich bücken, wenn man es entbehren kann. Ich hatte
einmal in dichtem Grase einen Bund Schlüssel verloren und ließ etwa 20 Eingebo=
rene ihn suchen. Aber nicht ein einziger tat dies mit den Händen, sondern sie setzten
immer einen Fuß seitwärts und schleiften den andern wie gelähmt hinter sich her
oder sie machten es umgekehrt und schoben einen Fuß wie die Berliner Straßen=
kehrer ihre Gummischippe vor sich her. Aber sie fanden die Schlüssel.

zeitig aufgeschossen wären. In ihr Blätterdach schiebt sich das Laub rot=
blühender Akazien und wilder scharf duftender Zitronen hinein und
alles verbindet der Mhukko, ein Schlinggewächs mit großen rotbeerigen
Trauben, so daß nur seine Strahlen die grüne Wölbung durchdringen
können. Dort ist mein Platz, um den mich manch Dichter beneiden würde
und kaum sitze ich, so begrüßt mich als erster ein rotbäuchiger Würger
(Coss. melan.). Es ist ein Weibchen, das durch mich Witwe wurde,
aber sie weiß es gottlob nicht. Im Anfang furchtbar scheu, kommt sie
jetzt bis auf zwei Schritt heran, wirft energisch mit dem Schnäbelchen
die verwesenden Blätter auf, als wollte sie sagen, daß hier ihr Reich
sei, und stimmt einen leisen flötenden Gesang an. Manchmal ahme ich
den schmetternden Ruf nach, mit dem sie das Kommen und Scheiden
der Sonne feiert, das jauchzende kokkebü=ljä; dann springt sie ein paar
Meter davon, lauscht mit schief gestelltem Köpfchen und zuckt mit
Flügeln und Schwanz.

Noch zutraulicher ist ein daumengroßes Bartvögelchen, auch ein
Weibchen, das ich für Barbatula Fischeri hielt (das aber jetzt Barba=
tula Kandti heißt). Sie wohnt im ersten Stock, einen Meter zu meinen
Häupten in einem morschen Astende mit rundem Fenster, aus dem lange
vor Schlafenszeit schon ihr dickes Köpfchen ohne Furcht auf mich hinab=
schaut. Seit ein paar Tagen verfolgt sie ein kühner Jüngling, der sich
fürchterlich viel einbildet und dem der schwefelgelbe Bürzel aus dem
aufgeplusterten Rock herausschaut, wie ein seidnes Taschentuch aus
einem Frackschoß. Aber trotzdem macht er nur wenig Eindruck auf sie.
Gestern und vorgestern versuchte er sogar die Ehrbare in ihrer Woh=
nung zu erwarten, und als sie ahnungslos auf dem kleinen Zweig
stand, von dem aus sie sich in ihr Haus hineinschwingt, steckte er ganz
naiv seinen unverschämten Kopf ins Freie. Da kam er aber schön an.
Beidemal packte die Witwe den frechen Eindringling und warf ihn
hinaus. Und das ist wörtlich zu nehmen. Das eine Mal nämlich faßte
sie ihn mit dem Schnabel an den Nackenfedern, das andere Mal am
Oberkiefer und so zog sie ihn hinaus und ließ ihn erst los, als er ganz
draußen war, worauf er gedeppt davonflog. Aber ärgerlich blieb es
doch und eine Viertelstunde lang schnarrte sie zornig über dies Attentat
auf ihre Ehre. Bin ich denn eine Martha Schwertlein? Oder halte ich
ein öffentliches Haus? Und sie hat recht. Was mußten sich auch ihre
Nachbarn, die Blutfinken davon denken, die ein paar Meter weiter
links auf einem dünnen Zweig, dicht nebeneinander gedrängt ihr

Nachtquartier haben. „Euer Kaiser kennt die Welt", rief die gute Bar=
batula mir zu, als ich selbst aufs höchste empört ihr zunickte, „die Ju=
gend verroht täglich mehr."

Noch zwei Einsame sind in meiner Nähe, Junggesellen oder Witwer,
ich weiß es nicht. Ein Kuckuck (Centr. supercil.), ein großer Kerl, viel
größer als unsere heimischen, den ich nur selten sehe, aber um so öfter
höre, wenn er morgens und abends in melancholisch dunklen Molltö=
nen ruft, oder wenn in der größten Mittagsglut aus der Tiefe eines
Busches heraus sein gedämpftes Kichern dringt. Manchmal überrasche
ich ihn auch oder mein Hund treibt ihn aus einem Schilfversteck. Es ist
merkwürdig, wie ungern die großen Kuckucke auffliegen. Ich habe
diesen manchmal zum Scherz verfolgt und dann lief er wohl 30 bis 40
Schritt vor mir her, sehr gewandt durch die Gräser schlüpfend. Der an=
dere Einsame ist ein schwarz=weißer Würger (Dryoscop. major), der
hier im Westen die Trauer= und Orgelwürger vertritt. Er liebt mehr
die Höhe, aber wenn er hinter einer Eidechse her ist, kommt er auch
bis zu mir hinab. Eidechsen gibt es nämlich viele hier. Dicht über mir
läuft täglich eine kleine, nicht größer wie ein Daumen. Eine größere
mit gelbrotem Bauch, wohnt auf dem Baume, der vor mir steht. Sie
hat einmal den Schwanz lassen müssen, aber deshalb huscht sie
doch munter umher, und sucht sich Käferchen unter den zerschlissenen
Borken, die von Schneckenspuren wie mit glänzenden Bändern ge=
zeichnet sind. Den Schwanz der Lazerten mögen übrigens die Vögel
nicht, sie lassen ihn liegen. Ich ahne nicht, warum. Neulich fand ich
einen, der sich gleich hinter der Wurzel gabelförmig teilte. Auch ganz
große Eidechsen gibt es hier, mit breiten Kiefern, blauem Kopf, gel=
bem Leib und blaugrünem Schwanz. Sie haben etwas Prähistorisches,
Antediluvianisches in ihrer Groteskheit an sich. — — — — — — —

Es ist merkwürdig, wie hartnäckig viele Tiere an einem engbe=
grenzten Platz festhalten. Alle Tage kommen dieselben Nektarinen zu
mir, blaue oder blau und rote, rot und gelbe oder grün und graue;
alle Tage quält dasselbe Grasmückenpärchen wie eine Kindertrompete
im Busch und alle Tage wirft ein gelber, goldnackiger Weber die wel=
ken Blätter, die er auf den Tod nicht leiden mag, von oben zur Erde;
und selbst von den kleinsten Tieren, Schmetterlingen, Käfern haben
viele eine Heimat. Seit zwei Wochen kommt z. B. eine Ameise, der ein
Bein ganz fehlt und die an einem anderen das getrocknete Köpfchen
einer kleineren Familiengenossin wie eine Galeerenkugel mit sich

schleppt, über meinen Tisch gekrochen; fast täglich sehe ich sie wenig=
stens einmal.

Übrigens sind nicht alle meine Bekannten so harmloser Art. Ich
meine nicht die Schlangen, von denen die Insel wimmelt, weil sie mich
nur auf der Wanderschaft besuchen. In einer Woche töteten wir vier,
darunter über zwei Meter große, im Lager. Nicht von diesem bösarti=
gen Gesindel will ich reden, sondern von Flegel= und Quälgeistern
minder schlimmen Charakters. Zu ihnen zähle ich einen Trupp Maus=
vögel (Col. affin.), der jeden Mittag sich auf der höchsten Stelle des
Laubendaches — zippzippzippzipp — einfindet und von dort die nassen
Kerne der Mhukkobeeren auf mich herabspukt und mit besonderer
Vorliebe auf die letzte Seite eines offiziellen Schreibens. Und ferner
die Spottdrosseln, die mich mit ihrem Keifen und Schimpfen nervös
machen und frech: „Du Bettel, du Bettel!" rufen, wenn ich es mir ver=
biete. Oft findet sich auch ein Hagedaschibis auf den Kalkfelsen am
Wasser ein, den ich seines gräßlichen Angstgeschreis wegen vor allen
Tieren nächst den Krokilen am meisten hasse. Singt doch schon Ovid:
medio tutissimus ibis, d. h. im Durchschnitt ist der Ibis der größte
Tuter. Auch die Lucilien sind nicht angenehm, kleine Fliegen, die dicht
vor Augen und Nase auf und ab tanzen, bereit, jeden Moment sich
hineinzustürzen, ganz zu schweigen von den zahllosen Moskitos mit
schwarz=weißen geringelten Leibern. Zwar sind sie harmlos, denn trotz
täglicher Stiche habe ich in den fünf Monaten nie Fieber gehabt, aber
ihr Gesang ist um so fürchterlicher. Ich verzeihe ihnen alles, wirklich
alles, sie dürften noch einmal so stark und zweimal so oft stechen, wenn
sie nur nicht singen wollten, aber diese Töne peinigen mich, als ob
mir eiskalte Fliegenbeine übers Trommelfell liefen. Blind haue ich zu,
aber während ich noch beschäftigt bin, nachzusehen, ob ich mir den ersten
oder zweiten Backzahn wacklich geschlagen habe, pfeift es schon wieder
vor dem anderen Ohre. Kein Wunder, wenn ich von Tag zu Tag
schwermütiger werde. — — —

Einen Genossen aber habe ich hier — dessen Schönheit erfüllt mich,
so oft ich ihn sehe, mit Schauern des Entzückens. Es ist der Ruder=
flügel — Craprimulgus vexillarius — der in meiner nächsten Nähe
im Dickicht sich verbirgt. Aber sobald die Abenddämmerung herein=
bricht, verläßt er sein Versteck und fliegt stumm über die stillen Wasser.
Wie armlange seidene Bänder flattern die letzten Federn seiner Schwin=
gen hinter ihm. Und wenn seine Silhouette sich von dem fahlen Abend=

himmel dunkel abhebt oder vor der Mondscheibe vorüberfliegt, dann sieht es aus, als hätte ein Riesenschmetterling aus grauer Vorzeit bis in unsere Tage sein Bild gerettet. — — — — — — — — — —

Wenn sich die Schatten in die Täler legen,
Sich blaue Dämmrung um die Berge schlingt
Und leis am Strand die müde Flut verklingt,
Dann seh ich endlich dich die Schwingen regen.

Dann steigst du auf aus dunklen Felsgehegen,
In die nicht Licht, nicht Laut des Tages dringt
Und eines Märchenwunders Gleichnis schwingt
Sich deine Schönheit stumm der Nacht entgegen.

Oh, ich verstehe deine stolze Scham!
Wer möchte heute nicht in nächtge Höhlen
Gleich dir sein Glück und seine Schönheit stehlen,
Weit ab von Körnerneid und Herdenkram;
Wer nicht gleich dir dem Lärm des Tags entweichen
Und einsam über stille Wasser streichen.

Kissenje, Februar 1902.

Finis.

A. Namentafel.

B. Tafel der Fremdwörter.[1]

Askari — Soldat

Baharia — Bootsmann
Bakſchiſch — Geſchenk, Trinkgeld
Bana — Herr
Bana mkuba — Chef (wörtl. großer Herr)
Barra — Hinterland
Barrabarra — Karawanenſtraße
Bibi — Frau, Dame
Boma — Feſtung, Amtsſitz
Boy — Diener

Daſturi — Sitte, Tradition
Daua — Arznei, Talisman

Dhau — Segelſchiff
Doti — 2 Upanden (ſiehe weiter unten)

Effendi — farbiger Offizier der Schutztruppe

Goma — Trommel, Muſik, Tanz
Gubu — Guitarre

Hams'iſchrin — 25 (d. h. Hiebe)

Jnſchallah — hoffentlich
Jumbe — Häuptling, Dorfälteſter

Kambi — Lager, Zeltgenoſſenſchaft
Kanga — bedruckter Kattun

---

[1] Die obigen, in Caput Nili erwähnten, der Sprache der Waſuaheli entnommenen Ausdrücke, ſind ſo vollſtändig in den Sprachſchatz der deutſchen Oſtafrikaner übergegangen, daß ſie kaum noch als Fremdwörter empfunden werden.

Kaniki — blauer Baumwollstoff
Kanfu — weißes Hemd der Küstenleute
Kasi — Arbeit
Kelele Lärm
Kibaba — Naturalverpflegung (wörtl. Hohlmaß)
Kiboko — Nilpferd, Nilpferdpeitsche
Kiongosi — Führer, Spitzenmann
Kistbao — Weste

Milumba — wilde Feige
Mnjampara (plur. Wanjampara) — Trägeraufseher
Mpischi — Koch
Msafiri — Weitgereister
Mschensi (plur. Waschensi) — Barbar
Msungu (plur. Wasungu) — Europäer
Mtama — Hirse

Ndugu — Bruder, Verwandter

Ombascha — farbiger Unteroffizier

Pesa — Kupferstück (jetzt außer Kraft. 64 Pesa = 1 Rupie; siehe unten)
Pombe — Bier und Wein der Neger
Pori — Ödland, Wüste

Poscho — Kostgeld
Pumsika — Ruhepause

Rugaruga — Landsknecht
Rupie — 1,33 Mark in Silber

Safari — Reise
Schamba — Pflanzung, Feld
Schauri — Beratung, Gerichtsverhandlung
Schausch — farbiger Sergeant
Scheitani — Teufel
Sol — farbiger Feldwebel

Telekesa — Marscheinteilung bei wasserloser Strecke, (siehe I, 46)
Tembe — Gehöft bestimmter Bauart (siehe I, 47)
Tembo — Palmwein

Uleia — Europa
Ulesi — Eleusine
Upande — Längenmaß, örtlich schwankend, 1,70—2,00 Meter

Wali — farbiger Bürgermeister
Wangwana — Freie, Küstenleute

C. Tafel der Druckfehler.

Band I. S. 81, letzte Zeile lies: Ugunda statt: Uganda.
Band I. S. 82, Z. 13 v. o. desgl.
Band II. S. 113, Z. 7 v. o. lies: Bunjabungu statt: Bunjubangu.
Band II. S. 240, Z. 3, 6, und 12 v. o. lies: Mecklenburg statt: Mecklemburg.

Druck von J. J. Augustin in Glückstadt und Hamburg.

Dr Richard Kandt.

KIWU - SEE UND NILQUELLEN

(Brief 1 19)

1 : 1 000 000